André Willms

C++-Programmierung

2. Auflage

Programmiersprache, Programmiertechnik, Datenorganisation

ADDISON-WESLEY

An imprint of Pearson Education

München • Boston • San Francisco • Harlow, England
Don Mills, Ontario • Sydney • Mexico City
Madrid • Amsterdam

Die Deutsche Bibliothek – CIP-Einheitsaufnahme

Ein Titeldatensatz für diese Publikation ist bei
Der Deutschen Bibliothek erhältlich.

5 4 3 2 1

05 04 03 02 01

ISBN 3-8273-1627-8

ein Imprint der Pearson Education Deutschland GmbH,
Martin-Kollar-Straße 10–12, D-81829 München / Germany

Einbandgestaltung: Christine Rechl, München
Titelbild: Serratula nudicaulis, Nacktstengelige Scharte, Echeverie © Karl Blossfeldt Archiv –
Ann und Jürgen Wilde, Zülpich / VG Bild-Kunst Bonn, 2001
Lektorat: Christina Gibbs, cgibbs@pearson.de
Korrektorat: Simone Burst, Großberghofen
Herstellung: TYPisch Müller, Arcevia, Italien, typmy@freefast.it
Satz: reemers publishing services gmbh, Krefeld, www.reemers.de
Druck und Verarbeitung: Bercker, Kevelaer
Printed in Germany

Inhaltsverzeichnis

Einleitung

Dieses Buch wird Sie mit C++, der damit verbundenen Philosophie der objektorientierten Programmierung und den dazu nötigen Programmiertechniken vertraut machen. Sie lernen das Klassenkonzept sowie den Mechanismus der Vererbung kennen. Sie werden Algorithmen und Datenstrukturen kennenlernen, mit denen Sie kleine bis extrem große Datenmengen effizient verwalten können. Zudem wird Ihnen das Wissen vermittelt, diese Algorithmen und Datenstukturen elegant und objektorientiert in C++ zu implementieren.

An wen ist dieses Buch gerichtet?

Dieses Buch ist dafür ausgelegt, einem in der Programmiersprache C bewanderten Leser (z.B. nach dem Studium von [WILLMS98] die Programmiersprache C++ näher zu bringen, um mit ihr die verschiedensten Datenstrukturen zu programmieren.

Da die wichtigsten Datenstrukturen in der C++-Bibliothek bereits implementiert sind, muss sich der »normale« Programmierer nicht mehr mit einer eigenen Implementierung quälen. Bestimmte Gruppen (allen voran die Informatik-Studenten) müssen sich jedoch mit diesem Wissen befassen.

In diesem Buch finden Sie die wichtigsten Datenstrukturen (Stack, Queue, Liste, balancierte Bäume, etc.) mitsamt Erklärung und Implementierung.

Das Gleiche gilt für Such- und Sortieralgorithmen. Auch diese sind bereits in die C++-Bibliothek integriert, was Informatik-Professoren jedoch nicht davon abhält, ihre Studenten damit zu beschäftigen (was ja auch richtig ist.)

Sie besitzen keine Kenntnisse in C, haben sich aber bereits mit einer anderen Programmiersprache befasst? Dann sollte das Grundlagenkapitel in diesem Buch die notwendigen Voraussetzungen für die folgenden Kapitel schaffen.

An wen sich dieses Buch nicht richtet!

Geht es Ihnen primär darum, C++ zu lernen, die von C++ zur Verfügung gestellten Algorithmen und Datenstrukturen anzuwenden, ohne hinter die Kulissen blicken zu wollen, dann sollten Sie ein anderes Buch (z.B. [WILLMS99] in Erwägung ziehen.

Haben Sie bisher keine Erfahrungen mit einer Programmiersprache gesammelt, dann könnte Ihnen das Grundlagenkapitel zu knapp erscheinen, um ein angemessenes Fundament zu bilden. Auch hier sei auf das oben erwähnte Buch verwiesen.

Und los!

Sie haben sich also entschieden und lesen weiter. Dann wollen wir die Reise durch eine der schönsten und am weitesten verbreiteten Programmiersprachen antreten.

Symbole

Manche Abschnitte in diesem Buch sind durch *Symbole* besonders gekennzeichnet. Diese Symbole haben folgende Bedeutung:

Wichtige *Hinweise* und *Tipps* finden Sie in Abschnitten, die mit diesem Symbol gekennzeichnet sind.

Dieses Symbol macht Sie auf *Beispiele* aufmerksam.

Achtung, Abschnitte mit diesem Symbol sprechen eine Warnung aus!

Technische Hinweise sind mit diesem Symbol hervorgehoben.

Auf der *Buch-CD* finden Sie den jeweiligen Quellcode.

Anhang von *Übungen* zum jeweils behandelten Stoff können Sie Ihr Wissen überprüfen und vertiefen.

1 Grundlagen

Das erste Kapitel ist primär den aus C übernommenen Sprachelementen von C++ gewidmet. Diese werden jedoch von Anfang an im entsprechenden C++-Kontext erklärt und besprochen, sodass auch Sprachumsteiger dieses Kapitel mit Gewinn lesen werden. Eine reine Einführung in C finden Sie bei [WILLMS97].

1.1 Das Grundgerüst

Zuallererst wollen wir uns das Grundgerüst eines C++-Programms anhand des mittlerweile legendären »Hello World«-Programms anschauen:

```
#include <iostream>

using namespace std;

int main()
{
  cout << "Hello World!";
}
```

Achten Sie in C++ auf Groß- und Kleinschreibung.

Das kompilierte Programm gibt den Text »Hello World« auf dem Bildschirm aus.

Sollten bei der Kompilation Fehler auftreten, (zum Beispiel dass der Compiler *iostream* nicht finden kann oder dass ihm die Begriffe *using* und *namespace* nicht bekannt sind), dann unterstützt der Compiler die neue Norm nicht.

Alte Norm

In diesem Fall müssen die Beispielprogramme in diesem Buch nach folgenden Regeln umgestellt werden:

1. Lassen Sie die Zeile *using namespace std;* grundsätzlich weg.
2. Ergänzen Sie *include*-Anweisungen immer mit einem ».h«. Aus *#include <iostream>* wird dann *#include <iostream.h>*.

Das obere Beispiel sähe nach der alten Norm wie folgt aus:

```
#include <iostream.h>

int main()
{
```

```
  cout << "Hello World!";
}
```

Dieses Programm wird nun von den alten Compilern anstandslos kompiliert. Natürlich wird es wegen der Abwärtskompatibilität auch von den neuen Compilern unterstützt. Wenn Ihr Compiler aber die neue Norm unterstützt, dann sollten Sie sich auch die neue Schreibweise angewöhnen.

Schauen wir uns nun das »Hello World«-Programm genauer an.

Die Hauptfunktion main

Jedes C++-Programm muss eine Hauptfunktion besitzen, die den Kern des Programms ausmacht.

Diese Hauptfunktion heißt in C++ **main**[1].

Der Start eines C++-Programms ist gleichbedeutend mit dem Aufruf der programmeigenen *main*-Funktion.

Extrahieren wir lediglich die *main*-Funktion ohne Inhalt aus dem »Hello World«-Programm, dann erhalten wir Folgendes:

```
int main()
{
}
```

Dies ist gleichzeitig auch das kürzeste C++-Programm, aber es macht nichts. Und doch müssen diese Zeilen so oder in ähnlicher Form in jedem C++-Programm enthalten sein, weil C++-Programme ihre Ausführung immer mit der *main*-Funktion beginnen. »main« heißt auf Deutsch so viel wie »Haupt-« und bedeutet hier »Hauptfunktion«.

Rückgabewert

Aber selbst dieses unnütze Programm gibt uns bereits die Möglichkeit, einige grundsätzliche Regeln der C++-Syntax zu erkennen. Vor dem Funktionsnamen wird deklariert, von welchem Typ der Rückgabewert sein soll. In diesem Fall wird ein *int*-Wert[2] als Rückgabewert definiert, was hier eher verwirrend wirkt, denn es wird ja gar kein Wert zurückgegeben.

Allerdings sieht die Norm vor, dass die Hauptfunktion immer einen Wert zurückliefert, um über ihn Informationen über einen eventuellen Fehler während des Programmlaufs mitteilen zu können.

Hinter dem Funktionsnamen stehen in runden Klammern die Werte, die der Funktion übergeben werden. Ein leeres Klammernpaar oder das Schlüsselwort *void* als Parameter definieren, dass die Funktion keine Parameter besitzt.

---

1. Eine Ausnahme bilden plattformspezifische Programme. Ein C++-Programm, welches für die grafische Windows-Oberfläche geschrieben wurde, könnte als Hauptfunktion beispielsweise winmain besitzen.
2. *int*-Werte repräsentieren Ganzzahlen. Genaueres erfahren Sie in den nächsten Abschnitten.

Als Letztes kommen die geschweiften Klammern, welche die Anweisungen der Funktion umschließen und nie fehlen dürfen[3]. In unserem Beispiel steht zwischen den beiden Klammern nichts, und somit geschieht auch nichts.

{ }

Geschweifte Klammern fassen Anweisungen zu einem Block zusammen.

Die Klammern hätten auch nebeneinander geschrieben werden können, aber es gibt gewisse ungeschriebene Gesetze für das Erscheinungsbild eines C++-Programms, an die man sich halten sollte, denn ein Programm wird nicht nur für den Computer geschrieben. Es ist immer wichtig, dass auch andere Menschen das Programm ohne große Schwierigkeiten lesen können, deshalb hier die erste Regel[4]:

Zusammengehörende geschweifte Klammern sollten immer in der gleichen Spalte stehen.

1.1.1 Implizites return

Der Ansi-Standard von C++ sorgt dafür, dass bestimmte Elemente und Schreibweisen der Sprache auf jedem Compiler, der Ansi-C++ versteht, anwendbar sind. Das heißt, dass nicht in der Ansi-Norm aufgenommene Schreibweisen vermieden werden sollen, weil sie möglicherweise nicht von jedem Compiler übersetzbar sind.

Nun kann bei Compilern, die sich nicht exakt an die Norm halten, ein kleines Problem auftreten: Grundsätzlich muss in C++ eine Funktion, die angibt, einen Rückgabewert zu besitzen, auch einen Rückgabewert liefern.

Dies gilt für alle Funktionen bis auf die *main*-Funktion. Die *main*-Funktion besitzt nach der Ansi-Norm einen impliziten Rückgabewert, weswegen die vorige *main*-Funktion fehlerfrei kompiliert wird.

Unterstützt Ihr Compiler diese Ansi-Norm jedoch noch nicht oder nicht vollständig, dann wird bei der Kompilierung eine Warnung (oder ein Fehler) ausgegeben, die besagt, dass der Rückgabewert fehlt. In diesem Fall ändern Sie die *main*-Funktion des »Hello World«-Programms bitte folgendermaßen ab:

Explizites *return* als Abhilfe

```
int main()
{
  cout << "Hello World!";
  return(0);
}
```

3. Die Anweisungen einer Funktion nennt man auch die Funktionsdefinition.
4. Es gibt verschiedene Regeln, ein Programm leserlich zu gestalten. Sollten Sie eine andere Schreibweise bevorzugen, dann achten Sie darauf, diese konsequent im ganzen Programm anzuwenden.

Dies gilt dann für all Ihre Programme: Sie müssen die *main*-Funktion mit einem *return* beenden[5], wobei entweder der Wert 0 oder ein spezieller Fehlerkode zurückgegeben werden sollte.

Da dieses *return(0)* in Ansi-C++ unnötig ist, wird es in den Beispielen und Übungen auch nicht aufgeführt.

Gehören Sie zu den Unglücklichen, deren Compiler kein implizites *return* kennt, dann denken Sie stets daran, die *main*-Funktion wie oben beschrieben zu beenden.

1.2 Die Ausgabe

Schauen wir uns nun die Anweisung im Anweisungsblock der *main*-Funktion an.

cout[6] ist der so genannte Standardausgabe-Strom (output stream) beziehungsweise das Objekt, welches ein Exemplar der Standardausgabe-Klasse darstellt. Dadurch wird der Programmierer nicht mit den plattformspezifischen Eigenarten der Ausgabe belastet. Der Programmierer übergibt die auszugebenden Daten einfach an das *cout*-Objekt, welches dann für eine ordnungsgemäße Ausgabe sorgt. Als Standardausgabe wird im Allgemeinen der Bildschirm verwendet.

<< Der <<-Operator schiebt bildlich gesprochen die Daten in den Ausgabestrom.

Im Falle unseres »Hello World«-Programms handelt es sich bei den auszugebenden Daten um eine **Stringkonstante.**

Stringkonstanten stehen immer innerhalb von doppelten Anführungszeichen.

Der Begriff *String-Konstante* bezeichnet eine konstante Folge von Zeichen, die als Text aufgefasst werden.

Gehen wir den Ablauf des Programms einmal schrittweise durch.

Wenn Sie das Programm kompilieren und starten, wird zuerst die Funktion *main* aufgerufen. Die erste Anweisung ist diejenige, welche die auszugebenden Daten an das *cout*-Objekt schickt, sie also in den Standardausgabe-Strom schiebt. *cout* wird uns von C++ zur Verfügung gestellt und gehört zur Standardbibliothek.

---

5. Dies gilt natürlich nur für die Compiler, welche die *main*-Funktion ohne explizites *return* nicht fehler- und warnungsfrei kompilieren können.
6. *cout* steht für »console out«, was übersetzt so viel wie »Konsolen-Ausgabe« bedeutet.

Nachdem die auszugebenden Daten zu *cout* geschickt wurden, fährt das Programm hinter dem Semikolon der Anweisung fort. Dort ist aber nur das Ende der Funktion *main*, was dem Ende des gesamten Programms gleichkommt.

Einrücken von Quelltext

Sie werden sich vielleicht gewundert haben, dass im Programmtext die *cout*-Anweisung (und vorher auch schon die *return*-Anweisung) nach rechts eingerückt ist. Dies ist nicht notwendig, dient aber der Übersichtlichkeit. Üblicherweise werden solche Einrückungen mit Tabulatoren vorgenommen. In Ihrem Editor sollten Sie die Abstände der Tabulatoren auf zwei oder drei Zeichen einstellen, damit Sie den gewohnten Anblick erhalten.

Im Übrigen erkennt man hier eine weitere syntaktische Eigenschaft von C++:

Anweisungen, denen kein Anweisungsblock folgt, werden mit einem Semikolon abgeschlossen.

1.3 Die #include-Direktive

Wir kennen nun die Bedeutung der *main*-Funktion mitsamt Inhalt. Zu Anfang des Programms stehen aber noch andere Anweisungen, die der Erklärung bedürfen, zum Beispiel die **#include**-Direktive. *include* ist kein direkter Bestandteil der Sprache C++, sondern ein Befehl des **Präprozessors**.

Präprozessor

Der Präprozessor ist ein Teil des Compilers, der das Programm nicht übersetzt, sondern kontrolliert temporäre Änderungen im Programmtext vornimmt, die sich allerdings nur auf den Zeitraum der Kompilation beschränken.

Die *#include*-Direktive fügt an der Stelle im Programm, an der die Direktive steht, die hinter #include angegebene Datei in den Programmtext ein.

Wie gesagt: Dieses Einfügen geschieht jedoch in einer temporären Datei, ohne die Inhalte der Originaldateien zu verändern.

Präprozessor-Direktiven erkennt man am # in der ersten Spalte. Sie dürfen nicht nach rechts eingerückt werden, sondern müssen in der ersten Spalte beginnen.

Versuchen Sie einmal das Programm ohne die *#include*-Direktive zu kompilieren. Es wird ein Fehler auftreten, weil in *iostream* die Definition von *cout* steht, die durch das Entfernen der *#include*-Direktive nicht mehr Bestandteil des Programms ist. Dadurch ist dem Compiler *cout* unbekannt und dessen Verwendung unmöglich.

Früher standen hinter den *#include*-Direktiven Namen von konkret existierenden Dateien. Das ist nach der neuen Norm nicht mehr zwingend. Die

Deklarationen können in einer beliebigen, dem Benutzer nicht näher bekannten Datei stehen. Theoretisch müssen sie nicht einmal mehr in einer Datei stehen, sondern könnten Bestandteil des Compilers sein.

Ergänzend sei noch anzumerken, dass die spitzen Klammern (< >) den Präprozessor veranlassen, die entsprechende Datei in den Standardverzeichnissen des Compilers zu suchen. Wäre die einzubindende Datei in doppelte Anführungszeichen gesetzt worden, hätte sie der Präprozessor im angegebenen Verzeichnis gesucht. Bei der bloßen Angabe des Dateinamens sucht der Compiler in dem Verzeichnis, in dem auch die Datei mit der #include-Direktive steht.

1.4 Namensbereiche

Die einzige uns noch unbekannte Zeile im »Hello World«-Programm lautet:

```
using namespace std;
```

Diese Anweisung besagt, dass sich der Compiler nun im Namensbereich (namespace) *std* befindet. Alle im Namensbereich *std* definierten Entitäten können nun angesprochen werden, ohne den Namensbereich konkret angeben zu müssen.

Wenn Sie die *using*-Anweisung einmal entfernen und das Programm dann kompilieren, dann wird der Compiler melden, dass er *cout* nicht kennt. Aber warum? *cout* ist doch in *iostream* definiert, also müsste es dem Compiler auch bekannt sein.

Nehmen wir als erklärenden Beispiel das deutsche Telefonnetz. Wenn Sie aus München einen Anschluss in Köln erreichen wollen, dann müssen Sie zuerst die Stadt Köln anwählen (0221) und dann den Anschluss selbst. Befinden Sie selbst sich aber auch in Köln, dann müssen Sie nur noch die Nummer des gewünschten Anschlusses wählen.

Genauso verhält es sich auch mit dem Compiler. In dem Moment, wo sich der Compiler nicht im Namensbereich *std* befindet, müssen alle Elemente von *std* über den Namensbereich angesprochen werden. Für *cout* sähe das wie folgt aus:

```
std::cout << "Hello World!";
```

Das Programm lässt sich so auch ohne die *using*-Anweisung fehlerfrei kompilieren und ausführen. Sinn macht die *using*-Anweisung im Allgemeinen dann, wenn viele Elemente eines Namensbereichs angesprochen werden müssen. Man hat auf diese Art Schreibarbeit gespart. (Genau, wie Telefonkosten gespart würden, wenn Sie Ihre Bekannten immer aus der Stadt anriefen, in der sie wohnen.)

std Grundsätzlich sind nach der neuen Norm alle Standard-Elemente von C++ im Namensbereich *std* definiert.

Die Namensbereiche wurden eingeführt, um eine mögliche Doppelbenennung verhindern zu können. Man ist dadurch in der Lage, sein eigenes *cout* zu definieren, wenn man es einem anderen Namensbereich zuordnet.

Jetzt müsste auch verständlich sein, warum bei einem Compiler, der die neue Ansi-Norm nicht unterstützt, die in Kapitel 1.1 aufgeführten Programmänderungen vorgenommen werden müssen:

1.5 Kommentare

Um den selbst produzierten C++-Code kommentieren zu können, bietet C++ die Möglichkeit, Kommentare zu integrieren.

So können Sie zum Beispiel hinter bestimmten Programmzeilen Bemerkungen schreiben, damit Sie auch später noch wissen, welche Funktion sie haben. Oder Sie können vor jedem größeren Abschnitt ein paar Zeilen über seine Funktion schreiben[7].

/* */

Kommentare beginnen mit den Zeichen /* und werden mit */ beendet. Alles, was zwischen diesen Zeichen steht, »übersieht« der Compiler.

Kommentare dürfen nicht verschachtelt werden.

//

Benötigen Sie für Ihren Kommentare nur maximal eine Zeile (z.B. um eine kurze Bemerkung hinter eine Anweisung zu schreiben), dann verwenden Sie //.

Wenn Sie die beiden Formen der Kommentare mischen, dann sind auch Verschachtelungen möglich.

Schauen wir uns als Beispiel unser Programm mit Kommentaren versehen an:

```
/*

Programm          : Einfuehrendes Beispielprogramm
Autor             : Andre Willms
Letzte Aenderung : 10.01.2001

*/
```

7. Im Allgemeinen sollte vor jeder Funktion ein Kopf von Bemerkungen stehen, der als Informationen das Datum der letzten Änderung, Erklärung aller Funktionsparameter und die Beschreibung der Funktionalität enthält. Damit fällt es später leichter, die Funktion in anderen Programmen zu verwenden. Sind mehrere Programmierer an der Erstellung des Programms beteiligt, sollte jeder Funktion der Name des Autors beigefügt werden.

```
#include <iostream> /* Einbinden von iostream */

using namespace std; // std als Standard-Namensbereich

// Hauptfunktion

int main()
{

  cout << "Hello World!";  // Textausgabe

  return(0);               // Implizites return
}
```

Berücksichtigen Sie Folgendes:

Benutzen Sie hinter Präprozessor-Direktiven nur /* ... */-Kommentare.

Dies hat folgenden Hintergrund: Die /* ... */-Kommentare gab es auch schon in C, wohingegen die //-Kommentare eine Neuerung von C++ sind. Auch den Präprozessor gab es bereits in der Programmiersprache C, weswegen er bei vielen C++-Compilern nicht neu programmiert, sondern einfach von einem C-Compiler übernommen wurde.

Dadurch gibt es in vielen C++-Compilern Präprozessoren, die den neuen C++-Kommentar nicht verstehen und deswegen einen Fehler melden.

Wegen der Portabilität sollten Sie hinter Präprozessor-Direktiven auch dann die /* ... */-Kommentare verwenden, wenn Ihr Präprozessor den //-Kommentar versteht.

1.6 Formatierte Ausgabe

In diesem Abschnitt widmen wir uns ein wenig dem Erscheinungsbild der Ausgabe.

Möchten Sie beispielsweise mehr als eine Zeile ausgeben, dann müssen Sie das Ende der Zeile (bzw. den Beginn der neuen Zeile) entsprechend angeben:

```
cout << "Hello World!" << endl;
cout << "Hallo Welt!" << endl;
```

endl *endl* ist ein so genannter Manipulator. Wenn Sie *endl* in den Ausgabestrom schicken, dann wird eine Funktion namens *endl* aufgerufen, die das Steuerzeichen **\n** ausgibt und anschließend einen **flush** durchführt.

Das \n-Steuerzeichen wird auch als **NL** bezeichnet, was eine Abkürzung für New Line[8] ist. NL sorgt dafür, dass die Ausgabeposition an den Anfang der nächsten Zeile verlegt wird. Der Name rührt noch aus den Zeiten, in denen reger Gebrauch von Schreibmaschinen gemacht wurde.

\n

Normalerweise ist die Ausgabe über die Standard-Ströme gepuffert. Das bedeutet, dass erst eine gewisse Menge von Zeichen gesammelt wird, bis sie tatsächlich auf dem Bildschirm ausgegeben werden. Möchte man aber, dass der Ausgabepuffer ausgegeben wird, obwohl er noch nicht voll ist, dann führt man ein so genanntes *flush* aus.

flush

Zusammengefasst sorgt der Manipulator dafür, dass die Ausgabe am Anfang der nächsten Zeile fortgeführt und der Inhalt des Ausgabepuffers ausgegeben wird.

Möchten Sie die Ausgabe des Pufferinhalts erzwingen, ohne gleichzeitig ein NL auszuführen, dann benutzen Sie den Manipulator **flush**.

Man kann die Steuerzeichen auch direkt im Text unterbringen. Die *cout*-Anweisungen können daher auch so geschrieben werden:

```
cout << "Hello World!\n";
cout << "Hallo Welt!" << endl;
```

Hinter der Ausgabe des ersten Satzes wird lediglich ein New Line ausgegeben, wodurch die zweite Ausgabe in einer neuen Zeile beginnt. Hinter dem zweiten Satz wird durch den *endl*-Manipulator sowohl ein NL als auch ein *flush* ausgeführt.

Außer dem fehlenden *flush* hinter der ersten *cout*-Anweisung verhalten sich die beiden Zeilen identisch mit ihren Vorgängerinnen. Da die beiden Zeilen aber zusammen ausgegeben werden sollen, reicht ein *flush* hinter der letzten Zeile völlig aus.

Steuerzeichen wie *\n* gibt es in C++ reichlich. Allen gemeinsam ist der Backslah zu Beginn:

Steuerzeichen

Die folgende Tabelle listet alle Steuerzeichen – oder **Escape-Sequenzen**, wie sie auch genannt werden – auf:

Tab. 1.1: Die Steuerzeichen der Ausgabe

Esc.Seq.	Zeichen
\a	**BEL** (bell), gibt ein akustisches Warnsignal
\b	**BS** (backspace), der Cursor geht eine Position nach links
\f	**FF** (formfeed), ein Seitenvorschub wird ausgelöst
\n	**NL** (new line), der Cursor geht zum Anfang der nächsten Zeile
\r	**CR** (carriage return), der Cursor geht zum Anfang der aktuellen Zeile
\t	**HT** (horizontal tab), der Cursor geht zur nächsten horizontalen Tabulatorposition

8. Das bedeutet auf Deutsch so viel wie »Neue Zeile«.

Esc.Seq.	Zeichen
\v	**VT** (vertical tab), der Cursor geht zur nächsten vertikalen Tabulatorposition
\"	" wird ausgegeben
\'	' wird ausgegeben
\?	? wird ausgegeben
\\	\ wird ausgegeben

1.7 Der Programmablaufplan

Um den Ablauf eines Algorithmus und damit auch den eines Programms besser darstellen und dokumentieren zu können, wurde eine genormte grafische Darstellung ins Leben gerufen.

Diese grafische Darstellung existiert losgelöst von der Programmiersprache und beschreibt Ablauf und Funktion eines Algorithmus universell. Mit einer solchen Darstellung lässt sich ein Algorithmus meist problemlos in einer Programmiersprache verwirklichen. Natürlich vorausgesetzt, dass die in der Darstellung verwendeten Strukturen in der entsprechenden Sprache umsetzbar sind.

PAP

Wir werden uns zunächst mit dem weit verbreiteten **Programmablaufplan** oder **PAPs** beschäftigen. Der PAP, der auch **Flussdiagramm** genannt wird, zeigt auf vorbildliche Weise den Programmfluss an und trägt sehr zum Verständnis von Algorithmen bei. Wenden wir uns deshalb den ersten Symbolen des PAPs zu:

1.7.1 Terminator

Abbildung 1.1: Start und Ende im PAP

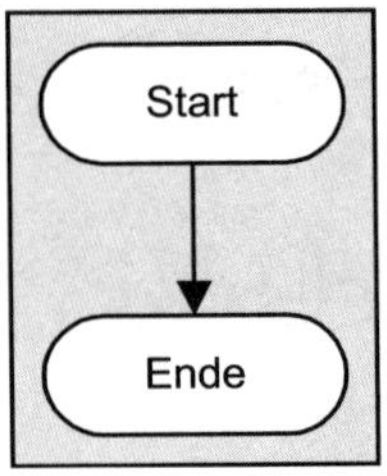

Abbildung 1.1 zeigt das Terminator-Symbol des PAPs. Es steht am Anfang und am Ende eines Programmablaufs. Bezeichnenderweise schreibt man am Programmanfang »Start« und am Programmende »Ende« in den Terminator.

Mit dem Terminator-Symbol werden Anfang und Ende eines Programmablaufs markiert.

Besteht der PAP auch aus Unterroutinen, dann fügt man in den Terminator zusätzlich noch den Namen der betreffenden Routine ein.

1.7.2 Anweisung

Anweisungs-Symbol

In Abbildung 1.2 ist das Anweisungs-Symbol des PAPs dargestellt. Dieses Symbol wird dazu benutzt, bestimmte Anweisungen wie Rechnungen, Zuweisungen, Variablen-Definitionen etc. darzustellen. In das Symbol hinein schreibt man die konkrete Bedeutung der Anweisung. Entweder benutzen Sie pro Anweisung einen Block oder Sie fassen logisch zusammenpassende Anweisungen in einem Block zusammen. Ein einzelner Block sollte aber nicht zu voll mit verschiedenen Anweisungen gepackt werden, weil sich dies zu Ungunsten der Übersichtlichkeit auswirkt.

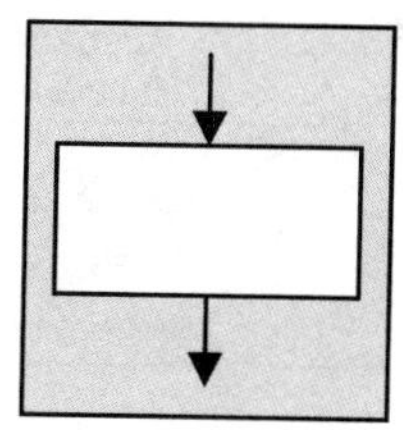

Abbildung 1.2: Das Anweisungssymbol des PAP

Rechnungen, Zuweisungen, Variablen-Definitionen etc. werden mit Hilfe eines Anweisungs-Symbols dargestellt.

1.7.3 Ein-/Ausgabe

Für die Eingabe durch den Benutzer oder die Ausgabe auf den Bildschirm durch das Programm gibt es ein spezielles Symbol, welches in Abbildung 1.3 gezeigt wird. Man schreibt den entsprechenden Vorgang (Ein- oder Ausgabe) sowie die ein- oder auszugebenden Daten in das Symbol.

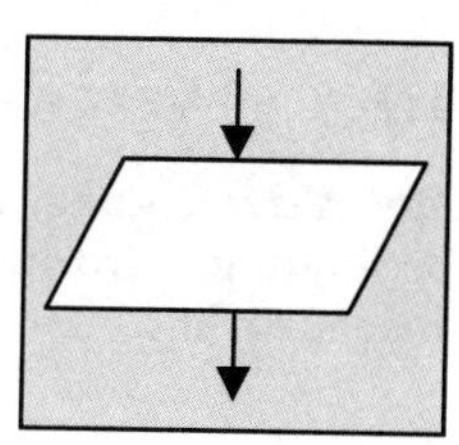

Abbildung 1.3: Das Ein-/Ausgabe-Symbol des PAP

Ein- und Ausgabe, egal welcher Form, werden durch das Ein-/Ausgabe-Symbol dargestellt.

Mit diesen Symbolen sind wir bereits in der Lage, unser erstes Programm in einem Programmablaufplan darzustellen. Die einzelnen Komponenten des PAPs werden mit Linien verbunden. Die Linien werden mit Pfeilen versehen, um die Flussrichtung zu bestimmen. Flussrichtungen nach unten und nach rechts benötigen der Norm nach keine Pfeile. Es ist jedoch zugunsten der Eindeutigkeit besser, durchweg Pfeile zu benutzen.

Das Ergebnis sehen Sie in Abbildung 1.4.

Abbildung 1.4: Das erste Beispiel-Programm als PAP

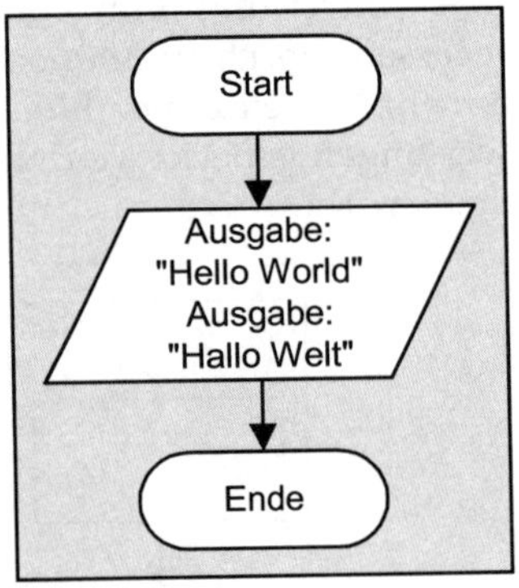

Um Zweideutigkeiten zu vermeiden und um die Lesbarkeit zu erhöhen, sollten die Flusslinien eines PAP grundsätzlich mit Pfeilen versehen werden.

Die beiden Ausgaben hätten auch jeweils in ein eigenes Ausgabe-Symbol geschrieben werden können. Da der Zusammenhang der beiden Ausgaben hier aber besonders stark ausgeprägt ist, bietet sich das Verwenden eines einzelnen Symbols an.

In den folgenden Kapiteln werden noch andere Symbole und Variationen vorgestellt, um unseren wachsenden Anforderungen an den PAP gerecht zu werden.

1.7.4 Verzweigung

Eine Verzweigung, also eine Änderung der Flussrichtung aufgrund einer Bedingung, wird im PAP mit dem in Abbildung 1.5 dargestellten Symbol ausgedrückt:

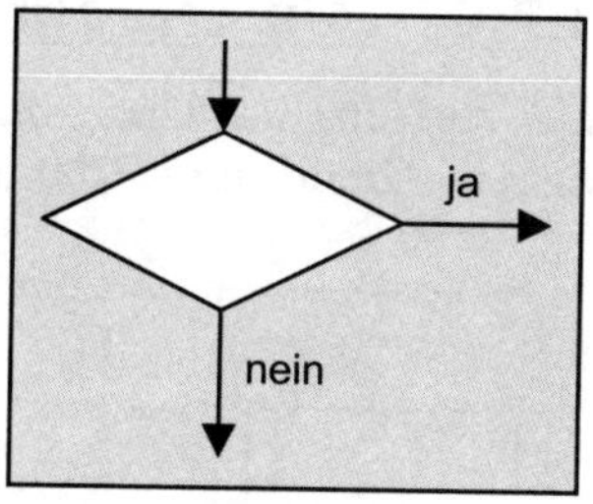

Abbildung 1.5: Die Verzweigung im PAP

Dabei können die Pfade für »ja« und »nein« auch vertauscht werden. Anstelle der rechten Ecke darf auch die linke Ecke als Verbindungsstelle dienen. Natürlich können zur Bezeichnung der Pfade auch analoge Begriffe wie wahr/falsch oder 1/0 verwendet werden.

Wie Verzweigungen in C++ formuliert werden, sehen Sie in einem späteren Abschnitt.

1.7.5 Schleifen

Schleifen dienen in einer Programmiersprache dem wiederholten Abarbeiten bestimmter Anweisungen. Die entsprechenden Symbole des PAP sind in Abbildung 1.6 dargestellt.

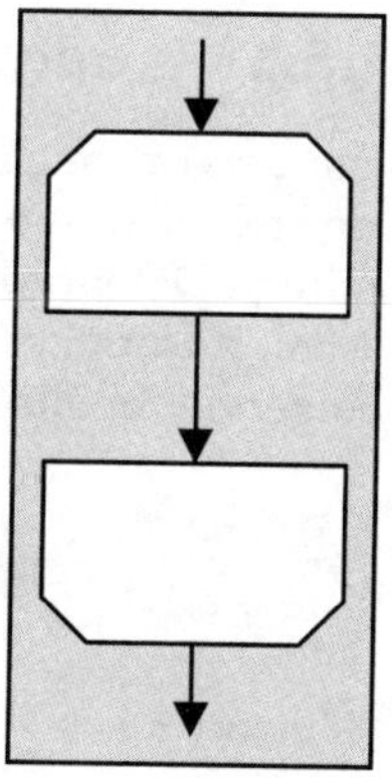

Abbildung 1.6: Die Schleifensymbole des PAP

Die Schleifenbedingung wird entweder im Start-Symbol oder im Ende-Symbol der Schleife eingetragen, je nachdem, ob die Schleifenbedingung beim Schleifeneintritt oder -austritt geprüft wird.

Zwischen den beiden Schleifen-Symbolen – in eigenen Symbolen – stehen dann die Anweisungen, die innerhalb der Schleife ausgeführt werden sollen.

1.7.6 Unterprogramm

Der Aufruf eines Unterprogramms (oder einer Funktion in C++) wird mit dem in Abbildung 1.7 dargestellten Symbol angezeigt.

Abbildung 1.7: Das Unterprogramm-Symbol des PAP

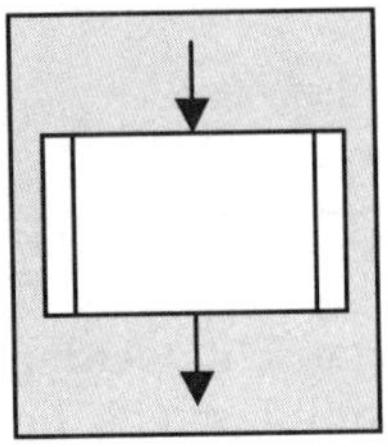

Sollte das aufgerufene Unterprogramm bzw. die aufgerufene Funktion Bestandteil des Programms sein, muss das aufgerufene Unterprogramm aus Gründen der Vollständigkeit mit einem eigenen PAP vertreten sein.

1.8 Variablen

Dieser Abschnitt gibt einen Überblick über die elementaren Datentypen von C++.

1.8.1 Ganzzahlen

Um den unterschiedlichen Anforderungen, die Algorithmen an ganze Zahlen stellen können, gerecht zu werden, stehen in C++ gleich mehrere ganzzahlige Datentypen zur Verfügung, die sich durch ihren Wertebereich und damit zusammenhängend durch ihren Speicherplatzbedarf unterscheiden. Folgende Tabelle gibt einen Überblick:

Tab. 1.2: Die Varianten der ganzzahligen Variablen

Typ	Größe*	Zahlenbereich
Int	2 Bytes	-32768 bis +32767
Unsigned int	2 Bytes	0 bis +65535
long	4 Bytes	-2147483648 bis +2147483647
unsigned long	4 Bytes	0 bis +4294967295
short	1 Byte	-128 bis +127
unsigned short	1 Byte	0 bis 255

* Die Größe gibt an, wie viele Bytes von einer Variable des entsprechenden Typs belegt werden, wenn sie den unter »Zahlenbereich« angegebenen Zahlenbereich abdeckt. Manche Compiler benutzen von vornherein größere Zahlenbereiche, wodurch sich auch der Speicherbedarf der Variablen erhöht.

Die in der Tabelle angegebenen Bytegrößen sind Mindestgrößen. Das bedeutet, dass ein die Ansi-Norm unterstützender Compiler auf jeden Fall den hier angegebenen Wertebereich unterstützen muss. Er kann jedoch auch mehr Bytes verwenden[9].

Definition

Eine Variable zu definieren bedeutet, ihr einen Namen zu geben, ihren Datentyp festzulegen und entsprechenden Speicher bereitzustellen. Abgesehen von der Entscheidung, wie die Variable heißen und welchen Datentyp sie haben soll, erledigt der Compiler die restliche Arbeit.

Die Variablen-Definition an sich ist denkbar einfach. Zuerst wird angegeben, von welchem Typ die Variable sein soll. Dem folgt dann der Name der Variablen. Wollen wir beispielsweise eine Variable namens *a* vom Typ *int* definieren, dann schreiben wir dies so:

Syntax

```
int a;
```

Ausgabe

Variablen werden in C++ genauso ausgegeben wie Stringkonstanten: Sie werden in den Ausgabestrom *cout* geschickt. Dies sieht dann so aus:

Syntax

```
cout << a;
```

Doch welchen Wert wird *cout* für *a* ausgeben? Entsprechend kann man fragen, was ist in einer Schublade, die noch nicht ausgeräumt, aber von Ihnen auch nicht eingeräumt wurde? Sie können es nicht wissen.

Zuweisung und Initialisierung

Bevor eine Variable verwendet wird, muss ihr auf jeden Fall erst einmal ein Wert zugewiesen werden. Das erste Zuweisen eines Wertes an eine Variable bezeichnet man als **Initialisierung**.

Eine nicht initialisierte Variable hat einen nicht vorhersagbaren Wert.

Das Zuweisen eines Wertes geschieht mit dem so genannten Zuweisungsoperator. Der Zuweisungsoperator ist in C++ das Gleichheitszeichen »=«. Wenn Sie der Variablen den Wert 12 zuweisen wollen, dann formulieren Sie dies wie folgt:

Syntax

```
a=12;
```

C++ bietet die Möglichkeit, Variablen-Definitionen des gleichen Typs in einer Anweisung zusammenzufassen. Die einzelnen Variablen werden dabei durch Kommata getrennt:

Zusammenfassung

```
int a,b,c;
```

9. Was heutzutage auch Usus ist. Dass ein *int*-Wert den gleichen Wertebereich wie ein *long*-Wert hat, ist heute der Normalfall.

Des Weiteren kann man die Variable gleich bei ihrer Definition initialisieren:

Gleichzeitige Initialisierung

```
int a=13,b=-88,c=64;
```

Eingabe

cin

Die Eingabe erfolgt genau wie die Ausgabe über einen sogenannten Stream bzw. Strom. Analog zum Ausgabestrom, der mit *cout* bezeichnet wird, heißt der Eingabestrom **cin**.

>>

Wir können uns den Ausgabeoperator << gut merken, indem wir uns einfach vorstellen, dass die auszugebenden Daten nach *cout* geschoben werden. Der Eingabe-Operator lässt sich ebenfalls einfach merken, denn er sieht so aus: >>. Wollen wir beispielsweise einen Wert eingeben und diesen dann einer Variablen *a* zuweisen, dann sieht das so aus:

Syntax

```
cin >> a;
```

Auch hier lässt sich der Operator gut merken, wenn man sich vorstellt, die Daten werden von *cin* in die Variable geschoben. Sehen wir uns dazu ein Beispiel an:

```
#include <iostream>

using namespace std;

int main()
{

  int a;

  cout << "Bitte einen Wert eingeben:";
  cin >> a;
  cout << "Sie haben " << a << " eingegeben." << endl;
}
```

In diesem Fall muss die Variable *a* nicht explizit initialisiert werden, weil die Zuweisung des vom Benutzer eingegebenen Wertes als Initialisierung betrachtet werden kann.

Mit *cin* können Sie auch mehrere Werte mit einer Anweisung einlesen:

```
int a,b;

cin >> a >> b;
```

Hier werden zwei Werte vom Typ *int* eingelesen. Sie haben zwei Möglichkeiten, die Werte einzugeben:

1. Sie geben den ersten Wert ein und drücken die Return-Taste. Danach geben Sie den zweiten Wert ein und drücken wieder die Return-Taste. Dass kein Text erscheint, nachdem Sie den ersten Wert eingegeben haben, ist verständlich.

2. Sie geben den ersten Wert und den zweiten Wert hintereinander durch ein Leerzeichen getrennt ein und drücken die Return-Taste.

Es bleibt Ihnen überlassen, auf welche Weise Sie die Werte eingeben. Sie sollten *cin* aber nur in Ausnahmefällen auf diese Weise benutzen. Eine Eingabeaufforderung pro Eingabe sollte dem späteren Benutzer zuliebe schon vorhanden sein.

1.8.2 Boolesche Werte

bool

Eine boolesche Variable, also eine Variable, die nur die Werte wahr und falsch annehmen kann, wird mit Hilfe des Schlüsselwortes **bool** definiert:

Syntax

```
bool x2;
```

true, false

Zusätzlich wurde jeweils für die beiden möglichen Werte von *bool* ein Schlüsselwort angelegt, nämlich **true** und **false**.

Dabei wird *true* intern durch den Wert 1 und *false* durch den Wert 0 dargestellt[10].

1.8.3 Fließkomma-Variablen

Im Gegensatz zu den ganzzahligen Variablen sind Fließkomma-Variablen in der Lage, rationale Zahlen darzustellen. Fließkommavariablen stehen in drei verschiedenen Varianten zur Verfügung:

Tab. 1.3: Die Varianten der Fließkommavariablen

Typ	Größe	Mindestgenauigkeit
float	4	6
double	8	10
long double	10	10

Die Größe gibt die Anzahl der Byte an, die mindestens von einer Variablen des entsprechenden Typs belegt werden. Die Mindestgenauigkeit bezeichnet die Anzahl der Nachkommastellen. Alle obigen Variablentypen decken den Wertebereich von mindestens $[10^{38}, 10^{-38}]$ sowohl im positiven wie auch im negativen Bereich ab. Wie Sie sehen, gibt es in C++ keine vorzeichenlosen Fließkommazahlen.

Sollten Sie Variablen unterschiedlicher Typen mischen, dann bedenken Sie immer, dass der Datentyp des Ergebnisses den komplexesten der an der Operation beteiligten Datentypen annimmt.

10. Prinzipiell gilt jedoch, dass alle Werte außer der Null einen wahren Wert repräsentieren.

Beispielsweise liefert die Division 7/3 den Wert 2, weil sowohl 7 als auch 2 ganze Zahlen sind und deswegen das Ergebnis ebenfalls eine Ganzzahl ist. Die Berechnung 9/2.0 ergibt 4.5, weil 9 eine Ganzzahl und 2.0 eine Fließkommazahl ist. Damit ist der komplexere der beiden Datentypen – und deswegen auch das Ergebnis – eine Fließkommazahl.

1.8.4 Typumwandlung

Eine Methode, den Datentyp eines Wertes explizit zu ändert, stellen die cast-Operatoren da:

Syntax

```
static_cast<typ>(variable)
```

Der statische cast-Operator bewirkt eine Umwandlung des Typs sowie eine Typüberprüfung zur Kompilationszeit. Daher sollte ein statischer cast nur dann verwendet werden, wenn sich der Variablentyp zur Laufzeit nicht ändert[11]. Ein Beispiel:

```
int a=3,b=2;
float c;

c=static_cast<float>(a) / static_cast<float>(b);
```

Vor dem Ausführen der Division wird der Wert, den die Variable *a* repräsentiert, in einen *float*-Wert umgewandelt. Das Gleiche gilt für die Variable *b*. Da nun zwei *float*-Werte miteinander verknüpft werden[12], ist auch das Ergebnis vom Typ *float*. Der Wert ist daher 1.5.

Bitte beachten Sie, dass nach dieser Typumwandlung die Variablen *a* und *b* immer noch Ganzzahlvariablen sind.

Die Typumwandlung bezieht sich nur auf den Wert, den die Variable während der Verknüpfung repräsentiert.

Die Typumwandlung wird vor der Division ausgeführt, weil die Klammern stärker binden als der Divisionsoperator.

Sie sollten sich angewöhnen, den Typumwandlungsoperator auch dann zu benutzen, wenn es nicht unbedingt nötig ist:

```
int a=4;
float b;

b=a;
```

11. Dies gilt für alle elementaren Datentypen.
12. Es würde auch ausreichen, nur einen der beiden Werte explizit in *float* umzuwandeln, da das Ergebnis immer vom Typ des genauesten Operators der Operation ist.

Um den Wert der Variablen *a* der Variablen *b* zuzuweisen, muss der Compiler eine Typumwandlung vornehmen[13]. An dieser Stelle leidet die Übersichtlichkeit noch nicht, weil die Definition der Variablen kurz zuvor erfolgte. Tritt die Zuweisungszeile aber 100 Zeilen nach der Definition auf, dann kann man die Typen der einzelnen Variablen schon wieder vergessen haben[14].

Die bloße Zuweisung von *a* an *b* impliziert dann, dass die Variablen vom gleichen Typ sind. Deswegen sollten Sie grundsätzlich die folgende Schreibweise benutzen:

```
b=static_cast<float>(a);
```

Das Programm wird dadurch nicht langsamer, weil die Typumwandlung auf jeden Fall vorgenommen werden muss und die Überprüfung zur Kompilationszeit stattfindet. Aber die Übersichtlichkeit wird enorm gesteigert, weil man sofort erkennen kann, dass *a* und *b* nicht gleichen Typs sind.

C-Cast

Der cast-Operator aus C-Tagen existiert unter C++ aus Gründen der Abwärtskompatibilität auch noch, sollte aber möglichst nicht mehr angewendet werden.

1.8.5 Formatierte Ausgabe

Werden Variablen mit cout ausgegeben, dann stehen spezielle Manipulatoren zur Verfügung, die eine Beeinflussung der Ausgabe erlauben.

Ganzzahlen

Sehen wir uns zunächst die Manipulatoren der Ganzzahlen an. Zunächst hat man die Möglichkeit, eine feste Feldbreite für eine Zahl zu definieren.

setw

Dadurch, dass jede Zahl in einer festen Breite ausgegeben wird, und zwar ungeachtet ihrer tatsächlichen Breite, kann mit einfachen Mitteln eine Tabelle ausgegeben werden. Der dafür notwendige Manipulator heißt **setw** und ist die Abkürzung von »setwidth«, was auf Deutsch so viel wie »setze Breite« bedeutet. Ein Beispiel:

```
cout << setw(5) << -8 << setw(5) << 17 << endl;
```

Wie Sie sehen, benötigen Sie zusätzlich noch die Definitionen aus *iomanip*. Es ist wichtig, zu berücksichtigen, dass sich die Definition von *setw* nur auf die unmittelbar folgende Ausgabe bezieht.

13. Viele Compiler geben eine Warnung aus, wenn eine implizite Typumwandlung stattfindet, oder haben eine Option, um diese Warnungen zu aktivieren. Dies sollten Sie dann tun. Das gilt besonders für C++-Compiler.
14. Das gilt besonders dann, wenn man versucht, ein Programm zu verstehen, welches man nicht selbst geschrieben hat.

setfill Um den freien Platz individuell ausfüllen zu können, gibt es einen Manipulator, mit dem man ein Füllzeichen definieren kann. Dieser Manipulator heißt **setfill**:

Syntax

```
cout << setfill('*');
```

Die Ausgabe sieht nun folgendermaßen aus:

```
***-8***17
```

left Sie werden festgestellt haben, dass die Zahlen alle rechtsbündig ausgegeben werden. Auch hier gibt es Manipulatoren, die darauf Einfluss nehmen. Als Erstes wäre da **left**, der dafür sorgt, dass alle Zahlen linksbündig ausgegeben werden:

```
cout << left;
```

internal Ein weiterer Manipulator, der Auswirkungen auf die Ausrichtung hat, ist **internal**. Er sorgt dafür, dass die Vorzeichen linksbündig und die Zahlen selbst rechtsbündig ausgegeben werden.

right Wollen Sie wieder zu einer rechtsbündigen Ausgabe wechseln, dann verwenden Sie den Manipulator **right**.

showpos Bezüglich der Vorzeichen existiert ein Manipulator, mit dem sich das positive Vorzeichen explizit darstellen lässt. Dieser Manipulator heißt **showpos**:

```
cout << showpos;
```

noshowpos Um den *showpos*-Manipulator wieder aufzuheben, verwenden Sie den **noshowpos**-Manipulator.

oct, dec, hex Bei der Ausgabe von Zahlen haben Sie die Wahl zwischen drei Zahlensystemen: dem Oktalsystem, dem Dezimalsystem und dem Hexadezimalsystem. Welches Zahlensystem benutzt wird, lässt sich durch die Manipulatoren **oct**, **dec** und **hex** definieren.

In der sedezimalen Darstellung gibt es in dem Sinne keine negativen Zahlen, deswegen finden Sie auch keine Vorzeichen.

showbase Ein Verständnisproblem kann auftreten, wenn nicht explizit erwähnt wird, dass es sich bei der Darstellung um die sedezimale Schreibweise handelt. Dazu gibt es den Manipulator **showbase**, der das Zahlensystem in der C++-typischen Weise kennzeichnet. Wir ändern die erste *cout*-Anweisung folgendermaßen um:

```
cout << hex << showbase;
```

noshowbase Um den *showbase*-Manipulator aufzuheben, verwendet man den **noshowbase**-Manipulator.

uppercase Zum Schluss gibt es noch über den **uppercase**-Manipulator die Möglichkeit, dass alle bei der Zahlenausgabe verwendeten Buchstaben großgeschrieben werden.

Um wieder auf Kleinbuchstaben zu wechseln, verwendet man den **nouppercase**-Manipulator.

nouppercase

Zum Abschluss sind noch einmal alle Manipulatoren in einer Tabelle aufgeführt:

bool-Variablen

Speziell für diesen Variablentyp gibt es zwei Manipulatoren, die entscheiden, ob ein boolescher Wert als Wort oder als Zahl ausgegeben wird. Der Manipulator **boolalpha** gibt an, dass die Ausgabe als Wort erfolgt, wohingegen **noboolalpha** eine Ausgabe als Wert zur Folge hat.

boolalpha, noboolalpha

Fließkommavariablen

Um die grundlegende Ausgabe einer Fließkommazahl zu bestimmen, benutzt man die Manipulatoren **showpoint** und **noshowpoint**. *showpoint* bewirkt, dass die Fließkommazahl grundsätzlich mit Dezimalpunkt und Nachkommastellen ausgegeben wird. Die Fließkommazahl 83 würde demnach wie folgt ausgegeben:

showpoint, noshowpoint

```
83.000
```

noshowpoint wirkt dem Manipulator *showpoint* entgegen, indem es nur die relevanten Stellen der Fließkommazahl ausgibt. Bezogen auf das obere Beispiel kommt es dann zu folgendem Ergebnis:

```
83
```

Um die Fließkommazahl in wissenschaftlicher Notation auszugeben, verwendet man den Manipulator **scientific**. Die Zahl 23.645 erscheint dann folgendermaßen auf dem Bildschirm:

scientific

```
2.364500e+001
```

Um die Werte in der gewohnten Dezimaldarstellung auszugeben, verwendet man den Manipulator **fixed**.

fixed

Schließlich gibt es noch einen Manipulator, mit dem Sie die Genauigkeit[15] der Zahlenausgabe bestimmen können. Er heißt **setprecision()**. Beachten Sie, dass zur Verwendung von *setprecision* die Header-Datei *iomanip* mit *#include* eingebunden werden muss.

setprecision()

Die bei den Ganzzahlen vorgestellten Manipulatoren der allgemeinen Form (rechtsbündig, linksbündig etc.) sind natürlich auch auf die Fließkommazahlen anwendbar.

15. Mit Genauigkeit ist in diesem Fall die Anzahl der Nachkommastellen gemeint, obwohl einige Compiler unter *setprecision* die Anzahl aller Ziffern (inklusive der Vorkommastellen) verstehen.

1.9 Verzweigungen

if

Verzweigungen werden in C++ mit dem Schlüsselwort **if** eingeleitet, was auf Deutsch »falls« heißt. Die einfachste Form von *if* hat folgendes syntaktisches Aussehen:

Syntax

```
if(bedingung)
{
}
```

Bedingung

Ist die Bedingung innerhalb der runden Klammern wahr, dann werden die Anweisungen, die innerhalb der geschweiften Klammern stehen, also der Anweisungsblock hinter *if*, ausgeführt. Sollte die Bedingung falsch sein, so werden alle Befehle innerhalb der geschweiften Klammern übersprungen und das Programm führt die erste Anweisung hinter der schließenden geschweiften Klammer aus. Wie eine Verzweigung im PAP aussieht, zeigt Abbildung 1.8.

Abbildung 1.8: Die Verzweigung im PAP

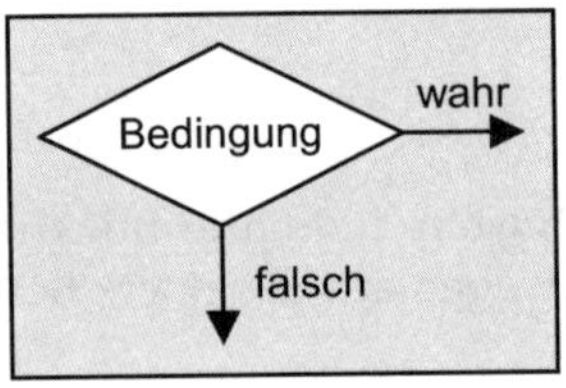

Dabei spielt es keine Rolle, an welchen Enden der »wahr«- und der »falsch«-Pfad aus der Raute treten.

Um überhaupt eine Bedingung formulieren zu können, benötigen wir Vergleichsoperatoren:

1.9.1 Die Vergleichsoperatoren

Wir haben in unserem letzten Beispiel bereits einen Vergleichsoperator verwendet, nämlich den Gleichheitsoperator ==. Er liefert genau dann einen wahren Wert, wenn die beiden Operatoren gleich sind. In allen anderen Fällen liefert er einen falschen Wert.

Insgesamt stellt uns C++ sechs Vergleichsoperatoren zur Verfügung, die nun tabellarisch vorgestellt werden:

Tab. 1.4: Die Vergleichsoperatoren

Vergleichsoperator	Bedeutung
a<b	wahr, wenn a kleiner b
a<=b	wahr, wenn a kleiner-gleich b
a>b	wahr, wenn a größer b
a>=b	wahr, wenn a größer-gleich b

Vergleichsoperator	Bedeutung
a==b	wahr, wenn a gleich b
a!=b	wahr, wenn a ungleich b

Es ist wichtig zu beachten, dass der Gleichheitsoperator aus zwei Gleichheitszeichen besteht. Des Weiteren darf bei den Operatoren *kleiner-gleich* und *größer-gleich* die Reihenfolge der beiden Zeichen nicht verändert werden. Deswegen ist der Operator => für *größer-gleich* unzulässig.

1.9.2 Die logische Negation

!

In C++ hat man die Möglichkeit, die Aussage einer Bedingung zu negieren, das heißt eine wahre Bedingung wird falsch und eine falsche wird wahr. Schauen wir uns folgendes *if*-Konstrukt an:

Syntax

```
if(!(wert==100))
{
  cout << "Der Wert ist ungleich 100\n" << endl;
}
```

Der erste Operator innerhalb der runden Klammern ist der Negationsoperator »!«. Die Klammerung der anschließenden Bedingung ist wichtig, weil der Negationsoperator eine höhere Bindung hat als der Gleichheitsoperator. Wäre die Klammerung nicht vorhanden, würde sich der Negationsoperator nur auf die Variable *wert* beziehen, und das wäre hier falsch.

Die Bedingung innerhalb der Klammer ist dann wahr, wenn die Variable *wert* den Wert 100 hat. Dies wird dann durch den Negationsoperator negiert, die Bedingung ist also falsch, wenn *wert* den Wert 100 hat. Die Bedingung ist damit wahr, wenn *wert* ungleich 100 ist. Damit stimmt der Text in der *cout*-Anweisung.

1.9.3 else

Mit Hilfe der **else**-Anweisung (deutsch: andernfalls), die einem *if*-Anweisungsblock folgen muss, kann ein alternativer Pfad angegeben werden, der genau dann abgearbeitet wird, wenn die bei *if* formulierte Bedingung falsch ist. Dazu ein Beispiel:

```
if(b!=0) {
  c=a/b;
}
else {
cout << "Fehler! Division durch 0." << endl;
}
```

Wenn b ungleich 0 ist, dann wird die Division ausgeführt, andernfalls wird eine Fehlermeldung ausgegeben.

1.9.4 Logische Operatoren

Wir haben bisher immer nur einfache Bedingungen wie z.B. *a>b* formuliert. Was aber, wenn *a* kleiner als *b*, aber größer als *c* sein soll? Es könnten zwei if-Anweisungen verschachtelt werden:

```
if(a<b)
  {
    if(a>c)
      {
        cout << "Es gilt a<b und a>c" << endl;
      }
  }
```

In C++ gibt es jedoch einen eleganteren Weg, nämlich die logischen Verknüpfungen. Diese werden mit Hilfe logischer Operatoren formuliert.

Die logischen Operatoren dienen dazu, zwei Bedingungen nach einer bestimmten Vorschrift zu einer Bedingung zu verknüpfen, die dann wieder wahr oder falsch sein kann. Weil es bei zwei Bedingungen vier Kombinationen gibt – beide Bedingungen können wahr, beide falsch, die erste wahr und die zweite falsch, die erste falsch und die zweite wahr sein –, vereinfachen die logischen Verknüpfungen den Ausdruck, indem sie die vier Möglichkeiten auf zwei reduzieren.

Der logische UND-Operator

&&

Der &&-Operator, der auch **UND**-Operator oder **AND**-Operator genannt wird, verknüpft zwei Bedingungen auf die folgende Weise[16]:

Tab. 1.5: Die UND-Verknüpfung

Bedingung1	Bedingung2	(Bedingung1&&Bedingung2)
falsch	falsch	falsch
falsch	wahr	falsch
wahr	falsch	falsch
wahr	wahr	wahr

Der *AND*-Operator entspricht damit dem Wort »und«, wie es auch in unserer Sprache verwendet wird: Die Verknüpfung ist nur dann wahr, wenn beide Bedingungen wahr sind.

16. Die Verknüpfung von Bedingung1 und Bedingung2 kann nur wahr oder falsch sein, also nur zwei Zustände annehmen.

Der *AND*-Operator ist kommutativ, das heißt, dass *a&&b* gleichbedeutend ist mit *b&&a*[17].

Der logische ODER-Operator

Der ||-Operator, auch **ODER**-Operator oder **OR**-Operator genannt, hat folgende Verknüpfungsvorschrift:

||

Tab. 1.6: Die ODER-Verknüpfung

Bedingung1	Bedingung2	(Bedingung1||Bedingung2)
falsch	falsch	falsch
falsch	wahr	wahr
wahr	falsch	wahr
wahr	wahr	Wahr

Es ist zu beachten, dass der *OR*-Operator nicht dem sprachlichen »oder« entspricht. Das sprachliche »oder« ist ein entweder-oder, wohingegen der *OR*-Operator ein entweder dies oder jenes oder beides ist[18].

Verknüpfen von AND und OR

Sie können natürlich überall dort, wo eine Bedingung verlangt wird, auch eine sinnvolle Mischung der Operatoren vornehmen. Ein Beispiel:

```
do
  {
    cout << "Bitte eine Zahl im Bereich 20-40 eingeben ";
    cout << "(Oder 0 für Ende) :";
    cin >> wert;
  }
while(((wert<20)||(wert>40))&&(wert!=0));
```

Die Schleife wird beendet, wenn der Wert zwischen 20 und 40 einschließlich liegt oder gleich null ist. Das heißt auch: Wenn der Wert kleiner als 20 oder größer als 40 und ungleich null ist, wird wieder zum *do* gesprungen.

Man sollte bei der Verwendung mehrerer logischer Operatoren immer durch Klammerung eine eindeutige Abarbeitung erreichen. Das hilft, eventuelle Fehler schneller zu finden und zu beheben.

17. Kommutativ aber nur bezüglich der Entscheidung, ob die Gesamtbedingung wahr oder falsch ist.
18. Um die beiden verschiedenen Varianten des ODER zu unterscheiden, bezeichnet man das »entweder oder« auch als exklusives ODER und das »entweder das eine oder das andere oder beides« als inklusives ODER.

1.9.5 Der Bedingungsoperator

?: Der Bedingungsoperator bildet eine Vereinfachung bei Zuweisungen, die von einer Bedingung abhängig sind, und kann das Benutzen einer *if*-Anweisung in manchen Fällen überflüssig machen. Ein Beispiel:

Syntax

```
max = (a>b) ? a : b;
```

Dieses Konstrukt weist *max* den Wert *a* zu, wenn die Bedingung in den Klammern wahr ist, also *a* größer *b* ist. Ist die Bedingung falsch, wird *max* der Wert von *b* zugewiesen. Dies entspricht folgendem *if*-Konstrukt[19]:

Lösung mit if

```
if(a>b)
  max=a;
else
  max=b;
```

Der Bedingungsoperator wird hauptsächlich dann eingesetzt, wenn Sie eine Entscheidung innerhalb eines zu berechnenden Ausdrucks benötigen.

1.9.6 Fallunterscheidung

Wenn eine Variable auf verschiedene Werte hin geprüft werden soll, bietet sich eine Fallunterscheidung an.

switch Implementiert wird sie mit der **switch**-Anweisung, die folgende Syntax hat:

Syntax

```
switch(variable)
{
}
```

case Innerhalb des *switch*-Anweisungsblocks können nun bestimmte Sprungmarken stehen, die genau dann angesprungen werden, wenn die »geswitchte« Variable den bei der Sprungmarke definierten Wert hat.

Da hier bestimmte Fälle unterschieden werden, heißen die Sprungmarken bezeichnenderweise **case**, also Fall. Hinter einer Sprungmarke muss eine ganzzahlige Konstante stehen. Sollte *variable* in *switch* den Wert dieser Konstanten haben, dann wird die zugehörige *case*-Anweisung angesprungen:

Syntax

```
switch(variable)
{
  case 1:

  case 17:

  case -8:
}
```

19. Im folgenden Beispiel wurde eine Sonderform der C++-Syntax ausgenutzt: Besteht ein Anweisungsblock nur aus einer Anweisung, dann dürfen die geschweiften Klammern weggelassen werden.

Es können beliebig viele *case*-Anweisungen benutzt werden. Wird eine *case*-Marke angesprungen, werden alle ihr folgenden Anweisungen ausgeführt. Und zwar auch die Anweisungen eventuell nachfolgender *case*-Marken.

break

break

Die Tatsache, dass alle Anweisungen hinter der angesprungenen *case*-Anweisung ausgeführt werden, ist ein Wermutstropfen dieses Konstrukts. Denn in fast allen Anwendungen von *switch* sollen eigentlich nur die direkt zur entsprechenden *case*-Anweisung gehörenden Anweisungen ausgeführt werden. Aus diesem Dilemma hilft die **break**-Anweisung:

```
switch(x)
  {
    case 1:  // Anweisungen für x==1
             break;

    case 2:  // Anweisungen für x==2
             break;

    case 3:  // Anweisungen für x==3
             break;
  }
}
```

Die *break*-Anweisung springt hinter den innersten *do-*, *for-*, *switch-* oder *while*-Anweisungsblock, in dem sie steht.

Das bedeutet für unser Beispiel, dass nur die Anweisungen zwischen dem entsprechenden *case* und dem darauf folgenden *break* abgearbeitet werden.

default

Bisher wurde auf Variablenwerte, die nicht von einer *case*-Anweisung berücksichtigt wurden, überhaupt nicht reagiert. Um die nicht explizit aufgeführten Werte unter einem Dach zusammenzufassen, gibt es die **default**-Anweisung, die als Sprungmarke in den *switch*-Anweisungsblock eingefügt wird:

```
switch(x)  {
  case 1:  // Anweisungen für x==1
           break;

  case 2:  // Anweisungen für x==2
           break;

  case 3:  // Anweisungen für x==3
           break;
```

```
  default: // Anweisungen für alle anderen Werte von x
           break;
}
```

1.10 Schleifen

Häufig müssen Programmabschnitte kontrolliert wiederholt werden. Dies wird mit Schleifen umgesetzt.

1.10.1 for

for

Die grundlegende Form einer Schleife hat in C++ folgendes Aussehen:

Syntax

```
for(Initialisierung; Bedingung; Iteration)
{
// Anweisungsblock
}
```

Die Bedingung innerhalb von *for* verhält sich genau wie die Bedingung von *if*. In Abbildung 1.9 ist der PAP einer solchen Schleife dargestellt.

Abbildung 1.9: Die for-Schleife als PAP

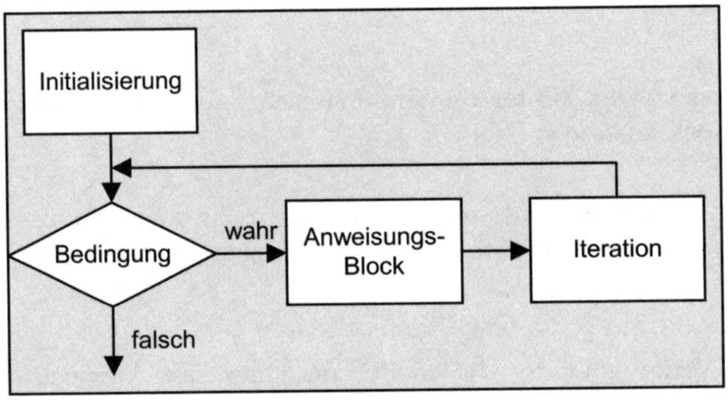

Schleifensymbole

Da die Schleifen-Konstruktion im Programmablaufplan überhaupt nicht wie eine Schleife, sondern eher wie eine Verzweigung mittels *if* aussieht, hat man für Schleifen zwei neue Symbole eingeführt. Diese sind in Abbildung 1.10 dargestellt.

Das folgende Beispiel benutzt eine Schleife, um die Zahlen eins bis fünf auf dem Bildschirm auszugeben:

```
int x;
for(x=1; x<=5; x++)
  {
    cout << "Aktueller Wert :" << x << endl;
  }
```

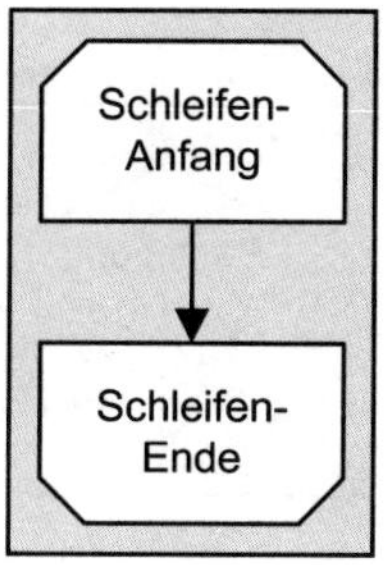

Abbildung 1.10: Die Schleifensymbole des PAP

Mehrere Anweisungen in for

Es ist auch möglich, mehrere Anweisungen in die einzelnen Anweisungsteile der Schleife zu schreiben:

Mehrere Anweisungen werden innerhalb von *for durch Kommata voneinander getrennt.*

Schauen wir uns dazu einmal ein Beispiel an, welches eine Variable (x) von eins bis zehn und eine andere Variable (y) von zehn bis eins zählen lässt:

```
int x,y;
for(x=1,y=10; x<=10; x++,y--)
  {
    cout << "Aktuelle Werte :" << x;
    cout << " und " << y << endl;
  }
```

1.10.2 while

C++ bietet eine vereinfachte Schleifenvariante, die mit dem Schlüsselwort **while** eingeleitet wird. Die *while*-Schleife hat eine ganz einfache Struktur:

Syntax

```
while(bedingung)
{
}
```

Ist *bedingung* wahr, dann wird der Anweisungsblock hinter *while* ausgeführt und anschließend die Bedingung erneut auf ihren Wahrheitsgehalt hin geprüft und entsprechend der Anweisungsblock ein weiteres Mal ausgeführt.

Sollte *bedingung* falsch sein, so fährt das Programm hinter dem *while*-Anweisungsblock fort. Abbildung 1.11 zeigt die *while*-Schleife als Programmablaufplan (ohne Schleifensymbole.)

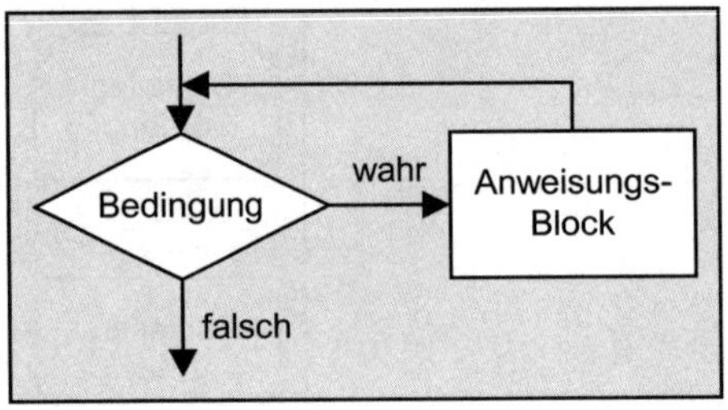

Abbildung 1.11: Die while-Schleife

1.10.3 do

Im Vergleich zur *while*-Schleife, die eine Bedingung prüft und dann abhängig von der geprüften Bedingung einen Anweisungsblock ausführt, gibt es ein anderes Schleifenkonstrukt, welches erst einmal den Anweisungsblock ausführt und daran anschließend die Bedingung prüft.

Syntax

```
do
  {
  }
while(bedingung);
```

Dieses Konstrukt arbeitet folgendermaßen: Zuerst wird der Anweisungsblock zwischen *do* und *while* abgearbeitet. Ist dann *bedingung* wahr, wird wieder zum *do* gesprungen und der Anweisungsblock erneut ausgeführt etc. Ist *bedingung* falsch, fährt das Programm hinter *while* fort.

Abbildung 1.12 zeigt die *do-while*-Schleife ohne Schleifensymbole.

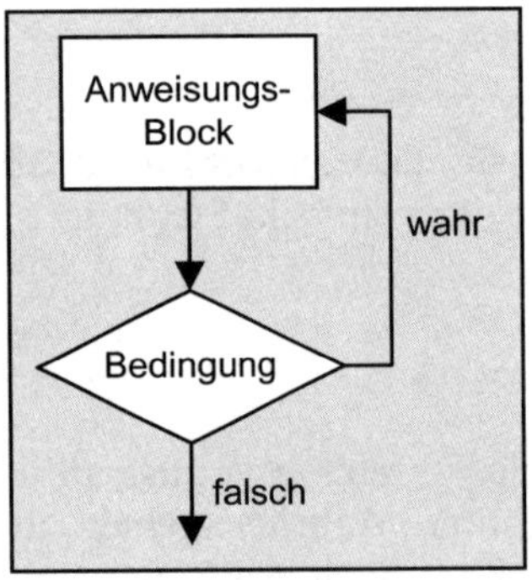

Abbildung 1.12: Die do-Schleife

Die while-Anweisung im do...while-Konstrukt wird IMMER mit einem Semikolon abgeschlossen.

1.10.4 continue

Da wir nun mit den *for-*, *do-* und *while-*Anweisungen vertraut sind, können wir uns mit einer Anweisung beschäftigen, die nur innerhalb dieser drei Schleifen benutzt werden kann. Ein Beispiel:

b

```
int x=0;
while(x<20)
  {
    x++;
    if(x==10)
      continue;
    cout << "x=" << x << endl;
  }
```

Die *continue-*Anweisung springt zum Kopf der innersten *for-*, *do-* oder *while-*Anweisung.

t

Abbildung 1.13 zeigt das obige Programm als Programmablaufplan.

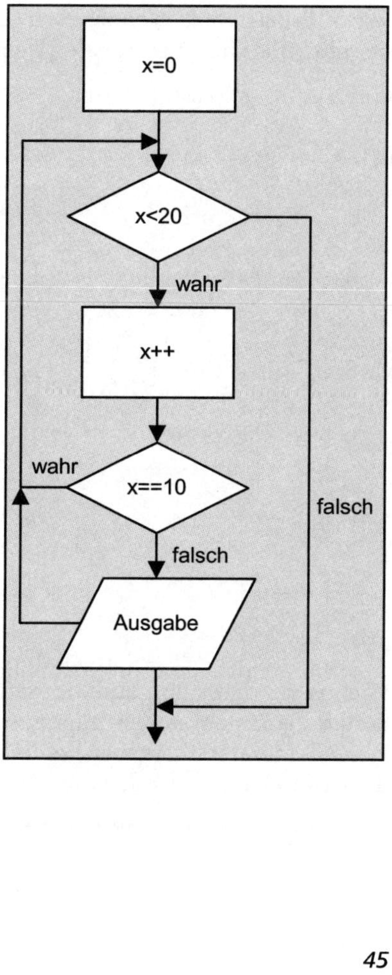

Abbildung 1.13: continue im PAP

Im oberen Beispiel wird die *continue*-Anweisung dann ausgeführt, wenn *x* gleich 10 ist. Dadurch springt das Programm zum Kopf der *while*-Anweisung und prüft, ob *x* kleiner 20 ist. Die Bedingung ist wahr und das Programm geht weiter bei der *while*-Anweisung. Das *continue* hat hier zur Folge, dass der Wert bei x gleich 10 nicht ausgegeben wird.

1.11 Funktionen

Funktionen dienen dazu, Programmabschnitte zu kapseln, um diese dann bei Bedarf aufrufen zu können.

Ein simples Beispiel stellt die folgende Aufteilung der Ausgaben aus unserem »Hello-World«-Programm dar. Wir können die Aufteilung derart vornehmen, dass jede *cout*-Anweisung in einer eigenen Funktion steht. Rufen wir uns dazu noch einmal den Aufbau eines Funktionskopfes in Erinnerung:

Syntax

```
RUECKGABETYP NAME(PARAMETERTYPEN)
```

Da die Funktionen lediglich die *cout*-Anweisungen abarbeiten sollen, benötigen wir weder einen Rückgabewert noch Funktionsparameter. Daher sind beide Typen *void*. Nennen wir die erste Funktion bezeichnenderweise *ausgabe1* und die zweite analog dazu *ausgabe2*:

```
#include <iostream>

using namespace std;

void ausgabe1(void)
{
  cout << "Hello World!" << endl;
}

void ausgabe2(void)
{
  cout << "Hallo Welt!" << endl;
}

int main()
{
  ausgabe1();
  ausgabe2();
}
```

Funktionsaufruf

Wichtig ist, dass beim Funktionsaufruf auf jeden Fall Klammern hinter dem Funktionsnamen stehen müssen, selbst dann, wenn wie in unserem Fall keine Parameter übergeben werden. Denn anhand dieser Klammern erkennt der Compiler, dass es sich um einen Funktionsaufruf handelt.

Funktionsaufrufe besitzen immer ein Paar runde Klammern hinter dem Funktionsnamen.

Da unseren Funktionsaufrufen kein Anweisungsblock folgt[20], werden sie mit einem Semikolon abgeschlossen. Für den Aufruf einer Funktion gibt es im Programmablaufplan ein besonderes Symbol, welches in Abbildung 1.14 dargestellt ist.

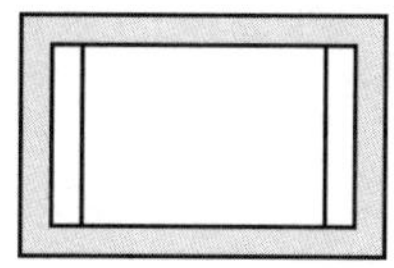

Abbildung 1.14: Das Funktionsaufruf-Symbol

Werden in einem Programmablaufplan selbst geschriebene Funktionen aufgerufen, sollten diese mit einem eigenen PAP vertreten sein.

1.11.1 Prototypen

Im vorigen Beispiel war es wichtig, dass die beiden Funktionen *ausgabe1* und *ausgabe2* auf jeden Fall vor der *main*-Funktion stehen. Wäre dem nicht so, würden in main Funktionen aufgerufen, die der Compiler noch nicht kennt. Deswegen gäbe es Fehlermeldungen.

Da dies aber eine starke Einschränkung in der Code-Erstellung wäre, gibt eine Lösung. Diese besteht darin, dem Compiler vor den Funktionsaufrufen zu sagen, wie die beiden Funktionen aussehen werden. Und genau dazu dienen Prototypen (bzw. Funktionsdeklarationen.) Prototypen sehen fast genauso aus wie der Funktionskopf, nur dass der Prototyp mit einem Semikolon endet, denn der Compiler muss einen Prototyp von einem Funktionskopf unterscheiden können.

Für die beiden Funktion *ausgabe1* und *ausgabe2* sehen die Prototypen damit wie folgt aus:

Syntax

```
void ausgabe1(void);
void ausgabe2(void);
```

Die Prototypen allerdings müssen vor dem ersten Aufruf der Funktion stehen.

1.11.2 Bezugsrahmen von Variablen

Unter dem Bezugsrahmen einer Variablen versteht man den Bereich im Programm, in dem die Variable existiert. Der Bezugsrahmen wird auch mit dem englischen Begriff »Scope« bezeichnet.

20. Funktionsaufrufen folgt im Übrigen nie ein Anweisungsblock

Die Lebensdauer einer Variablen hängt entscheidend davon ab, an welcher Stelle im Programm sie definiert wurde.

Speicherklasse

Wir haben bisher nur mit einer **Speicherklasse** von Variablen gearbeitet, nämlich mit den **lokalen Variablen**. Wir werden uns die lokalen Variablen nun etwas genauer ansehen.

Lokale Variablen

Fangen wir direkt mit einem Beispiel an:

```
#include <iostream>

using namespace std;

void aendern(void)
{
  x=10;
}

int main()
{
int x=4;

  cout << "x = " << x << endl;
  aendern();
  cout << "x = " << x << endl;
}
```

Das Programm weist in der *main*-Funktion *x* den Wert 4 zu und dieser wird ausgegeben. Danach wird die Funktion *aendern* aufgerufen, in der *x* mit dem Wert 10 belegt wird. Dann wird wieder in der *main*-Funktion der Wert von *x* ausgegeben, nämlich 10.

Wenn dieses Programm jedoch kompiliert wird, behauptet der Compiler, er kenne *x* nicht. Denn *x* wurde innerhalb von geschweiften Klammern definiert und ist damit eine lokale Variable.

Eine Variable, die innerhalb eines Anweisungsblocks definiert wurde, ist lokal und gilt nur innerhalb dieses Blocks.

Wir könnten natürlich die Variable *x* in der Funktion definieren:

```
void aendern(void)
{
int x;
  x=10;
  cout << "x = " << x << endl;
}
```

Das Programm wird jetzt einwandfrei kompiliert und *cout* in der Funktion *aendern* gibt auch den Wert 10 für *x* aus. Aber *cout* hinter dem Aufruf von *aendern* gibt wieder 4 aus.

Wird ein Anweisungsblock verlassen, werden alle lokalen Variablen, die in ihm definiert wurden, gelöscht.

Man sagt auch, der Bezugsrahmen (oder Scope) der Variablen wird verlassen.

Die Variable *x*, die in der Funktion *aendern* definiert wurde, gilt nur für die Funktion *aendern*. Sobald die Funktion verlassen wird, wird dieses *x* gelöscht. Springt das Programm dann wieder zur *main*-Funktion zurück, ist wieder das der Funktion eigene *x* aktuell. Deshalb wird wieder 4 ausgegeben.

Gibt es mehrere Variablen mit gleichem Namen, spricht man über den Namen immer die Variable des aktuellen Bezugsrahmen an.

Globale Variablen

Nachdem wir die lokalen Variablen und ihre Eigenschaften kennen gelernt haben, sind als Nächstes die **globalen Variablen** an der Reihe, deren Bezugsrahmen das gesamte Programm umfasst.

Dazu ein Beispiel:

```
#include <iostream>

using namespace std;

int x;

void aendern(void)
{
  x=10;
}

int main()
{
  x=4;
  cout << "x = " << x << endl;
  aendern();
  cout << "x = " << x << endl;
}
```

Dieses Beispiel macht genau das, was ursprünglich geplant war. Die erste *cout*-Anweisung gibt den Wert 4 aus. Danach wird die Funktion *aendern* aufgerufen, die *x* auf 10 setzt. Und in der *main*-Funktion wird dann auch tatsächlich 10 ausgegeben.

Variablen, die außerhalb einer Funktion definiert werden, sind global und können in jeder Funktion benutzt werden.

Bezugsrahmen-Operator

Wenn Sie in C++ gleichnamige Variablen mit unterschiedlichem Bezugsrahmen verwenden, dann haben Sie mit dem Bezugsrahmen-Operator[21] :: die Möglichkeit, auf die globalere der beiden Variablen zuzugreifen.

Gäbe es beispielsweise sowohl eine globale als auch eine lokale Variable mit dem Namen *x*, dann wird mit *x* die lokale und mit *::x* die globale Variable angesprochen.

Dies funktioniert aber nur, wenn die gleichnamigen Variablen einen unterschiedlichen Bezugsrahmen haben.

Statische Variablen

Die statischen Variablen sind eine Mischung aus den Eigenschaften der globalen und lokalen Variablen:

```
void count(void)
{
static int a=1;

  cout << "a = " << a << endl;
  a++;
}
```

Statische Variablen werden beim Verlassen ihres Gültigkeitsbereiches nicht gelöscht, sondern behalten ihren Wert bei.

Die Variable *a* wird nur beim ersten Aufruf der Funktion initialisiert. Nach dem Verlassen ihres Bezugsrahmens ist die Variable zwar nicht mehr ansprechbar, sie behält jedoch ihren Wert. Wird *count* dann erneut aufgerufen, besitzt a den Wert, den sie beim letzten Verlassen der Funktion besaß. Die Initialisierung wird übersprungen.

Dieses automatische Überspringen der Initialisierung bei erneuten Aufrufen funktioniert nur, wenn die Initialisierung direkt während der Definition stattfindet.

1.11.3 Rück- und Übergabe von Parametern

Um eine Wertübergabe an eine Funktion nicht mit einer globalen Variablen umsetzen zu müssen, müssen so genannte **Funktionsparameter** eingesetzt werden.

21. Auch Scope-Operator genannt.

Zuerst noch mal zur Erinnerung: Das *void* vor dem Funktionsnamen bedeutet, dass die Funktion keinen Wert zurückliefert. Das *void* innerhalb der runden Klammern – auch Parameterliste genannt – bedeutet, dass der Funktion keine Werte übergeben werden. Schauen wir uns nun eine Funktion an, die sowohl einen Parameter übergeben bekommt als auch einen Wert zurückliefert:

```
#include <iostream>

using namespace std;

int quadrat (int x)
{
int quadrat;

  quadrat=x*x;
  return(quadrat);
}

int main()
{
int wert,ergebnis;

  cout << "bitte geben Sie eine Zahl ein:";
  cin >> wert;
  ergebnis=quadrat(wert);
  cout << "das Quadrat von " << wert << " ist ";
  cout << ergebnis << endl;
}
```

Die erste Änderung gegenüber einer Funktion ohne Parametern ist das *int x*, das den Platz von *void* innerhalb der runden Klammern eingenommen hat. Dieses *int x* innerhalb der Klammern bedeutet, dass der Funktion ein Wert vom Typ *int* übergeben wird. Die Variable *x* kann in der Funktion genauso benutzt werden wie jede andere Variable, die innerhalb der Funktion definiert wurde, nur mit dem Unterschied, dass sie mit dem Wert initialisiert ist, der der Funktion bei ihrem Aufruf übergeben wird.

Funktionsparameter sind lokale Variablen der Funktion, die mit den Übergabeparametern initialisiert sind.

Neu ist auch der Aufruf der Funktion in *main*. Die sonst immer leeren runden Klammern enthalten nun einen Ausdruck, hier *wert*. Beim Aufruf wird der Wert des Ausdrucks an die Funktion übergeben, die damit die Variable *x* initialisiert. Als Ausdruck ist all das erlaubt, was auch bei Zuweisungen erlaubt ist[22].

22. Auch Konstanten dürfen an eine Funktion übergeben werden.

Die Tatsache, dass sich Funktionsparameter wie lokale Variablen verhalten, hat auch die positive Konsequenz, dass man ihre Werte innerhalb der Funktion verändern kann, und zwar ohne Auswirkungen auf die Originalvariablen, die im Funktionsaufruf stehen.

Natürlich kann man einer Funktion auch mehrere Parameter übergeben. Sie werden dazu in der Parameterliste durch Kommata voneinander getrennt:

```
int summe (int a, int b)
{
  return(a+b);
}
```

Funktionsparameter werden in der Parameterliste durch Kommata voneinander getrennt. Dabei muss jeder Parameter eine eigene Typangabe besitzen.

Kommen wir nun zur Wertrückgabe. Das *int* vor dem Funktionsnamen bedeutet, dass diese Funktion einen Wert vom Typ *int* zurückliefert.

return

Um dem Compiler zu sagen, welchen Wert die Funktion zurückgeben soll, verwenden wir die **return**-Anweisung. Die Klammerung des Wertes hinter dem *return* ist nicht zwingend, erhöht aber die Übersichtlichkeit.

Die *return*-Anweisung beendet die Funktion und gibt den Wert zurück, der hinter *return* angegeben wurde.

Man sollte beachten, dass Funktionen mit Wertrückgabe immer mit *return* beendet werden müssen. Das ist nicht gleichbedeutend mit einem Vorhandensein von *return*.

Ein Beispiel:

```
int fkt(int x)
{
  if(x<=20)
    return(x*x);
}
```

Bei dieser Funktion wird sich der Compiler beschweren, weil sie nur dann mit *return* beendet wird, wenn *x* kleiner gleich 20 ist. Wäre *x* größer als 20, dann würde die Funktion enden, ohne einen Wert zurückzugeben, und das geht nicht.

Eine Funktion mit Rückgabewert muss so entworfen sein, dass sie zu jeder Bedingung mit einem *return* beendet wird.

Übrigens können Sie auch Funktionen ohne Rückgabewert mit *return* enden lassen. Allerdings darf der *return*-Anweisung dann kein Rückgabewert folgen.

1.11.4 Überladen von Funktionen

C++ bietet die Möglichkeit, mehrere Funktionen mit demselben Namen zu definieren, wenn sie sich in ihrer Parameterliste unterscheiden. Einen Funktionsnamen, der für mehrere Funktionen steht, nennt man **überladen**.

Ein Funktionsname ist dann überladen, wenn mehrere Funktionen diesen Namen besitzen.

Funktionen mit gleichem Namen und gleichem Bezugsrahmen müssen eine unterschiedliche Parameterliste besitzen.

Eine Unterscheidung lediglich im Rückgabewert reicht für ein ordnungsgemäßes Überladen nicht aus.

1.11.5 Standardargumente

Eine weitere Besonderheit von C++-Funktion ist die Möglichkeit, so genannte Standardargumente für einzelne Funktionsparameter zu definieren.

Werden beispielsweise zwei Summen-Funktionen benötigt, eine mit zwei und eine mit drei Argumenten, dann kann dieses Problem mit Hilfe des Überladens gelöst werden.

Ein anderer Lösungsweg ist eine dreiparametrige Summen-Funktion, deren dritter Parameter ein Standardargument erhält. Sollte beim Funktions-Aufruf kein dritter Parameter angegeben werden, dann wird ihm das Standardargument zugewiesen:

```
int summe (int a, int b, int c=0)
{
  return(a+b+c);
}
```

Rufen wir die Funktion jetzt mit

```
summe(5,7);
```

auf, dann wird *c* das Standardargument zugewiesen. Die Funktion gibt somit 12 zurück. Auch ein Aufruf mit drei Parametern ist möglich:

```
summe(5,7,8);
```

Als Ergebnis liefert die Funktion nun 20 zurück.

Es können auch mehrere Funktionsparameter mit Standardargumenten ausgestattet werden. Die betroffenen Funktionsparameter müssen aber am Ende der Parameterliste stehen.

1.11.6 Referenzen

Funktionsparameter verhalten sich wie lokale Variablen der Funktion und werden mit den beim Aufruf übergebenen Werten initialisiert.

Deswegen können die Funktionsparameter innerhalb der Funktion ohne Auswirkungen auf die beim Aufruf verwendeten Variablen verändert werden.

Allerdings kommen in der Praxis häufig so großen Datentypen vor, dass das Anfertigen einer Kopie eine enorme Verschlechterung des Laufzeitverhaltens mit sich bringt. Diesem Problem lässt sich mit Referenzen begegnen.

Eine Referenz wird bei der Definition durch den Referenzoperator & gekennzeichnet.

```
void quadrat(int &x)
{
  x=x*x;
}
```

Es handelt sich bei *x* nun nicht mehr um eine Kopie, sondern um den Originalwert. Angenommen, *quadrat* wird wie folgt aufgerufen:

```
quadrat(a);
```

Dann beinhaltet *a* nach dem Aufruf das Ergebnis der Berechnung. Weil direkt der Originalwert verwendet wird, braucht keine Kopie der Daten mehr angefertigt zu werden.

Merke

Eine Referenz ist keine Kopie, sondern steht als Synonym für die Originalvariable.

Aus diesem Grund darf einem als Referenz definierten Funktionsparameter keine Konstante zugewiesen werden.

Vorsicht ist jedoch bei der Dokumentation geboten: Weil am Aufruf einer Funktion nicht zu erkennen ist, ob es sich um einen normalen Funktionsparameter oder einen Referenzparameter handelt, sollte die Dokumentation der Funktion im Falle der Verwendung einer Referenz gesondert darauf hinweisen.

1.11.7 inline

Wenn Programme in verschiedene Funktionen aufgeteilt sind, dann kann sich daraus ein Nachteil entwickeln. Manche Aufgaben sind zwar klein, aber vom Zusammenhang her doch so klar vom restlichen Kontext getrennt, dass sie eine eigene Funktion verdienen. Schlimmstenfalls enthält die Funktion nur noch eine einzige Anweisung[23].

inline

Um aber den Vorteil einer separaten Funktion nutzen zu können, ohne den Nachteil des verlangsamenden Funktionsaufrufs in Kauf nehmen zu müssen, wurden in C++ die so genannten **inline**-Funktionen eingeführt. Diese Funktionen sollen die Verwendung von Präprozessor-Makros in Grenzen halten.

```
inline void printint(int i)
{
  cout << i;
}
```

Durch die Definition der Funktion als *inline* wird sie bei einem Aufruf nicht mehr als Funktion aufgerufen, sondern der Aufruf selbst wird durch ihren Programmtext ersetzt.

Es ist wichtig, zu berücksichtigen, dass das Schlüsselwort *inline* den Compiler nicht dazu zwingt, eine *inline*-Funktion zu erzeugen.

Merke

Das Schlüsselwort *inline* ist nur eine Empfehlung. Es ist für den Compiler nicht bindend.

Situationen, in denen eine als *inline* definierte Funktion ineffizient wird (die Funktion hat zu viele Anweisungen oder wird zu oft aufgerufen), veranlassen den Compiler dazu, das Schlüsselwort *inline* für den betreffenden Fall zu ignorieren.

1.12 Felder und Zeiger

Ein **Feld** (oder **Array**) wird auf folgende Weise definiert:

Syntax

```
typ name[anzahl];
```

Diese Anweisung definiert ein Feld namens *name*, welches eine Menge von *anzahl* Elementen des Typs *typ* zur Verfügung stellt. Ein Beispiel:

```
int x[10];
```

23. Diese so genannten »Einzeiler« werden uns später bei den Klassen noch häufiger begegnen.

Hinter dem Namen x verbergen sich jetzt 10 *int*-Werte. Angenommen, Sie wollten den ersten *int*-Wert mit 4 und den letzten mit 23 initialisieren, dann funktioniert das so:

```
x[0]=4;
x[9]=23;
```

Der Feldindex beginnt mit 0. Der Index eines n-elementigen Feldes reicht von 0 bis n-1.

Wie Sie sehen, fängt der **Feldindex** bei 0 an. Bei einer Feldgröße *n* reichen die Indizes von 0 bis *n-1*. Natürlich können Sie ein Feld auch gleichzeitig mit der Definition initialisieren, hier ein Beispiel:

```
int x[6]={5, -89, 3, 63, 0, -17};
```

Diese einfache Form der Wertezuweisung funktioniert allerdings nur im Zusammenhang mit der Definition. Wollen Sie innerhalb des Programms mehrere oder alle Werte eines Feldes ändern, so müssen Sie dies durch einzelne Zuweisungen an jedes Element umsetzen[24].

1.12.1 Zeiger

Um Felder als Funktionsparameter nutzen zu können, wird die Zeiger-Arithmetik benötigt. Denn das Feld selbst kann nicht als Funktionsparameter benutzt werden. Statt dessen wird die Speicheradresse des Feldes übergeben.

Dazu muss diese Adresse jedoch in einer Variablen gespeichert werden: dem *Zeiger.*

Eine Variable ist eindeutig definiert durch vier Angaben: Position (Adresse), Größe (benötigter Speicherplatz), Name und Inhalt[25]. Legen wir zur Demonstration eine Variable an:

```
int x=24;
```

Für die Erklärung der Zeiger können wir die Größe einer Variablen zunächst vernachlässigen. Die Variable x hat nun den Wert 24 und liegt an einer Stelle im Speicher, die sich nicht vorhersagen lässt. Um aber konkrete Werte zu besitzen, unterstellen wir der Variablen den Speicher ab Adresse 0xA0000000.

Wenn wir nun den Variablennamen *x* im Programm verwenden, weiß der Compiler, dass die Variable *x* an Adresse 0xA0000000 liegt. Er liest den dort gespeicherten Wert aus und ersetzt den Variablennamen durch den ausgelesenen Wert. Deswegen steht der Name einer Variablen für den Inhalt derselben.

24. Oder mit einer Schleife, wenn die Werte, die zugewiesen werden sollen, in einer Weise vorliegen, die dies zulässt.
25. Für den Compiler ist zusätzlich noch der Datentyp der Variablen wichtig.

Adressoperator &

&

Wenn *x* aber für den Inhalt der Variablen steht, wie kommen wir dann an die Adresse? Dafür gibt es den **Adressoperator &**, der die Adresse einer beliebigen Variablen ermittelt.

Steht in unserem Programm also *&x*, dann wird nicht der Inhalt, sondern die Adresse der Variablen ausgelesen, in unserem Fall konkret 0xA0000000. Schauen wir uns dazu einmal ein Beispiel an:

Dereferenzierungsoperator *

*

Um nun die ermittelte Adresse zu speichern, wird ein Zeiger benötigt:

Syntax

```
typ *name;
```

name ist der Name des Zeigers und *typ* der Variablentyp, auf den der Zeiger zeigt bzw. zeigen darf. Ein Beispiel:

```
int x=24,*z;

z=&x;
```

In diesem Fall wird *z* als Zeiger auf *int*-Werte und *x* als ganz normale Ganzzahlvariable definiert. Danach wird die Adresse von *x* der Variablen *z* zugewiesen. Einem Zeiger wurde also ein Vektor zugewiesen. Das ist genauso, als würde man einer Variablen eine Konstante zuweisen.

Wenn Sie nun Folgendes machen[26]:

```
cout << "Adresse von x :" << &x << endl;
cout << "Wert von z    :" << z << endl;
```

Dann werden Sie sehen, dass *z* als Wert genau die Adresse von *x* hat.

Zeiger speichern Adressen, wohingegen Variablen Werte speichern.

Das allein macht Zeiger noch nicht interessant. Hat man aber einmal die Adresse von *x* in *z* gespeichert, kann man darüber auf den Inhalt von *x* zugreifen:

```
int main()
{
int x,*z;

  x=10;
  cout << "x = " << x << endl;

  z=&x;
```

26. Dem Zeiger *z* wird in der *cout*-Anweisung kein Adressoperator vorangestellt, denn wir wollen nicht die Adresse, sondern den Inhalt der Variablen *z*, der ja die Adresse von *x* ist.

```
  *z=20;
  cout << "x = " << x << endl;

  x=30;
  cout << "x = " << x << ", dereferenziertes z = ";
  cout << *z << endl;
}
```

Es wird wieder eine *int*-Variable namens *x* und ein Zeiger auf *int* Variablen namens *z* definiert. Der Variablen *x* wird der Wert 10 zugewiesen, und deshalb wird dieser Wert mit der nachfolgenden *cout*-Anweisung auch ausgegeben.

Dereferenzierung

Danach wird die Adresse von *x* dem Zeiger *z* zugewiesen. Und jetzt kommt das Interessante: Durch die **Dereferenzierung** mit dem Stern (*z) wird nun nicht die in *z* gespeicherte Adresse angesprochen, sondern der Wert, der an der Adresse, die in *z* enthalten ist, steht.

z enthält aber in diesem Fall die Adresse von *x*, deswegen wird mit dieser Dereferenzierung der Wert von *x* angesprochen. Nun wird *z der Wert 20 zugewiesen, was nach der letzten Erklärung bedeutet, dass *x* den Wert 20 zugewiesen bekommt.

Eins muss klar sein: Der Inhalt von *z* wird durch diese Zuweisung nicht verändert, denn *z* enthält immer noch die Adresse von *x*. Es wird der Wert geändert, der an der Adresse steht, die in *z* enthalten ist. Daher gibt die folgende *cout*-Anweisung für *x* auch den Wert 20 aus.

Danach wird *x* der Wert 30 zugewiesen. Die darauf folgende *cout*-Anweisung gibt für *x* dann logischerweise 30 aus. Und für das dereferenzierte *z*, welches ja immer noch auf den Wert von *x* zeigt, wird auch 30 ausgegeben.

1.12.2 Felder als Funktionsparameter

Wir haben nun genug Informationen, um das Problem der Felder als Funktionsparameter angehen zu können.

Wir müssen nur noch klären, wie wir an die Adresse des Feldes kommen, denn der Adressoperator versagt hier:

Der Name eines Feldes ohne eckige Klammern steht für die Startadresse des Feldes.

Wenn eine Funktion ein Feld als Funktionsparameter besitzen soll, dann wird lediglich die Adresse des Feldes übergeben. Wenn der Funktionsparameter ein Zeiger ist, wird er die Adresse aufnehmen und bietet damit die Möglichkeit, innerhalb der Funktion auf das Feld zuzugreifen:

```
void loeschen(int *a)
{
```

```
int y;

  for(y=0;y<10;y++) {
    a[y]=0;
  }
}
```

Wie Sie sehen, ist die Definition des Feldzeigers in den Funktionen identisch mit der eines normalen Zeigers auf eine Variable. Dieser Umstand hat weit reichende Konsequenzen. Denn wenn die Funktion noch nicht einmal den Unterschied zwischen einer *int*-Variablen und einem *int*-Feld erkennt, dann weiß die Funktion erst recht nicht, wie viele Elemente ein *int*-Feld umfasst.

Es gibt noch einen weiteren wichtigen Unterschied zwischen Zeigern auf Felder und Zeigern auf Variablen:

Bei Zeigern auf Felder darf bei der Benutzung des Indizes kein Dereferenzierungsoperator angewendet werden.

Bei Feldzeigern braucht kein Dereferenzierungsoperator benutzt zu werden, da der reine Feldname für eine Adresse steht, genau wie bei einem Zeiger, dessen Name ebenfalls eine Adresse repräsentiert, nämlich die in ihm gespeicherte.

Daher unterscheidet sich bei Zugriffen auf Felder der Zeiger nicht vom direkten Feldnamen. Es gibt nur einen Unterschied zwischen Feldnamen und Feldzeiger: Der Feldname ist ein konstanter Wert, wohingegen der Feldzeiger eine Variable ist, und deshalb unterschiedliche Adressen von unterschiedlichen Feldern aufnehmen kann.

1.12.3 Mehrdimensionale Felder

C++ unterstützt auch mehrdimensionale Felder. Beispielsweise wird ein zweidimensionales Feld wie folgt definiert:

Syntax

```
int tabelle[4][20];
```

Bildlich gesprochen sieht die Organisation des Feldes so aus, dass ein vierelementiges Feld definiert wird, dessen einzelne Elemente 20-elementige Felder sind.

Interne Verwaltung mehrdimensionaler Felder

C++ verwaltet mehrdimensionale Felder intern als eindimensionale Felder. Wenn Sie ein zweidimensionales Feld benutzen:

```
int a[6][8];
a[x][y]=3;
```

Dann rechnet C++ die zwei Indizes auf einen um:

```
a[x*8+y]=3;
```

Das kommt daher, weil C++ die Elemente des Feldes in folgender Reihenfolge im Speicher ablegt:

```
a[0][0], a[0][1],...,a[0][6], a[0][7], a[1][0], a[1][1],...
```

Mehrdimensionale Felder und Zeiger

Mehrdimensionale Felder haben den Nachteil, dass sie nicht direkt mit Zeigern verwaltet werden können. Angenommen, Sie hätten folgendes Programmfragment:

```
int a[23][12];
funktion(a);
```

Dann muss die Adresse des mehrdimensionalen Feldes wie die eines eindimensionalen Feldes übergeben werden:

```
void funktion(int *x)
```

Für *funktion* handelt es sich lediglich um ein eindimensionales Feld. Mit dem Wissen im Hinterkopf, wie mehrdimensionale Felder gespeichert werden, lässt sich innerhalb von *funktion* der mehrdimensionale Charakter wieder herstellen:

```
x[index1*12+index2]=3;
```

Da Sie, um diese Rechnung richtig durchführen zu können, die Größe des Feldes kennen müssen, ersparen Sie sich viel Arbeit, wenn Sie den Funktionskopf gleich folgendermaßen deklarieren:

```
void funktion(int x[23][12])
```

Mit dieser Deklaration können Sie auf das entsprechende Feld wieder wie üblich, also mit zwei Indizes, zugreifen. Allerdings funktioniert diese Deklaration nur mit statischen Feldern oder dynamischen Feldern, die exakt die in der Deklaration angegebene Größe haben.

1.13 C-Strings

Unter einem String versteht man eine Zeichenkette, die im Gegensatz zu einer String-Konstante veränderbar ist. Eine Zeichenkette besteht – wie der Name bereits erkennen lässt – aus einer Kette von Zeichen.

char

Eine Variable, die ein einzelnes Zeichen speichern kann, wird mit dem Schlüsselwort **char** definiert:

```
char c;
```

char-Feld

Eine Kette von *char*-Werten lässt sich am einfachsten mit einem Feld von *char*-Werten umsetzen[27]:

```
char [80];
```

Tatsächlich werden in solchen char-Feldern aber keine Zeichenketten, sondern C-Strings gespeichert. Ein C-String ist nichts anderes als eine Zeichenkette, die mit einer speziellen Ende-Kennung versehen wurde.

Diese Ende-Kennung haben wir, ohne es zu wissen, schon bei den Stringkonstanten innerhalb von *cout* benutzt. Wenn wir zum Beispiel im Programm folgendes Segment hätten:

```
"erg"
```

Ende-Kennung

Dann benötigt diese Stringkonstante vier Feld-Elemente an Speicherplatz: Drei Zeichen und eine Ende-Kennung. Die **Ende-Kennung** eines C-Strings hat in C++ den Wert 0.

Innerhalb eines Strings dient der Wert 0 als Ende-Kennung desselben.

Steigen wir nun etwas tiefer in die Stringwelt ein.

1.13.1 Ein- und Ausgabe

Aufgrund des besonderen Status eines *char*-Feldes wird es auch besonders von den Ein- und Ausgabefunktionen unterstützt, so zum Beispiel von *cin*:

```
char a;
cout << "Ihre Eingabe:";
cin >> a;
cout << a;
```

Wenn Sie dieses Fragment einmal in eine ordnungsgemäße *main*-Funktion stecken, dann werden Sie folgende Eigenart feststellen: Geben Sie einen Text ein, der Leerzeichen enthält, dann wird in *a* nur der Text gespeichert, der vor dem ersten Leerzeichen stand.

Das liegt an einer Eigenschaft von *cin*, die wir bereits bei der Eingabe anderer Werte besprochen haben. Wir konnten mit einer *cin*-Anweisung mehrere Werte einlesen, wobei die Trennung der Werte mit einem Leerzeichen durchgeführt wurde. Dies ist eine typische Eigenschaft von *cin*, weswegen die mit Leerzeichen getrennten Wörter als mehrere Strings aufgefasst werden.

getline

Dieses Problem lässt sich mit einem einfachen *cin* nicht beheben. Wir müssen daher auf eine Eingabefunktion zurückgreifen, die von *cin* speziell für

27. Es gibt in C++ zwei Ansätze, Strings zu verwalten. Als Erstes ist die aus C stammende Vorgehensweise zu erwähnen, in der Strings als Felder des Typs *char* angesehen werden. C++ hat als objektorientierte Sprache eine weitere Sichtweise eingeführt, und zwar die des Strings als Objekt.

Strings zur Verfügung gestellt wird. Sie heißt **getline** und hat folgenden Funktionskopf:

```
cin.getline(char *string, int groesse, char trennzeichen='\n');
```

getline muss die Adresse des zu beschreibenden Strings sowie dessen Länge übergeben werden. Da das Trennzeichen mit einem Standardargument versehen wurde, braucht es beim Aufruf nur dann angegeben zu werden, wenn ein anderes Trennzeichen als das Voreingestellte gewünscht wird. Der eingelesene String wird mit einer Endekennung versehen.

1.13.2 C-Strings in der Praxis

Da C-Strings nicht zu den elementaren Datentypen gehören (wie alle Variablenfelder), werden auch sie in bestimmten Bereichen nicht von C++ unterstützt. Sie können zwar zum Beispiel die Initialisierung eines Strings gleichzeitig mit der Definition vornehmen:

Initialisierung bei der Definition

```
char a[10]="C++-Kurs";
```

In diesem Fall wird der String a mit »C++-Kurs« initalisiert. Das Feld ist hier größer als der String, da er neun Zeichen (Endekennung!) lang ist, das Feld aber Platz für zehn Zeichen bietet. Sie können aber keine Zuweisung im Programm vornehmen:

```
a="Kurs";
```

Diese Zuweisung ist nicht erlaubt, weil eine Stringkonstante immer für ihre Adresse steht[28].

Sie müssen sich daher mit einem Trick behelfen, indem Sie auf eine Funktion zurückgreifen. Wollen Sie einem String einen neuen Inhalt zuweisen, müssen Sie mit der **strcpy**-Funktion aus cstring[29] arbeiten:

Syntax

```
strcpy(ziel,quelle);
```

strcpy kopiert den Inhalt des Strings *quelle* in den String *ziel* einschließlich seiner Ende-Kennung. Der Funktion werden dafür die Adressen der Strings übergeben. In unserem Beispiel:

```
strcpy(a,"Kurs")
```

Der Name eines Strings steht ohne eckige Klammern für seine Adresse, eine Stringkonstante repräsentiert ebenfalls ihre Adresse, so dass dieser Aufruf korrekt ist. Stringzuweisungen außerhalb einer Definition bedürfen immer

28. Würde es sich bei *a* um einen Zeiger auf *char* handeln, wäre die Schreibweise wieder richtig. *a* hätte als Adresse dann den Anfang der Stringkonstante. Auf diese Weise könnten Sie wärend der Laufzeit Änderungen an der Stringkonstante vornehmen. Dies wäre jedoch unsaubere Programmierung. Wenn Sie Änderungen vornehmen möchten, fertigen Sie sich eine Kopie der Stringkonstanten an und ändern dann diese.
29. Um die Funktion *strcpy* nutzen zu können, müssen Sie »cstring« mittels include einbinden.

der *strcpy*- oder einer ähnlichen Funktion. Eine ausführliche Erklärung der Funktionen aus cstring, die noch aus der Programmiersprache C stammen, würde hier zu weit führen. Bei [WILLMS98] können Sie die Einzelheiten im C-Kontext und bei [WILLMS99] die Zusammenhänge der Funktionen in C++ nachschlagen.

1.14 Strukturen

Strukturen werden eingesetzt, um Daten verschiedenen Typs, die kontextspezifisch zusammengehören, in einer übergreifenden Datenstruktur zusammenzufassen. Ein Beispiel

```
struct Person
{
  char Vornamen[5][80];
  char Nachname [80];
  int Groesse;
  int Gewicht;
  char GebDatum[12];
};
```

Die Struktur *Person* hat nun die Möglichkeit, bis zu fünf Vornamen, einen Nachnamen, Größe, Gewicht und Geburtsdatum zu speichern. Eine Variable vom Typ *Person* wird folgendermaßen definiert:

```
Person p1;
```

Über den Namen p1 werden die einzelnen Elemente der Struktur über den . - Operator angesprochen:

```
p1.Gewicht=80;
strcpy(p1.Vornamen[0],"Charles");
strcpy(p1.Vornamen[1],"Pierre");
strcpy(p1.Nachname,"Baudelaire");
```

Über einen Zeiger auf eine Struktur kann ebenfalls auf die Elemente der Struktur zugegriffen werden, allerdings kommt dann der ->-Operator zum Einsatz:

```
Person *ptr;

ptr=&p1;

ptr->Groesse=170;
ptr->Gewicht=72;
strcpy(p1->Nachname,"Meier");
```

2 Objektorientierte Programmierung

Bevor wir uns mit den Möglichkeiten der Objektorientierten Programmierung[1] in C++ vertraut machen, sollten wir uns erst einmal über die Motivation Gedanken machen, die hinter der Entwicklung der OOP steht. Denn man könnte sich ja Fragen stellen wie: »Warum wurde die OOP überhaupt erfunden?« oder »Warum waren die Programmierer nicht mehr mit der alten Programmierweise zufrieden?«

Doch lassen wir uns erst zu der »Daseinsberechtigung« der Informatik kommen. Was ist die Aufgabe eines Informatikers oder eines Programmierers, der sich ja die Erkenntnisse der Informatik zunutze macht? Eine komprimierte Antwort auf diese Frage wäre die folgende:

Die Aufgabe der Informatik ist die Bewältigung von Komplexität.

Doch wie wird die Komplexität bewältigt? Das der ganzen Informatik und darüber hinaus auch allen anderen Bereichen der Komplexitätsbewältigung zugrunde liegende Prinzip ist das der **Abstraktion**.

Das beste Mittel zur Bewältigung von Komplexität ist die Abstraktion.

Diese beiden Aussagen gemeinsam definieren dann den Aufgabenbereich der Informatik:

Die Informatik bewältigt Komplexität mit Hilfe von Abstraktion unter Einsatz von Computern.

Abstraktion

Aber was genau ist Abstraktion? Beispielsweise wird abstrahiert, wenn Objekte unterschiedlicher Art, die aber alle in einem Teilbereich Gemeinsamkeiten haben, in einer Gruppe zusammenfasst und diese Gruppe dann anstelle der einzelnen Objekte erwähnt oder benutzt wird. Jeder Mensch abstrahiert bei der täglichen Kommunikation mit seinen Mitmenschen. Für die weiteren Betrachtungen wollen wir zwei Arten der Abstraktion genauer unter die Lupe nehmen:

Gemeinsamkeiten unterschiedlicher Arten

Beginnen wir mit einem Beispiel zur ersten Art. Angenommen Sie wären am Wochenende im Wald spazieren gegangen. Wenn Sie dieses Erlebnis jemand anderem erzählen, werden Sie mit Sicherheit nicht sagen: »Ich bin am Wochenende durch einen wunderschönen Buchen-, Birken-, Eichen-, Fichten-, Eschen- und Lindenwald spaziert.« Sie würden eher etwas sagen wie

1. Der Einfachheit halber wird im weiteren Verlauf der Ausdruck »objektorientierte Programmierung« durch die übliche Abkürzung »OOP« ersetzt.

»Ich bin am Wochenende durch einen wunderschönen Laubwald spaziert«. oder »Ich bin am Wochenende durch einen wunderschönen Wald spaziert.« Diese Form der Abstraktion fasst Individuen verschiedener Arten zu einer übergeordneten Art zusammen, die die Gemeinsamkeiten der Individuen repräsentiert. In unserem Beispiel sind die Individuen die Bäume, die unterschiedlichen Arten angehören können. Die übergeordnete Art wären die Laubbäume, deren Gemeinsamkeit es ist, Laubblätter zu besitzen.

Individuen der selben Art

Und nun ein Beispiel zur zweiten Art: Angenommen, Sie hätten einen Zoobesuch hinter sich und auf der Affeninsel wäre heute der Teufel los gewesen. Wenn Sie dies einem anderen Menschen erzählen, werden Sie sich wohl kaum folgendermaßen ausdrücken: »Der Affe mit der Narbe am Arm, der Affe mit dem dunklen Fell, das Affenweibchen mit den zwei Affenjungen und der Affe mit dem langen Fell waren heute ziemlich nervös.« Vielmehr würden Sie etwas der folgenden Art sagen: »Die Affen auf der Affeninsel waren heute ziemlich nervös.« Diese Form der Abstraktion fasst Individuen der gleichen Art zusammen. Obwohl jeder Affe auf der Affeninsel ein eigenständiges Individuum ist und jeder sein eigenes Aussehen, seine eigenen Eigenschaften und seine eigenen Erfahrungen besitzt, fassen Sie sie zu der Gruppe »Die Affen auf der Affeninsel« zusammen, weil die Tatsache, dass sie auf der Affeninsel im Zoo hausen, all diesen Affen gemeinsam ist.

Modelle

Zusätzlich zum Prozess der Abstraktion muss die Informatik sich noch mit folgendem Problem auseinander setzen: Wie stellt man ein reales Problem so dar, dass es vom Computer verarbeitet werden kann?

Die Informatik stellt ein reales Problem oder einen realen Sachverhalt mit Modellen dar.

Abbildung 2.1 zeigt den Zusammenhang zwischen Modell und Realität.

Abbildung 2.1: Modell und Realität

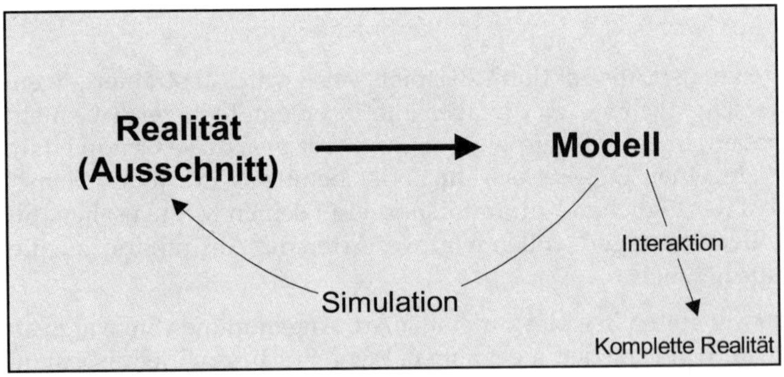

Modell als Ausschnitt der Realität

Das Modell repräsentiert einen Ausschnitt der Realität. Dieser Ausschnitt wird so gewählt, dass die relevanten Aspekte enthalten sind, nicht mehr und nicht weniger.

Dabei besitzt »Ausschnitt« zweierlei Bedeutung. Zum einen wird aus der Realität als Gesamtheit ein Ausschnitt herausgeschnitten. Soll beispielsweise ein Programm entwickelt werden, welches die Weichen des Gleissystems der Deutschen Bahn stellen soll, dann muss der Ausschnitt auf das Wesentliche begrenzt werden (die Weichen selbst, Stellwerke, Zugfahrpläne, Signalanlagen usw.). Den Blumenverkäufer am Bahnhof im Modell zu berücksichtigen wäre zu viel des Guten.

Beschränkung auf wesentliche Attribute

Ist der Ausschnitt einmal gebildet, wird dieser so vereinfacht, dass lediglich die relevanten Attribute übrig bleiben. Zum Beispiel hat eine reale Weiche vielerlei Attribute wie Weichenart, Richtung der einzelnen Weichenpfade, Gewicht, Alter, geografische Position, angrenzende Weichen etc. Diese Liste lässt sich beliebig fortführen.

Allerdings sind für ein Weichenstell-Programm nur eine begrenzte Zahl von Attributen wirklich sinnvoll. Um Weichen so stellen zu können, dass ein Zug von A nach B fahren kann, sind Nachbar-Weichen und Ziele der Weichenpfade wesentliche Informationen. Dagegen ist das Alter und das Gewicht der Weiche eher nebensächlich und für das Modell nur unnötiger Informationsballast und Verwaltungsaufwand.

Andere Attribute können je nach gewünschtem Leistungsumfang interessant werden. Soll beispielsweise der Wetterbericht mit einfließen, um eine mögliche Vereisungsgefahr vorzeitig zu erkennen, dann wäre die geografische Position der Weiche ein wichtiges Attribut. Für das bloße Stellen der Weichen reichen die Ziele der Weichenpfade und die Nachbarweichen an Information aus. Und soll das Stellwerk in der Lage sein, die Weichen so zu stellen, dass ein Zug auf dem kürzesten Wege von A nach B fährt, dann wären Entfernungen zwischen den Weichen wichtig.

Um ein Modell zu entwerfen, welches alle notwendigen Attribute enthält, gleichzeitig aber frei von unnötigem Ballast ist, muss vorher absolut klar sein, welche Leistungen mit dem Modell erbracht werden sollen.

Simulation und Interaktion

Das Modell, beziehungsweise die aus dem Modell resultierende Software, simuliert dann den modellierten Ausschnitt der Wirklichkeit. Dabei muss mit dem Rest der Wirklichkeit interagiert werden. Im Falle unseres Weichenstell-Programms muss das Programm einen bestimmten Wunsch entgegennehmen können und natürlich auch in der Lage sein, die realen Weichen zu stellen.

Dabei muss klar zwischen Simulation und Emulation unterschieden werden. Bei einer Simulation wird ein Ausschnitt der Realität durch ein vereinfachtes Modell repräsentiert. Dieses Modell verhält sich nur in einigen wenigen Aspekten identisch mit dem realen Gegenstück. Viele Aspekte kommen jedoch durch das Modell nicht zum Ausdruck. In einem Erste-Hilfe-Kurs wird an einem Modellmenschen die Herzmassage trainiert. Dieser Modellmensch verhält sich aber nur in einem ganz eng gesteckten Bereich wie ein realer Mensch. Man spricht von einer Simulation, die das Verhalten eines echten Menschen auf Herzmassagen simuliert.

Emulation

Bei einer Emulation lässt sich bezogen auf den relevanten Bereich nicht mehr zwischen Modell und Vorlage unterscheiden. Typische Beispiele sind die Computer-Emulatoren. Da gibt es beispielsweise Emulatoren, die auf einem PC einen Commodore C-64 emulieren. Ein für diesen Computer geschriebenes Programm merkt keinen Unterschied, ob es nun auf einem echten oder einem emulierten C-64 läuft.

Aus diesem Grunde lässt sich die Realität auch nicht emulieren, denn das Modell müsste sich bis auf die atomare Stufe, ja bis hin zu den Quarks und Quanten so verhalten wie das Original.

Dieser Modellierung eines realen Problems sehen Sie sich bei nahezu jedem Programm, das Sie schreiben wollen, gegenübergestellt. Nun kann man ein Problem aber auf verschiedene Weisen betrachten. Sehen wir uns diese Betrachtungsweisen im Folgenden genauer an.

2.1 Die prozessorientierte Sichtweise

Kommen wir zuerst zum konventionellen Vorgehen bei der Entwicklung eines Modells, nämlich der prozessorientierten Sichtweise, bei der die Prozedur oder der Prozess im Mittelpunkt steht.

Was macht ein reales Objekt aus? Grundsätzlich kann man sagen, dass ein Objekt bestimmte Eigenschaften besitzt und dass es für das Objekt typische Prozesse gibt, die diese Eigenschaften manipulieren. Da reale Objekte gewöhnlich eine sehr große Anzahl von Eigenschaften und Prozessen haben, müssen wir zur Darstellung eines realen Objekts die Abstraktion zu Hilfe nehmen. Von den unzählig vielen Eigenschaften eines Objekts berücksichtigen wir nur die, die für unser Problem wichtig sind. Wie oben bereits erklärt, entsteht dadurch ein Modell, welches die Realität vereinfacht beschreibt.

Nehmen wir zum Beispiel »Kartoffeln«. Für unseren Zweck betrachten wir als Eigenschaften einer Kartoffelpflanze folgende Parameter: *Knollenanzahl*, *Knollendicke*, *Blütenanzahl* und die *Größe* der Pflanze. Als die Kartoffelpflanze manipulierende Prozesse betrachten wir *blühen* und *wachsen*. In der Realität sind die Prozesse fest an die Kartoffelpflanze gebunden. Unser Modell muss jedoch die Eigenschaften der Pflanze als Struktur zusammenfassen und jeden einzelnen Prozess als eine Funktion definieren, die die entsprechenden Eigenschaften der Pflanze manipuliert. Der Prozess *wachsen* verändert die Knollengröße, die Knollenanzahl und die Größe der Pflanze, wohingegen der Prozess *blühen* nur die Blütenanzahl beeinflusst. Abbildung 2.2 stellt diesen Sachverhalt grafisch dar.

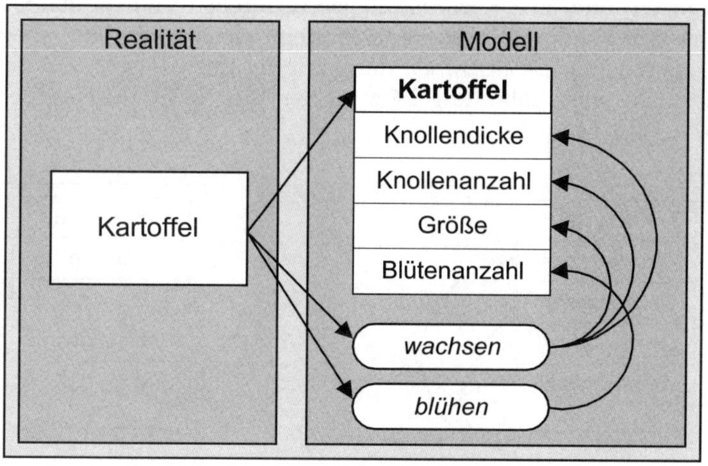

Abbildung 2.2: Prozessorientierte Modellierung einer Kartoffelpflanze

Als zweites Beispiel betrachten wir das Objekt *Schwein*. Wir geben dem Schwein die Eigenschaften *Größe*, *Gewicht* und *Sättigungsgrad* mit. Der Sättigungsgrad soll angeben, wie satt das Schwein bzw. wie stark sein Hunger ist. Als Prozesse definieren wir *wachsen*, welcher sich auf die Größe und den Sättigungsgrad auswirkt, und *bewegen*, der sich auf das Gewicht und den Sättigungsgrad auswirkt. Abbildung 2.3 stellt die Zusammenhänge grafisch dar.

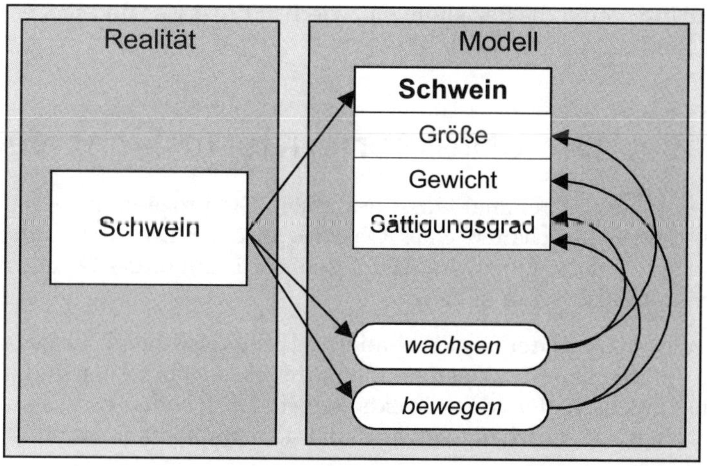

Abbildung 2.3: Prozessorientierte Modellierung eines Schweins

Sie sehen, dass unser Modell eine sehr starke Vereinfachung der Realität ist. Diese Vereinfachung genügt unserem Vorhaben jedoch vollauf.

Entwerfen wir nun einen Prozess, der beide Objekte manipuliert. Dafür bietet sich *fressen* an: Das Schwein frisst eine Kartoffelknolle. In der prozessorientierten Sichtweise wäre dies eine Funktion, der wir Zeiger auf ein

Schwein und eine Kartoffelpflanze übergeben und die dann die entsprechenden Manipulationen der Kartoffelpflanze vornimmt. Betroffen sind die Eigenschaften *Knollenanzahl* der Kartoffel und *Gewicht* und *Sättigungsgrad* des Schweins. Abbildung 2.4 zeigt den Prozess *fressen* eingebettet in unser bisheriges Modell.

Abbildung 2.4: Prozessorientierte Modellierung des Prozesses »fressen«

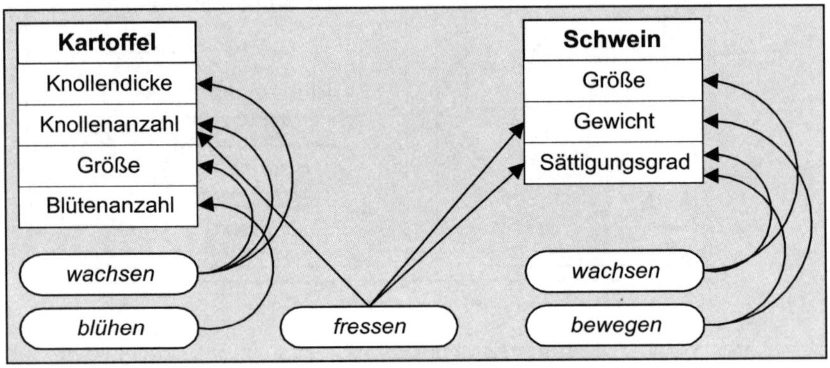

Bereits an diesem einfachen Beispiel lässt sich sehr schön erkennen, wie komplex die Beziehungen zwischen den Prozessen und den Eigenschaften der zu manipulierenden Objekte werden.

Und genau hier kam der Gedanke ins Spiel, eine Sichtweise zu entwerfen, bei der die natürliche Ordnung der Zusammenhänge stärker berücksichtigt wird, um damit die Beziehungen zwischen Prozessen und Eigenschaften auf ein Minimum zu reduzieren.

2.2 Die objektorientierte Sichtweise

Fassen wir noch einmal kurz zusammen: Die prozessorientierte Sichtweise fasst die Eigenschaften eines Objektes in einer Datenstruktur zusammen und entwirft die Prozesse als Funktionen, die auf dieser Datenstruktur operieren, sie also manipulieren.

Nun ist man bei der objektorientierten Sichtweise davon ausgegangen, dass die auf den Objekten operierenden Prozesse nichts weiter sind als dynamische Eigenschaften des Objekts selbst. Dies bedeutet, dass das Objekt sowohl die Eigenschaften als auch die sie manipulierenden Prozesse besitzt.

Diese Sichtweise ist viel natürlicher, denn Sie würden nie sagen, dass es etwas gibt, das die Kartoffel wachsen lässt. Nein, Sie würden sagen, dass die Kartoffel selbst wächst. Das Kartoffelwachstum ist eine Eigenschaft der Kartoffel, genauso wie die Knollengröße. Schauen wir uns in Abbildung 2.5 die Modellierung von Schwein und Kartoffel mit Hilfe dieser Sichtweise einmal an.

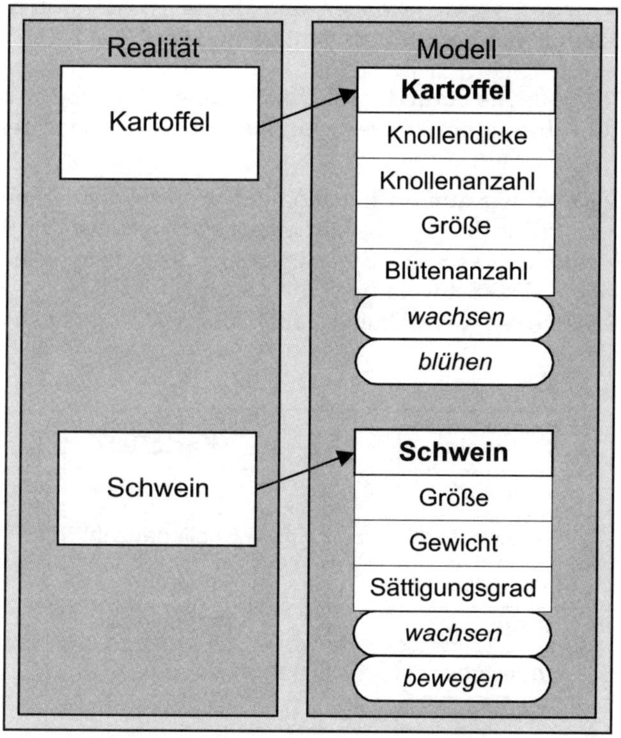

Abbildung 2.5: Objektorientierte Modellierung von »Kartoffel« und »Schwein«

Sie sehen die Vereinfachung auf den ersten Blick: Die Prozesse sind Eigenschaften des Objekts geworden. Dadurch findet die Manipulation der Eigenschaften durch die Prozesse »innerhalb« des Objekts statt. Ein Außenstehender wird nicht mehr mit der konkreten Manipulation konfrontiert, sondern sieht nur noch die manipulierenden Prozesse. Diese Form des »innerhalb Ablaufens« nennt man **Kapselung**.

Kommen wir nun erst einmal zu ein paar Begriffsdefinitionen.

Die Eigenschaften eines Objekts nennt man Attribute.

Und die zu einem Objekt gehörenden Prozesse heißen **Methoden**.

Elementfunktionen

Speziell in C++ werden die Methoden auch als Elementfunktionen bezeichnet, um zum Ausdruck zu bringen, dass es sich sprachlich auch um Funktionen handelt, die jedoch Elemente einer Klasse sind.

Die Prozesse eines Objekts nennt man Methoden.

Die Datenkapselung beugt dem ungeschützten Manipulieren der Attribute vor. In dem Moment, wo ein Attribut nur noch über Methoden angesprochen und verändert werden kann, liegt die Art und Weise, wie die Attribute verändert werden können und dürfen, in der Hand der Methoden und damit in der Kontrolle des Programmierers.

Die optimale Form der Datenkapselung ist gegeben, wenn jeglicher Zugriff auf Attribute eines Objekts nur noch über Methoden des Objekts möglich ist.

Schauen wir nun noch analog zur prozessorientierten Sichtweise den Prozess *fressen* in der objektorientierten Sichtweise an. Wie würden Sie die Methode *fressen* im Sprachgebrauch benutzen? Sie würden vermutlich sagen: »Das Schwein frisst die Kartoffel.« Also ist *fressen* eine Methode von *Schwein*, die Auswirkungen auf das Objekt *Kartoffel* hat. Abbildung 2.6 zeigt dies.

Abbildung 2.6: Objektorientierte Modellierung des Prozesses »fressen«

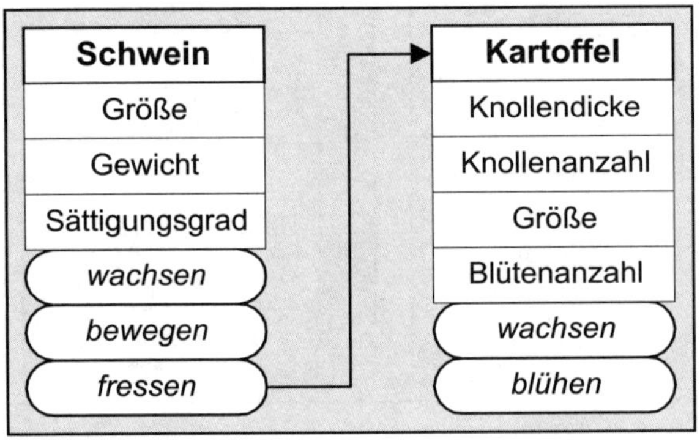

Wegen der Datenkapselung manipuliert die Methode *fressen* nicht direkt das Attribut *Knollenanzahl*, sondern wendet sich an das Objekt, welches eine Methode zur Manipulation von *Knollenanzahl* bereitstellen muss. Analog zu *fressen* könnte diese Methode dann *wirdGefressen* heißen.

2.3 Objekte, Exemplare, Klassen

Kommen wir nun wieder zu ein paar Begriffsdefinitionen. Die Gesamtheit von Objekten einer Art bezeichnet man als Klasse. Im Falle des Affeninsel-Beispiels könnten alle Affen der Affeninsel zur Klasse »Affeninsel-Affe« zusammengefasst werden.

Eine Klasse fasst Objekte der gleichen Art zusammen.

Ein Objekt einer bestimmten Klasse ist eine Exemplar dieser Klasse. Dabei ist der Begriff »Exemplar« insofern etwas unglücklich, als der deutsche Begriff nicht das Gleiche aussagt wie der ursprüngliche englische Begriff »instance«. Obwohl »Exemplar« weit verbreitet ist, wäre die Übersetzung »Exemplar« treffender. Das System-Bauhaus[1] hat eine Liste vernünftiger

Übersetzungen zum Thema UML und Objektorientierung zusammengestellt, an denen sich dieses Buch bei der Begriffswahl orientiert hat.

Objekte gleicher Art sind Exemplare derselben Klasse.

Die Affen auf der Affeninsel sind damit Exemplare der Klasse »Affeninsel-Affe«.

Im Falle der Schweine und Kartoffeln sind die einzelnen Schweine ein Exemplar der Klasse *Schwein*. Die Attribute der einzelnen Schweine sind durch die Klasse vorgegeben. Lediglich die Werte der Attribute können und werden individuell verschieden sein. Abbildung 2.7 zeigt diese Zusammenhänge.

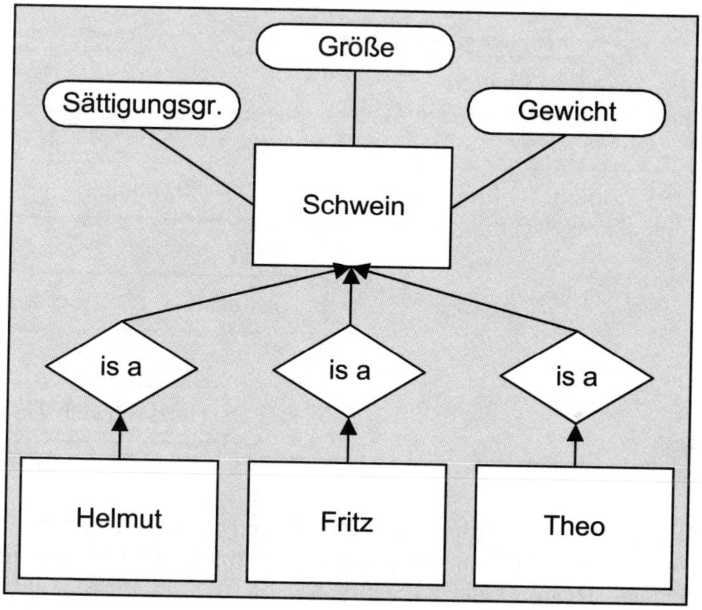

Abbildung 2.7: Die statischen Beziehungen zwischen Objekt, Exemplar, Klasse und Attribut

Die Objekte *Helmut*, *Fritz* und *Theo* sind Exemplare der Klasse *Schwein*. Dies wird im Diagramm üblicherweise mit dem »is a«-Symbol gekennzeichnet, was auf Deutsch soviel wie »ist ein(e)« bedeutet. Die Klasse *Schwein* hat die Attribute *Sättigungsgrad*, *Größe* und *Gewicht*. Darum besitzen die Objekte *Helmut*, *Theo* und Fritz als Exemplare dieser Klasse diese Attribute ebenfalls.

1. www.system-bauhaus.de/uml

2.4 Vererbung

Kommen wir nun noch auf die erste Abstraktionsart zu sprechen. Es ging dabei um das Zusammenfassen von Objekten verschiedener Arten zu einer übergeordneten Art, die Gemeinsamkeiten der Objekte beinhaltet. Dieses Abstrahieren entspräche in der OOP einer übergeordneten Klasse, die Gemeinsamkeiten anderer Klassen beinhaltet. Im Allgemeinen wird in der OOP jedoch zuerst eine Hauptklasse entworfen, von der dann andere Klassen abgeleitet werden. Dieses Ableiten nennt man **Vererbung**. Schauen wir uns dazu Abbildung 2.8 an.

Abbildung 2.8: Beziehungen zwischen Klassen

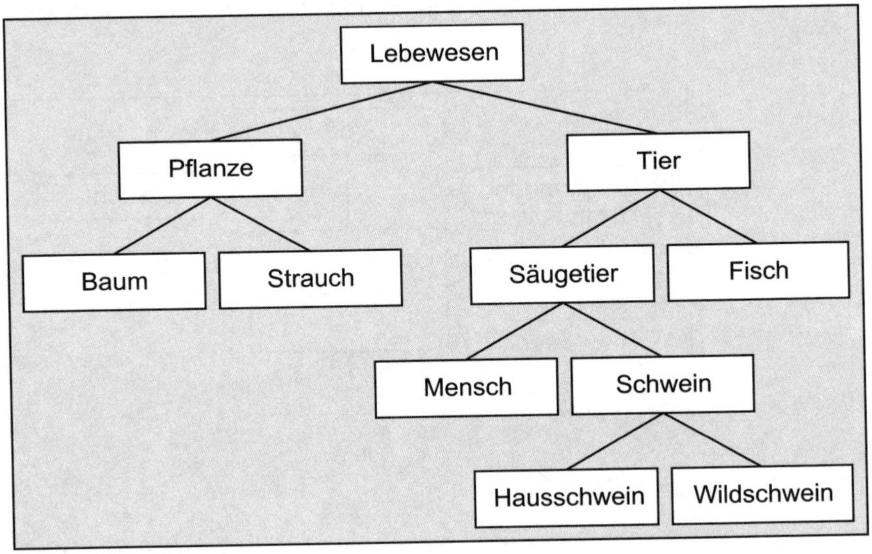

Wir sehen in Abbildung 2.8 sehr schön die einzelnen Vorgänge der Vererbung. Die Abbildung zeigt zwei Vorgänge – die Generalisierung und die Spezialisierung. Geht aus einer Klasse eine andere Klasse hervor, die nur einen Teilbereich der Ursprungsklasse abdeckt (z.B. vom Tier zum Säugetier), dann nennt man dies **Spezialisierung**. Der umgekehrte Vorgang heißt **Generalisierung**. Üblicherweise wird der Vorgang der Spezialisierung als **Vererbung** bezeichnet.

Wenn eine Klasse von einer anderen erbt, nennt man die Klasse, von der geerbt wurde, Basisklasse der erbenden Klasse.

In Abbildung 2.9 bedeuten die Pfeile damit »ist Basisklasse von«. *Lebewesen* ist Basisklasse von *Pflanze* und von *Tier*. *Lebewesen* hat als Attribut *Lebendig*, welches aussagt, ob das entsprechende Lebewesen noch lebt oder schon tot ist. Da *Pflanze* und *Tier* von *Lebewesen* erben, besitzen sie automatisch das Attribut *Lebendig*.

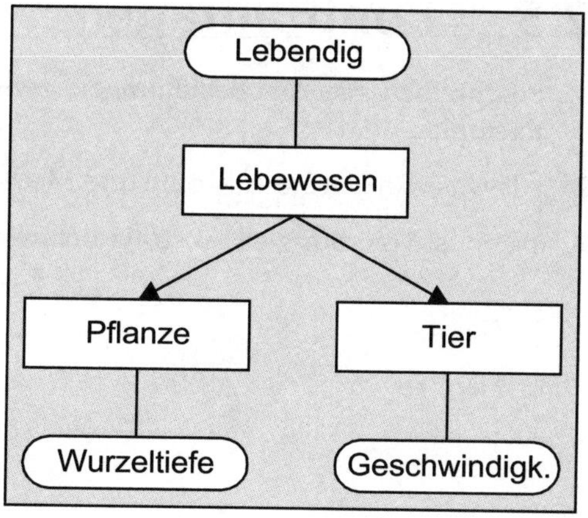

Abbildung 2.9: Der Vorgang der Vererbung

Darüber hinaus wird die abgeleitete Klasse *Pflanze* noch um das Attribut *Wurzeltiefe* und die abgeleitete Klasse *Tier* noch um das Attribut *Geschwindigkeit* erweitert. Die Attribute der einzelnen Klassen werden noch einmal in Abbildung 2.10 gezeigt.

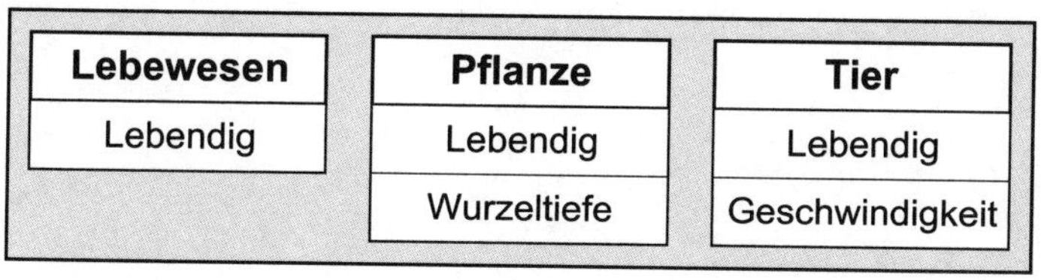

Abbildung 2.10: Die Attribute der Klassen Lebewesen, Pflanze und Tier

Wichtig ist, dass zusätzlich zu den Attributen auch eventuell vorhandene Methoden vererbt werden.

Bei der Vererbung werden sowohl die Attribute als auch die Methoden vererbt.

Eine weitere Form der Vererbung ist die so genannte **Mehrfachvererbung**, bei der eine Klasse von mehreren Klassen erbt. Zum Beispiel könnte eine Klasse *Hund* sowohl von der Klasse *Säugetier* als auch von der Klasse *Vierbeiner* erben.

Wir wissen nun genug von der objektorientierten Sichtweise, so dass wir langsam damit beginnen können, dieses Wissen mit Hilfe von C++ umzusetzen.

2.5 Kontrollfragen

1. Beschreiben Sie die Beziehungen zwischen Klasse, Art, Objekt und Exemplar.
2. Als was würden Sie Attribute und Methoden bezeichnen?
3. Wann ist Vererbung als Abstraktionsmethode sinnvoll?

3 Klassen

Im Folgenden werden wir das im vorigen Kapitel angeeignete theoretische Wissen in C++ umsetzen. Eine wesentliche Form der Abstraktion ist die Klasse, mit deren Besprechung wir nun beginnen werden.

3.1 Klassen und Attribute

Als erstes Beispiel wollen wir das in Kapitel 2 modellierte Schwein als Klasse formulieren. Klassen und Strukturen sind in C++ sehr ähnlich, weswegen wir uns zuerst einmal das Schwein als Struktur anschauen:

```
struct sSchwein
{
  int groesse;
  int gewicht;
  int saettigung;
};
```

Dies dürfte Ihnen vom Grundlagen-Kapitel bekannt sein. Wollten Sie nun eine Variable vom Typ *sSchwein* definieren, geschieht dies wie folgt:

```
sSchwein testschwein;
```

Auf einzelne Elemente der Variablen wird mit dem .-Operator zugegriffen:

```
testschwein.gewicht=40;
```

Eine Klasse sieht nun ganz genauso aus, nur dass anstelle des Schlüsselwortes *struct* das Schlüsselwort *class* steht. Hier einmal ein vollständiges Beispiel:

```
struct sSchwein {
  int groesse;
  int gewicht;
  int saettigung;
};

class kSchwein
{
  int groesse;
  int gewicht;
  int saettigung;
};

int main()
```

```
{
  sSchwein sschwein;
  kSchwein kschwein;

  sschwein.groesse=62;
  kschwein.groesse=75;
}
```

Den Quellcode dieses Beispiels finden Sie auf der CD unter /BUCH/KAP03/BSP001.CPP.

Es wird die vorher vorgestellte Struktur *sSchwein* deklariert sowie die Klasse *kSchwein*, deren Atttribute den Elementen von *sSchwein* entsprechen. Dann wird eine Variable *sschwein* vom Typ *sSchwein* und eine Variable *kschwein* vom Typ *kSchwein* definiert. Danach wird die Größe von *sschwein* auf 62 und die Größe von *kschwein* auf 75 gesetzt.

So weit, so gut. Bevor Sie weiterlesen, sollten Sie jedoch dieses Programm einmal kompilieren. Sie werden überrascht sein.

3.2 Öffentliche und private Attribute

Bei der Kompilation des obigen Beispiels werden Sie vermutlich eine Fehlermeldung erhalten, die einen Wortlaut wie »cannot access private member« oder ähnlich enthält.

Wenn Sie sich noch einmal den Abschnitt über Datenkapselung in Erinnerung rufen, wird Ihnen einiges klarer. Dort hieß es, dass das Optimum der Datenkapselung erreicht ist, wenn man von außen nicht mehr auf die Attribute einer Klasse zugreifen kann. Und genau dieses Optimum hat unser Beispiel erreicht. Wir können dem Attribut *groesse* von *kSchwein* keinen Wert zuweisen, weil wir dies von außen versuchen.

Wenn nicht anders definiert, sind Attribute einer Klasse privat.

public

Nun kann es aber in einigen Ausnahmen nützlich sein, wenn diese strikte Forderung der Datenkapselung gelockert wird. Daher gibt es in C++ die Möglichkeit, die Datenkapselung komplett aufzuheben. Dies erreicht man dadurch, dass man die Attribute als öffentlich deklariert. Dazu benutzen wir das Schlüsselwort **public**, welches auf Deutsch soviel wie »öffentlich« heißt. Hier nun die abgeänderte Klasse *kSchwein*:

```
class kSchwein
{
  public:
  int groesse;
```

```
  int gewicht;
  int saettigung;
};
```

Mit dieser Klassendefinition wird sich unser Beispiel von vorhin erfolgreich kompilieren lassen.

private

Die bloße Wahl zwischen entweder »Alle Attribute privat« oder »Alle Attribute öffentlich« wäre eine sehr starke Einschränkung, deswegen können die Zugriffsrechte auch gemischt werden. Um einen privaten Abschnitt – also einen gekapselten Abschnitt – einzuleiten, wird das Schlüsselwort **private** verwendet, was auf Deutsch soviel wie »privat« heißt:

```
class beispiel
{
  private:
  int a;
  float b;

  public:
  char c[8];
  int d;
  double e;

  private:
  unsigned int f;
  long g;

  public:
  short h;
};
```

Zusammenfassen der Zugriffsrechte zu Gruppen

Sie sehen, dass Sie die Schlüsselwörter *private* und *public* in beliebiger Reihenfolge und beliebig oft benutzen können. Sie sollten sich jedoch der Übersicht halber angewöhnen, immer Attribute mit gleichem Zugriffsrecht zu einer Gruppe zusammenzufassen und mit der Gruppe der privaten Attribute zu beginnen.

Fassen Sie immer Attribute mit gleichem Zugriffsrecht zusammen und beginnen Sie mit dem kleinsten Zugriffsrecht.

```
class beispiel
{
  private:
  int a;
  float b;
  unsigned int f;
  long g;
```

```
public:
char c[8];
int d;
double e;
short h;
};
```

Doch warum sollte man überhaupt Attribute als privat deklarieren, wenn man sowieso nicht an sie herankommt? Ganz einfach: Wir benutzen Methoden.

3.3 Methoden

Wie wir vorher schon besprochen haben, sind Methoden die zu einer Klasse gehörigen Funktionen[1]. Und gerade weil die Methoden zu einer Klasse gehören, können sie auch auf die privaten Attribute der Klasse zugreifen.

Methodendeklaration

Hier ein Beispiel einer Klassendefinition:

```
class testklasse
{
 private:
 int x;
 public:
 bool veraendern(int);
 int aktwert(void);
};
```

Wir müssen die Methoden *veraendern* und *aktwert* explizit als *public* deklarieren, weil Methoden genau wie Attribute privat oder öffentlich sein können.

Methodendefinition

In der Klassendefinition befinden sich nur die Deklarationen der Methode, deswegen müssen wir noch ihre Definitionen hinzufügen: Schauen wir uns zunächst die Methode *aktwert* an:

```
int testklasse::aktwert(void)
{
  return(x);
}
```

1. Deswegen werden Methoden in C++ auch als »Elementfunktionen« bezeichnet.

Um dem Compiler anzugeben, dass dies die Definition der Methode *aktwert* der Klasse *testklasse* ist[2], wird dem Namen der Methode der Klassenname, gefolgt vom Bezugs-Operator, vorangestellt. Da sowohl die Methoden einer Klasse als auch deren Attribute den gleichen Bezugsrahmen besitzen[3], braucht beim Zugriff auf *x* innerhalb der Methode *aktwert* kein Bezugsoperator benutzt zu werden. Schauen wir uns nun die Funktion *veraendern* an:

```
bool testklasse::veraendern(int a)
{
  if((a>=0)&&(a<=10))
    {
      x=a;
      return(true);
    }
  return(false);
}
```

Da das Attribut *x* in der Klasse gekapselt ist, kann *x* von einem Benutzer der Klasse nur über die Methode *veraendern* verändert werden. Zwangsläufig muss er sich dann auch an die Beschränkungen halten, die ihm *veraendern* auferlegt. Er hat daher keine Chance, dem Attribut *x* einen Wert außerhalb des Intervalls [0,10] zuzuweisen.

Hier sehen Sie sehr schön, warum das oft vorgebrachte Argument »Wenn man ein Attribut sowieso über eine Methode verändern kann, dann könnte man das Attribut auch gleich direkt verändern« nicht gilt. Dieses Argument gilt selbst dann nicht, wenn die Methode *veraendern* folgendermaßen aussehen würde:

```
int testklasse::veraendern(int a)
{
  x=a;
}
```

Obwohl die Methode nun identisch ist mit einer direkten Zuweisung an *x*, muss ein Benutzer Veränderungen über die Methode *veraendern* vornehmen. Dies hat den Vorteil, dass Sie auch im Nachhinein noch Abfragen bezüglich der Bereichsüberschreitung von *x* implementieren können, ohne dass sich für einen Benutzer der Klasse die Schnittstelle ändert.

Wäre dagegen das Attribut *x* zuerst direkt zugänglich gewesen – also öffentlich – und erst bei der Einführung einer Bereichsprüfung privat geworden, müssten alle Benutzer der Klasse ihre Programme abändern.

Die Implementation von *testklasse* finden Sie mitsamt einer *main*-Funktion zum Testen auf der CD unter /BUCH/KAP03/BSP002.

Wir wollen an dieser Stelle einmal eine der neuen Eigenschaften von C++ anwenden.

2. Da jede Klasse ihren eigenen Bezugsrahmen besitzt, können Methoden unterschiedlicher Klassen durchaus gleiche Namen besitzen.
3. Nämlich den Bezugsrahmen der entsprechenden Klasse.

Die ursprüngliche Form der Methode *veraendern* benutzt als Funktionsparameter die Variable a. Schreiben Sie *veraendern* einmal so um, dass der Name des Funktionsparameters nicht mehr *a*, sondern *x* lautet.

Hier ist die Lösung:

```
bool testklasse::veraendern(int x)
{
  if((x>=0)&&(x<=10))
    {
      ::x=x;
      return(true);
    }
  return(false);
}
```

Der Trick besteht darin, den Scope-Operator zu verwenden. Die Verwendung des Scope-Operators ist in diesem Fall nur als Übung zu verstehen. Der Lesbarkeit wegen sollten Sie die alte Version mit *a* als Funktionsparameter beibehalten.

Wir sind nun an einem Punkt angelangt, an dem wir in der Lage sind, das im vorigen Kapitel entworfene Modell von Schweinen und Kartoffeln in C++ auszudrücken.

Bevor Sie sich nun den Klassenentwurf ansehen, sollten Sie zuerst einmal selbst versuchen, die Klassen in C++ zu formulieren. Es reicht, wenn Sie nur die Klasse entwerfen, ohne die Methoden wirklich zu implementieren.

Gut, dann vergleichen wir einmal die Ansätze. Zuerst die Klasse *Kartoffel*:

```
class Kartoffel
{
  private:
  int knollendicke;
  int knollenanzahl;
  int groesse;
  int bluetenanzahl;
  void calcgroesse(void);

  public:
  void wachsen(void);
  void bluehen(void);
  int pfluecken(void);
  void init(int, int, int, int);
};
```

Aufteilung der Methoden in Gruppen

Das einzig Interessante an diesem Klassenentwurf könnten die Methoden *pfluecken*, *init* und *calcgroesse* sein, denn sie kamen in unserem Modell überhaupt nicht vor. Wenn Sie sich noch einmal das Modell anschauen, werden Sie sehen, dass sich die Methode *fressen* von *Schwein* nicht direkt an den Attributen von *Kartoffel* zu schaffen macht, sondern sich an das Objekt selbst wendet. Als Lösungsansatz wurde auf eine mögliche *wirdGefressen*-Methode hingewiesen, die eine Manipulation der Kartoffel für die *fressen*-Methode des Schweins möglich macht, ohne die Datenkapselung aufzuweichen.

Wir werden hier eine allgemeiner gehaltene Methode namens *pfluecken* einführen[4], die auch noch von einer hypothetischen *Bauer*-Klasse angesprochen werden könnte.

Die Methode *init* wird benötigt, weil bei der Definition eines *Kartoffel*-Exemplars die einzelnen Attribute noch undefiniert sind. Mit *init* sind wir dann in der Lage, diese Attribute zu definieren.

Die Methode *calcgroesse* findet Verwendung bei der Größenberechnung der Kartoffelpflanze. In unserem stark vereinfachten Modell wurde die Größe von der Knollendicke und der Knollenanzahl abhängig gemacht. *calcgroesse* wurde deswegen als privat deklariert, weil es keinen Sinn macht, sie außerhalb der Klasse aufzurufen.

Die Methode *init* wird als Verwaltungsmethode und *calcgroesse* als Hilfsmethode bezeichnet. Lippman teilt die Methoden sinnvollerweise in folgende Gruppen ein (vgl. [LIPPMAN95]):

- **Verwaltungsmethoden**. Zu dieser Gruppe zählen alle Funktionen, die technische Aufgaben der Klasse, wie zum Beispiel Initialisierungen und Speicherreservierungen, erledigen. Hierzu gehören auch die Konstruktoren und Destruktoren, die wir im nächsten Abschnitt kennen lernen werden.
- **Implementierungsmethoden**. Hierzu zählen alle Methoden, die die Funktionalität der Klasse ausmachen. Die Implementierungsmethoden von Kartoffel sind *wachsen*, *bluehen* und *pfluecken*.
- **Hilfsmethoden**. Hier werden die Methoden zusammengefasst, die unterstützend zu den anderen Methoden kleinere Aufgaben bewältigen. Im Allgemeinen werden Hilfsmethoden als privat deklariert, weil sie nur im Zusammenhang mit den sie aufrufenden Methoden sinnvoll sind. In unserem Beispiel ist *calcgroesse* eine typische Hilfsmethode.
- **Zugriffsmethoden**. Als Zugriffsmethoden bezeichnet man die Methoden, die private Attribute der Klasse verändern dürfen. Sinnvollerweise sollte man die Anzahl der Zugriffsmethoden gering halten, um eine eventuelle Fehlersuche zu vereinfachen. In unserem Beispiel wurden keine besonderen Zugriffsmethoden definiert.

---

4. Da die Kartoffelknollen unter der Erde wachsen, ist *pfluecken* nicht unbedingt die treffendste Bezeichnung. Aber sie ist prägnant. Vorlieben für Verben wie *ausgraben* oder *ernten* können in den eigenen Lösungen natürlich gerne Verwendung finden.

Schauen wir uns nun eine mögliche Implementierung der Methoden von *Kartoffel* an:

b

```
void Kartoffel::init(int kd, int ka, int gr, int ba)
{
  knollendicke=kd;
  knollenanzahl=ka;
  groesse=gr;
  bluetenanzahl=ba;
}

void Kartoffel::calcgroesse(void)
{
  groesse=knollenanzahl*knollendicke;
}

void Kartoffel::bluehen(void)
{
  bluetenanzahl++;
}

void Kartoffel::wachsen(void)
{
  if(!bluetenanzahl)
    {
      cout << "Keine Blueten vorhanden!" << endl;
      return;
    }
  bluetenanzahl--;
  if(knollendicke<20)
    knollendicke++;
  knollenanzahl++;
  calcgroesse();
}

int Kartoffel::pfluecken(void)
{
  if(!knollenanzahl) return(0);

  knollenanzahl--;
  calcgroesse();
  return(knollendicke);
}
```

Als Nächstes kommt die Klasse *Schwein* an die Reihe:

```
class Schwein
{
  private:
  int groesse;
  int gewicht;
  int saettigungsgrad;

  public:
  void wachsen(void);
  void bewegen(void);
  void fressen(Kartoffel&);
  void init(int, int, int);
};
```

Auch hier findet sich wieder eine Methode namens *init*, die für die Initialisierung der Attribute zuständig ist.

Wichtig ist auch die Tatsache, dass bei der Methode *fressen* der Verweis auf *Kartoffel* nicht als Zeiger oder lokale Kopie, sondern als Referenz implementiert wurde. Dies hat den Vorteil, dass weder Speicherplatz noch Zeit damit verschwendet wird, eine lokale Kopie des Objekts anzulegen, was insbesondere bei größeren Klassen enorme Laufzeitvorteile mit sich bringt.

Verweise auf Klassen sollten – wenn möglich – immer als Referenz und nicht als Zeiger implementiert werden.

Schauen wir uns nun noch eine mögliche Implementierung der Methoden von *Schwein* an:

```
void Schwein::init(int gr, int ge, int sg)
{
  groesse=gr;
  gewicht=ge;
  saettigungsgrad=sg;
}

void Schwein::wachsen(void)
{
  if(saettigungsgrad>=8)
    {
      saettigungsgrad-=8;
      if(groesse<30)
        groesse++;
      if(gewicht<40)
        gewicht++;
    }
  else
```

```
    cout << "Schwein zu hungrig!" << endl;
}

void Schwein::bewegen(void)
{
  if(saettigungsgrad>=4)
    {
      saettigungsgrad-=4;
      return;
    }
  if(gewicht>10)
    {
      gewicht--;
      return;
    }
  cout << "Schwein hat keine Energiereserven mehr!" << endl;
}

void Schwein::fressen(Kartoffel &k)
{
  int naehrwert=k.pfluecken();
  if(!naehrwert)
    {
      cout << "Kartoffel besitzt keine Knollen!" << endl;
    }
  else
    {
      saettigungsgrad+=naehrwert;
      if(saettigungsgrad>100)
        {
          gewicht+=(saettigungsgrad-100)/2;
          saettigungsgrad=100;
        }
    }
}
```

Unter /BUCH/KAP03/BSP003.CPP finden Sie beide Klassenentwürfe sowie die Implementierung ihrer Methoden. Sie sollten dazu nun eine *main*-Funktion schreiben, mit Hilfe derer Sie ein wenig mit den Klassen spielen können. Versuchen Sie einige Exemplare* der Klassen zu erzeugen. Denken Sie daran, die Attribute vor dem ersten Benutzen mit *init* zu initialisieren.

* Exemplare sind individuelle Objekte einer Klasse. Wenn Sie zum Beispiel eine Variable *helmut* vom Typ *Schwein* definieren, dann ist das Objekt *helmut* ein Exemplar der Klasse *Schwein*.

3.3.1 inline

Wir haben die Möglichkeit, Methoden als *inline* zu deklarieren, bereits kennen gelernt. Eine solche *inline*-Methode soll auch bei unserer Testklasse zum Einsatz kommen, weswegen wir diese Gelegenheit direkt nutzen werden, einen Spezialfall der *inline*-Deklaration zu besprechen:

Steht die Methodendefinition unmittelbar in der Klassendefinition, so wird die Methode automatisch *inline*.

Am Beispiel unserer Testklasse sähe das so aus:

```
class testklasse
{
  private:
  int x;

  public:
  bool veraendern(int);
  int aktwert(void)
    {
      return(x);
    }
};
```

Die Methode *aktwert* wurde direkt in die Klassendefinition aufgenommen und wird somit automatisch zu einer *inline*-Funktion[5]. Für den Fall, dass eine Methode innerhalb der Klassendeklaration definiert wird, kann auf die Erwähnung des Klassennamens (testklasse::) im Methodennamen verzichtet werden, weil die Klassenzugehörigkeit der Methode eindeutig ist.

3.4 Konstruktoren und Destruktoren

Motivation

Vielleicht haben Sie sich ein wenig Gedanken über die Methode *init* gemacht. Eigentlich passt dieses Initialisieren nach dem Definieren gar nicht in das objektorientierte Modell. In der realen Welt hat ein Objekt bereits bei seiner Entstehung/Erschaffung alle Parameter, die es definieren, festgelegt. Die Reihenfolge des »zuerst Erschaffen und dann Parameter festlegen« wirkt ausgesprochen künstlich und konstruiert. Schlimmer wird es noch, wenn Sie für ein Objekt dynamisch Speicher reservieren müssen. Dann brauchen Sie nicht nur eine *init*-Methode, die den Speicher reserviert, sondern auch noch eine *destroy*-Methode, die den Speicher wieder freigibt, und zwar bevor das Objekt selbst gelöscht wird.

5. Es sei denn, es gäbe gute Gründe für den Compiler, sie nicht als *inline* zu deklarieren. Sie erinnern sich: Die Deklaration als *inline* ist für den Compiler nur eine Empfehlung, kein Zwang.

Diese Beobachtung, dass sowohl bei der Erschaffung als auch bei der Zerstörung von Objekten bestimmte dynamische Prozesse ablaufen, haben auch die Entwickler von C++ angestellt und haben eine Möglichkeit gefunden, dies elegant in den Griff zu bekommen. Und zwar gibt es für jede Klasse zwei besondere Methoden. Die eine wird automatisch bei der Erschaffung aufgerufen und heißt **Konstruktor**. Die andere wird automatisch vor der Löschung (auch »Zerstörung« genannt) des Objekts aufgerufen und heißt **Destruktor**. Um die Konstruktoren und Destruktoren an einem einfachen Beispiel zu veranschaulichen, werden wir die Klasse *testklasse* aus dem vorherigen Abschnitt um ebensolche erweitern:

```
class testklasse
{
  private:
  int x;

  public:
  int veraendern(int);
  int aktwert(void);
  testklasse(void);
  ~testklasse();
};
```

Schauen wir uns zuerst die Regel der Namensvergabe an.

Konstruktoren haben denselben Namen wie ihre Klasse. Destruktoren haben denselben Namen wie ihre Klasse zuzüglich einer vorangestellten Tilde.

Es ist wichtig zu beachten, dass weder der Konstruktor noch der Destruktor einen Rückgabewert besitzen.

Konstruktoren und Destruktoren besitzen keinen Rückgabewert.

Zudem besitzen Destruktoren auch keine Funktionsparameter.

Destruktoren besitzen keine Funktionsparameter.

Lediglich der Konstruktor kann mit Funktionsparametern versehen werden, die dann bei der Definition des Objekts übergeben werden müssen.

Schauen wir uns nun einmal den Konstruktor und den Destruktor für die Klasse *testklasse* an:

```
testklasse::testklasse(void)
{
  cout << "Objekt wurde erzeugt." << endl;
}
```

```
testklasse::~testklasse()
{
  cout << "Objekt wurde geloescht." << endl;
}
```

Konstruktor und Destruktor erledigen in diesem Fall keine sinnvollen Aufgaben. Jedoch können Sie sich unter /BUCH/KAP03/BSP004.CPP auf der CD die Verhaltensweisen einmal anschauen.

Interessant werden die Funktionsparameter des Konstruktors bei unseren Klassen *Schwein* und *Kartoffel*. Dort ersetzen sie auf elegante Weise die *init*-Methoden. Schauen wir uns einmal die neue Klassendefinition mitsamt ihren Konstruktoren an:

```
class Kartoffel
{
  private:
  int knollendicke;
  int knollenanzahl;
  int groesse;
  int bluetenanzahl;
  void calcgroesse(void);

  public:
  void wachsen(void);
  void bluehen(void);
  int pfluecken(void);
  Kartoffel(int, int, int, int);
};

Kartoffel::Kartoffel(int kd, int ka, int gr, int ba)
{
  knollendicke=kd;
  knollenanzahl=ka;
  groesse=gr;
  bluetenanzahl=ba;
}

class Schwein
{
  private:
  int groesse;
  int gewicht;
  int saettigungsgrad;

  public:
  void wachsen(void);
  void bewegen(void);
  void fressen(Kartoffel&);
```

```
  Schwein(int, int, int);
};

Schwein::Schwein(int gr, int ge, int sg)
{
  groesse=gr;
  gewicht=ge;
  saettigungsgrad=sg;
}
```

Eine Definition eines Objekts vom Typ *Schwein* könnte wie folgt aussehen:

```
Schwein s1(25,20,80);
```

Zum Experimentieren finden Sie die Klassen *Schwein* und *Kartoffel* mitsamt ihren Konstruktoren auf der CD unter /BUCH/KAP03/BSP005.CPP.

So wie Attribute und andere Methoden auch, können Konstruktoren sowohl privat als auch öffentlich sein. Allerdings sind private Konstruktoren – wie normale Methoden auch – nicht von außen benutzbar. Nur eine Methode der Klasse kann mit Hilfe eines privaten Konstruktors ein neues Exemplar erzeugen.

3.5 Die Elementinitialisierungsliste

Wir haben mit den Konstruktoren eine elegante Möglichkeit gefunden, die Attribute einer Klasse zu initialisieren. In den Fällen, die wir bisher kennen gelernt haben, stießen wir auch auf keine Probleme. Schauen wir uns jedoch nun als Beispiel die Klasse *Referenz* an:

```
class Referenz
{
  private:
  int &a;
  int b;

  public:
  Referenz(int&);
  void print(void);
};
```

Der Konstruktor ist so deklariert, dass ihm eine Referenz vom Typ *int* übergeben wird. Der Konstruktor selbst soll nun mit dieser Referenz das Attribut *a* initialisieren. Das Attribut *b* soll immer fest mit 3 initialisiert werden. Der Konstruktor könnte folgendermaßen aussehen:

```
Referenz::Referenz(int &r)
{
  a=r;
```

```
  b=3;
}
```

Fällt Ihnen etwas auf? Wenn Ihnen noch nichts aufgefallen sein sollte, wird Sie wohl spätestens die folgende Übung stutzig machen.

Bevor Sie weiterlesen, versuchen Sie einmal, die Klasse mitsamt ihres Konstruktors zu kompilieren. Es wird ein Fehler auftreten. Wenn Ihnen die Ursache des Fehlers nicht klar sein sollte, lesen Sie noch einmal den Abschnitt über Referenzen nach.

Der Fehler tritt deswegen auf, weil Referenzen bei ihrer Definition initialisiert werden müssen. Für die Zuweisung von *r* an *a* im Konstruktor ist es bereits zu spät. Glücklicherweise kann man von jeder Variablen explizit einen Konstruktor aufrufen, der die Initialisierung vornimmt. Damit beim Aufruf des Konstruktors von *Referenz* auch der Konstruktor von *a* aufgerufen wird, muss dieser in der **Elementinitialisierungsliste** von *Referenz* stehen.

Die Elementinitialisierungsliste folgt dem Funktionskopf und ist durch einen Doppelpunkt von ihm getrennt.

Der neue Konstruktor sieht dann folgendermaßen aus:

```
Referenz::Referenz(int &r) : a(r)
{
  b=3;
}
```

Diesen Konstruktor können Sie einwandfrei kompilieren. Da die Elementinitialisierungsliste mehrere Parameter besitzen kann, können Sie die Initialisierung von *b* ebenfalls dorthin versetzen.

Die einzelnen Parameter der Elementinitialisierungsliste werden durch Kommata voneinander getrennt.

Der endgültige Konstruktor sieht dann so aus:

```
Referenz::Referenz(int &r) : a(r),b(3)
{
}
```

Die Klasse mitsamt Konstruktor und *main*-Funktion zum Ausprobieren finden Sie auf der CD unter /BUCH/KAP03/BSP006.CPP.

3.6 Statische Attribute

Wenn Sie mehrere Exemplare einer Klasse erzeugen, dann hat jede Exemplar ihre eigenen Attribute. Zum Beispiel können Sie vier Objekte vom Typ *Schwein* erzeugen und jedem einzelnen Objekt ein eigenes Gewicht, eine eigene Größe etc. zuweisen.

static

Manchmal kann es jedoch nützlich sein, wenn bestimmte Attribute einer Klasse für alle Exemplare gleich sind, also sich alle Exemplare bestimmte Attribute teilen. Ein einfaches Beispiel für ein solches Attribut wäre zum Beispiel ein Zähler, der festhält, wie viele Exemplare einer Klasse erzeugt wurden. Das Schlüsselwort, um ein solches Attribut zu definieren, heißt **static**.

Mit *static* deklarierte Attribute existieren nur ein einziges Mal und gelten für alle Exemplare einer Klasse.

Schauen wir uns dazu einmal eine Klasse an:

```
class Counter
{
  private:
  static int anzahl;
  int wert;

  public:
  Counter(void);
  ~Counter();
  void print(void);
};
```

Die Klasse *Counter* beinhaltet ein statisches Attribut *anzahl*, welches die existierenden Exemplare zählt. Zudem kann jedes Exemplar noch einen individuell unterschiedlichen Wert aufnehmen. Der Konstruktor und der Destruktor der Klasse sehen folgendermaßen aus:

```
Counter::Counter(void)
{
  anzahl++;
}

Counter::~Counter()
{
  anzahl--;
}
```

Initialisierung statischer Attribute

Ein Punkt ist jedoch bis jetzt unberücksichtigt geblieben: Wie wird das statische Attribut initialisiert? Es darf weder in der Klassendefinition noch in einer Methode der Klasse initialisiert werden, weil statische Attribute nur einmal initialisiert werden dürfen. Wir müssen es daher von außen initialisieren:

```
int Counter::anzahl=0;
```

Bei der Erzeugung eines Objekts vom Typ *Counter* erhöht der Konstruktor das Attribut *anzahl* um eins. Sollte das Objekt wieder gelöscht werden, vermindert der Destruktor *anzahl* um eins. Eine *main*-Funktion zum Testen könnte so aussehen:

```
int main()
{
  Counter v1;
  v1.print();

  Counter v2[5];
  v1.print();
}
```

Ort der Initialisierung

Sollten Sie die Klasse in ihre Deklaration und in ihre Definition aufteilen, dann darf die Initialisierung der statischen Variablen auf keinen Fall bei der Klassendeklaration stehen, weil diese bei größeren Projekten häufiger vom Compiler bearbeitet werden könnte. Wenn die Initialisierung bei den Definitionen der Methoden steht, kann nichts passieren.

Die Klasse *Counter* mitsamt ihrem Konstruktor und ihrem Destruktor sowie die oben angeführte *main*-Funktion finden Sie in der Datei »BSP05-07.CPP«.

3.7 Statische Methoden

In C++ gibt es die Möglichkeit, dem Compiler mitzuteilen, dass eine Methode auch unabhängig von einem Klassen-Exemplar verwendet werden kann. Dies sind die **statischen Methoden**.

Dazu ein kleines Beispiel:

```
class Warnklasse
{
  public:
    static void Warnung(void)
      {
        cout << "Achtung!!" << endl;
      }
};
```

Die Methode *Warnung* der Klasse *Warnklasse* kann nun benutzt werden, ohne vorher ein Exemplar von *Warnklasse* erzeugen zu müssen. Und zwar wird die Methode über den Klassennamen und den Scope-Operator aufgerufen:

```
Warnklasse::Warnung();
```

Aufgrund der Tatsache, dass eine statische Methode nicht an ein Exemplar der Klasse gebunden ist, darf sie in keinster Weise auf Klassenattribute zugreifen. Auch nicht-statische Methoden der Klasse dürfen von einer statischen Methode nicht aufgerufen werden.

Verwendet werden statische Methoden meist dann, wenn bestimmte Hilfsmethoden der Klasse auch für andere Teile des Programms nutzbar sein sollen. Beispielsweise könnten Sie eine Klasse mit einem Zufallsgenerator ausstatten, der ja auch für andere Anwendungsgebiete außerhalb der Klasse eingesetzt werden kann.

Oder Sie kapseln alle Hilfsmethoden zu einem bestimmten Thema in einer Klasse. Die Klasse selbst würde dann nur als Gruppierungsmöglichkeit eingesetzt.

3.8 Überladen von Methoden

Mit dem Prinzip des Überladens haben wir uns bereits im Grundlagen-Kapitel vertraut gemacht. Natürlich können auch Methoden überladen werden.

Überladen von Konstruktoren

Sehr häufig wird das Überladen für den Konstruktor verwendet. Zum Beispiel wäre es für die Klasse *Counter* aus dem vorhergehenden Abschnitt interessant, zusätzlich zu dem parameterlosen Konstruktor noch einen weiteren Konstruktor zu implementieren, mit dem man das private Attribut *wert* initialisieren kann:

```
Counter(void);
Counter(int);
```

Das Programmieren des neuen Konstruktors können Sie als Übung selbst vornehmen.

3.9 this

Alle Klassen und Strukturen besitzen in C++ automatisch den Zeiger **this**. *this* ist ein C++-Schlüsselwort und zeigt immer auf das eigene Exemplar der Klasse. Dazu zuerst ein Beispiel, welches davon ausgeht, dass die Klasse *TestKlasse* ein Attribut namens *a* besitzt:

```
void TestKlasse::funktion(void)
{
  a=20;
  this->a=30;
}
```

Die erste Anweisung weist dem Attribut *a* den Wert 20 zu. Die zweite Anweisung weist *this->a* den Wert 30 zu. Da *this* ein Zeiger auf die eigene Klasse ist, wird über *this->a* das *a* des eigenen Exemplars angesprochen. Deswegen beziehen sich sowohl die erste als auch die zweite Anweisung auf das *a* von *TestKlasse*.

this wird hauptsächlich dann benötigt, wenn man in einer klasseneigenen Methode eine Referenz oder einen Zeiger auf das eigene Exemplar an andere Methoden oder Funktionen übergeben will.

Der *this*-Zeiger wird uns im weiteren Verlauf noch häufiger begegnen.

3.10 Konstante Klassen und Methoden

Wir sind nun fast am Ende des Kapitels über Klassen angekommen und werden uns noch mit der erweiterten Bedeutung von **const** beschäftigen.

const

3.10.1 Konstanten und Variablen

Wir wissen bereits, wie man eine konstante *int*-Variable, also eine Konstante, definiert:

```
const int x=20;
```

Eine Konstante namens *x* wurde definiert und mit dem Wert 20 initialisiert.

Da der Wert einer Konstanten, wie der Name schon sagt, konstant ist, kann er auch nicht verändert werden. Folgende Anweisung erzeugt einen Kompilierungsfehler:

```
x=30;
```

FALSCH!

Man kann allerdings eine *int*-Variable definieren und ihr den Wert der Konstanten zuweisen:

```
int y;
y=x;
```

Weil *y* eine Kopie von *x* enthält, kann *y* ohne weiteres verändert werden:

```
y=40;
```

3.10.2 Zeiger auf Variablen

Man kann auch einen Zeiger auf den Typ *int* definieren:

```
int *ptr;
```

Man kann durch Zuweisen der Adresse von *y* über *ptr* den Wert von *y* ändern:

```
ptr=&y;
*ptr=10;
```

Man könnte auch auf die Idee kommen, dem Zeiger die Adresse von *x* zuzuweisen:

FALSCH!

```
ptr=&x;
```

Allerdings wird diese Anweisung bei der Kompilierung einen Fehler erzeugen. Durch die Zuweisung der Adresse der Konstanten an einen Zeiger auf den Variablentyp *int* wäre man in der Lage, den Wert von *x* zu verändern. Da *x* aber eine Konstante ist, muss dieser Manipulationsversuch vom Compiler verhindert werden.

3.10.3 Zeiger auf Konstanten

Man kann aber einen Zeiger auf *int*-Konstanten definieren:

```
const int *cptr;
```

Diesem kann man dann die Adresse von x zuweisen:

```
cptr=&x;
```

Nur ist man dann auch nicht in der Lage, den Wert von *x* zu ändern, weil es ja ein Zeiger auf eine *int*-Konstante ist. Deswegen erzeugt die folgende Anweisung einen Kompilierungsfehler:

FALSCH!

```
*cptr=50;
```

Man kann aber zwecks weiterer Verarbeitung des Wertes die Konstante über den Zeiger einer Variablen zuweisen:

```
*ptr=*cptr;
y=*cptr;
```

3.10.4 Konstante Zeiger

Wir haben bisher Konstanten und Zeiger auf Konstanten kennen gelernt. Es ist aber auch möglich, den Zeiger selbst als konstant zu definieren:

```
int a=4,b=14;
int *const ptrc=&a;
```

Weil der Zeiger *ptrc* konstant ist, muss er bei der Definition initialisiert werden. Denn nach der Definition kann ihm gerade wegen seiner Konstanz keine Adresse mehr zugewiesen werden.

Der Wert der Variablen *a* kann über den konstanten Zeiger *ptrc* verändert werden:

```
*ptrc=8;
```

Jedoch ist *ptrc* dazu verdammt, während seiner Lebensphase ausschließlich auf *a* zu zeigen. Folgende Zuweisung einer anderen Adresse erzeugt einen Fehler:

```
ptrc=&b;
```

FALSCH!

Ein konstanter Zeiger legt damit ähnliche Verhaltensweisen an den Tag wie eine Referenz. Nur dass die Syntax der Referenz eleganter ist.

Ein konstanter Zeiger auf einen konstanten Wert kann natürlich auch definiert werden:

```
const int c=20;
const int *const cptrc=&c;
```

Dem Zeiger *cptrc* kann weder eine neue Adresse zugewiesen werden, noch kann über ihn *c* verändert werden, weil *c* ebenfalls eine Konstante ist. Lediglich den Wert von *c* kann man mit *cptrc* auslesen:

```
cout << *cptrc << endl;
```

3.10.5 Konstante Attribute

Bei den Klassen kommen dem Schlüsselwort *const* noch andere Bedeutungen zu. Als Beispiel nehmen wir das folgende Grundgerüst:

```
class test
{
  private:
    int wert;
    const int cwert;

  public:
    test(int w) : wert(w), cwert(w) {}

};
```

Die Klasse hat einen variablen und einen konstanten *int*-Wert als Attribute.

Ein konstantes Attribut kann nur in der Elementinitialisierungsliste des Konstruktors initialisiert werden.

Folgender Konstruktor würde einen Fehler erzeugen:

```
test(int w) : wert(w) {cwert=w;}
```

FALSCH!

Der variable Wert könnte natürlich ohne weiteres im Anweisungsblock initialisiert werden.

Nehmen wir als erstes Anschauungsmaterial folgende öffentliche Methode von *test*:

```
int get(void) {return(wert);}
```

Wir können den von *get* zurückgelieferten Wert ganz normal Variablen und Konstanten zuweisen:

```
const int x=t.get();
int y=t.get();
```

Wir können auch eine Methode implementieren, die uns den konstanten Wert liefert:

```
const int getc(void) {return(cwert);}
```

Auch hier ist eine Zuweisung an Konstanten und Variablen möglich:

```
const int x=t.getc();
int y=t.getc();
```

Man hätte die Methode aber auch ohne konstanten Rückgabewert definieren können:

```
int getc(void) {return(cwert);}
```

Wieso ist das erlaubt? Nun, der von Funktionen zurückgelieferte Wert ist – sofern es sich nicht um einen Zeiger oder eine Referenz handelt – nur eine Kopie des Originalwertes. Deswegen trifft die Eigenschaft der Konstanz des Originalwertes nicht auf die Kopie zu. Aus diesem Grund spielt es auch keine Rolle, ob die Kopie ein konstanter oder ein variabler Wert ist.

Es ist egal, ob der zurückgelieferte Wert einer Variablen oder Konstanten zugewiesen wird, denn es wird eine Kopie von der Kopie angefertigt. Und die Kopie der Kopie muss nicht die gleichen Eigenschaften besitzen wie die ursprüngliche Kopie.

Anders sieht es aus, wenn wir Zeiger auf die Werte zurückliefern. Gehen wir zunächst von folgender Methode aus:

```
int *getptr(void) {return(&wert);}
```

Mit Hilfe dieser Methode sind folgende Zuweisungen durchaus zulässig:

```
const int *x=t.getptr();
int *y=t.getptr();
```

Allerdings ist man mit *x* in der Zugriffsvielfalt eingeschränkt, weil es sich um einen Zeiger auf Konstanten handelt. Es spielt dann keine Rolle, ob die Variable, auf die *x* zeigt, wirklich eine Konstante ist oder nicht.

Von den beiden folgenden Anweisungen wird die zweite einen Kompilierungsfehler erzeugen:

```
*y=60;
*x=70;
```

Obwohl *wert* eine Variable ist, wurde ihre Adresse einem Zeiger auf konstante *int*-Werte zugewiesen. Deswegen sind Änderungen über *x* nicht möglich.

3.10.6 Zeiger auf Konstanten als Rückgabewert

Als Nächstes ist die Konstante *cwert* an der Reihe. Wir schreiben dazu folgende Methode:

```
int *getcptr(void) {return(&cwert);}
```

FALSCH!

Diese Methode wird sich nicht einwandfrei kompilieren lassen. Das liegt daran, dass *cwert* eine Konstante ist. Wir können ihre Adresse nicht als Adresse einer Variablen zurückliefern, weil dadurch der Manipulation Tür und Tor geöffnet wäre. Wir müssen also den Rückgabewert als Adresse einer Konstanten definieren:

```
const int *getcptr(void) {return(&cwert);}
```

Aus dem gleichen Grund wird von den beiden folgenden Anweisungen die zweite einen Fehler bei der Kompilierung erzeugen:

```
const int *x=t.getcptr();
int *y=t.getcptr();
```

Wäre die zweite Anweisung fehlerfrei kompiliert worden, dann hätten wir die Konstante ändern können.

3.10.7 Zeiger auf Klassen

Gehen wir noch einen Schritt weiter und definieren Zeiger auf Klassen:

```
test t(123);
test *ptr=&t;
```

Wir definieren noch eine kleine Ausgabe-Funktion:

```
void print(void)
  {
    cout << wert << "/" << cwert << endl;
  }
```

Und schon können wir mit folgender Anweisung die beiden Werte ausgeben:

```
ptr->print();
```

3.10.8 Zeiger auf konstante Klassenobjekte

Wir können auch einen Zeiger auf ein konstantes Objekt definieren:

```
const test *cptr=&t;
```

Der Zeiger zeigt nun auf ein konstantes Klassenobjekt. Alle Werte dieses Objekts können nicht geändert werden, auch wenn es sich um ursprüngliche Variablen wie *wert* handelt. Allerdings können wir die Werte weiterhin ausgeben, da das Ausgeben keine Veränderung verursacht:

```
cptr->print();
```

Irrtum! Die vorige Anweisung wird bei der Kompilation einen Fehler verursachen. Da Methoden einer Klasse grundsätzlich auch variable Attribute verändern könnten, ist es nicht gewährleistet, dass die Konstanz des Exemplars eingehalten wird.

3.10.9 Konstanz wahrende Methoden

Um diesem Dilemma zu entgehen, muss eine Methode, die keine Änderungen an den Attributen der Klasse vornimmt, grundsätzlich als solche deklariert werden. Nur Methoden, die als konstanzwahrende Methoden gekennzeichnet sind, dürfen bei einer konstanten Klasse verwendet werden:

```
void print(void) const
  {
    cout << wert << "/" << cwert << endl;
  }
```

Die *print*-Methode ist nun als konstanzwahrend deklariert und kann deshalb auch von einer konstanten Exemplar verwendet werden. Es ist auch möglich, konstante Methoden von variablen Instanzen zu benutzen.

Es ist jedoch nicht möglich, eine Methode, die Änderungen an den Attributen vornimmt, als konstant zu deklarieren:

FALSCH!

```
void vermindern(void) const
  {wert--;}
```

Dies führt zwangsläufig zu einer Fehlermeldung.

3.10.10 Entfernen der Konstanz

Im Zusammenhang mit konstanten Zeigern kann eine kleine Unannehmlichkeit auftreten. Schauen Sie sich dazu einmal folgende Zeilen an:

```
int x=20;
int *ptr;
const int *cptr;

cptr=&x;
ptr=cptr;
```

Einem Zeiger auf konstante *int*-Werte (*cptr*) wird die Adresse einer *int*-Variablen (*x*) zugewiesen. Der Zugriff auf *x* über *cptr* unterliegt nun den üblichen Beschränkungen, denen Konstanten ausgesetzt sind.

Dann wird einem Zeiger auf *int*-Variablen (*ptr*) die in *cptr* gespeicherte Adresse zugewiesen. An dieser Stelle wird der Compiler einen Fehler melden. Das ist auch nachvollziehbar, denn sonst könnten wir durch diese Zuweisung die Konstanz der Variablen, auf die *cptr* zeigt, aufheben.

Betrachtet man aber die komplette Situation, so zeigt *cptr* nicht tatsächlich auf eine Konstante, sondern auf einen variablen *int*-Wert. Es wäre demnach durchaus erlaubt, diese Variable im Nachhinein über *ptr* zu verändern. So weit denkt der Compiler allerdings nicht.

const_cast

Glücklicherweise gibt es in C++ die Möglichkeit, dem Compiler mitzuteilen, dass er prüfen soll, ob der Wert, auf den ein Zeiger auf Konstanten zeigt, auch wirklich eine Konstante ist. Ist es nämlich keine Konstante, dann wäre eine Zuweisung der Adresse an einen Zeiger auf variable Werte durchaus erlaubt.

Und dies geht wie folgt:

Syntax

```
ptr=const_cast<int*>(cptr);
```

Die durch *cptr* implizite Konstanz wird durch *const_cast* aufgehoben und in eine Adresse einer *int*-Variablen umgewandelt. Sie können nun über *ptr* die Variable *x* verändern.

Allerdings tritt bei unsachgemäßer Anwendung von const_cast ein Problem auf. Betrachten Sie dazu bitte folgende Anweisungen:

```
const int y=20;
int *ptr;
const int *cptr;

cptr=&y;
ptr=const_cast<int*>(cptr);
*ptr=40;
```

Nun zeigt *cptr* tatsächlich auf eine *int*-Konstante. Und obwohl nun eine Zuweisung an *ptr* unterbunden werden müsste, wird mit *const_cast* die Zuweisung fehlerfrei kompiliert. Selbst die Veränderung des in *y* gespeicherten Wertes über *ptr* wird anstandslos übersetzt.

In Wirklichkeit jedoch wird die Zuweisung von 40 – obwohl fehlerfrei kompiliert – im Programmlauf nicht ausgeführt. Wenn Sie hinter der Zuweisung den Wert von *y* ausgeben lassen, dann wird 20 ausgegeben.

Sie sehen also, dass sie mit *const_cast* äußerst gewissenhaft umgehen müssen. Denn solch ein Fehler, der zwar einwandfrei kompiliert, aber nicht korrekt ausgeführt wird, ist in einem komplexeren Programm schwer auszumachen.

3.10.11 Mutable

Häufig existieren innerhalb einer Klasse Attribute, die rein der internen Verwaltung vorbehalten sind und auf die von außen nicht zugegriffen werden kann. Bei diesen internen Attributen kann es manchmal sinnvoll sein, dass sie veränderbar sind, obwohl ein entsprechendes Exemplar als Konstante definiert wurde[6].

6. Wenn man beispielsweise mitzählen möchte, wie häufig auf eine Exemplar zugegriffen wird, dann muss die Zählvariable auch bei einer konstanten Exemplar veränderbar sein.

mutable Eine solche Ausnahme von der allgemeinen Konstanz definiert man mit dem Schlüsselwort **mutable**.

Ein Beispiel:

```
class Klasse
{
  private:
    mutable int x;
    int y;

  public:

    void Klasse::change(void) const
    {
      x=20;
    }
};
```

Wäre *x* nicht als *mutable* deklariert, dann würde der Compiler bei der Kompilation von *change* einen Fehler melden, denn normalerweise darf eine als *const* deklarierte Methode keine Attribute der Klasse verändern.

Aber so kann auch bei einer konstanten Exemplar von *Klasse* die *change*-Methode aufgerufen werden:

```
Klasse k;
const Klasse c=k;

c.change();
```

3.11 Freunde

Manchmal wäre es von Vorteil, Elemente einer Klasse zwar des Zugriffsschutzes wegen als privat zu deklarieren, bestimmten Klassen oder Funktionen aber ruhig unbegrenzten Zugriff auf die privaten Elemente zu gewähren.

Dies könnte sich beispielsweise anbieten, wenn Klassen programmiert werden, die sich inhaltlich sehr nahe stehen.

In C++ gibt es diese Möglichkeit in Form von Freunden der Klasse. Solche Freunde haben dann die gleichen Zugriffsrechte auf die Klasse wie die Klasse selbst. Das heißt, dass für Freunde sogar die privaten Elemente frei zugänglich sind. Die Deklaration eines Freundes sieht folgendermaßen aus:

Syntax

```
friend class Klasse;
```

Die Klasse *Klasse* ist nun ein Freund der Klasse, in der die *friend*-Deklaration stand.

Freunde einer Klasse haben die gleichen Zugriffsrechte wie die Methoden der Klasse selbst.

Es ist auch möglich, nur einzelne Funktionen als Freund zu deklarieren. Diese Funktion muss keine Methode sein. Jede Funktion, ob sie nun einer Klasse angehört oder nicht, kann von einer Klasse als Freund deklariert werden. Die Schreibweise sieht dann folgendermaßen aus:

```
friend int max(int, int);
```

Die Funktion *max*, die keiner Klasse angehört, ist nun ein Freund der Klasse, die die *friend*-Deklaration beinhaltet.

Die *friend*-Deklaration kann an jeder beliebigen Stelle innerhalb der Klasse stehen. Es empfiehlt sich jedoch, sie an den Anfang zu schreiben, um auch rein optisch keine Zugehörigkeit zu den *private-* oder *public*-Bezugsrahmen nahe zu legen.

friend-Deklarationen sollten immer am Anfang der Klassendefinition stehen.

Für eine beliebige Klasse sähe das so aus:

```
class Testklasse
{
  friend class FreundKlasse;
  private:
...
  public:
...
};
```

3.12 Klassendiagramme

Wir haben bisher einige Grundlagen der OOP kennen gelernt und davon auch schon Bereiche in C++ umgesetzt. Um Klassen und deren Beziehungen untereinander sprachen-unabhängig[7] darstellen zu können, bieten sich Diagramme an. Eine Möglichkeit, Klassen darzustellen, haben Sie ja bereits im vorigen Kapitel gesehen.

Nun gibt es aber bei der grafischen Darstellung so viele Variationen, wie es Professoren und Autoren gibt. Um die grafische Darstellung zu dem zu machen, was sie eigentlich sein sollte, nämlich sprachen-unabhängig und für Leute aus den unterschiedlichsten IT-Bereichen verständlich, musste eine Norm her.

7. Gemeint sind hier die Computer-Sprachen.

Literatur

Diese Norm scheint in der UML[8] gefunden. Dieses Buch kann nicht auf alle Aspekte der UML eingehen, dafür sind Bücher wie [OESTEREICH98] oder [GRÄSSLE00] besser geeignet.

Aber wir wollen hier zumindest so weit in die UML einsteigen, dass wir die Dinge, die wir in C++ leisten, auch UML-gerecht darstellen können.

In diesem Kapitel haben wir Klassen und deren Bestandteile besprochen, sodass wir uns zunächst mit den Klassendiagramm der UML beschäftigen werden.

Darstellung einer KLasse

Im Klassendiagramm wird eine Klasse als rechteckiger, in drei waagerechte Bereiche unterteilter Kasten dargestellt. Der obere Bereich beinhaltet den Klassennamen, der mittlere die Attribute und der untere die Methoden, in der UML-Sprache auch Operationen genannt. Abbildung 3.1 zeigt eine allgemeine Darstellung des Sachverhalts.

Abbildung 3.1: Die Klasse im Klassendiagramm

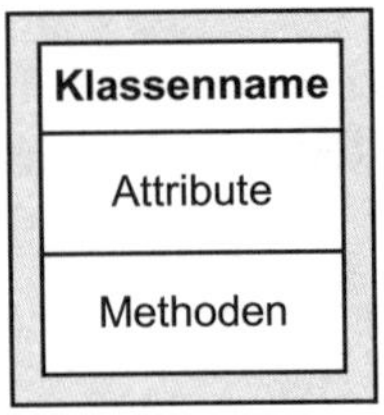

Um die genaue Schreibweise der Attribute und Methoden zu besprechen, wollen wir die folgende, sinnlose Beispielklasse in einem Klassendiagramm darstellen:

```
class Beispiel1 {
  public:
    int attributo;
    bool methodeo(int wert);

  private:
    long attributp;
    long methodep(char zeichen);
};
```

Attribut

In dieser Klasse besteht ein Attribut aus einem Namen und einem Datentyp. Der Aufbau in der UML sieht so aus:

```
Attributname : Datentyp
```

Zugriffsrecht

Ob es sich um ein privates oder öffentliches Attribut handelt, geben Sie mit einem + (für öffentlich) oder einem – (für privat) vor dem Namen des Attributs an. Das Attribut *attributo* wird damit folgendermaßen formuliert:

```
+attributo : int
```

8. UML als Abkürzung für »Unified Modelling Languange«, basierend auf Booch, Rumbaugh und Jacobson, auch »die drei Amigos« genannt [BOOCH99].

Methoden

Methoden haben folgenden Aufbau:

```
Methodenname(Parameterliste) : Rückgabetyp
```

Parameterliste

Innerhalb der Parameterliste werden die einzelnen Parameter durch Kommata getrennt. Ein Parameter für sich hat folgende Struktur:

```
Richtung Parametername : Parametertyp
```

Dabei gibt die Richtung an, ob der Parameter Informationen an die Methode übergibt oder Informationen von der Methode zurückliefert.

Sollte der Parameter zur Übergabe von Daten an die Methode verwendet werden, dann heißt die Richtung »in«. Da dies der Normalfall ist, kann im Falle von »in« die Richtungsangabe weggelassen werden. Liefert die Methode über den Parameter Daten zurück (z.B. über eine Referenz oder einen Zeiger), dann wird als Richtung »out« angegeben. Wird der Parameter bidirektional genutzt, geben Sie als Richtung »inout« an.

Mit diesen Informationen lässt sich unsere Beispielklasse bereits in einem Klassendiagramm darstellen. Abbildung 3.2 zeigt die Umsetzung.

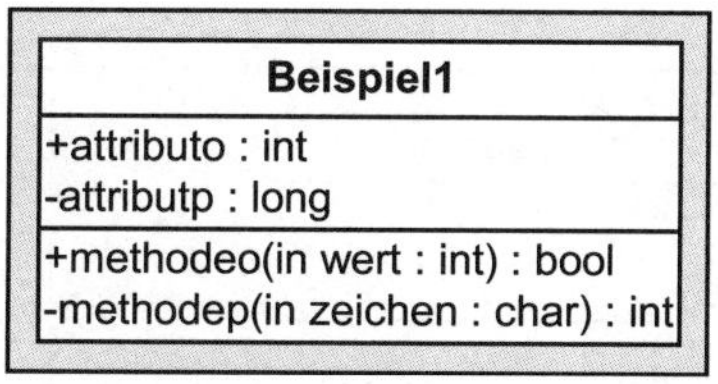

Abbildung 3.2: Eine Beispielklasse im Klassendiagramm

Start- und Standardwerte

Attribute einer Klasse können Startwerte[9] und Methoden-Parameter Standardwerte besitzen. Möchten Sie dies im Klassendiagramm darstellen, dann schreiben Sie es einfach mit einem Gleichheitszeichen hinter den Datentyp des betroffenen Attributs. Abbildung 3.3 zeigt die Beispielklasse *Beispiel1*, deren Attribut *attributo* nun den Startwert 42 besitzt. Der Parameter *wert* der Methode *methodeo* hat als Standardargument den Wert 36.

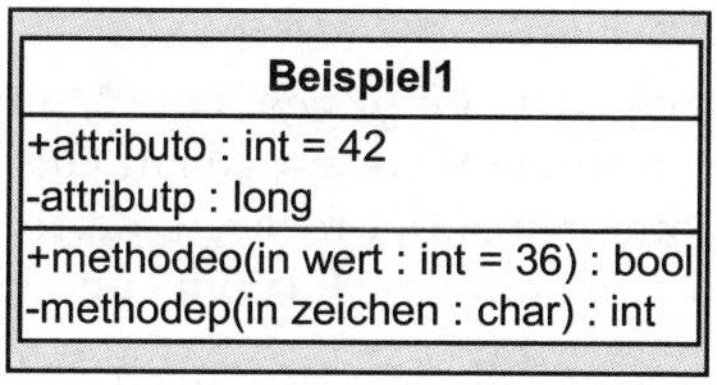

Abbildung 3.3: Start- und Standardwerte

9. Startwerte wären beispielsweise die Werte, die ein Attribut bei der Initialisierung der Klasse – also durch den Konstruktor – zugewiesen bekommt.

Statische Methoden und Attribute werden im Klassendiagramm unterstrichen dargestellt. Abbildung 3.4 zeigt die weiter oben im Kapitel besprochenen Klassen *Counter* (mit statischem Attribut) und *Warnklasse* (mit statischer Methode.)

Abbildung 3.4: Die Klassen Counter und Warnklasse

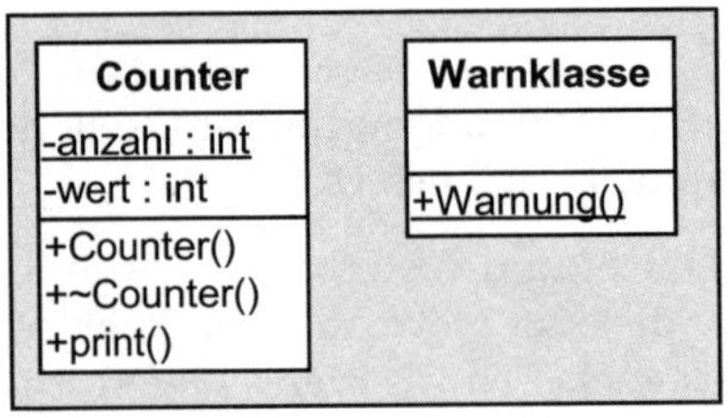

Setzen sie als kleine Übung einmal die beiden Klassen *Schwein* und *Kartoffel* in ein UML-Klassendiagramm um.

Das entsprechende Diagramm ist mit einer kleinen Neuerung in Abbildung 3.5 zu sehen.

Abbildung 3.5: Schweine und Kartoffeln in der UML

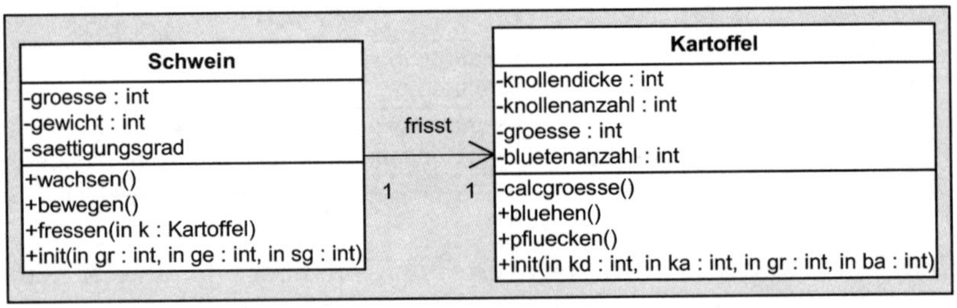

Assoziation

Die Klassen *Schwein* und *Kartoffel* standen in unserer anfänglichen Überlegung in einer Beziehung, nämlich dass ein Schwein eine Kartoffel fressen kann. Eine solche Beziehung nennt man in der UML **Assoziation**. Da diese Assoziation nur in eine Richtung geht, wird sie als **gerichtete Assoziation** bezeichnet.

Die Zahlen geben die so genannte Multiplizität an. In diesem Fall bedeutet es, dass genau ein Schwein genau eine Kartoffel frisst. Natürlich kann ein Schwein hintereinander mehrere Kartoffeln fressen, aber der Funktion *fressen* wird immer nur eine Kartoffel und kein Feld von Kartoffeln übergeben.

Exemplare

Exemplare der Klasse werden ähnlich wie die Klasse selbst dargestellt. Abbildung 3.6 verdeutlicht dies.

Instance of

Hinter dem Namen des Exemplars steht durch einen Doppelpunkt getrennt der Klassenname, der das Exemplar angehört. Diese Zugehörigkeit wird auch durch den Stereotyp »instance« bzw. »instance of« ausgedrückt.

Der untere Abschnitt, der die Werte der Attribute darstellt, ist optional.

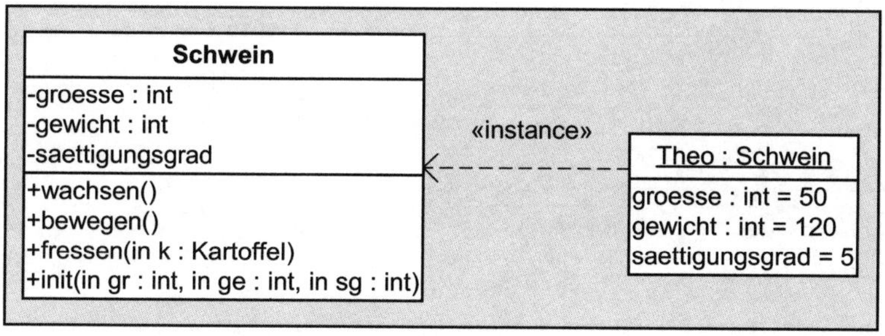

Abbildung 3.6: Ein Exemplar in der UML

3.13 Kontrollfragen

1. Zählen Sie Unterschiede zwischen *struct* und *class* auf.
2. Zählen Sie die Vorteile privater Attribute auf.
3. Wo sollte die Initialisierung eines statischen Attributes im Programm stehen und wo nicht?
4. Welche Bedingung muss berücksichtigt werden, wenn Funktionen überladen werden sollen, und welche Unterschiede reichen für ein Überladen nicht aus?
5. Dürfen Konstruktoren und Destruktoren überladen werden?
6. Welchen Sinn sehen Sie in privaten Methoden?
7. Der Konstruktor einer Klasse wird bei der Erzeugung einer Exemplar aufgerufen. Weil ihm dabei eventuelle Parameter übergeben werden, haben wir ihn als öffentlich deklariert. Machen auch private Konstruktoren Sinn?
8. Besitzen Strukturen auch den impliziten Zeiger *this*?

4 Stacks und Queues

Kommen wir nun zu unseren ersten **abstrakten Datentypen**. Abstrakte Datentypen sind Ansammlungen von Daten meist gleichen Typs, die zusätzlich noch um eine Menge von Funktionen erweitert sind, welche mit den Daten operieren. Obwohl dies im ersten Moment wie eine Klasse klingt, impliziert ADT (so lautet die Abkürzung von »Abstrakter Datentyp«) eine gewisse, der Situation entsprechend günstige Organisation der Daten.

Wie der ADT tatsächlich implementiert ist, spielt keine Rolle. Jedoch hängt die Effizienz eines ADTs sehr stark von der benutzten (internen) Datenstruktur ab, wie wir im weiteren Verlauf des Buches sehen werden.

4.1 Dynamische Speicherverwaltung

malloc

Bevor wir uns so richtig auf unsere ersten ADTs stürzen, müssen wir uns noch mit der dynamischen Speicherverwaltung in C++ beschäftigen. Von C her kennen Sie die Möglichkeit zur Reservierung eines Speicherblocks mittels **malloc**:

```
void *ptr;
ptr=malloc(20);
```

Das obige Beispiel reserviert einen Speicherblock von 20 Bytes. Wollen Sie zum Beispiel Speicher für 30 *int*-Werte reservieren, gehen Sie folgendermaßen vor:

```
int *ptr;
ptr= (int*)malloc(sizeof(int)*20);
```

Die explizite Umwandlung des von *malloc* gelieferten Zeigers ist notwendig, weil *malloc* immer Zeiger vom Typ *void* liefert.

calloc

Sie hätten auch **calloc** verwenden können. Der *calloc*-Funktion werden zwei Werte übergeben: die Größe des gewünschten Datentyps und die Anzahl der zu reservierenden Elemente des entsprechenden Typs:

```
int *ptr;
ptr= (int*)calloc(20,sizeof(int));
```

free

Freigegeben wird der Speicher mit der Funktion **free**:

```
free(ptr);
```

new, delete

In C++ gibt es nun zwei neue Schlüsselwörter. Der Name der Funktion zur Reservierung von Speicher lautet **new** und die Funktion zur Freigabe des Speichers heißt **delete**. Hier ein Beispiel:

```
int *ptr=new int;
int *ptr2=new int[10];

delete ptr;
delete[] ptr2;
```

Dem Zeiger *ptr* wird die Adresse eines Speicherblocks der Größe einer *int*-Variablen und dem Zeiger *ptr2* die Adresse eines Speicherblocks der Größe eines zehn-elementigen *int*-Feldes zugewiesen. Um die Übersichtlichkeit zu erhöhen, können die Argumente hinter *new* und *delete* auch geklammert werden.

Im Unterschied zu *malloc* und *calloc* muss der Rückgabewert von *new* nicht explizit umgewandelt werden, weil *new* anhand des übergebenen Datentyps weiß, von welchem Typ der zurückgegebene Zeiger sein muss. Des Weiteren ist die Schreibweise bei der Reservierung von mehreren Elementen eines Typs unterschiedlich. Bei *new* drückt die Schreibweise ganz klar aus, dass es sich bei mehreren Elementen um ein Feld handelt und nicht bloß um eine Ansammlung von Elementen des gleichen Typs. Letztlich ist noch anzumerken, dass es sich bei *new* und *delete* nicht um Funktionen aus einer Standardbibliothek handelt[1], sondern um Befehle der Sprache C++.

Vorteile von new und delete

Nun stellt man sich natürlich die Frage, warum überhaupt Bedarf an neuen Möglichkeiten der Speicherreservierung bestand. Stellen Sie sich vor, Sie möchten Speicher für eine Exemplar der Klasse *Counter* aus dem vorherigen Kapitel reservieren. Wie würden Sie dies ohne *new* tun, und welches Problem würde sich Ihnen abei in den Weg stellen? Denken Sie einmal darüber nach, bevor Sie weiterlesen.

Wenn in C++ eine Exemplar einer Klasse erzeugt wird, ist es nicht nur damit getan, dass der benötigte Speicherplatz zur Verfügung gestellt wird. Es muss auch bei ihrer Erzeugung der Konstruktor und bei der Vernichtung der Destruktor der Exemplar aufgerufen werden. Und genau dies wird von *new* und *delete* übernommen. *new* ruft automatisch den Konstruktor und *delete* den Destruktor der Exemplar auf.

new ruft automatisch den passenden Konstruktor und *delete* den Destruktor der Exemplar auf.

Damit bei der Freigabe eines Feldes für jedes Feldelement der Destruktor aufgerufen wird, müssen die eckigen Klammern hinter *delete* angegeben werden.

Kommen wir als weiteres Beispiel noch einmal auf die Klasse *Counter* zurück. Wir hatten für *Counter* zwei Konstruktoren definiert:

```
Counter(void);
Counter(int);
```

1. Wie dies bei *malloc, calloc* und *free* der Fall ist.

Daher haben wir zwei Möglichkeiten, eine Exemplar von *Counter* dynamisch zu erzeugen:

```
Counter *ptr, *ptr2;

ptr=new Counter;
ptr2=new Counter(4);
```

Bei der Reservierung des Speichers für *ptr* wird der Konstruktor ohne Parameter aufgerufen. Bei der Reservierung des Speichers für *ptr2* haben wir hinter *new* noch einen Parameter angegeben, weswegen der zweite Konstruktor von *Counter* verwendet wird.

4.2 Stacks

Kommen wir nun zu den Stacks. »Stack« heißt auf deutsch »Stapel«. Und genauso verhält sich der Stack auch. Wenn Sie Daten auf den Stack legen, können Sie dies nur obenauf tun. Genauso können Sie auch nur von oben die Daten wieder wegnehmen. Den Vorgang des auf den Stack Legens nennt man **push** und den des vom Stack Holens **pop**. Abbildung 4.1 stellt die beiden Vorgänge grafisch dar. Und zwar wird zu einem vier-elementigen Stack ein fünftes Element mit *push* hinzugefügt. Mit *pop* wird von dem nun fünfelementigen Stack ein Element weggenommen.

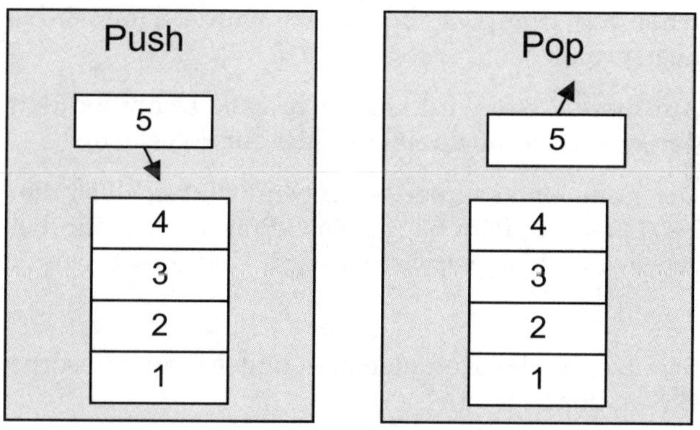

Abbildung 4.1: push und pop bei Stacks

Weil das zuletzt auf dem Stack gespeicherte Element auch das erste ist, welches wieder vom Stack heruntergeholt wird, bezeichnet man Stacks auch als LIFO[2]-Struktur. Wir werden anhand der Implementierung des Stacks auch die Aufteilung der Klasse in eine Header-Datei und eine Programmdatei besprechen. Schauen wir uns zunächst die Datei »STACK.H« an:

2. LIFO steht für »Last In First Out« und heißt zu deutsch so viel wie »zuletzt rein, zuerst raus«.

```
#ifndef __STACK_H
#define __STACK_H

class Stack
{
  private:
    int *data;
    unsigned long anz;
    unsigned long maxanz;

  public:
    Stack(unsigned long);
    ~Stack();

    bool Push(int);
    int Pop(void);
    bool isEmpty(void);
};

#endif /* __STACK_H */
```

Verhindern von mehrmaliger Definition

Die Klassendefinition ist von Präprozessorbefehlen eingerahmt. Wenn die Konstante *__STACK_H* bisher nicht definiert wurde, dann wird sie definiert und die Klassendefinition abgearbeitet. Sollte *__STACK_H* schon definiert worden sein, was gleichbedeutend damit ist, dass die Klassendefinition schon vom Compiler abgearbeitet wurde, dann wird die Klassendeklaration übersprungen.

Auf diese Weise wird eine mehrfache Definition derselben Klasse verhindert, was andernfalls einen Fehler zur Folge hätte.

Der Kommentar hinter *#endif* benutzt absichtlich die alte C-Notation, weil bei C++-Compilern häufig ein C-Präprozessor für die Abarbeitung der Präprozessorbefehle verwendet wird. Und dieser kennt die C++-Kommentare (//) nicht.

Benutzen Sie bei Kommentaren hinter Präprozessorbefehlen immer die alte C-Notation (/* ... */).

Die Klasse wurde so entworfen, dass über einen Konstruktor bestimmt wird, wie viele Elemente der Stack maximal verwalten kann. Diese Lösung ist nur bedingt dynamisch, weil wir zwar während der Laufzeit einen Stack variabler Größe erzeugen können, die Größe des Stacks, nachdem er einmal erzeugt wurde, aber leider nicht mehr verändert werden kann. Später werden wir andere Datenstrukturen kennen lernen, mit denen auch echte dynamische Stacks möglich sind.

Als Methoden sind die stack-typischen Funktionen *Pop* und *Push* sowie zusätzlich noch eine Methode *isEmpty* implementiert, mit deren Hilfe überprüft werden kann, ob der Stack leer ist. Als Attribute enthält *Stack* einmal einen Zeiger auf das dynamisch zu erzeugende Variablenfeld sowie *maxanz*, welches die maximale Größe des Stacks repräsentiert, und *anz*, welches die aktuelle Größe des Stacks beinhaltet.

Schauen wir uns nun die Implementation der Methoden an, die in der Datei »STACK.CPP« steht:

```
#include "stack.h"

Stack::Stack(unsigned long s)
{
  data=new(int[s]);
  if(data)
    {
      anz=0;
      maxanz=s;
    }
  else
    {
      anz=maxanz=0;
    }
}

Stack::~Stack()
{
  if(data) delete[](data);
}

bool Stack::Push(int w)
{
  if(anz<maxanz)
    {
      data[anz++]=w;
      return(true);
    }
  else
    {
      return(false);
    }
}

int Stack::Pop(void)
{
  if(anz>0)
    return(data[--anz]);
  else
    return(0);
```

```
}

bool Stack::isEmpty(void)
{
  return(anz==0);
}
```

Die Datei mit den Methoden-Definitionen bindet zuerst die Klassendefinition ein, um zur Klasse gehörende Methoden und Attribute zu bestimmen. Die tatsächliche Implementation der Methoden *Push*, *Pop* und *Size* sowie Konstruktor und Destruktor werden hier nicht ausführlich erklärt, weil die Programme ziemlich leicht nachzuvollziehen sind.

Es ist noch anzumerken, dass die Rückgabe des Wertes 0 von *Pop* für den Fall eines leeren Stacks unter »unsaubere Programmierung« fällt. Allerdings bleibt uns augenblicklich keine andere Möglichkeit. Auf der einen Seite muss die Methode einen Wert zurückliefern, auf der anderen Seite haben wir noch kein C++-würdiges Verfahren zur Fehlerbehandlung kennen gelernt. Das wird sich aber später mit den Exceptions ändern.

Schauen wir uns nun noch die Datei »MAIN.CPP« an, die den zuvor definierten Stack dazu benutzt, einen String umgekehrt auszugeben:

```
#include <iostream>
#include <string>
#include "stack.h"

using namespace std;

int main()
{
const unsigned long SIZE=100;
Stack stack(SIZE);
char str[SIZE];
unsigned int x;

  cout << "Bitte String eingeben:";
  cin.getline(str,SIZE);
  for(x=0;x<strlen(str);x++)  stack.Push(str[x]);
  cout << endl;
  while(!stack.isEmpty()) cout << static_cast<char>(stack.Pop());
  cout << endl;

  return(0);
}
```

Auch hier wird die Klassendefinition – aber nur die Definition der Klasse – von *Stack* eingebunden, um Informationen über die zur Verfügung stehenden Methoden und Attribute zu erhalten. Der Vorteil dieser modularen Programmierung liegt in der Trennung der *main*-Funktion von der Definition der Methoden begründet. Eventuelle Änderungen an den Methoden haben keine erneute Kompilation der *main*-Funktion zur Folge[3] und umgekehrt.

Die explizite Umwandlung des Rückgabewertes von *Pop* in einen *char*-Wert ist notwendig, weil der Stack *int*-Werte verwaltet, und die Ausgabefunktion *cout* diese Werte auch als *int*, sprich: als Zahl, ausgeben würde.

4.3 Explizite Konstruktoren

Wir haben nun einen funktionsfähigen Stack programmiert. Leider hat dieser Stack noch einen kleinen Schönheitsfehler. Was wird Ihrer Meinung nach bei folgendem Programmfragment passieren?

```
Stack stack(20);

stack=30;
```

Zuerst wird ein Stack mit 20 Elementen definiert. Dann wird diesem Stack der Wert 30 zugewiesen. Abgesehen davon, dass allein der Vorgang der Zuweisung eines Wertes an einen Stack sinnlos ist[4], muss der Compiler einen Fehler melden, denn *stack* ist vom Typ *Stack* und 30 ist vom Typ *const int*.

Verblüffenderweise wird dieses Fragment aber anstandslos kompiliert. Sie können es selbst ausprobieren.

Dies liegt in der eigentlich recht praktischen Eigenschaft des Compilers begründet, Konstruktoren mit nur einem Parameter zur impliziten Typumwandlung zu verwenden. Er betrachtet unseren Stack-Konstruktor als Umwandlungsvorschrift von *int* nach *Stack*. Im Allgemeinen erfüllen einparametrige Konstruktoren diesen Zweck auch. Leider ist unser Stack-Konstruktor aber für diese Typumwandlung nicht zu gebrauchen.

Konstruktoren mit nur einem Parameter werden vom Compiler zur impliziten Typumwandlung verwendet.

explicit

Wir müssen daher dem Compiler mitteilen, dass er diesen Konstruktor nicht zur impliziten Typumwandlung verwenden soll. Die geschieht mit dem Schlüsselwort **explicit**, was auf deutsch so viel wie »explizit« heißt und dem Compiler sagt, dass dieser Konstruktor nur explizit verwendet werden darf:

```
class Stack
{
  private:
```

3. Es sei denn, die Änderung ist so gravierend, dass sogar die Klassendeklaration in »STACK.H« davon betroffen ist. In diesem Fall müssten alle Module, die die Klasse *Stack* benutzen, neu kompiliert werden.
4. Werte können nur mittels *Push* an den Stack übergeben werden.

```
    int *data;
    unsigned long anz;
    unsigned long maxanz;

  public:
    explicit Stack(unsigned long);
    ~Stack();

    bool Push(int);
    int Pop(void);
    bool isEmpty(void);
}
```

Den Stack mitsamt der dazugehörigen *main*-Funktion finden Sie auf der CD unter /BUCH/KAP04/STACK.

4.4 Queues

Queues, zu deutsch auch »Schlangen« oder »Warteschlangen« genannt, verhalten sich tatsächlich wie jene, die man im normalen Leben zur Genüge kennt. Sie funktionieren nach dem Motto: »Wer zuerst kommt, mahlt zuerst«. Deswegen handelt es sich bei Queues um eine FIFO[5]-Struktur. Dasjenige Element, welches als erstes in die Queue gesetzt wurde, wird auch als erstes wieder aus ihr herausgeholt. Die Funktionen der Queue heißen **enqueue** (Element an die Schlange anhängen) und **dequeue** (Element aus der Schlange herausholen). Grafisch dargestellt sind *enqueue* und *dequeue* in Abbildung 4.2.

Mittels *enqueue* wird einer vier-elementigen Queue ein fünftes Element angehängt. Aus der nun fünf-elementigen Queue wird durch *dequeue* ein Element entfernt.

Die Definition der Klasse *Queue* sieht wie folgt aus:

```
#ifndef __QUEUE_H
#define __QUEUE_H

class Queue
{
  private:
    int *data;
    unsigned long anz;
    unsigned long maxanz;
    unsigned long inpos, outpos;
```

5. FIFO bedeutet »First in First out«, was auf deutsch so viel wie »zuerst rein, zuerst raus« heißt.

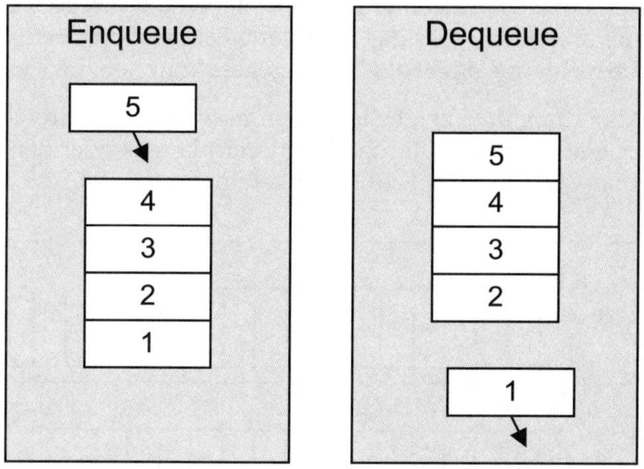

Abbildung 4.2: enqueue und dequeue bei Queues

```
  public:
    explicit Queue(unsigned long);
    ~Queue(void);

    bool Enqueue(int);
    int Dequeue(void);
    bool isEmpty(void);
};

#endif /* __QUEUE_H */
```

Interner Aufbau der Queue

Da bei einer Queue die Elemente nicht am gleichen Ende herausgenommen werden, an dem sie eingefügt wurden, brauchen wir zwei zusätzliche Werte, die die aktuelle Position zum Einfügen und Entfernen enthalten.

Abbildung 4.3 zeigt eine Queue, die von links nach rechts wächst. In Abbildung 4.3a sehen Sie die leere Queue nach ihrer Erzeugung. Es existiert lediglich eine gültige Einfüge-Position, weil aus einer leeren Queue keine Elemente entfernt werden können.

Abbildung 4.3b zeigt die Queue, nachdem sechs Elemente eingefügt wurden. Die Einfüge-Position steht auf dem nächsten freien Feld und die Entnahme-Position steht auf dem ersten eingefügten Element.

Nachdem ein Element aus der Queue entfernt wurde, sieht die Queue wie in Abbildung 4.3c dargestellt aus. Es entsteht am Anfang des Feldes ein freier Platz. Anstatt jedoch die noch in der Queue befindlichen Elemente nach links zu verschieben, lässt man den belegten Teil der Queue durch das Feld wandern.

Abbildung 4.3d zeigt die Queue nach weiteren 13 *enqueue-* und 13 *dequeue-*Operationen. Der belegte Bereich der Queue ist fast bis ans Ende des Feldes gewandert. Die Einfüge-Position zeigt auf das letzte freie Element des Feldes. Um aber auch hier ein Verschieben der belegten Felder an den Anfang zu vermeiden, wird das komplette Feld als Ring betrachtet. Die Positionen, die rechts aus dem Feld herausgehen, kommen links wieder herein.

Abbildung 4.3e zeigt die Queue nach weiteren drei *enqueue*- und *dequeue*-Operationen. Die Einfüge-Position ist bereits über den rechten Rand hinaus links wieder in das Feld hineingekommen.

Abbildung 4.3: Das Arbeiten mit der Queue

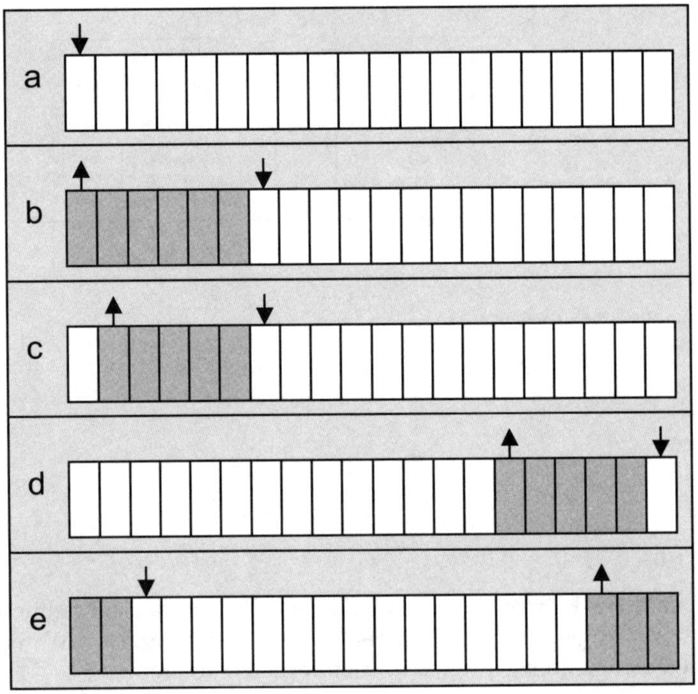

Durch diese Betrachtung des Feldes als Ring besteht natürlich die Gefahr, dass die Einfüge-Position die Entnahme-Position einholt[6]. Dadurch würden Elemente überschrieben. Um dies zu verhindern, darf die Queue keine Elemente mehr aufnehmen, wenn die Kapazität des Feldes erschöpft ist. Schauen wir uns nun die Implementierung der Methoden an:

```
#include "queue.h"

Queue::Queue(unsigned long s)
{
  data=new(int[s]);
  if(data)
    {
```

6. Dies geschieht genau dann, wenn die Queue mehr Elemente aufnehmen muss, als das verwendete Feld aufnehmen kann.

```
        anz=inpos=outpos=0;
        maxanz=s;
      }
    else
      {
        anz=maxanz=inpos=outpos=0;
      }
}

Queue::~Queue(void)
{
  if(data) delete[](data);
}

bool Queue::Enqueue(int w)
{
  if(anz<maxanz)
    {
      anz++;
      data[inpos++]=w;
      if(inpos==maxanz) inpos=0;
      return(true);
    }
  else
    {
      return(false);
    }
}

int Queue::Dequeue(void)
{
  if(anz>0)
    {
      unsigned long aktpos=outpos;
      if((++outpos)==maxanz) outpos=0;
      anz--;
      return(data[aktpos]);
    }
  else
    return(0);
}

bool Queue::isEmpty(void)
{
  return(anz==0);
}
```

Die Queue mitsamt einer *main*-Funktion zum Testen finden Sie auf der CD unter /BUCH/KAP04/QUEUE.

4.5 Laufzeitbetrachtungen

Wir haben bisher zwei ADTs mit jeweils zwei Operationen kennen gelernt. Die Effizienz dieser Operationen hängt entscheidend von der benutzten Datenstruktur ab. Wie unterscheidet man aber die Effizienz verschiedener Implementierungen?

Wir werden später noch verschiedene Sortier- und Suchverfahren besprechen. Anhand welcher Kriterien sollen wir ihre Effizienz vergleichen?

Es hat sich eingebürgert, die Geschwindigkeit von Operationen und Algorithmen in Abhängigkeit von der Anzahl der zu verwaltenden Datensätze zu betrachten. Man unterscheidet dabei drei Fälle. Wie verhält sich der Algorithmus im schlimmsten Fall (*worst case*), im besten Fall (*best case*) und im Durchschnitt (*average case*).

Um den schlimmsten Fall auszudrücken, wird die so genannte O-Notation verwendet[7]. Die O-Notation beschreibt eine Funktion $c_1*f(N)+c_2$, mit N gleich der Anzahl der Datensätze, die von der Laufzeitfunktion g(N) des Algorithmus nicht überschritten wird.

Anders ausgedrückt: Es gilt die Laufzeit O(f(N)), wenn $g(N) = c_1 \cdot f(N) + c_2$ gilt, wobei c_1 und c_2 zwei positive Konstanten sind. Tabelle 5.1 zeigt einige Beispiele.

Tab. 4.1: Beispiele zur O-Notation

Laufzeit	O-Notation	Begründung
5	O(1)	$5 = 1 \cdot 1 + 5$ (c_1=1, c_2=5)
N	O(N)	$N = 1 \cdot N + 0$ (c_1=1, c_2=0)
$3 \cdot N$	O(N)	$3 \cdot N = 3 \cdot N + 0$ (c_1=3, c_2=0)
$2N^2+4N$	$O(N^2)$	$2N^2+4N = 3 \cdot N^2 + 4$ (c_1=3, c_2=4)
$7 \cdot \log N + 12$	O(logN)	$7 \cdot \log N + 12 = 7 \cdot \log N + 12$ (c_1=7, c_2=12)

Es ist noch anzumerken, dass bei der Verwendung des Logarithmus die Basis keine Rolle spielt, weil sie durch Verändern der Konstanten c_1 ausgeglichen werden könnte. Jedoch wird in so gut wie allen Fällen der Logarithmus zur Basis 2 benutzt[8].

Laufzeitklassen

Weil unterschiedliche f(N) auch eine unterschiedliche Laufzeit bedeuten, wurden die Funktion in Gruppen aufgeteilt, so genannte Laufzeitklassen.

---

7. Gesprochen als »Oh-Notation« oder »Groß-Oh-Notation«.
8. Auch »logarithmus dualis« genannt und mit »ld« abgekürzt.

Tab. 4.2: Die verschiedenen Laufzeitklassen

Laufzeit	Bezeichnung	Beispiel
O(1)	konstant	Die Operationen *Push* und *Pop* bei Stacks oder *Enqueue* und *Dequeue* bei Queues benötigen im günstigsten Fall konstante Zeit. Sie sind damit unabhängig von der Elementanzahl.
O(log N)	logarithmisch	Eine auf Schlüsselvergleichen basierende Suche kann nicht schneller als O(log n) sein. Bei gleichmäßig steigendem N steigt die benötigte Laufzeit immer langsamer.
O(N)	linear	Lineares Laufzeitverhalten besagt, dass die Laufzeit proportional zu N steigt.
O(N · log N)	N · log N	Ein auf Schlüsselvergleichen basierendes Sortierverfahren kann bestenfalls O(N * log N)-Zeit besitzen.
$O(N^2)$	quadratisch	Bei einer Verdoppelung von N vervierfacht sich die Laufzeit.
$O(2^N)$	exponentiell	Bei exponentieller Laufzeit steigt die Laufzeit bereits bei kleinen N ins Astronomische. Probleme mit exponetieller Laufzeit gelten für große N als unlösbar.

Abbildung 4.4 zeigt eine nicht maßstabsgetreue Darstellung der einzelnen Laufzeitklassen.

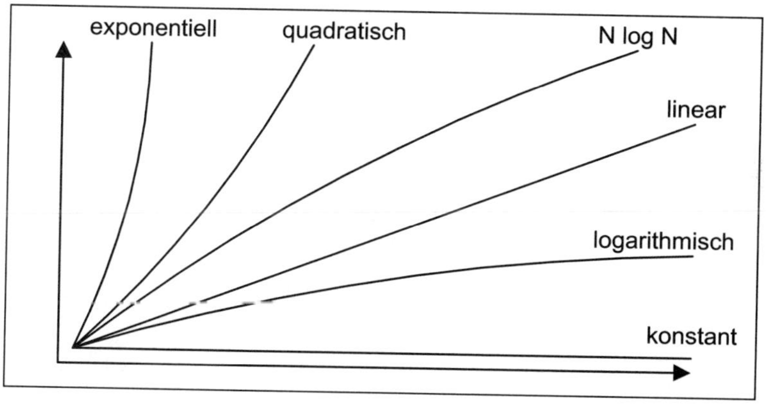

Abbildung 4.4: Die Laufzeitklassen grafisch dargestellt

Omega-Notation

Die Omega-Notation für die Betrachtung der unteren Schranken werden wir hier nicht ausführlicher betrachten. Der Interessierte kann zum Beispiel bei [OTTMANN93] genauere Informationen erhalten.

Sollte für eine Laufzeit die O- und Omega-Notation identisch sein, sollten also O(f(N)) und O(f(N)) gelten, dann schreibt man dafür auch T(f(N)).

Kommen wir nun zur Laufzeitbetrachtung von *push, pop, enqueue* und *dequeue.* Da alle Operationen direkt auf die Einfüge- oder Entnahme-Position zugreifen können, gilt für alle vier Operationen O(1). Sie sind also nicht von der Anzahl der gespeicherten Datensätze oder der Größe des Feldes abhängig.

4.6 Kontrollfragen

1. Nennen Sie die Vorteile von *new* und *delete* gegenüber *malloc* und *free*.
2. Was bedeutet LIFO und was FIFO? Nennen Sie Anwendungsgebiete.

5 Schablonen

Wir haben im letzten Kapitel Stacks und Queues kennen gelernt und diese für die Verwaltung von *int*-Werten ausgelegt. Wenn wir nun einen Stack für *float*-Werte benötigen, bleibt uns nichts anderes übrig, als eine zweite Klasse zu entwerfen, die mit der ursprünglichen Stack-Klasse bis auf die Tatsache identisch ist, dass das zu reservierende Feld Elemente vom Typ *float* hat.

Und wenn wir Instanzen unserer Klassen *Schwein* oder *Kartoffel* auf den Stack legen wollen? Wir müssten wieder eine neue Klasse schreiben. Dies ist nicht sehr effizient, und glücklicherweise gibt es in C++ einen eleganteren Weg.

5.1 Klassen-Schablonen

In C++ hat man die Möglichkeit, so genannte Templates zu entwerfen. »Template« heißt auf Deutsch soviel wie »Schablone«. Als Schablone versteht man die weitere Abstraktion einer Klasse oder Funktion. Eine Klassen-Schablone ist eine Vorschrift, wie nach festgelegten Regeln aus dieser Schablone eine wirkliche Klasse erzeugt werden kann.

In der Praxis sieht das so aus, dass eine Klassen-Schablone bestimmte Datentypen variabel hält. Abhängig vom tatsächlichen Datentyp wird dann aus der Schablone eine reale Klasse für diesen speziellen Datentyp erzeugt.

template

Wir könnten beispielsweise unsere Klasse *Stack* so umschreiben, dass wir einfach den Typ der zu verwaltenden Daten variabel halten und dadurch Stacks für jeden beliebigen Datentyp erzeugen können. Eine Schablone beginnt mit dem Schlüsselwort **template**, gefolgt von den Parametern, die von spitzen Klammern eingerahmt werden. Schauen wir uns einmal die Klasse *Stack* als Schablone an. Wir nennen sie *Tstack*:

```
template<class Typ>
class TStack
{
  private:
    Typ *data;
    unsigned long anz;
    unsigned long maxanz;

  public:
    explicit TStack(unsigned long);
    ~TStack();
```

```
    bool Push(const Typ&);
    Typ Pop(void);
    bool isEmpty(void);
};
```

Glücklicherweise ist die Ähnlichkeit mit der »normalen« Klasse *Stack* enorm. Vor der Klassendefinition (*class TStack*) steht das Schlüsselwort *template* mit der Parameterliste. Jedem Parameter wird das Wort *class* vorangestellt[1]. Der Name des Parameters ist frei gewählt. Benötigen Sie mehrere Parameter, werden diese durch Kommata voneinander getrennt:

```
template <class TData1, class TData2 >
```

In unserem Fall benötigen wir jedoch nur einen Parameter, nämlich den Typ der zu verwaltenden Daten. Wir müssen nun alle Vorkommnisse des Datentyps in der alten Klasse *Stack* durch den Schablonen-Parameter *TData* ersetzen. Bei diesem Ersetzen müssen Sie sehr konzentriert vorgehen. Denn Sie dürfen nicht einfach jedes Vorkommen von *int* durch *TData* ersetzen.

Schauen wir uns nun den Konstruktor an:

```
template <class TData> TStack<TData>::TStack(unsigned long s)
{
  data=new(TData[s]);
  if(data)
    {
      anz=0;
      maxanz=s;
    }
  else
    {
      anz=maxanz=0;
    }
}
```

Vor dem Funktionsnamen steht ebenfalls das Schlüsselwort *template* mitsamt der Parameterliste. Und der Klassenname ist nun nicht mehr *TStack*, sondern der Schablonen-Parameter ist in ihm enthalten: *TStack<TData>*. Innerhalb des Konstruktors müssen wieder die auf den zu verwaltenden Datentyp hinweisenden Deklarationen durch *TData* ersetzt werden. Schauen wir uns nun die restlichen Methoden an:

```
template<class Typ>
TStack<Typ>::TStack(unsigned long s)
{
  data=new(Typ[s]);
  if(data)
    {
```

1. Oder, falls es sich nicht um einen Datentyp, sondern um einen Wert handelt, der Typ des Wertes. Später mehr dazu.

```
      anz=0;
      maxanz=s;
    }
  else
    {
      anz=maxanz=0;
    }
}

template<class Typ>
TStack<Typ>::~TStack()
{
  if(data) delete[](data);
}

template<class Typ>
bool TStack<Typ>::Push(const Typ &w)
{
  if(anz<maxanz)
    {
      data[anz++]=w;
      return(true);
    }
  else
    {
      return(false);
    }
}

template<class Typ>
Typ TStack<Typ>::Pop(void)
{
  if(anz>0)
    return(data[--anz]);
  else
    return(0);
}

template<class Typ>
bool TStack<Typ>::isEmpty(void)
{
  return(anz==0);
}
```

Der Übersichtlichkeit wegen sollten Sie das Schlüsselwort *template* mitsamt der Parameterliste in eine extra Zeile schreiben.

Schwierigkeiten mit *Pop*

Die Problematik des Rückgabewertes von *Pop*, die schon im letzten Kapitel angerissen wurde, trifft uns hier mit voller Wucht. Natürlich ist der Rückgabewert 0 bei einem leeren Stack nicht unsauberer als vorher. Jedoch nehmen wir hier implizit an, dass der Stack nur Datentypen verwaltet, die den Wert 0 darstellen können.

Stellen Sie sich vor, Sie wollten unsere Schweine mit dem Stack verwalten. Wie wäre wohl ein Schwein-Objekt 0 zu interpretieren? Schwierig, und darüber hinaus auch noch falsch. Denn der Compiler würde versuchen, die Null mit Hilfe eines einparametrigen Schwein-Konstruktors implizit in ein Schwein-Objekt umzuwandeln. Da ein solcher Konstruktor nicht existiert, erhalten wir einen Kompilationsfehler.

Ohne vernünftige Fehlerbehandlung wäre die sauberste – oder zumindest kompilierbare – Lösung die Rückgabe eines Standardobjekts:

```
return(Typ());
```

Der Ausdruck *Typ()* erzeugt ein Exemplar von *Typ* mit Hilfe des Standard-Konstruktors (der Konstruktor ohne Parameter) von *Typ*. Das setzt natürlich voraus, dass die Klasse *Typ* auch einen Standard-Konstruktor besitzt. Aber das gehört ja zum guten Ton.

Schauen wir uns nun noch unsere Schablone im Einsatz an:

```
int main()
{
const unsigned long SIZE=100;
TStack<char> stack(SIZE);
char str[SIZE];
unsigned int x;

  cout << "Bitte String eingeben:";
  cin.getline(str,SIZE);
  for(x=0;x<strlen(str);x++)  stack.Push(str[x]);
  cout << endl;
  while(!stack.isEmpty()) cout << stack.Pop();
  cout << endl;

  return(0);
}
```

Die Funktionalität ist identisch mit der *main*-Funktion, die wir im letzten Kapitel bereits zum Testen des Stacks verwendet hatten.

Da wir nun direkt einen Stack für *char*-Werte erzeugen können, fällt auch die explizite Typumwandlung des Rückgabewertes von *Pop* weg. Sie können spaßeshalber einmal den *char*-Stack durch einen *int*-Stack ersetzen[2]. Sie bekommen dann die Werte der einzelnen Buchstaben ausgegeben.

2. Einfach das »char« bei *TStack<char>* durch *int* ersetzen.

Wenn Sie sich einmal die Datei »TSTACK.H« ansehen, werden Sie feststellen, dass sowohl die Klassendefinition als auch die Definition der Methoden in ihr enthalten sind. Nun stimmt dies nur bedingt. Denn weil es sich um eine Schablone handelt, wird der Programmtext erst dann kompiliert, wenn die Schablone zur Instanziierung einer Klasse eingesetzt wird. An dieser Stelle erst wird dann die Klasse nur für die angegebenen Schablonen-Parameter kompiliert.

Benötigen Sie an anderer Stelle im Programm einen zweiten Stack, der einen anderen Datentyp verwaltet, dann wird die Schablone dort erneut für den konkreten Parameter instanziiert und kompiliert.

Benötigen Sie einen Prototypen der Schablonen-Klasse, also eine Vorausdeklaration, so gehen Sie wie gewohnt vor. Lediglich die durch die Deklaration als Schablone erforderlichen Extras müssen hinzugefügt werden:

```
template <class TData> class TStack;
```

Die Schablone *TStack* mitsamt der hier angegebenen *main*-Funktion finden Sie auf der CD unter /BUCH/KAP05/TSTACK.

5.1.1 Mehrere Parameter

Man kann Schablonen auch mit mehreren Parametern ausstatten. Eine Klasse, die ein Paar aus Werten zweier verschiedener Datentypen bildet, könnte folgendermaßen aussehen:

```
template<class Typ1, class Typ2> class Paar
{
  private:
    Typ1 element1;
    Typ2 element2;

  public:
    Paar(Typ1, Typ2);
};
```

Methoden für den Zugriff auf die Attribute können leicht hinzugefügt werden.

5.2 Elementare Datentypen als Parameter

Die mittels *class* definierten Parameter einer Schablone bezeichnet man als **Typparameter**, weil der Parameter bei der Instanziierung der Klasse durch einen Datentyp ersetzt wird.

Wie bereits in einer Fußnote angedeutet, können auch elementare Datentypen als Schablonen-Parameter zum Einsatz kommen. In diesem Fall darf bei der Instanziierung kein Datentyp, sondern ein dem im Template-Parameter definierten Datentyp entsprechender Wert stehen.

Wir könnten damit zum Beispiel die Größe des Stacks als Schablonen-Parameter implementieren:

```
template<class Typ, unsigned long Groesse>
class TStack
{
  private:
    Typ data[Groesse];
    unsigned long anz;

  public:
    TStack();

    bool Push(const Typ&);
    Typ Pop(void);
    bool isEmpty(void);
};
```

Nun brauchen wir den Stack-Speicher nicht mehr dynamisch anzufordern, denn die Größe wird ja direkt in die instanziierte Klasse »hineinkompiliert«, sodass der Speicher bereits in der Klassendefinition als Feld belegt werden kann.

Der Konstruktor benötigt nun den Größen-Parameter nicht mehr und wird damit zum Standard-Konstruktor degradiert.

Aus diesem Grunde kann auch auf den Destruktor verzichtet werden, denn er war ja lediglich für die Freigabe des zuvor vom Konstruktor reservierten Speichers zuständig.

Schauen wir uns nun noch die Schablonen-Syntax am Beispiel der Methode *Push* an:

```
template<class Typ, unsigned long Groesse>
bool TStack<Typ,Groesse>::Push(const Typ &w)
{
  if(anz<Groesse)
    {
      data[anz++]=w;
      return(true);
    }
  else
    {
      return(false);
    }
}
```

Die Stack-Schablone mit der Größe als Schablonen-Parameter finden Sie auf der CD unter /BUCH/KAP05/TSTACK.

So nett diese Lösung auf den ersten Blick aus sein mag, man darf sich nicht arüber hinweg täuschen, dass für jeden Stack, der eine unterschiedliche Größe besitzt, eine neue Klasse aus der Schablone erzeugt wird:

```
TStack<int, 50> stack1;
TStack<int, 100> stack2;
TStack<int, 150> stack3;
TStack<int, 200> stack4;
```

Diese vier Definitionen alleine erzeugen bereits vier eigenständige Stack-Klassen. Auf diese weise wird der erzeugte Programmcode nur unnötig aufgebläht. Es dürfte klar sein, dass in der Praxis die Lösung mit der Größenangabe über den Konstruktor zu bevorzugen ist.

5.3 Modularisierung

Ihnen wird vielleicht aufgefallen sein, dass die Schablonen nicht wie die Klassen in .h- und .cpp-Dateien aufgeteilt wurden.

Dies ist bei kleineren Schablonen auch nicht notwendig. Je größer aber die Schablone und je häufiger sie in verschiedenen Modulen verwendet wird, desto vorteilhafter ist ein Aufteilen der Schablone in das von den Klassen her bekannte Schema.

export

Da diese Aufteilung aber nicht in der ursprünglichen Natur von Schablonen lag, musste ein Schlüsselwort eingeführt werden, um dem Compiler mitzuteilen, dass sich die Definition der Schablone und die Definition der Schablonen-Methoden in unterschiedlichen Dateien befinden. Dieses Schlüsselwort heißt **export** und wird folgendermaßen angewendet:

```
export template<class Typ, int Groesse>
class TStack
{
// …
};
```

Die Datei, die die Definition der Schablonen-Methoden enthält, muss – genau wie bei den Klassen – die Schablonendefinition mit *#include* einbinden.

Da *export* jedoch noch nicht von allen Compilern unterstützt wird, werden wir bei der weiteren Verwendung von Schablonen auf diese Aufteilung verzichten, um eine Kompilation der Beispiele nicht unnötig kompliziert zu machen.

5.4 Funktions-Schablonen

Das Bilden von Schablonen ist nicht nur auf Klassen beschränkt. Auch Funktionen können als Schablonen definiert werden und bieten dadurch ein höheres Maß an Flexibilität.

Maximum bestimmen

Es kommt häufig vor, dass eine bestimmte Funktionalität für verschiedene Datentypen implementiert werden muss. Nehmen wir als einfaches Beispiel einmal eine *maximum*-Funktion, die den größeren von zwei Werten zurückliefert.

Für *int*-Variablen könnte die Implementierung von *maximum* folgendermaßen aussehen:

```
int maximum(const int &o1,const int &o2)
{
  if(o1>=o2)
    return(o1);

  return(o2);
}
```

Die Funktionsparameter wurden als konstante Referenzen definiert, um das Anlegen einer lokalen Kopie zu verhindern und dadurch die Laufzeit zu erhöhen.

Brauchen Sie nun eine *maximum*-Funktion, die *double*-Werte bearbeitet, dann müssten Sie *maximum* überladen. Es läuft dann darauf hinaus, dass Sie so viele *maximum*-Funktionen implementieren müssen, wie Sie Datentypen haben, die von *maximum* unterstützt werden sollen.

An dieser Stelle kommen die Funktions-Schablonen ins Spiel. Mit Funktions-Schablonen haben Sie wie bei den Klassen die Möglichkeit, eine gewisse Funktionalität auf alle denkbaren Datentypen auszudehnen.

Unsere *maximum*-Funktion sieht als Schablone dann so aus:

Syntax

```
template<class Typ>
Typ maximum(const Typ &o1,const Typ &o2)
{
  if(o1>=o2)
    return(o1);

  return(o2);
}
```

template

Die Funktions-Schablone wird ebenfalls mit dem Schlüsselwort **template** eingeleitet. Diesem folgen in spitzen Klammern die Parameter der Schablone. In unserem konkreten Fall der *maximum*-Funktion wurde mit *class Typ* ein Parameter namens *Typ* definiert, der für einen beliebigen Klassentyp stehen kann[3]. Die Syntax ist damit identisch mit den Klassen-Schablonen.

Der Parameter *Typ* wird dann innerhalb der Funktion als Platzhalter für den variablen Datentypen verwendet.

Wenn Sie nach der Definition der Schablone die Funktion *maximum* mit einem beliebigen Datentypen aufrufen, dann generiert der Compiler aus der Schablone eine *maximum*-Funktion für diesen Datentypen.

Dies ist vom Einsatz her etwas eleganter als bei den Klassen-Schablonen, wo der Datentyp, für den die Klasse instanziiert werden sollte, konkret angegeben werden musste.

Hier im konkreten Fall der *maximum*-Funktion ist nur zu beachten, dass beide Funktions-Parameter vom selben Typ sein müssen, genau wie es in der Parameter-Liste der Funktion auch vorgegeben ist.

Der Einsatz von Funktions-Schablonen bringt allerdings nur eine Einsparung im Programmieraufwand, nicht jedoch in der Programmlänge. Denn der Compiler muss aus der Schablone richtige Funktionen erzeugen, und zwar für jeden eigenen Datentypen eine gesonderte Funktion. Das auf Schablonen beruhende Programm beinhaltet daher kompiliert genauso viele *maximum*-Funktionen wie ein Programm, bei dem *maximum* für jeden verwendeten Datentypen manuell überladen wurde.

Methoden als Schablone

So wie wir für die maximum-Funktion eine Schablone erzeugt haben, lassen sich auch Methoden-Schablonen für Klassen erstellen. Auf diese Weise lassen sich zum Beispiel Konstruktoren als Schablone elegant formulieren.

5.5 Spezialisierung

Die so definierte *maximum*-Funktion verwendet zur Bestimmung des Maximums den >=-Operator. Es ist daher notwendig, dass jeder Klassentyp, auf den die *maximum*-Funktion angewendet wird, diesen >=-Operator definiert hat[4].

Manchmal ist es aber sinnvoll, für spezielle Datentypen eine eigene *maximum*-Funktion zu implementieren. Angenommen, Sie haben zwei Kartoffeln:

```
Kartoffel kar1, kar2;
```

Bei Kartoffeln macht es keinen Sinn, den >=-Operator zu überladen, denn die Frage, wann eine Kartoffel im programmiertechnischen Sinne größer ist als eine andere, lässt sich intuitiv nicht so schnell beantworten. Soll mit >= die Knollenanzahl oder die Knollendicke oder gar die Höhe der gesamten Pflanze verglichen werden?

3. Dazu zählen dann auch alle elementaren Datentypen.
4. Wie Operatoren für eigene Klassen definiert werden (in C++ spricht man vom »überladen«), lernen Sie in einem späteren Kapitel.

Man merkt, es macht keinen Sinn, den >=-Operator für Kartoffeln zu überladen. Statt dessen schreiben Sie, wenn Sie sich einmal entschieden haben, nach welchem Kriterium die *maximum*-Funktion nun die größere Kartoffel bestimmen soll, eine spezielle *maximum*-Funktion nur für Kartoffeln:

```
Kartoffel maximum(const Kartoffel &k1,const Kartoffel &k2)
{
  if(k1.knollenanzahl>=k2.knollenanzahl)
    return(k1);

  return(k2);
}
```

Sollte nun *maximum* mit Kartoffeln als Variablen aufgerufen werden, dann wird nicht die Schablone *maximum*, sondern die speziell für *Kartoffel* definierte *maximum*-Funktion verwendet.

Hier ist noch anzumerken, dass für den unbeschwerten Zugriff von *maximum* auf *knollenanzahl* von *Kartoffel* entweder *maximum* als Freund von *Kartoffel* deklariert werden muss, oder *maximum* muss über entsprechende Methoden auf die Knollenzahl zugreifen können (um die Datenkapselung nicht aufzuweichen.)

5.6 Standard-Parameter

Genau wie bei den Methoden und Funktionen können Sie auch die Parameter einer Schablone mit Standard-Werten versehen:

Syntax

```
template<class Typ, unsigned long Groesse=15>
class TStack
{
// ...
};
```

Durch das Verwenden eines Standard-Wertes für *Groesse* wird die Angabe der Größe einer Stack-Schablone optional. Ein Stack könnte nun auch so definiert werden:

```
TStack<double> dstack;
```

In diesem Fall hat *dstack* automatisch die Größe 15.

5.7 Klassendiagramme

Nachdem wir nun wissen, wie Schablonen in C++ umgesetzt werden, müssen wir sie auch noch in unseren Diagrammen darstellen können. Abbildung 5.1 zeigt TStack in der einparametrigen Fassung (Größenangabe über Konstruktor).

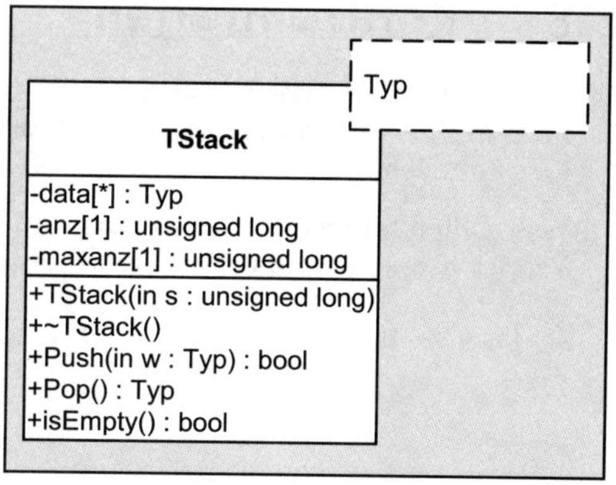

Abbildung 5.1: TStack als parametrisierbare Klasse

Schablonen werden in der UML als parametrisierbare Klassen bezeichnet. Die Attribute besitzen im Diagramm eine Multiplizität, die in eckigen Klammern hinter dem Attributsnamen angegeben wird. Der Stern bedeutet in diesem Zusammenhang nicht, dass es sich um einen Zeiger handelt, sondern das hinter *data* unbestimmt viele Elemente vom Typ *Typ* stehen können (je nach Größe des Stacks.)

Aus einer Schablone wird dann i.a. eine Klasse instanziiert, mit der anschließend ein Exemplar definiert wird:

```
TStack<Steuerbescheid> Aktenablage;
```

Im Klassendiagramm wird dies wie in Abbildung 5.2 dargestellt.

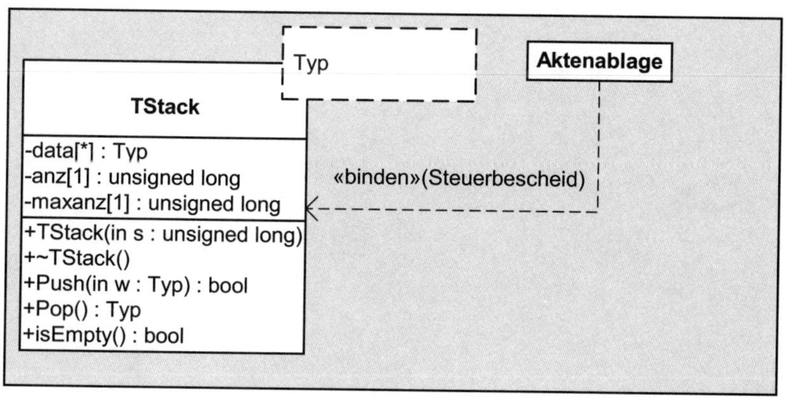

Abbildung 5.2: Instanziierung in der UML

Die Beziehung zwischen dem aus der instanziierten Klasse erzeugten Exemplar und der Schablone wird in der UML durch den Stereotyp »binden« oder »bind« dargestellt.

5.8 Kontrollfragen

1. Wir haben die Klassen bisher jeweils in zwei Module aufgeteilt, und zwar in eine .h- und eine .cpp-Datei. Wie würden Sie eine Klassen-Schablone aufteilen?
2. Was sollten Sie bei der Benutzung von Operatoren (z.B. Rechen- oder Vergleichsoperatoren) in Schablonen beachten?

6 Übungen

Obwohl schon einige Übungen in den Kontext des Buches eingestreut wurden, wollen wir gelegentlich zu gesonderten Übungskapiteln schreiten, um etwas komplexere Aufgaben bearbeiten und deren Lösungen besprechen zu können.

1

Wir haben in Kapitel 4 die Klasse *Stack* zur Erklärung der Schablonen herangezogen. Wandeln Sie nun die Klasse *Queue* in eine Schablone *TQueue* um.

2

Schreiben Sie eine Klasse namens *Parser*, deren Konstruktor Sie einen String übergeben können. Dieser String soll eine mathematische Formel enthalten, in der nur Fließkommazahlen, Klammern und die Grundrechenarten Addition, Subtraktion, Multiplikation und Division vorkommen dürfen. Sie dürfen voraussetzen, dass die Formel mathematisch korrekt ist, d.h. zu jeder geöffneten Klammer gibt es auch eine geschlossene Klammer und es dürfen keine zwei Rechenzeichen hintereinander folgen. Folgende Formeln sind korrekte Beispiele:

-3*6+4

(2+2)*(3.4+3)

(2*(3+3*(4+8.286)))-6*(-1.2)

Der in der Mathematik übliche Verzicht auf das Multiplikationssymbol bei Klammern soll nicht unterstützt werden. Zum Beispiel darf

2*(3+3) nicht durch 2(3+3) abgekürzt werden.

Die Formel muss mathematisch korrekt berechnet werden (Punkt-vor-Strich-Regel und Klammersetzung beachten). Die Klasse darf keine Rekursion beinhalten. Ein Tipp: Wenn Sie auf keine Lösung kommen, versuchen Sie, das Problem mit Stacks in den Griff zu bekommen.

3

Schreiben Sie nun noch einmal ein Template für eine Queue, aber benutzen Sie für die Implementierung kein Feld wie bisher, sondern Stacks. Sich über solche Zusammenhänge Gedanken zu machen, fördert das Verständnis ungemein.

6.1 Lösungen

1

Die Lösung für die Queue-Schablone ist der der Stack-Schablone zu ähnlich, als dass es neue Erkenntnisse bringen würde, die Einzelheiten hier zu besprechen. Der Programmtext müsste selbsterklärend sein:

Klassendefinition

```
template<class Typ>
class TQueue
{
  private:
    Typ *data;
    unsigned long anz;
    unsigned long maxanz;
    unsigned long inpos, outpos;

  public:
    explicit TQueue(unsigned long);
    ~TQueue(void);

    bool Enqueue(Typ);
    Typ Dequeue(void);
    bool isEmpty(void);
};
```

Konstruktor

```
template<class Typ>
TQueue<Typ>::TQueue(unsigned long s)
{
  data=new(Typ[s]);
  if(data)
    {
      anz=inpos=outpos=0;
      maxanz=s;
    }
  else
    {
      anz=maxanz=inpos=outpos=0;
    }
}
```

Destruktor

```
template<class Typ>
TQueue<Typ>::~TQueue(void)
{
  if(data) delete[](data);
}
```

Enqueue

```
template<class Typ>
bool TQueue<Typ>::Enqueue(Typ w)
{
```

```
  if(anz<maxanz)
    {
      anz++;
      data[inpos++]=w;
      if(inpos==maxanz) inpos=0;
      return(true);
    }
  else
    {
      return(false);
    }
}
```

Dequeue

```
template<class Typ>
Typ TQueue<Typ>::Dequeue(void)
{
  if(anz>0)
    {
      unsigned long aktpos=outpos;
      if((++outpos)==maxanz) outpos=0;
      anz--;
      return(data[aktpos]);
    }
  else
    return(0);
}
```

isEmpty

```
template<class Typ>
bool TQueue<Typ>::isEmpty(void)
{
  return(anz==0);
}
```

Sie finden die Queue-Schablone auf der CD unter /BUCH/KAP06/TQUEUE.

2

Schauen wir uns zunächst die Klassendefinition an:

Klassendefinition

```
class Parser
{
  private:
    char *str;
    int len;
    double result;
    void parse(void);
    bool isopt(char);
    double getopd(long&);
    void copystring(char*);
```

```
  public:
    Parser(char*);
    Parser(void);
    double Result(void);
    void Parse(char*);
};
```

str ist für eine Kopie des zu bearbeitenden Strings vorgesehen. *len* enthält die Länge der Kopie und *result* wird das Ergebnis der Formel beinhalten. Als Nächstes kommt der Konstruktor an die Reihe:

```
Parser::Parser(char *s)
{
  str=0;
  copystring(s);
  parse();
}
```

Zuerst wird der zu bearbeitende String kopiert und dann wird er berechnet. Eine Erklärung für die Anfertigung einer Kopie gibt die private Methode *copystring*:

copystring

```
void Parser::copystring(char *s)
{
  if(str) delete[](str);
  str=new(char[strlen(s)+1]);
  for(unsigned int x=0,y=0;x<strlen(s);x++)
    {
      if((isopt(s[x]))||(isdigit(s[x]))||(s[x]=='.')) str[y++]=s[x];
      if(s[x]==',') str[y++]='.';
    }
  str[y]=0;
  len=y;
}
```

Durch die Anfertigung einer »intelligenten Kopie« des Strings kann man die ursprüngliche Formel in eine gewünschte Form bringen.

In diesem Fall wurden alle unnötigen Leerzeichen entfernt, und das Komma wurde durch den Dezimalpunkt ersetzt. Die Kopierroutine könnte auch noch weiter gehen und z.B. zwei direkt aufeinander folgende Rechenzeichen durch Klammern trennen. Da dies aber kein Bestandteil der Aufgabe war, wurde hier darauf verzichtet. Schauen wir uns nun noch zwei Hilfsfunktionen an:

isopt

```
bool Parser::isopt(char c)
{
  return(((c=='+')||(c=='-
')||(c=='*')||(c=='/')||(c=='(')||(c==')')));
}
```

getopd

```
double Parser::getopd(long &p)
{
  double wert=atof(&(str[p]));
  if(isopt(str[p])) p++;
  while(!isopt(str[p])) p++;
  return(wert);
}
```

Die Methode *isopt* gibt einen wahren Wert zurück, wenn es sich bei dem übergebenen Zeichen um eins der in der Formel erlaubten Zeichen (außer den Zeichen für die Zahlendarstellung) handelt. Sonst wird ein falscher Wert zurückgegeben.

Die Methode *getopd* wandelt die an der Stelle *p* im Formelstring stehende Zahl in einen *double*-Wert um und setzt *p* auf das erste Zeichen hinter der umgewandelten Zahl.

Kommen wir nun zum Herzstück des Parsers, der Methode *parse*, die die Formel berechnet. Die hinter *parse* stehende Idee ist die, die Formel von links nach rechts durchzugehen, dabei alle Multiplikationen/Divisionen zu berechnen und somit die Formel auf eine Folge von Additionen/Subtraktionen zu reduzieren. Am Ende angekommen werden die Additionen/Subtraktionen von rechts nach links ausgeführt und das Ergebnis ist berechnet.

Diese Idee wird im Kleinen auch auf jeden Klammerinhalt angewendet. Da Klammern zuerst berechnet werden müssen, geht die Methode die Klammer von links nach rechts durch, um die Multiplikationen/Divisionen zu berechnen, und addiert/subtrahiert dann die so entstandene Folge von Additionen/Subtraktionen.

Warum gerade die Multiplikationen/Divisionen zuerst ausgeführt werden, um die Formel auf Additionen/Subtraktionen zu reduzieren, liegt in der Punkt-vor-Strich-Regel begründet. Wenn Sie beispielsweise die Formel »2+3*4*5+6*7« von links nach rechts durchgehen, dann können Sie die Addition von 2 und 3 nicht durchführen, weil wegen der Punkt-vor-Strich-Regel die 3 zuerst mit der 4 multipliziert werden müsste.

Wir können jedoch ohne Probleme die Formel durchgehen, dabei Additionen/Subtraktionen überspringen und nur die Multiplikationen/Divisionen ausführen. Die erste auszuführende Operation ist damit »3*4«. Wir berechnen die Teilformel und schreiben das Teilergebnis an die Stelle der Teilformel:"2+12*5+6*7«.

Dann fahren wir fort und stoßen wieder auf eine Multiplikation, die auch ausgeführt wird: »2+60+6*7«. Die dann folgende Addition wird wieder übersprungen.

Die nächste auszuführende Operation ist »6*7«. Die gesamte Formel sieht nach der Durchführung aller Multiplikationen so aus: »2+60+42«. Gleichzeitig haben wir das Ende der Formel erreicht. Wir brauchen nun einfach die Formel Operation für Operation zurückzugehen und zu berechnen. Nach der ersten Operation sieht die Formel so aus:"2+102«. Nachdem die letzte Operation ausgeführt wurde, steht das Endergebnis fest: 104. Sollten in der Formel Klammern vorkommen, so werden sie nach dem gleichen Schema berechnet und das Ergebnis des Klammerausdrucks nimmt dessen Platz in der Formel ein.

Doch kommen wir nun zur Implementierung:

```
void Parser::parse(void)
{
TStack<char> opt(len);
TStack<double> opd(len);

long strpos=0;
double wert;
char op;
```

Um die Formel nach obigem Schema berechnen zu können, benutzen wir zwei Stacks: Einmal den Operatoren-Stack *opt*, der die Rechenzeichen und Klammern speichert, und den Operanden-Stack *opd*, der die verwendeten Zahlen speichert. Die Größe der Stacks entstand aufgrund der Überlegung, dass eine Formel nie mehr Operatoren oder Operanden haben kann, als die Anzahl der Zeichen, aus der sie besteht. Für den größten Teil der Fälle werden die Stacks jedoch viel zu groß angelegt sein. Muss man sehr auf die Größe des benutzten Speichers achten, könnte man zum Beispiel in der *copystring*-Methode eine bessere Schätzung durchführen, indem man die in der Formel enthaltenen Operatoren zählt.

Die Variable *strpos* wird als Zeiger auf die aktuelle Position innerhalb der Formel verwendet. *wert* und *op* werden benutzt, um temporär einen Operanden oder einen Operator aufnehmen zu können.

```
  if((str[strpos]!='+')&&(str[strpos]!='-'))
    opt.Push('+');
```

Handelt es sich bei der zu bearbeitenden Formel um eine den Regeln nach gültige, dann steht vor jedem Operand (Zahl oder Klammerausdruck) ein Rechenzeichen. Die einzige Ausnahme bildet der Anfang des Ausdrucks. Dort kann entweder ein Plus- oder Minuszeichen oder überhaupt kein Zeichen stehen, wobei Letzteres gleichbedeutend mit einem Pluszeichen ist.

Um diesen Sonderfall in den Regelfall zu überführen, wird für den Fall eines fehlenden Rechenzeichens das implizite Pluszeichen explizit in die Operatorenliste gesetzt.

```
  while(strpos<len)
    {
      switch(str[strpos])
        {
```

Nun wird die Formel Zeichen für Zeichen betrachtet. Dabei wird zwischen einzelnen Rechenzeichen und zur Darstellung eines Operanden nötigen Zeichen unterschieden.

```
case'+':
case'-':
  opt.Push(str[strpos++]);
  break;
```

Wie wir bereits besprochen haben, werden beim ersten Durchlauf der Formel von links nach rechts keine Additionen/Subtraktionen ausgeführt. Deswegen wird hier auch nichts anderes getan, als den Operator für die spätere Verwendung auf den Operator-Stack zu schieben.

```
case'(':
  while(str[strpos]=='(')
    {
      opt.Push(str[strpos++]);
      if((str[strpos]=='+')||(str[strpos]=='-'))
        opt.Push(str[strpos++]);
      else
        opt.Push('+');
    }
  opd.Push(getopd(strpos));
  break;
```

Nachdem eine Klammer geöffnet wurde, gilt die gleiche Regel wie zu Beginn der Formel: Entweder steht ein Plus- oder Minuszeichen vor dem ersten Operanden in der Klammer oder es steht überhaupt kein Operator vor dem Operanden, was ein Pluszeichen impliziert. Sollte letzteres zutreffen, wird wieder ein Pluszeichen explizit auf den Operatoren-Stack geschoben.

Dieser ganze Vorgang befindet sich in einer while-Schleife, weil mehrere Klammern hintereinander geöffnet werden könnten (Verschachtelte Ausdrücke).

```
case'*':
case'/':
  if(str[strpos+1]=='(')
    opt.Push(str[strpos++]);
  else
    {
      wert=opd.Pop();
      if(str[strpos++]=='*')
        opd.Push(wert*getopd(strpos));
      else
        opd.Push(wert/getopd(strpos));
    }
  break;
```

Sollte dem Multiplikations-/Divisionsoperator eine geöffnete Klammer folgen, dann muss zuerst der Klammerausdruck berechnet werden. Deswegen wird der Multiplikations-/Divisionsoperator nur auf den Stack geschrieben und nicht ausgeführt.

Sollte einem Multiplikations-/Divisionsoperator jedoch ein Operand folgen, so kann die Multiplikation/Division direkt ausgeführt werden. Der dem Operator folgende Operand ist noch nicht ermittelt, deswegen wird er mit Hilfe von *getopd* aus der Formel extrahiert.

Der dem Operator vorangehende Operand muss der zuletzt auf den Operanden-Stack geschriebene Operand sein. Daher wird er mit *Pop* vom Stack geholt. Das Ergebnis der Operation wird wieder auf den Operanden-Stack geschrieben[1].

```
case')':
  strpos++;
   op=opt.Pop();
   wert=0;
```

Wenn wir eine schließende Klammer erreichen, wissen wir, dass der dazugehörige Klammerausdruck bereits auf Additionen/Subtraktionen reduziert ist. Wir brauchen also nur bis zur entsprechenden geöffneten Klammer zurückzugehen und dabei die Additionen/Subtraktionen durchzuführen.

```
while(op!='(')
  {
    if(op=='+')  wert=wert+opd.Pop();
    if(op=='-')  wert=wert-opd.Pop();
    op=opt.Pop();
  }
```

An dieser Stelle haben wir den Anfang der Klammer erreicht. Das Ergebnis des Klammerausdrucks steht nun in der Variablen *wert*.

Es kann aber sein, dass die gerade berechnete Klammer mit einem vor ihr stehenden Operanden multipliziert/dividiert werden muss. Deswegen müssen wir für den Fall, dass noch Operatoren auf dem Operator-Stack sind, überprüfen, ob es sich um eine Multiplikation/Division handelt. Wenn ja, wird sie mit dem auf dem Stack befindlichen Operanden und *wert* ausgeführt. Wenn nicht, dann wird der Operator wieder zurück auf den Stack geschrieben. In jedem Fall aber wird das Ergebnis in *wert* auf den Stack geschrieben.

```
if(!opt.isEmpty())
  {
    op=opt.Pop();
    if((op=='/')||(op=='*'))
```

1. In den Vorüberlegungen entspricht dies dem Ersetzen der Multiplikation/Division durch ihr Ergebnis.

```
          {
            if(op=='*') wert=opd.Pop()*wert;
            if(op=='/') wert=opd.Pop()/wert;
          }
        else
          opt.Push(op);
      }
    opd.Push(wert);
    break;
```

Der Klammerausdruck ist nun komplett berechnet. Eine eventuelle Multiplikation/Division mit einem vorhergehenden Operanden ist durchgeführt, und das Ergebnis des Klammerausdrucks steht auf dem Stack.

```
  default:
    opd.Push(getopd(strpos));
    break;
```

Für den Fall, dass es sich um einen Operanden handelt, wird dieser einfach auf den Operanden-Stack geschrieben.

```
    }
  }
```

An dieser Stelle haben wir das Ende der Formel erreicht. Alle Klammern wurden aufgelöst und alle Multiplikationen/Divisionen durchgeführt. Damit wurde die Formel auf reine Additionen/Subtraktionen reduziert.

Des Weiteren stehen alle auszuführenden Additionen/Subtraktionen auf dem Operator-Stack und die dazugehörigen Operanden auf dem Operanden-Stack. Diese Operationen müssen für das endgültige Ergebnis noch ausgeführt werden.

```
wert=0;
while(!opt.isEmpty())
  {
    op=opt.Pop();
    if(op=='+') wert=wert+opd.Pop();
    if(op=='-') wert=wert-opd.Pop();
  }
result=wert;
```

Der Klasse wurden noch ein weiterer Konstruktor und eine öffentliche Methode *Parse* hinzugefügt, um mehrere Formeln berechnen zu können, ohne immer wieder eine neue Exemplar des Parsers erzeugen zu müssen:

```
Parser::Parser(void)
{
  str=0;
  len=0;
}
```

```
void Parser::Parse(char *s)
{
  copystring(s);
  parse();
}
```

Sie können dem Parser nun die Formel bei der Definition übergeben:

```
Parser parser(str);
```

Oder aber Sie verwenden ihn erneut mit der *Parse*-Methode:

```
parser.Parse(str);
```

Die Parser-Klasse mitsamt einer main-Funktion zum Testen finden Sie auf der CD unter /BUCH/KAP06/PARSER

3

Klassendefinition

```
template<class Typ>
class SQueue
{
  private:
    TStack<Typ> *data;
    unsigned long anz;

  public:
    explicit SQueue(unsigned long);
    ~SQueue(void);

    bool Enqueue(Typ);
    Typ Dequeue(void);
    bool isEmpty(void);
};
```

Von den Attributen der alten Queue ist nur noch *anz* übrig geblieben.

Konstruktor

```
template<class Typ>
SQueue<Typ>::SQueue(unsigned long s)
{
  data=new TStack<Typ>(s);
  anz=0;
}
```

Auch der Konstruktor hat sich vereinfacht. Wir brauchen nur den Stack dynamisch anzufordern. Alle zur Verwaltung nötigen Daten besitzt der Stack selbst.

Destruktor

```
template<class Typ>
SQueue<Typ>::~SQueue(void)
{
  if(data) delete(data);
}
```

Der Destruktor hat sich nicht verändert.

Enqueue

```
template<class Typ>
bool SQueue<Typ>::Enqueue(Typ w)
{
  if(data->Push(w))
    {
      anz++;
      return(true);
    }
  else
    return(false);
}
```

Die *Enqueue*-Methode speichert das Objekt auf den internen Stack und erhöht *anz* bei Erfolg um eins.

Interessant wird es nun bei der *Dequeue*-Funktion. Die *Dequeue* Funktion muss das zuerst von der Queue gespeicherte Element zurückliefern. Dieses Element ist jedoch ganz unten im Stack.

Um trotzdem an das gewünschte Element heranzukommen, definieren wir einen temporären Stack, in den alle Elemente des anderen Stacks verschoben werden. Dadurch befindet sich das Element, welches im Originalstack ganz unten war, im temporären Stack ganz oben. Von dort können wir es dann in einer Variablen speichern und die restlichen Elemente wieder zurück in den Original-Stack verschieben:

Dequeue

```
template<class Typ>
Typ SQueue<Typ>::Dequeue(void)
{
  if(data->isEmpty()) return(0);

  Typ w;
  TStack<Typ> buf(anz);
  while(!data->isEmpty()) buf.Push(data->Pop());
  w=buf.Pop();
  while(!buf.isEmpty()) data->Push(buf.Pop());
  anz--;
  return(w);
}
```

isEmpty

```
template<class Typ>
bool SQueue<Typ>::isEmpty(void)
{
  return(data->isEmpty());
}
```

Die *isEmpty*-Funktion ist trivial.

Diese Variante der Queue-Schablone finden Sie auf der CD unter /BUCH/KAP06/SQUEUE.

Wie bereits erwähnt, würde man in der Praxis nie eine Queue mit Stacks simulieren. Obwohl *Enqueue* weiterhin eine Laufzeit von O(1) besitzt, hat sich *Dequeue* auf O(N) verschlechtert.

Es ist aber trotzdem eine nette Übung.

7 File-Handling

Bevor wir tiefer in die Welt der Datenstrukturen einsteigen, wollen wir uns zuerst mit dem Speichern in und dem Laden aus Dateien beschäftigen. In diesem Zusammenhang gibt es eine gute Nachricht: Alles, was Sie über File-Handling in C gelernt haben, können Sie auch in C++ nutzen. Allerdings wurde in C++ das Stream-Konzept, welches wir bereits bei der Ein- und Ausgabe über Tastatur und Bildschirm kennen gelernt haben, auch auf das File-Handling angewendet.

Das C++-File-Handling für Text- und Binärdateien wird in diesem Kapitel unser Thema sein.

7.1 Textdateien

Die Textdateien bieten die einfachste Methode, Daten zu sichern und zu laden. Dabei gehen wir analog zur Ein- und Ausgabe auf dem Bildschirm vor. Genau wie *cin* und *cout* nichts anderes sind als Instanzen bestimmter Klassen (*istream* und *ostream*), kann das Speichern und Laden als Stream zu und von einer Datei betrachtet werden.

7.1.1 Daten speichern

ofstream

Das Datenspeichern ist eine Ausgabe und wird daher mit Hilfe eines Ausgabestreams bewerkstelligt. Die Klasse, die Ausgabestreams zu Dateien ermöglicht, heißt **ofstream**. *ofstream* stellt einen Konstruktor zur Verfügung, dem man den Namen der Datei, in die geschrieben werden soll, übergibt:

Syntax

```
ofstream datei("dateiname.txt");
```

fstream

Die auf Dateien operierenden Streams sind in der Header-Datei **fstream** definiert, die mit *#include* eingebunden werden muss.

Schauen wir uns dazu einmal ein Beispiel an:

```
void writedat(char *name)
{
ofstream outdat(name);
char inp[160];

  if(outdat)
    {
      cout << ":";
      cin.getline(inp,160);
      while(strcmp(inp,"-x"))
```

```
        {
          outdat << inp << endl;
          cout << ":";
          cin.getline(inp,160);
        }
    }
}
```

Zuerst wird ein Exemplar von *ofstream*, nämlich *outdat*, erzeugt. Der Ausgabe-Stream wird mit der Datei verknüpft, deren Name der Funktion übergeben wurde.

getline Anschließend wird daraufhin geprüft, ob die entsprechende Datei überhaupt geöffnet werden konnte. Sollte die Datei erfolgreich geöffnet worden sein, wird mit **getline** eine Zeile von der Tastatur eingelesen[1]. *getline* ist nahezu identisch mit der Funktion *get*, nur dass *getline* zusätzlich noch das Trennzeichen ('\n') aus dem Eingabestream entfernt.

Die *while*-Schleife prüft, ob »-x« eingegeben wurde. Wenn nicht, dann wird die eingegebene Zeile in die Datei geschrieben und eine neue Zeile von der Tastatur eingelesen.

Da *outdat* als lokale Variable der Funktion definiert ist, wird beim Verlassen von *writedat* automatisch der Destruktor von *outdat* aufgerufen, der die mit *outdat* verknüpfte Datei schießt.

7.1.2 Daten laden

ifstream Schauen wir uns nun die Funktion an, die den abgespeicherten Text wieder einliest. Dazu wird ein Exemplar von **ifstream** erzeugt:

```
void readdat(char *name)
{
ifstream indat(name);
char inp[160];

  if(indat)
    {
      indat.getline(inp,160);
      while(!indat.eof())
        {
          cout << inp << endl;
          indat.getline(inp,160);
        }
    }
}
```

1. Um nicht vom Wesentlichen abzulenken, wurde hier mit einer maximalen Zeilenlänge von 160 gearbeitet. In einer professionellen Anwendung sind solche künstlichen Einschränkungen allerdings zu vermeiden.

readdat funktioniert wie *writedat*, nur dass anstelle der Tastatur als Eingabemedium und einer Datei als Ausgabemedium nun eine Datei als Eingabemedium und der Bildschirm als Ausgabemedium fungiert.

Zum Schluss noch eine *main*-Funktion, mit der Sie die beiden Funktionen testen können:

```
int main()
{
  cout << "Eingabe:\n---------" << endl;
  writedat("temp.txt");
  cout << "\n\nAusgabe:\n---------" << endl;
  readdat("temp.txt");
}
```

Den Quellcode dieses Beispiels finden Sie auf der CD unter /BUCH/KAP07/BSP01.CPP.

7.2 Binärdateien

Wechseln wir nun zu den Binärdateien. Im Gegensatz zu den Textdateien, bei denen jedes abgespeicherte Zeichen als Bestandteil eines Textes oder Strings interpretiert wird, betrachtet man bei Binärdateien jedes einzelne Zeichen als unabhängig und damit als eines ohne spezielle Bedeutung.

Aufgrund einiger Vorteile von Textdateien gibt man ihnen häufig den Vorzug.

Wenn möglich, sollten Sie Ihre Daten in Textdateien speichern.

Aus folgenden Gründen sollten Sie diese Regel beherzigen:

- Textdateien werden von der C++-Standardbibliothek besser unterstützt. Sollten Sie sich irgendwann mit der C++-STL beschäftigen, dann können Sie zum Lesen und Beschreiben von Textdateien so genannte Iteratoren einsetzen.
- Wenn Sie einmal eine Eingabefunktion für die Tastatur geschrieben haben, dann können Sie diese auch für die Eingabe aus einer Textdatei heraus verwenden (der einzige Unterschied liegt im Stream-Typ).
- Textdateien sind transparenter, weil man deren Inhalt bereits mit einem einfachen Editor betrachten und modifizieren kann.

Aber es gibt eben auch Situationen, in denen Binärdateien verwendet werden müssen. Deswegen werden wir uns nun mit ihnen befassen.

Der wesentliche Unterschied zwischen Binärdateien und Textdateien ist der, dass bei Binärdateien die reinen Werte gespeichert werden, wobei Textdateien einen Wert im Textformat speichern.

Speichern Sie beispielsweise den *int*-Wert 332533 in einer Textdatei ab, so wird dort der Text »332533« stehen. Als Binärdatei werden lediglich die vier Byte gespeichert, die den *int*-Wert enthalten.

Ein Zeichen mit Wert 13 wird bei Binärdateien einfach als ein Byte mit Wert 13 betrachtet und nicht als newline ('\n') interpretiert. Deswegen werden Binärdateien dann eingesetzt, wenn wir Daten speichern wollen, die nicht im Textformat vorliegen bzw. die nicht ohne größere Umstände im Textformat gespeichert werden können.

Schauen wir uns folgende Klasse an:

```
class Person
{
  private:
    char Name[160];
    int Alter;
    int Groesse;

  public:
    Person(char*, int, int);
    Person(char*);

    void Print(void);
    bool Save(char*);
};
```

Die Klasse *Person* besitzt die Attribute *Name*, *Alter* und *Groesse*. Als Konstruktoren stehen uns zwei Varianten zur Verfügung. Der erste Konstruktor erzeugt ein Exemplar auf der Basis der Daten, die ihm übergeben werden.

Der zweite Konstruktor erzeugt das Exemplar aufgrund der Daten, die unter der Datei, deren Name übergeben wurde, gespeichert sind.

Die Methode *Print* gibt die Daten aus und *Save* speichert die Daten unter dem übergebenen Namen ab. Schauen wir uns zunächst den ersten Konstruktor an:

Konstruktor

```
Person::Person(char *n, int a, int g)
{
  strcpy(Name,n);
  Alter=a;
  Groesse=g;
}
```

Dieser Konstruktor ist ziemlich einfach. Genauso verhält es sich mit der *Print*-Methode:

Print

```
void Person::Print(void)
{
  cout << "Name    :" << Name << endl;
  cout << "Alter   :" << Alter << endl;
```

```
  cout << "Groesse :" << Groesse << endl;
}
```

7.2.1 Daten speichern

Interessant wird es bei der Methode *Save*, die die Daten binär in eine Datei schreibt:

Save

```
bool Person::Save(char *n)
{
ofstream outdat(n,ios::out|ios::binary);

  if(!outdat)
    return(false);

  outdat.write(Name, 160);
  outdat.write(reinterpret_cast<const char*>(&Alter), sizeof(Alter));
  outdat.write(reinterpret_cast<const char*>(&Groesse),
sizeof(Groesse));

  return(true);
}
```

Genau wie bei den Textdateien wird ein Exemplar von *ofstream* erzeugt. Doch besitzt der Konstruktor nun einen weiteren Parameter. Dieser Parameter definiert den Dateimodus. Die Dateimodi sind in der Klasse *ios* definiert.

out, binary

Die Datei wird mit den Attributen **out** für Ausgabestrom und **binary** für das Öffnen als Binärdatei geöffnet.

write

Zum Abspeichern der Daten wird die Methode **write** verwendet. *write* wird folgendermaßen aufgerufen:

```
write(const char *zeichenadresse, streamsize zeichenanzahl);
```

Die erste *write*-Anweisung speichert damit alle für den Namen reservierten Zeichen ab, egal, ob der Name wirklich so lang ist oder nicht. Das hat den Vorteil, dass jede abgespeicherte Exemplar von *Person* gleich lang ist.

sizeof

Danach wird das Alter abgespeichert. Dazu wird *write* die Adresse der Variablen *Alter* übergeben. Die Adresse muss mit einem *reinterpret_cast* in *const char** umgewandelt werden, weil dieser Typ von *write* verlangt wird. Als Anzahl der abzuspeichernden Zeichen ermitteln wir mit **sizeof** die Größe der Variablen *Alter*. Analog dazu wird anschließend mit der Variablen *Groesse* verfahren.

7.2.2 Daten laden

Kommen wir nun zum Konstruktor, der die Daten einliest:

```
Person::Person(char *n)
{
ifstream indat(n,ios::in|ios::binary);

  if(indat)
    {
      indat.read(Name, 160);
      indat.read(reinterpret_cast<char*>(&Alter), sizeof(Alter));
      indat.read(reinterpret_cast<char*>(&Groesse), sizeof(Groesse));
    }
}
```

read

Zum Einlesen wird die Funktion **read** benutzt, deren Parameter ähnlich denen von *write* sind. Allerdings ist die Adresse der Daten nicht mehr als *const* deklariert, weil sie ja verändert werden[2].

Syntax

```
read(char *zeichenadresse, streamsize zeichenanzahl);
```

Eine *main*-Funktion, die von der oben beschriebenen Klasse Gebrauch macht, könnte folgendermaßen aussehen:

```
int main()
{
  Person p1("Harry Kim",32,180);

  p1.Print();
  p1.Save("temp.dat");

  Person p2("temp.dat");
  cout << endl;
  p2.Print();
}
```

Den Quellcode dieses Beispiels finden Sie auf der CD unter /BUCH/KAP07/BSP02.CPP.

7.3 Datei-Modi

Beim Öffnen eines File-Streams kann man bestimmte Datei-Modi spezifizieren (das im Abschnitt zuvor in Erscheinung getretene *ios::binary* ist einer davon.) Die folgende Tabelle gibt eine Übersicht:

2. Sie werden mit den eingelesenen Daten überschrieben.

Modus	Beschreibung
app	Sorgt dafür, dass in den Strom geschriebene Daten immer an das Ende angehängt werden. Deswegen ist dieser Modus nur in Verbindung mit *out* sinnvoll.
binary	Die Datei wird als binäre Datei und nicht als Textdatei geöffnet.
in	Die Datei wird zum Lesen geöffnet. Wichtig ist hierbei, dass die zum Lesen geöffnete Datei existiert.
out	Die Datei wird zum Schreiben geöffnet. Sollte die Datei bereits existieren, dann wird ihr Inhalt gelöscht. Andernfalls wird eine neue Datei angelegt. Wird *out* in Verbindung mit *in* verwendet (eine Datei zum Lesen und Schreiben öffnen), so muss die geöffnete Datei existieren. Ihr Inhalt wird dann weder gelöscht, noch wird eine neue Datei angelegt.
trunc	Soll der Inhalt der Datei bei Verwendung von *in* und *out* (*in*|*out*) trotzdem gelöscht bzw. eine neue Datei angelegt werden, so geben Sie zusätzlich den Modus *trunc* an (*in*|*out*|*trunc*).

Tab. 7.1: Übersicht über die verschiedenen Dateimodi

Bedenken Sie bei der Verwendung der Dateimodi, dass Sie auch den Bezugsrahmen (*ios*) der Konstanten angeben (z. B. *ios::trunc.*)

Für den Fall, dass Sie eine Datei öffnen, die sowohl beschrieben als auch gelesen wird, dann darf diese Datei weder vom Typ *ifstream* noch vom Typ *ofstream* sein. Vielmehr muss in diesem Fall die Basisklasse *fstream* als Objekttyp verwendet werden.

7.4 Der Dateipositionszeiger

Bevor wir uns mit der Manipulation des Dateipositionszeigers befassen, sollten wir zuerst kurz umreißen, worum es sich bei diesem Zeiger überhaupt handelt:

Der Dateipositionszeiger zeigt auf die Position in der Datei, die als Nächstes gelesen beziehungsweise beschrieben wird.

Den Dateipositionszeiger zu verändern wird dann notwendig, wenn Sie bestimmte Daten innerhalb einer Datei lesen wollen, ohne dabei alle vorausgehenden Daten einlesen zu müssen.

7.4.1 Dateipositionszeiger lesen

Zum Auslesen des Dateipositionszeigers stehen zwei Methoden zur Verfügung. Zwei Methoden deswegen, weil zwischen *istream* und *ostream* unterschieden wird:

Stream-Typ	Methode
istream	tellg
ostream	tellp

pos_type

Der von *tellg* und *tellp* zurückgelieferte Typ ist **pos_type** und wird in *istream* und *ostream* definiert:

```
ifstream get;
ofstream put;

istream::pos_type posg;
ostream::pos_type posp;

posg=get.tellg();
posp=put.tellp();
```

7.4.2 Dateipositionszeiger setzen

Auch beim Setzen des Dateipositionszeigers werden wieder zwei Methoden unterschieden:

Stream-Typ	Methode
istream	seekg
ostream	seekp

Zusätzlich gibt es drei Bezugspunkte, auf die sich der Offset beziehen kann:

Bezugspunkt	Beschreibung
beg	Dateianfang
cur	aktuelle Position des Dateipositionszeigers
end	Dateiende

Wenn Sie den Dateipositionszeiger auf den Anfang der Datei setzen wollen, dann schreiben Sie *seekg(0, ios::beg)*. Zum Dateiende kommen Sie mit *seekg(0, ios::end)*.

Wenn Sie von der aktuellen Position aus 50 Zeichen überspringen wollen, dann erledigen Sie dies mit *seekg(50, ios::cur)*. Wenn Sie von der aktuellen Position aus zurückspringen wollen, dann müssen Sie negative Werte verwenden.

7.5 Nützliche Methoden

Dieser letzte Abschnitt des Kapitels über File-Handling ist den Methoden gewidmet, die über ein Exemplar von *ifstream* oder *ofstream* aufgerufen werden können.

7.5.1 bad

```
bool bad()
```

Diese Funktion liefert einen wahren Wert zurück, wenn der Stream in einem fehlerhaften und darüber hinaus noch undefinierten Zustand ist.

7.5.2 close

```
void close()
```

Schließt den entsprechenden File-Stream.

7.5.3 eof

```
bool eof()
```

Diese Funktion liefert ein wahren Wert zurück, wenn das Ende des Streams erreicht wurde. Allerdings ist dieser Zustand nicht automatisch erreicht, nachdem das letzte Zeichen gelesen wurde. Vielmehr muss zuerst das Lesen eines Zeichens wegen Erreichen des Dateiendes scheitern, damit *eof* true liefert.

7.5.4 fail

```
bool fail()
```

Diese Funktion liefert ein wahren Wert zurück, wenn der Stream in einem fehlerhaften Zustand ist. Solange der Zustand des Streams nicht zusätzlich noch *bad* ist, kann davon ausgegangen werden, dass kein Datenverlust stattgefunden hat.

7.5.5 good

```
bool good()
```

Diese Funktion liefert einen wahren Wert zurück, wenn der Stream in einem fehlerlosen Zustand ist.

7.5.6 is_open

```
bool is_open()
```

Die Funktion liefert einen wahren Wert zurück, wenn der entsprechende Stream ordnungsgemäß geöffnet ist.

7.5.7 open

```
void open(const char *name, openmode mode)
```

Öffnet den entsprechenden Stream. Dabei ist *name* der Name der Datei und *mode* der Dateimodus. Der Datentyp *openmode* ist umgebungsspezifisch.

```
ifstream dat;

dat.open("name.txt", ios::in);
if(dat.is_open())
  dat.close();
```

7.6 Kontrollfragen

1. Kann man eine Exemplar von *ofstream* oder *ifstream* für mehrere Dateien benutzen?
2. Wie öffnet man eine Datei sowohl zum Lesen als auch zum Schreiben?

8 Listen

Die ersten abstrakten Datentypen, die wir kennen gelernt haben, waren Stacks und Queues. Wir hatten sie mit einem Feld realisiert, dessen Größe dem Konstruktor übergeben wurde.

Was tun, wenn Datenstruktur wachsen muss?

Der Nachteil besteht darin, dass ein einmal erzeugtes Feld eine feste Größe besitzt. Es kann daher passieren, dass das Feld voll ist, obwohl wir noch einen Wert speichern möchten. Für diesen Fall könnten wir folgendermaßen Abhilfe schaffen:

1. Erzeuge ein Feld, welches um x Elemente größer ist als das bereits bestehende.
2. Kopiere alle Daten des alten Feldes in das neue und passe die Attribute dem neuen Feld an.
3. Lösche das alte Feld.

Dieses Verfahren hat jedoch entscheidende Nachteile:

- Der benötigte Speicher für das neue Feld muss aus einem Stück sein.
- Da zum Zeitpunkt des Kopierens von einem Feld in das andere beide Felder gleichzeitig Speicher belegen, kann die tatsächliche Größe des Stacks/der Queue im Optimalfall nie größer sein als die Hälfte des zur Verfügung stehenden Speicherplatzes.
- Wenn einmal eine große Datenmenge verwaltet wurde, belegt der ADT für den Rest seiner Lebensdauer den für dieses maximale Datenaufkommen benötigten Speicherplatz.

Der letztgenannte Nachteil kann behoben werden, indem ein kleineres Feld belegt wird, wenn im aktuellen Feld eine entsprechende Anzahl leerer Elemente vorhanden ist.

Aber alles in allem erscheint die Implementierung mit Hilfe eines Feldes nur für bestimmte Situationen angemessen. Für Fälle, in denen der ADT eine hohe Dynamik beweisen muss, ist eine Ineffizienz nicht vermeidbar[1].

Wir müssen uns daher etwas anderes einfallen lassen.

---

1. Wir werden in diesem Buch noch häufiger an Punkte kommen, an denen wir feststellen müssen, dass eine bisher verwendete Technik für spezielle Fälle ungünstig erscheint und deswegen ein anderer Weg beschritten wird. Das heißt jedoch nicht, dass die alte Technik keine Daseinsberechtigung hätte. Für viele Fälle reicht die einfache Implementierung aus und man sollte nicht mit Kanonen auf Spatzen schießen, indem man hocheffiziente Verfahren implementiert, obwohl nur eine verschwindend geringe Datenmenge verwaltet werden muss.

8.1 Einfach verkettete Listen

Die »Starrheit« des Feldes entsteht letztlich dadurch, dass der benötigte Speicher immer an einem Stück zur Verfügung stehen muss. Zusätzlich können wir nicht flexibel genug auf notwendige Größenänderungen reagieren.

Eine Lösung wäre es zum Beispiel, nicht mehr nur ein Feld, sondern mehrere Felder zu benutzen. Anstatt dann das existierende Feld zu vergrößern, wird einfach ein neues angelegt. Ist dieses dann voll, wird das nächste angelegt. Nimmt der Datenbestand dermaßen ab, dass eines der Felder komplett leer ist, kann sein Speicher freigegeben werden. Wenn Sie einmal über diese Idee nachdenken, werden Sie feststellen, dass diese Idee umso dynamischer – und damit flexibler – wird, je kleiner die einzelnen Felder sind. Das Optimum an Flexibilität ist dann erreicht, wenn jedes Feld nur noch ein Element aufnehmen kann.

Und genau das ist die Grundidee einer verketteten Liste. Analog zu unserer vorherigen Betrachtung ist ein Element einer Liste ein Container für genau ein Nutzdatenelement. Um eine Verkettung zu ermöglichen, muss dieser Container noch einen Verweis auf einen anderen Container enthalten. Weil dann jedes Listenelement auf seinen Nachfolger verweist, müssen wir uns nur den Verweis auf das erste Element merken.

8.1.1 Erste Überlegungen

Die so entstandene Struktur sieht wie in Abbildung 8.1 dargestellt aus.

Abbildung 8.1: Erste Idee einer einfach verketteten Liste

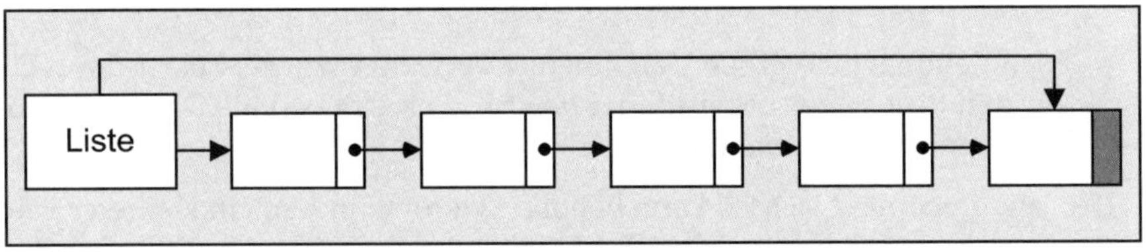

Um erste Überlegungen über die Effizienz dieser Struktur anzustellen, spielen wir einmal durch, wie ein Stack oder eine Queue sich von der Laufzeit her verhalten würden, wären sie mit dieser Liste implementiert.

Laufzeitverhalten

Das Laufzeitverhalten ist in Tabelle 8.1 aufgeführt. Die Operationen *Push*, *Pop* und *Enqueue*[2] betreffen alle das Ende der Liste. Weil das Ende der Liste nur dadurch zu erreichen ist, indem die gesamte Liste bis zu ihrem Ende durchlaufen wird, ergibt sich eine Laufzeit von O(N), weil das Ausführen der Operation umso länger dauert, je länger die Liste ist.

2. Auf Listen angewendet zeigt sich, dass die Operationen *Enqueue* und *Push* identisch sein müssen.

Lediglich die Operation *Dequeue* kann in O(1)-Zeit erledigt werden, weil nur der Anfang der Liste betroffen ist. Die Operationen *Insert* und *Delete* sind für Listen typische Operationen, die es erlauben, an einer beliebigen Stelle innerhalb der Liste ein Element einzufügen oder zu löschen. Auch diese beiden Operationen müssen im ungünstigsten Fall die gesamte Liste durchlaufen und benötigen daher O(N)-Zeit.

Operation	Laufzeit
Push	O(N)
Pop	O(N)
Enqueue	O(N)
Dequeue	O(1)
Insert	O(N)
Delete	O(N)

Tab. 8.1: Laufzeitbetrachtung bei einer naiven Implementierung einer einfach verketteten Liste

8.1.2 Verfeinerung

Der bisherige Ansatz ist natürlich bei weitem noch nicht der Weisheit letzter Schluss. Speziell für die Queue- und Stack-Operationen lässt sich bereits dadurch eine Verbesserung der Laufzeit erzielen, wenn Einfüge- und Entnahmeposition der Liste vertauscht werden.

Dadurch lassen sich *Push*, *Pop* und *Enqueue* in O(1) durchführen. Nun ist lediglich noch Dequeue mit O(N)-Zeit behaftet. Allerdings hat diese Effizienzsteigerung den Preis, dass die Liste nur noch von hinten nach vorne durchlaufen werden kann, was für eine allgemeine Anwendung nicht zu empfehlen ist.

Aber eine kleine Änderung an der Struktur selbst ermöglicht ebenfalls eine Steigerung der Effizienz, jedoch ohne den Nachteil, dass die Liste nur noch in umgekehrter Reihenfolge durchlaufen werden kann. Schauen wir uns dazu einmal Abbildung 8.2 an.

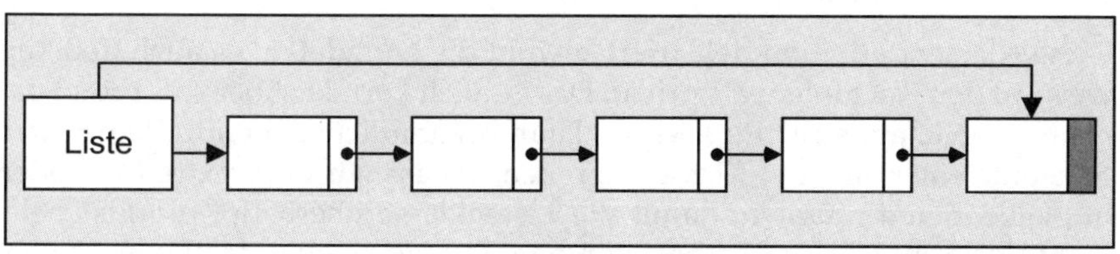

Abbildung 8.2: Verfeinerte Idee der einfach verketteten Liste

Wir haben die Liste einfach um einen Verweis auf das letzte Element der Liste ergänzt, um uns dadurch das Durchlaufen der Liste zu ersparen.

Wenn wir uns die Laufzeiten für eine Implementierung des neuen Ansatzes in Tabelle 8.2 anschauen, sehen wir die Verbesserungen sofort.

Tab. 8.2: Laufzeitbetrachtung bei einer einfach verketteten Liste

Operation	Laufzeit
Push	O(1)
Pop	O(N)
Enqueue	O(1)
Dequeue	O(1)
Insert	O(N)
Delete	O(N)

Pop immer noch O(N)

Vielleicht sind Sie überrascht, dass *Pop* trotzdem noch O(N)-Zeit braucht. Bezogen auf die Elemente der Liste löscht *Pop* das letzte Listenelement. An dieses letzte Element kommen wir in O(1)-Zeit über den Verweis auf das Listenende. Wenn dieses letzte Element aber gelöscht wird, dann wird das ehemals vorletzte Element zum letzten. Deswegen muss auch der Verweis auf das letzte Element aktualisiert werden. Um aber die Referenz auf das ehemals vorletzte Element zu bekommen, haben wir wieder das Problem des kompletten Listendurchlaufs. Daher die O(N)-Zeit.

8.1.3 Implementierung in C++

Überlegen wir uns nun, wie wir die Liste in C++ implementieren. Aus der Sicht der OOP bietet es sich an, für die Listenelemente und die Liste selbst jeweils eine Klasse zu entwerfen.

Die Klasse für die Listenelemente könnte folgendermaßen aussehen:

Kapselung wahren

```
class ELKnot
{
  private:
    ELKnot *next;
    int data;
};
```

Um die Anschaulichkeit zu wahren, verwenden wir hier als Nutzdaten bloße Integer-Zahlen.

Diese Klassendefinition deklariert sowohl die Nutzdaten als auch den Verweis auf den Nachfolger als privat. Das ist auch korrekt. Aber was bringt das für Nachteile mit sich? Eine Klasse kann bekanntlich nicht auf die privaten Elemente einer anderen Klasse zugreifen, sodass wir noch extra Methoden implementieren müssten, damit die Listenklasse überhaupt die Listenelemente verketten kann. Dieses ständige Zugreifen über Methoden bringt natürlich Einbußen in der Abarbeitungsgeschwindigkeit.

Um diese Einbußen zu vermeiden, gäbe es als andere Möglichkeit dann noch den folgenden Ansatz:

Kapselung aufweichen

```
class ELKnot
{
```

```
  public:
    ELKnot *next;
    int data;
};
```

Dieser Ansatz hat natürlich den Vorteil, dass die Listenklasse ungehemmt auf die Attribute von *ELKnot* zugreifen kann. Leider kann dies aber auch jede andere Klasse, und das lässt sich mit der Philosophie der Datenkapselung im Hinterkopf nicht tolerieren. Wir müssten in der Lage sein, die Erlaubnis des Zugriffs auf die Klassenelemente kontrolliert vergeben zu können. Glücklicherweise verspürten die C++-Entwickler dieses Bedürfnis ebenfalls.

8.1.4 Freunde

Wie bereits im Grundlagenkapitel angesprochen, kann in C++ eine Klasse andere Klassen als Freunde deklarieren. Solche Freunde haben dann die gleichen Zugriffsrechte auf die andere Klasse wie die Klasse selbst. Das heißt, dass für Freunde sogar die privaten Elemente frei zugänglich sind. Die Deklaration eines Freundes sieht folgendermaßen aus:

Freund-Klasse

```
friend class EListe;
```

Die Klasse *EListe* ist nun ein Freund der Klasse, in der die *friend*-Deklaration stand.

Freunde einer Klasse haben die gleichen Zugriffsrechte wie die Methoden der Klasse selbst.

Es ist auch möglich, nur einzelne Funktionen als Freund zu deklarieren. Diese Funktion muss keine Methode sein. Jede Funktion, ob sie nun einer Klasse angehört oder nicht, kann von einer Klasse als Freund deklariert werden. Die Schreibweise sieht dann so aus:

Freund-Funktion

```
friend int max(int, int);
```

Die Funktion *max*, die keiner Klasse angehört, ist nun ein Freund der Klasse, die die *friend*-Deklaration beinhaltet.

Wenn wir diese neue Information auf unsere Listenelement-Klasse anwenden, kommen wir zu folgendem Ansatz:

ELKnot

```
class ELKnot
{
  friend class EListe;
  private:
    ELKnot *next;
    int data;
    ELKnot(int d) : data(d),next(0){}
    ELKnot(int d, ELKnot *n) : data(d),next(n){}
};
```

Die *friend*-Deklaration kann an jeder beliebigen Stelle innerhalb der Klasse stehen. Es empfiehlt sich jedoch, sie an den Anfang zu schreiben, um auch rein optisch keine Zugehörigkeit zu den *private*- oder *public*-Bezugsrahmen nahe zu legen.

Selbst die Konstruktoren von *ELKnot* sind nun als privat deklariert, weil sie nur von *EListe* benötigt werden und sonst keine andere Klasse Zugriff auf sie haben sollte. Wir haben die Definitionen der beiden Konstruktoren mit in die Klassendefinition aufgenommen, weil sie ihrer Kürze wegen für *inline*-Funktionen geradezu prädestiniert sind. Die Initialisierung der Attribute wurde über die Elementinitialisierungsliste und nicht über Programmanweisungen vorgenommen.

EListe Kommen wir nun zur Listenklasse selbst. Wegen unseres Ansatzes muss sie auf jeden Fall einen Zeiger auf den Anfang und das Ende der Liste haben. Da die Liste aus Elementen vom Typ *ELKnot* besteht, müssen die Verweise zwangsläufig vom Typ »Zeiger auf *ELKnot*« sein.

Als übliche Bezeichnungen für die beiden Verweise werden die englischen Wörter »head« (zu deutsch »Kopf«) und »tail« (zu deutsch »Schwanz«) benutzt.

Als lokale Variablen dienen die Namen *cur*, als Abkürzung für »current«, was auf deutsch »aktueller« heißt und als Zeiger auf den aktuellen Knoten verwendet wird.

Dazu gibt es noch *pred* und *succ* als Abkürzung für »predecessor« und »successor«, was auf Deutsch soviel wie »Vorgänger« und »Nachfolger« heißt. Alternativ werden auch *prev* beziehungsweise *previous* und *next* eingesetzt, was auf Deutsch soviel wie »voriger« und »nächster« heißt.

Um die Sonderfälle bei der Listenverwaltung[3] besser zu erkennen, wurde noch das Attribut *anz* eingeführt, welches die aktuelle Anzahl der Listenelemente widerspiegelt. Dadurch lässt sich die Größe der Liste in O(1)-Zeit bestimmen[4].

Wir werden uns bei der Wahl der Implementierungsmethoden an den Containerklassen der C++-STL orientieren, die folgende Methoden zur Verfügung stellen:

front und *back*, die entsprechend den Wert des ersten und letzten Elements der Liste liefern, ohne es aus der Liste zu löschen.

pop_front und *pop_back*, die zwar das Element am Anfang und am Ende der Liste löschen, es aber nicht zurückliefern.

Und *pop_front* und *pop_back*, die ein Element am Anfang und am Ende der Liste einfügen.

---

3. Als Sonderfälle zählen die Ereignisse, bei denen nicht nur ein Listenelement eingefügt oder gelöscht wird, sondern auch die Zeiger *head* und/oder *tail* verändert werden müssen. Dies ist bei einer leeren Liste und beim Einfügen/Löschen am Anfang oder am Ende der Liste der Fall.

4. Hätten wir *anz* nicht eingeführt, müssten wir zur Bestimmung der Elementanzahl die komplette Liste durchgehen und die Elemente zählen. Dies wäre nur in O(N)-Zeit zu bewältigen.

Klassendefinition

```
class EListe
{
  private:
    ELKnot *head;
    ELKnot *tail;
    unsigned long anz;
  public:
    EListe(void) : head(0),tail(0),anz(0) {}
    ~EListe();
    bool isEmpty() {return(anz==0);}
    unsigned long size() {return(anz);}

    void pop_front();
    void pop_back();
    void push_front(int);
    void push_back(int);
    int front();
    int back();
};
```

Kommen wir nun zu den Methoden. *EListe* braucht einen Destruktor, denn jeglicher für Instanzen von *ELKnot* belegte Speicher muss bei der Zerstörung der Liste wieder freigegeben werden. Die Implementierung ist ziemlich simpel:

Destruktor

```
EListe::~EListe()
{
  ELKnot *cur=head,*next;
  while(cur) {
    next=cur->next;
    delete(cur);
    cur=next;
  }
}
```

Der Zeiger *next* wird benötigt, weil durch das Löschen eines Listenelements automatisch auch der Verweis auf das nächste Element gelöscht wird. Und dies gilt es zu verhindern. Andernfalls könnten die restlichen Listenelemente nicht mehr ordnungsgemäß gelöscht werden und würden bis zum Ende der Laufzeit unnötig Speicher belegen[5].

5. Im Allgemeinen binden C++-Compiler heutzutage Laufzeit-Funktionen ein, die vom Programm eventuell belegten, aber nicht wieder freigegebenen Speicher bei der Beendigung des Programms automatisch freigeben. Dies dient zum Schutz des Systems, weil andernfalls durch häufiges Starten eines in dieser Weise fehlerhaften Programms irgendwann der komplette Arbeitsspeicher mit Datenleichen belegt wäre. Trotzdem sollte aber peinlichst genau darauf geachtet werden, dass ein selbst geschriebenes Programm jeglichen reservierten Speicher spätestens vor Beendigung des Programms wieder freigibt. Optimalerweise sollte nicht mehr benötigter Speicher unverzüglich freigegeben werden.

Kommen wir nun zu den Implementierungsmethoden:

front

```
int EListe::front()
{
  if(!anz) return(0);
  return(head->data);
}
```

back

```
int EListe::back()
{
  if(!anz) return(0);
  return(tail->data);
}
```

Die Funktionen *front* und *back* sind trivial. Es sei lediglich noch einmal darauf hingewiesen, dass der Fehlerwert 0, der zurückgegeben wird, wenn die Liste leer ist, die gleiche Problematik birgt wie der Fehlerwert bei den Stacks.

Ebenfalls leicht nachvollziehbar sind die Methoden zum Einfügen von Elementen:

push_front

```
void EListe::push_front(int d)
{
  if(!anz) {
    head=tail=new ELKnot(d);
  } else {
    ELKnot *tmp=new ELKnot(d,head);
    head=tmp;
  }
  anz++;
}
```

push_back

```
void EListe::push_back(int d)
{
  if(!anz) {
    head=tail=new ELKnot(d);
  } else {
    tail->next=new ELKnot(d);
    tail=tail->next;
  }
  anz++;
}
```

Im Falle einer leeren Liste muss nicht nur der betroffene Zeiger (*head* bei *push_front* und *tail* bei *push_back*), sondern müssen beide Zeiger aktualisiert werden.

Bei den Lösch-Methoden verdient *pop_back* besondere Aufmerksamkeit:

pop_front

```
void EListe::pop_front()
{
```

```
  if(!anz) return;
  if(anz==1) {
    delete(head);
    head=tail=0;
  } else {
    ELKnot *tmp=head->next;
    delete(head);
    head=tmp;
  }
  anz--;
}
```

pop_back

```
void EListe::pop_back()
{
  if(!anz) return;
  if(anz==1) {
    delete(head);
    head=tail=0;
  } else {
    ELKnot *pred=head, *cur=pred->next;
    while(cur->next) {
      pred=cur;
      cur=cur->next;
    }
    delete(cur);
    tail=pred;
  }
  anz--;
}
```

Die Methode *pop_back* ist die einzige Implementierungsmethode, die O(N)-Zeit braucht, weil durch das Löschen am Ende der Liste das vorletzte Element zum letzten Element wird. Und auf das vorletzte Element existiert kein Verweis, weswegen die gesamte Liste bis zu diesem Element durchlaufen werden muss.

Wir haben nun alle notwendigen Methoden, um die stack- und queue-spezifischen Zugriffe implementieren zu können.

Implementieren Sie einen Stack (basierend auf dem Stack in Kapitel 4), der sich Eliste zu Nutze macht.

Die Klassendefinition des auf *EListe* basierenden Stacks sieht wie folgt aus:

Klassendefinition von Stack

```
#include "EListe.h"

class Stack
{
```

```
  private:
    EListe data;

  public:
    Stack() {};

    bool Push(int);
    int Pop(void);
    bool isEmpty(void);
};
```

Die Klasse ist doch recht schlank geworden. Alle interen Verwaltungsaufgaben übernimmt jetzt die Listenklasse. Die wesentlichen Methoden Push, Pop und isEmpty sehen so aus:

Push

```
bool Stack::Push(int w)
{
  data.push_front(w);
  return(true);
}
```

Pop

```
int Stack::Pop(void)
{
  int tmp=data.front();
  data.pop_front();
  return(tmp);
}
```

isEmpty

```
bool Stack::isEmpty(void)
{
  return(data.isEmpty());
}
```

Der Stack hat nun alles, was er braucht: Er kann sich beliebig vergrößern und verkleinern und belegt gerade so viel Speicher, wie er Elemente enthält.

Natürlich kann auf diese Weise auch die Stack-Schablone an Dynamik gewinnen. Dazu müsste aber auch die Listenklasse mitsamt der Knotenklasse in eine Schablone umgewandelt werden.

Sie können dies als Übung versuchen. Wir werden uns hier jedoch nicht weiter mit den einfach verketteten Listen beschäftigen, sondern wenden uns den doppelt verketteten Listen zu, bei denen wir noch andere Vereinfachungen kennen lernen werden, die Sie bei Bedarf auch auf einfach verkettete Listen anwenden könnten.

Im Verzeichnis /BUCH/KAP08/ELISTE auf der CD finden Sie die einfach verkettete Liste mitsamt der angepassten Stack-Klasse.

8.2 Doppelt verkettete Listen

Der Name »doppelt verkettete Listen« verrät eigentlich schon, was uns nun erwartet. Allerdings darf man sich doppelt verkettete Listen nicht derart vorstellen, dass sie anstelle eines nun zwei Zeiger auf ihren Nachfolger besitzen, denn das wäre redundant.

Doppelt verkettete Listen haben diesen Namen, weil sie zusätzlich zu dem Zeiger auf den Nachfolger auch einen Zeiger auf den Vorgänger haben. Wenn wir unseren letzten Ansatz der einfach verketteten Liste als Grundlage nehmen und diesen dann um den zweiten Verweis erweitern, dann erhalten wir eine Struktur, wie sie in Abbildung 8.3 dargestellt ist.

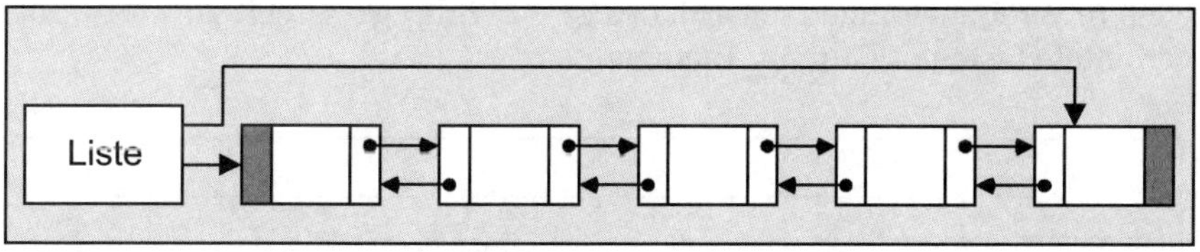

Abbildung 8.3: Erster Entwurf einer doppelt verketteten Liste

Aber welche Vorteile haben wir durch die doppelte Verkettung? Auf jeden Fall hat sie auf den ersten Blick einen Nachteil, denn das Einfügen und Entfernen wird aufwändiger, weil mehr Verweise davon betroffen sind.

Jedoch wird dieser minimale Nachteil gerne in Kauf genommen, weil wir nun die Möglichkeit haben, die Liste auch rückwärts zu durchlaufen. Tabelle 8.3 zeigt die geltenden Zeiten für die doppelt verkettete Liste. Bei *Insert* und *Delete* wurde der Vollständigkeit halber noch die Zeit angegeben, die benötigt würde, wäre die Position als Verweis auf ein Listenelement angegeben.

Tab. 8.3: Laufzeitbetrachtung bei einer doppelt verketteten Liste

Operation	Laufzeit
Push	O(1)
Pop	O(1)
Enqueue	O(1)
Dequeue	O(1)
Insert	O(N) (O(1) bei Benutzung von Verweisen)
Delete	O(N) (O(1) bei Benutzung von Verweisen)

Aber was könnte noch verbessert werden? Die Implementierung der einfach verketteten Liste war noch nicht sonderlich elegant, weil wir beim Einfügen und Löschen zu viele Sonderfälle berücksichtigen mussten. Doch wie lässt sich dies vermeiden?

Zuerst müssen wir uns darüber im Klaren sein, warum die Sonderfälle überhaupt notwendig waren. Wenn Sie sich den Programmtext noch einmal ansehen, dann stellen Sie fest, dass der ganze Aufwand nur deswegen entstand, weil die Zeiger *head* und *tail* immer aktualisiert werden mussten und die Elemente am Listenanfang keinen Vorgänger und am Listenende keinen Nachfolger hatten. In dem Moment, wo dies nicht mehr der Fall ist, brauchen wir auch keine Sonderfälle mehr.

8.2.1 Dummy-Elemente

Und die Zeiger *head* und *tail* müssen immer genau dann nicht mehr aktualisiert werden, wenn sie jeweils auf das gleiche Listenelement zeigen. Also modellieren wir unsere Liste so um, dass das erste und letzte Element der Liste immer gleich bleibt. Wir fügen so genannte Dummy-Elemente[6] jeweils am Anfang und am Ende der Liste ein. Dadurch bekommt das erste Nutzelement einen Vorgänger und das letzte Nutzelement einen Nachfolger, was weitere Vereinfachungen mit sich bringt. Abbildung 8.4 zeigt unsere doppelt verkettete Liste mit Dummy-Elementen.

Abbildung 8.4: Eine doppelt verkettete Liste mit Dummy-Elementen (grau hinterlegt)

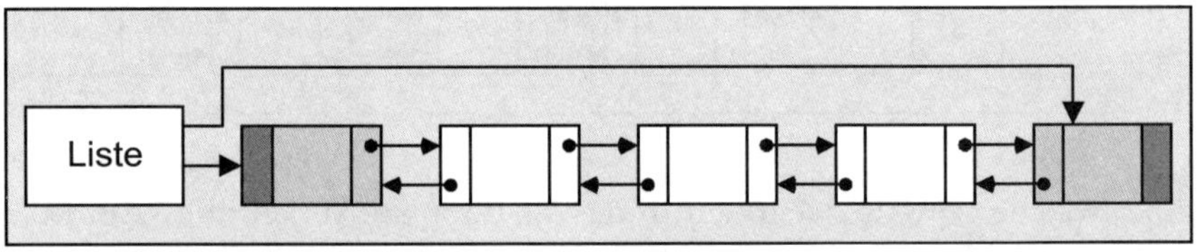

Anforderungen an die Dummy-Elemente

Da diese Dummy-Elemente keine Nutzdaten beherbergen, können sie auch im Falle eines Sortierens der Elemente an ihrem Platz bleiben. Damit dieses Prinzip funktioniert, müssen die Dummy-Elemente für die komplette Lebensdauer der Liste vorhanden sein und dürfen nicht gegen andere Elemente ausgetauscht werden. Aus dieser Forderung heraus ergibt sich eine leere Liste wie in Abbildung 8.5 dargestellt.

Abbildung 8.5: Eine leere Liste mit Dummy-Elementen

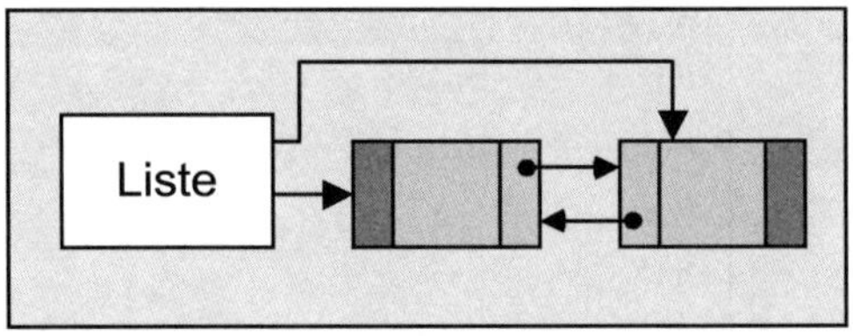

Schauen wir uns einmal die Klassendefinition des neuen Listenelemente-Typs an:

```
class DLKnot
{
  friend class DListe;
```

6. Ein Dummy-Element ist ein Element, welches zwecks Vereinfachung zwar in der Implementation real vorhanden ist, jedoch keine Bedeutung für den Benutzer hat und für ihn unsichtbar ist.

```
  private:
    DLKnot *previous;
    DLKnot *next;
    int data;
    DLKnot(int d) : data(d),previous(0), next(0){}
    DLKnot(int d, DLKnot *p, DLKnot *n) :
      data(d),previous(p),next(n){}
};
```

Die Definition wird um einen *previous*-Zeiger ergänzt, der in den Konstruktoren natürlich berücksichtigt werden muss.

Da durch die Dummy-Elemente die Sonderfälle beim Einfügen und Löschen wegfallen, können wir dafür zwei allgemeine Verwaltungsmethoden *Insert* und *Delete* implementieren, auf die dann die Implementierungsmethoden zugreifen können. Die Klassendefintiion der doppelt verketteten Liste sieht dann so aus:

Klassendefinition

```
class DListe
{
  private:
    DLKnot *head;
    DLKnot *tail;
    unsigned long anz;
    DLKnot *Insert(DLKnot*, int);
    DLKnot *Delete(DLKnot*);

  public:
    DListe(void);
    ~DListe();
    unsigned long size(void) {return(anz);}
    bool isEmpty(void) {return(anz==0);}

    int front();
    int back();
    void push_front(int);
    void push_back(int);
    void pop_front();
    void pop_back();
};
```

Weil Sie den Entwurf der doppelt verketteten Liste kennen und wir gemeinsam schon die Methoden für die einfach verkettete Liste besprochen haben, werden wir die Methoden der doppelt verketteten Liste als Übung gestalten.

Entwerfen Sie für die doppelt verkettete Liste den Konstruktor, der die leere Liste mit den beiden Dummy-Elementen erzeugt, und den Destruktor, der alle Listenelemente – die Dummy-Elemente eingeschlossen – löscht.

Der Destruktor ist identisch mit dem der einfach verketteten Liste:

Destruktor

```
DListe::~DListe()
{
  DLKnot *cur=head,*next;
  while(cur)
    {
      next=cur->next;
      delete(cur);
      cur=next;
    }
}
```

Und hier der Konstruktor:

Konstruktor

```
DListe::DListe(void)
{
  head=tail=0;
  anz=0;
  if(!(head=new DLKnot(0))||!(tail=new DLKnot(0)))
    {
      if(head) delete(head);
      if(tail) delete(tail);
```

Fehlerbehandlung

An dieser Stelle steht fest, dass mindestens ein Dummy-Element nicht erzeugt werden konnte. Der Konstruktor gibt eventuell reservierten Speicher wieder frei. Das Programm sollte irgendwie auf diesen Fehler reagieren, jedoch fehlt uns hier noch das dafür nötige Wissen.

```
      return;
    }
  head->next=tail;
  tail->previous=head;
}
```

Insert

Kommen wir nun zu den privaten Methoden *Insert* und *Delete*. Um auch hier konform mit den Containern der C++-STL zu gehen, liefert *Insert* einen Verweis auf den erzeugten Listenknoten zurück.

```
DLKnot *DListe::Insert(DLKnot *pos, int d)
{
  DLKnot *k=new DLKnot(d,pos->previous, pos); // (1)
  if(k)
    {
      pos->previous->next=k;  // (2)
      pos->previous=k;        // (3)
      anz++;
      return(k);
    }
  else
    return(0);
}
```

Durch die Dummy-Elemente gibt es beim Einfügen eines Elements immer nur eine Situation: Das neue Element wird zwischen zwei andere Elemente geschoben. Abbildung 8.6 zeigt diesen Vorgang.

Es werden zwei Elemente irgendwo in der Liste dargestellt. Der Zeiger *pos* zeigt als Einfügeposition auf ein Element. Der Zeiger *k* zeigt auf das neu erstelle Listenelement. Die Ziffern an den Verweispfeilen entsprechen den Ziffern im Programmtext und kennzeichnen die Initialisierungsreihenfolge. Die Verweise vom neuen Element zu seinem Vorgänger und seinem Nachfolger (1) werden bei der Erzeugung dem Konstruktor übergeben. Danach bekommt der Vorgänger des neuen Elements das neue Element als Nachfolger (2), und der Nachfolger des neuen Elements bekommt das neue Element als Vorgänger (3).

Bitte beachten Sie, dass Schritt 3 nicht vor Schritt 2 hätte bearbeitet werden können, weil durch Schritt 3 die Referenz auf den Vorgänger des neuen Elements verloren geht.

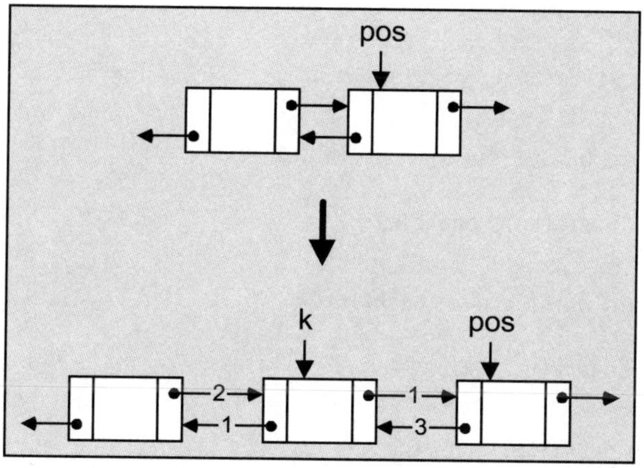

Abbildung 8.6: Einfügen eines Elements

Delete

Die *Delete*-Funktion ist ebenso einfach.

```
DLKnot *DListe::Delete(DLKnot *k)
{
  if((k==head)||(k==tail)) return(0);
  DLKnot *tmp=k->next;
  k->previous->next=k->next;      // (1)
  k->next->previous=k->previous; // (2)
  delete(k);
  anz--;
  return(tmp);
}
```

Zuerst wird geprüft, ob nicht verbotenerweise ein Verweis auf eins der Dummy-Elemente übergeben wurde.

Dann wird das zu löschende Element aus der Liste entfernt, indem der Nachfolger des zu löschenden Elements der Nachfolger vom Vorgänger des zu löschenden Elements wird (1). Des Weiteren wird dann der Vorgänger des zu löschenden Elements zum Vorgänger des Nachfolgers vom zu löschenden Element (2).

Ü Schreiben Sie nun unter Einsatz der Methoden *Delete* und *Insert* die Implementierungsmethoden *front, back, push_front, push_back, pop_front* und *pop_back*.

Weil es durch die Dummy-Elemente keine Sonderfälle mehr gibt, haben sich auch diese Methoden stark vereinfacht:

front

```
int DListe::front()
{
  return(head->next->data);
}
```

back

```
int DListe::back()
{
  return(tail->previous->data);
}
```

push_front

```
void DListe::push_front(int w)
{
  Insert(head->next,w);
}
```

push_back

```
void DListe::push_back(int w)
{
  Insert(tail,w);
}
```

pop_front

```
void DListe::pop_front()
{
  Delete(head->next);
}
```

pop_back

```
void DListe::pop_back()
{
  Delete(tail->next);
}
```

Wollen Sie nun auf der Basis einer doppelt verketteten Liste einen Stack oder eine Queue implementieren, dann sind nur minimale Änderungen an der Lösung mit der einfach verketteten Liste notwendig, weil die Schnittstellen (die Implementierungsmethoden) identisch sind.

Genau genommen muss in der Klassendefinition nur *EListe* durch *DListe* ausgetauscht werden.

Die Implementierung der doppelt verketteten Liste sowie eine an *DListe* angepasste Stack-Klasse finden Sie auf der CD unter /BUCH/KAP08/DLISTE.

Es gibt noch eine Kleinigkeit, mit der man die Handhabung der Liste weiter verbessern kann. Diese Verbesserung ist in Abbildung 8.7 dargestellt.

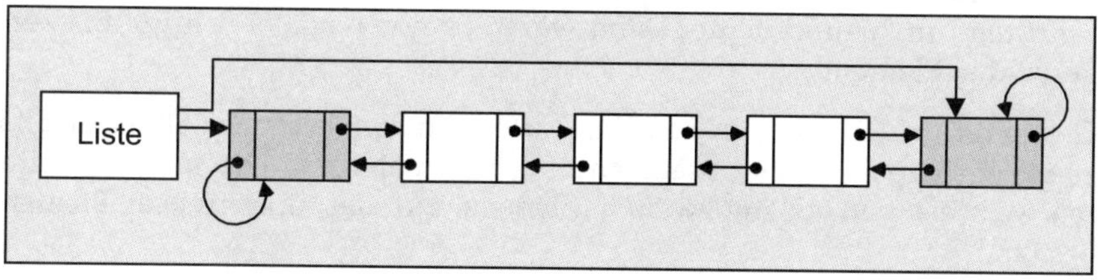

Abbildung 8.7: Eine weitere Verbesserung der doppelt verketteten Liste

Der *previous*-Zeiger des Dummy-Elements am Anfang und der next-Zeiger des Dummy-Elements am Ende der Liste zeigen jeweils auf das eigene Element. Durch diesen kleinen Kunstgriff sind folgende Schreibweisen möglich, ohne dass man auf einen Nullpointer stößt, selbst wenn man sich am Ende der Liste befindet:

```
cur=cur->next->next->next;
```

8.3 Andere Listentypen

Abgesehen von den beiden bisher angesprochenen Listentypen gibt es noch zahlreiche andere Varianten, die hier nur kurz angesprochen werden sollen.

8.3.1 Einfach verkettete Listen mit Dummy-Elementen

Durch das Benutzen von Dummy-Elementen bei einfach verketteten Listen erübrigt sich auch dort das Aktualisieren der *head*- und *tail*-Zeiger. Des Weiteren bekommt das erste Element einen Vorgänger und das letzte Element einen Nachfolger, wodurch sich weitere Vereinfachungen ergeben.

8.3.2 Ringe

Ein Ring entsteht bei einer doppelt verketteten Liste zum Beispiel dann, wenn das letzte Element als Nachfolger das erste Element und das erste Element als Vorgänger das letzte Element der Liste hat. Man kann auf diese Weise die Sonderfälle beim Einfügen und Löschen eliminieren. Lediglich das eventuelle Aktualisieren von *head* und/oder *tail* muss noch vorgenommen werden[7].

7. Was bei der Benutzung von Dummy-Elementen nicht der Fall war.

8.3.3 Skip-Listen

Um bei den bisherigen Listen ein bestimmtes Element zu finden, musste die Liste von Anfang bis Ende (oder vom Ende bis zum Anfang) Element für Element durchlaufen werden. Wollte man das 199. Element erreichen, musste man vorher an 198 Elementen vorbei. Es wäre doch viel schneller gegangen, wenn man zum Beispiel die Liste bis zum 198. Element in Zweier-Schritten durchlaufen hätte. Dann wären es nur noch 99 Schritte bis zum gesuchten Element.

Genau diese Idee findet in den Skip-Listen ihre Realisierung. Abbildung 8.8 zeigt eine Skip-Liste, die zusätzlich zu der normalen Verkettung einen weiteren Verweis von jedem zweiten Element auf das übernächste Element besitzt.

Abbildung 8.8: Ein Beispiel für eine Skip-Liste

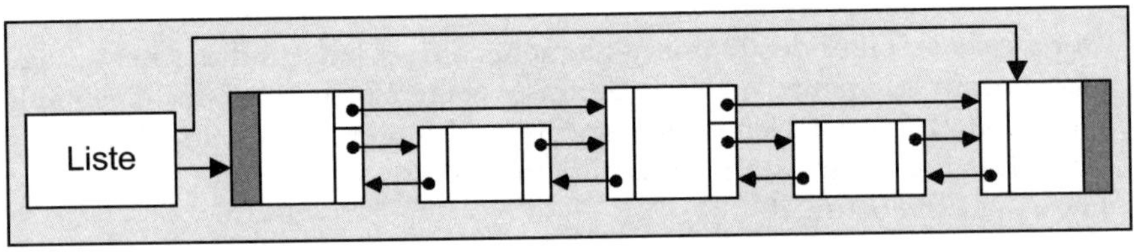

Man kann diesen Gedanken weiterspinnen und jedem vierten Element zusätzlich einen Verweis auf das viert-nächste Element mitgeben usw. Allerdings sehen die für Skip-Listen notwendigen *Insert*- und *Delete*-Funktionen nicht mehr so einfach aus.

Dies war eine kleine Übersicht über andere Listentypen. Die Vorteile dieser besonderen Listen findet man aber auch in anderen Strukturen, die in diesem Buch besprochen werden, wieder, sodass hier nicht mehr weiter auf die Listen eingegangen werden soll.

8.4 Klassendiagramme

Anhand unserer Listen können wir ein neues Symbol im Klassendiagramm einsetzen. Abbildung 8.9 zeigt die Klassen DLKnot und DListe.

Die im Klassendiagramm dargestellte Assoziation bezeichnet man als Komposition. Eine Komposition ist ein spezielle Form der Aggregation und liegt immer dann vor, wenn eine für Aggregationen typische Ganzes-Teile-Beziehung vorherrscht und die Teile existenzabhängig vom Ganzen sind.

Ein Listenknoten kann nie ohne Liste existieren (allein deswegen schon nicht, weil wir die Konstruktoren von *DLKnot* als privat deklariert haben). Eine Ganzes-Teile-Beziehung liegt auch vor, denn die Liste als Ganzes besitzt Knoten als Teile und übernimmt die Verwaltungsaufgaben für die Knoten.

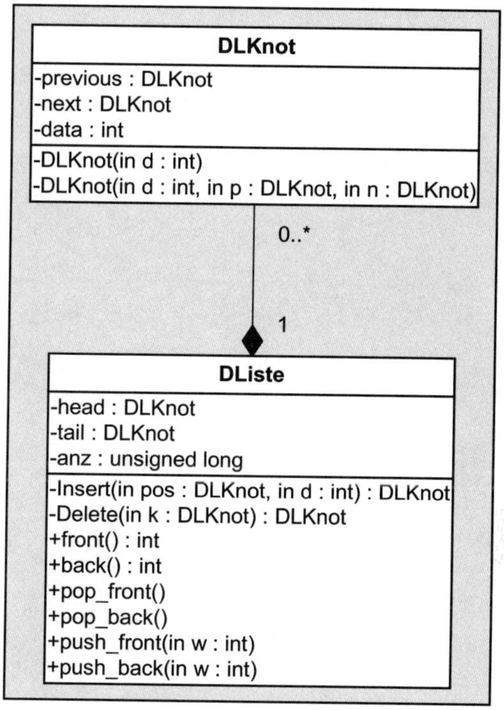

Abbildung 8.9: Die doppelt verkettete Liste im Klassendiagramm

Bei einer Komposition können auch Multiplizitäten angegeben werden. Im oberen Diagramm kann eine Liste zwischen null und beliebig viele Knoten besitzen[8].

8.5 Kontrollfragen

1. Nennen Sie Gründe für die Verwendung von Dummy-Elementen.
2. Nennen Sie Vorteile für einfach verkettete und doppelt verkettete Listen.
3. Überlegen Sie sich einen Trick, durch den Sie bei einer einfach verketteten Liste auch die Operation *Dequeue* der Queue in O(1)-Zeit bewältigen können.
4. Wie könnte man bei einer doppelt verketteten Liste mit nur einem Dummy-Element auskommen, ohne gleich wieder Sonderfälle berücksichtigen zu müssen?

8. In diesem Fall sind die Dummy-Knoten nicht eingerechnet. Andernfalls hat eine Liste immer mindestens zwei Knoten.

9 Vererbung 1

Kommen wir nun zu einem wichtigen Thema in der OOP: der Vererbung. Nehmen wir einmal an, Sie wollten die vier Klassen *Säugetier*, *Mensch*, *Hund* und *Dackel* entwerfen. Das Ergebnis wären vier Klassen, die keine direkten Beziehungen untereinander haben, wie in Abbildung 9.1 dargestellt.

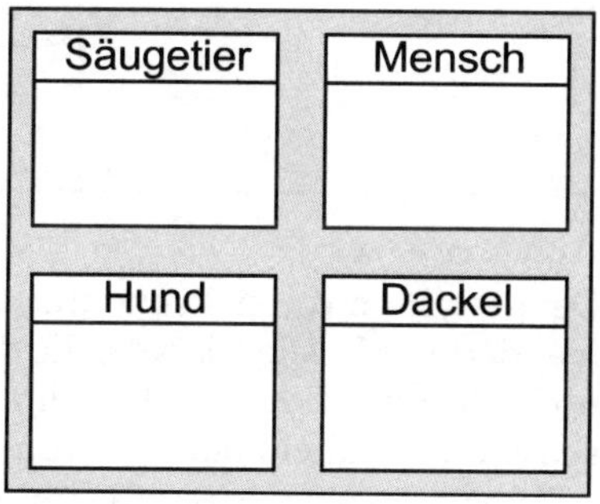

Abbildung 9.1: Herkömmlicher Entwurf von Datenstrukturen

Nun wissen wir aber, dass Menschen und Hunde zu den Säugetieren gehören. Deshalb müssen die Attribute und Methoden der Klasse *Säugetier* auch in den Klassen *Mensch* und *Hund* vorhanden sein. Des Weiteren ist ein Dackel ein Hund und auch ein Säugetier, so dass die Klasse *Dackel* mindestens alle Methoden und Attribute enthalten muss, mit denen auch die Klassen *Hund* und *Säugetier* ausgestattet sind. Unterm Strich sind die Methoden und Attribute von *Säugetier* in allen vier Klassen vorhanden. Abgesehen davon, dass diese Klassenelemente für alle vier Klassen entworfen werden müssen, sind zudem etwaige Änderungen an allen vier Klassen vorzunehmen.

Hier kommt nun die Vererbung ins Spiel. Vererbung ist dann anwendbar, wenn zwei Klassen in der Beziehung »X ist ein(e) Y« zueinander stehen. Da die Klassen *Hund* und *Mensch* beide auch Säugetiere repräsentieren, können alle zu *Säugetier* gehörenden Elemente geerbt werden. *Dackel* kann von *Hund* erben, wodurch automatisch auch die Elemente von *Säugetier* geerbt werden[1]. Abbildung 9.2 stellt diese Beziehungen grafisch dar.

Ein Hund ist damit nichts anderes als ein Säugetier, welches um spezielle Eigenschaften ergänzt wurde. Und ein Dackel ist ein Hund, der sich ebenfalls wieder durch zusätzliche Eigenschaften (z. B. Schlappohren) von seiner Oberklasse Hund unterscheidet.

1. Weil *Hund* zuvor schon die Elemente von *Säugetier* geerbt hat und diese dann weiter an *Dackel* vererbt.

Abbildung 9.2: Entwurf mit Hilfe von Vererbung

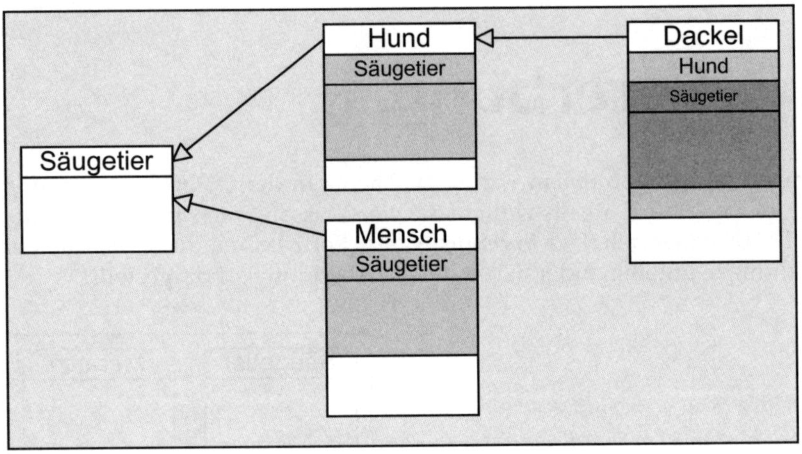

Der gewaltige Vorteil liegt darin, dass die Klasse *Säugetier* nur einmal implementiert wird. Alle Klassen, die dann von *Säugetier* erben, besitzen automatisch die komplette Funktionalität und Struktur und brauchen diese nur zu erweitern. Sind einmal Änderungen an *Säugetier* nötig[2], werden diese auch bei allen Klassen wirksam, die von *Säugetier* geerbt haben.

9.1 Implementierung

Doch kommen wir nun zu einem Beispiel, welches wir auch in C++ implementieren wollen.

Listenelemente

Ein einfaches Beispiel lässt sich mit dem Listenelement aus dem vorherigen Kapitel konstruieren. Wir haben das Listenelement immer so bezeichnet, obwohl wir es genau genommen ein »Listenelement für *int*-Werte als Nutzdaten« hätten nennen müssen. Wir können aber auch sagen: »Ein Listenelement für *int*-Werte ist ein Listenelement«. Und das klingt wieder nach Vererbung. Wie sähe denn nun ein reines Listenelement aus? Es besitzt nur die zum Verketten notwendigen Attribute und einen Konstruktor, der die Attribute initialisiert:

```
class ListenElement
{
  private:
    ListenElement *previous;
    ListenElement *next;
    ListenElement(ListenElement *p, ListenElement *n) :
      previous(p),next(n){}
};
```

2. Erweiterung der Funktionalität oder Behebung von Fehlern.

Ein Listenelement für *int*-Werte ist nun nichts anderes als ein Listenelement, welches um die Fähigkeit, *int*-Werte aufzunehmen, erweitert wurde. Das *int*-Listenelement erbt damit die Fähigkeiten des ursprünglichen Listenelements und erweitert dieses um die neuen Fähigkeiten. Schauen wir uns zunächst an, wie diese Klasse auszusehen hätte:

IntElement ohne Vererbung

```
class IntElement
{
  private:
    int data;
  public:
    IntElement(int);
};
```

Wollen wir nun, dass *IntElement* von *ListenElement* erbt, dann geben wir den Namen der Klasse, von der geerbt werden soll, einfach hinter dem Klassennamen, getrennt durch einen Doppelpunkt, an:

IntElement mit Vererbung

```
class IntElement : ListenElement
{
  private:
    int data;
  public:
    IntElement(int, ListenElement*, ListenElement*);
};
```

Der Konstruktor von *IntElement* ist um die beiden Parameter von *ListenElement* erweitert worden. Schauen wir uns nun den *IntElement*-Konstruktor an:

```
IntElement::IntElement(int d, ListenElement *p, ListenElement *n) :
           data(d), ListenElement(p,n)
  {
  }
```

Basisklassen-Konstruktor

Wie Sie sehen, muss der Konstruktor der Basisklasse[3] explizit in der Elementinitialisierungsliste aufgerufen werden. Das liegt daran, dass eine Klasse mehrere Konstruktoren besitzen kann. Wegen der größeren Flexibilität wird die Wahl des zu benutzenden Basisklassen-Konstruktors dem Programmierer überlassen. Denn sollte die abgeleitete Klasse[4] ebenfalls mehrere Konstruktoren besitzen, dann ist die Wahrscheinlichkeit groß, dass diese Konstruktoren auch unterschiedliche Basisklassen-Konstruktoren benutzen.

3. Als Basisklasse bezeichnet man eine Klasse, von der geerbt wird.
4. Als abgeleitete Klasse bezeichnet man eine Klasse, die geerbt hat.

9.1.1 protected

Eigentlich sollte jetzt alles stimmen. Aber noch haben wir uns zu früh gefreut. Versuchen Sie bitte, die Klassen mitsamt ihren Konstruktoren zu kompilieren.

Es wird ein Fehler auftreten. Eigentlich hätten wir diesen Fehler voraussehen können. Wir haben schließlich sowohl die Attribute als auch den Konstruktor von *ListenElement* als *private* deklariert. Und wenn man auf private Elemente einer Klasse einfach durch Vererbung zugreifen könnte, dann wäre das Prinzip der Datenkapselung nicht viel wert.

9.1.2 Öffentliche Elemente

friend

Im Augenblick kennen wir zwei Möglichkeiten, dieses Problem zu beheben. Die erste Möglichkeit wäre, alle Elemente von *ListenElement* als öffentlich zu deklarieren. Dies wäre allerdings eine ziemlich unsinnige Lösung, weil dadurch die Datenkapselung komplett verloren ginge.

Die zweite Möglichkeit könnte eine *friend*-Deklaration sein. Dies hat aber den Nachteil, dass bei der Entwicklung von *ListenElement* alle von ihr abgeleiteten Klassen bekannt sein müssen[5].

Es muss mal wieder eine neue Lösung her. Unser eigentliches Problem lässt sich folgendermaßen eingrenzen: Private Klassenelemente sind zu stark gekapselt und öffentliche Elemente überhaupt nicht.

Wir benötigen also einen Mittelweg. Dieser Kompromiss zwischen *private* und *public* heißt **protected**, was im Deutschen soviel wie »geschützt« bedeutet. Auf geschützte Elemente kann von abgeleiteten Klassen zugegriffen werden, jedoch nicht von außen stehenden Klassen oder Funktionen. Eine komplette Übersicht über private, geschützte und öffentliche Elemente und von wo aus auf sie zugegriffen werden kann, gibt Tabelle 9.1.

Tab. 9.1: Zugriffserlaubnis der einzelnen Zugriffsrechte

Zugriffstyp	Eigene Klasse*	Abgeleitete Klasse	fremde Klasse†
private	ja	nein	nein
protected	ja	ja	nein
public	ja	ja	ja

* Hierzu zählen auch Freunde der Klasse.
† Hierzu zählen auch nicht zu Klassen gehörende Funktionen.

Nun wollen wir unser neu erworbenes Wissen auch sofort auf die Klasse *ListenElement* anwenden:

5. Denn für jede abgeleitete Klasse müsste eine *friend*-Deklaration in *ListenElement* existieren.

Verbesserter Ansatz

```
class ListenElement
{
  private:
    ListenElement *previous;
    ListenElement *next;
  protected:
    ListenElement(ListenElement *p, ListenElement *n) :
      previous(p),next(n){}
};
```

Die Attribute selbst sind immer noch vor allen äußeren Zugriffen geschützt. Aber abgeleitete Klassen – und nur diese – können nun zumindest den Konstruktor ansprechen.

9.1.3 Verschiedene Vererbungstypen

Durch die Vererbung, wie wir sie bisher betrieben haben, werden alle Elemente der Basisklasse zu privaten Elementen der abgeleiteten Klasse. Dies bedeutet, dass ein weiteres Ableiten von *IntElement* neue Probleme mit sich bringen würde, weil wir nicht mehr auf den geschützten Bereich von *ListenElement* zugreifen könnten (denn der ist ja zum privaten Bereich von *IntElement* mutiert.)

Das liegt daran, dass die Basisklasse implizit als privat deklariert wurde, was oben geschilderte Konsequenzen hat. Wir können dieses Problem umgehen, indem wir die Basisklasse explizit als öffentlich deklarieren. Und das geht so:

```
class IntElement : public ListenElement
{
  private:
    int data;
  public:
    IntElement(int, ListenElement*, ListenElement*);
};
```

Vor dem Namen der Basisklasse steht nun das Schlüsselwort *public*. Stände dort *private*, wäre dies die gleiche Situation wie vorher, weil die Basisklasse implizit immer als privat deklariert wird.

Durch die Deklaration der Basisklasse als öffentlich werden geschützte Elemente der Basisklasse zu geschützten Elementen der abgeleiteten Klasse. Öffentliche Elemente der Basisklasse werden zu öffentlichen Elementen der abgeleiteten Klasse. Bei einer Deklaration der Basisklasse als geschützt werden die öffentlichen Elemente der Basisklasse zu geschützten Elementen der abgeleiteten Klasse. Die geschützten Elemente der Basisklasse bleiben weiterhin geschützt. Wegen der Datenkapselung bleiben bei allen Vererbungstypen die privaten Elemente der Basisklasse weiterhin privat, selbst für die abgeleitete Klasse, weil dies sonst bedeuten würde, dass die abgeleitete Klasse direkt auf sie zugreifen könnte. Schauen wir uns den Sachverhalt einmal in Tabelle 9.2 an.

Tab. 9.2: Auswirkungen öffentlicher, geschützter und privater Basisklassen

Basisklasse	public-Element wird	protected-Element wird	private-Element bleibt
public	public	protected	private
protected	protected	protected	private
private	private	private	private

Die Entscheidung, ob die Basisklasse als öffentlich, geschützt oder als privat deklariert wird, hängt von der Aufgabe der abgeleiteten Klasse ab bzw. was mit der Vererbung zum Ausdruck kommen soll.

»ist ein«-Beziehung

Die öffentliche Vererbung drückt genau die Beziehung aus, die wir ursprünglich mit der Vererbung erreichen wollten, nämlich eine »ist ein«-Beziehung.

»hat ein«-Beziehung

Die private Vererbung wird eingesetzt, wenn die Basisklasse nur als Implementierungsgrundlage für die abgeleitete Klasse dient. Dabei handelt es sich im Allgemeinen um eine »hat ein«-Beziehung. Eine »hat ein«-Beziehung lässt sich auch durch Einbettung erreichen. Unser Stack hat die doppelt verkettete Liste eingebettet, um mit ihrer Hilfe die Stack-Funktionen zu implementieren.

Manchmal sind Klassen aber so implementiert, dass ihre Methoden nur durch Vererbung ansprechbar sind[6]. In diesem Fall sind die Methoden nicht mehr durch Einbetten ansprechbar. Es muss dann abgeleitet werden, wobei in diesem Fall die private Vererbung verwendet wird.

9.2 Polymorphismus

Wir werden uns jetzt einem Aspekt der OOP zuwenden, der das Prinzip der Vererbung noch leistungsfähiger macht. Kompilieren Sie das folgende Fragment einmal in einer *main*-Funktion zusammen mit den Klassen *ListenElement* und *IntElement*.

```
ListenElement *le1=0, *le2=0;
IntElement *ie=0;

le1=ie;
ie=le2;
```

6. Dieser Fall tritt z.B. bei Templates, die generische Zeiger einsetzen, ein. Mehr dazu können Sie unter [WILLMS99] erfahren.

Wie nicht anders zu erwarten war, tritt ein Fehler auf. Das Erstaunliche ist jedoch, dass der Fehler erst bei der zweiten Zuweisung (ie=le2) auftritt. Wegen der strengen Typüberprüfung von C++ hätte der Compiler schon bei der ersten Zuweisung einen Fehler melden müssen, weil dort ein Zeiger auf ein *IntElement* einem Zeiger auf ein *ListenElement* zugewiesen wird. Der Fehler wäre auch aufgetreten, wenn die beiden Klassen nicht durch Vererbung in Beziehung stehen würden.

Wir hatten als typisches Merkmal von Vererbung ja die Beziehung »X ist ein(e) Y« festgestellt. Und daran hält sich auch der Compiler. Weil *IntElement* ein *ListenElement* ist, darf einem Zeiger vom Typ *ListenElement* auch ein *IntElement* zugewiesen werden.

Zeiger auf einen Klassentyp dürfen auch auf Klassen zeigen, die von diesem Klassentyp abgeleitet sind.

Andererseits ist ein *ListenElement* aber kein *IntElement*, weil das *IntElement* um neue Eigenschaften erweitert wurde. Deswegen erzeugt im vorherigen Beispiel die zweite Zuweisung einen Fehler.

Der Vorteil des Polymorphismus liegt auf der Hand. Da die Basisklasse in gewisser Weise eine Obermenge der abgeleiteten Klassen bildet, sind alle abgeleiteten Klassen – abgesehen von ihren Erweiterungen – in der Basisklasse enthalten. Betrachten wir noch einmal unsere Klasse *Säugetier*. Alle von ihr abgeleiteten Klassen, das waren in unserem Beispiel *Hund* und *Mensch* sowie die weiteren Ableitungen (*Dackel*) sind weiterhin Säugetiere, auch wenn sie zusätzliche Eigenschaften besitzen.

Wollten wir nun alle Säugetiere in einer Liste unterbringen, dann bräuchten wir nur eine Liste zu implementieren, die Säugetiere verwaltet. Diese Liste würde dann wegen der Vererbung und des Polymorphismus automatisch auch Menschen, Hunde und Dackel verwalten können.

9.3 Virtuelle Funktionen

Bleiben wir noch ein wenig bei unseren Listenelementen. Wir wollen *Listenelement* und *IntElement* nun dahingehend erweitern, dass jede Klasse eine Methode namens *Print* bekommt, die die typischen Daten der Klasse ausgibt. Zunächst schauen wir uns die Klasse *ListenElement* an:

Listenelement

```
class ListenElement
{
  private:
    ListenElement *previous;
    ListenElement *next;
  protected:
    ListenElement(ListenElement *p, ListenElement *n):
                previous(p),next(n){}
```

```
  public:
    void Print(void) {cout << this << endl;}
    ListenElement(void) : previous(0),next(0){}
};
```

Da *ListenElement* keine direkten Nutzdaten enthält, wird nur die Adresse ausgegeben[7], an der die Exemplar im Speicher liegt. Für dieses Beispiel wurde *ListenElement* noch um einen öffentlichen Konstruktor erweitert, um eine Exemplar der Klasse erzeugen zu können[8]. Benutzen wir diese neue Methode nun in einem Beispiel:

```
ListenElement le;
IntElement ie(20,0,0);

le.Print();
ie.Print();
```

Durch die Vererbung wird auch die *Print*-Methode von *ListenElement* an *IntElement* weitergegeben. Daher wird bei beiden *Print*-Aufrufen jeweils die Position im Speicher ausgegeben. Da *IntElement* aber um Nutzdaten erweitert wurde, wäre es nett, wenn eine Exemplar von *IntElement* anstelle der Position im Speicher die Nutzdaten ausgeben würde. Aus diesem Grunde erweitern wir nun *IntElement* um eine eigene *Print*-Methode

IntElement

```
class IntElement : public ListenElement
{
  private:
    int data;
  public:
    IntElement(int, ListenElement*, ListenElement*);
    void Print(void) {cout << data << endl;}
};
```

Die Definition des Konstruktors wird hier nicht aufgeführt, weil sich dieser nicht geändert hat.

Normalerweise wäre diese Form des Überladens einer Funktion nicht erlaubt. Da trotz der Vererbung die Zugehörigkeiten der *Print*-Methoden zu ihren Klassen erhalten bleibt, ist dies aber kein Problem, denn die eine *Print*-Methode heißt vollständig ausgeschrieben ja *ListenElement::Print* und die andere *IntElement::Print*. Deswegen liegt überhaupt kein Überladen vor, denn die Funktionen haben unterschiedliche Namen[9].

7. Wir erinnern uns: Der Zeiger *this* zeigt immer auf die eigene Klasse.
8. Der als *protected* deklarierte Konstruktor kann nur von einer abgeleiteten Klasse verwendet werden.
9. Es ist tatsächlich so, dass zu dem Namen einer Methode auch der Klassenname gehört. Dieser muss aber nur in seltenen Fällen angegeben werden, weil durch den Aufruf selbst schon implizit die Klasse angegeben wird. Rufen Sie zum Beispiel *a.Print()* auf und ist *a* vom Typ *IntElement*, dann ist es ganz klar, dass die Funktion *IntElement::Print()* gemeint ist.

Nun noch einmal das Testfragment:

```
ListenElement le;
IntElement ie(20,0,0);

le.Print();
ie.Print();
```

Das *ListenElement*-Exemplar gibt weiterhin ihre Speicheradresse aus, aber die Exemplar von *IntElement* gibt die Nutzdaten aus, in diesem konkreten Fall den Wert 20.

Machen wir nun in einem kleinen Beispiel vom Polymorphismus Gebrauch. Bitte kompilieren Sie das folgende Beispiel mitsamt der aktuellen Klassendefinition und betrachten Sie das Ergebnis:

```
ListenElement *Liste[2];

Liste[0]=new ListenElement;
Liste[1]=new IntElement(50,0,0);

Liste[0]->Print();
Liste[1]->Print();

delete(Liste[0]); delete(Liste[1]);
```

Wir erzeugen hier ein kleines Array mit zwei Elementen vom Typ »Zeiger auf *ListenElement*«. Dem ersten Zeiger wird ein *ListenElement* zugewiesen. Dem zweiten Element weisen wir ein *IntElement* zu (Polymorphismus). Danach wird von beiden Instanzen die *Print*-Methode aufgerufen.

Und genau dort ist die Überraschung groß. Bei beiden Instanzen wird die Speicheradresse ausgegeben. Auch bei *IntElement*, obwohl dort eine eigene *Print*-Methode zur Verfügung steht. Dafür gibt es eine ganz einfache Erklärung, die wir eigentlich schon kennen. Die *Print*-Methode enthält in ihrem Namen ja auch den Namen der Klasse, zu der sie gehört. Wir können ihn jedoch weglassen, weil durch den Typ der Exemplar oder des Zeigers die Klasse bekannt ist. Nun stößt der Compiler auf die folgende Anweisung:

```
Liste[1]->Print();
```

Er weiß, dass *Liste* Zeiger auf Listenelemente enthält, also muss auch *Liste[1]* auf ein Listenelement zeigen. Wenn aber die Klasse, auf die *Liste[1]* referenziert, vom Typ *ListenElement* ist, dann kann die aufzurufende *Print*-Methode nur die Methode *ListenElement::Print()* sein.

Deswegen wird die Speicheradresse ausgegeben und nicht der *int*-Wert. Eine ziemlich rabiate Lösung dieses Problems wäre es, dem Compiler durch explizite Typumwandlung zu sagen, dass es sich hier um einen Zeiger auf ein *IntElement* handelt:

```
(reinterpret_cast<IntElement*>(Liste[1]))->Print();
```

Die komplette Klammerung der Typumwandlung ist notwendig, weil sich andernfalls die Typumwandlung auf den Rückgabewert der *Print*-Methode beziehen würde.

Leider funktioniert dieser Trick nur, weil wir ganz genau wissen, dass *Liste[1]* auf ein *IntElement* zeigt. In einer dynamischen Liste haben wir diese Information nicht. Wir müssten dann jeder Exemplar eine Identifikationsnummer mitgeben, anhand derer wir erkennen könnten, von welchem Typ die Klasse tatsächlich ist. Das würde aber bedeuten, dass wir für jede Klasse, die von *ListenElement* abgeleitet wird, eine explizite Typumwandlung implementieren müssten. Dies wäre bestenfalls unelegant. Durch diesen »Trick« wird die OOP förmlich mit Füßen getreten. Es muss mal wieder irgendwie anderes gehen.

9.3.1 Dynamische Typüberprüfung

Eigentlich tritt das Problem nur deswegen auf, weil der Compiler uns »glaubt«. Wir haben das Array als Zeigersammlung auf Listenelemente deklariert, weswegen der Compiler dort nie und nimmer ein *IntElement* vermutet. Würde der Compiler aber während der Laufzeit prüfen, um welchen Klassentyp es sich wirklich handelt, dann wäre unser Problem gelöst.

Diese Prüfung zur Laufzeit nennt man **dynamische Typüberprüfung**. C++ ist in der Lage, eine solche dynamische Typüberprüfung vorzunehmen. Allerdings müssen wir dem Compiler mitteilen, bei welchen Funktionen er das Ergebnis dieser Überprüfung berücksichtigen soll. Funktionen, bei denen der Compiler während der Laufzeit prüft, zu welchem Klassentyp sie gehören, nennt man **virtuelle Funktionen**. Das C++-Schlüsselwort, um eine Funktion als virtuell zu deklarieren, heißt **virtual**. Das Schlüsselwort muss bei den Methoden der Basisklasse benutzt werden. Wir definieren die *Print*-Methode von *ListenElement* also wie folgt:

```
virtual void Print(void) {cout << this << endl;}
```

Einfach ausgedrückt bedeutet das Schlüsselwort *virtual* für den Compiler, dass zum Zeitpunkt des Aufrufs einer virtuellen Funktion dieselbe daraufhin überprüft werden soll, ob es sich wirklich um den angegebenen Klassentyp oder um einen von ihm abgeleiteten Typen handelt.

9.3.2 Rein-virtuelle Funktionen

Durch die virtuellen Funktionen haben wir die Möglichkeit, in einer Basisklasse eine Methode vorzugeben, die bei Bedarf dann in einer abgeleiteten Klasse durch eine spezialisiertere Methode ersetzt werden kann. Dabei achtet der Compiler mittels dynamischer Typüberprüfung darauf, dass auch immer die Methode aufgerufen wird, die zum tatsächlichen Klassentyp gehört.

Wir könnten jetzt hingehen und eine Liste implementieren, die Elemente vom Typ *ListenElement* verwaltet. Durch den Polymorphismus kann die Liste auch alle Klassen verwalten, die von *ListenElement* abgeleitet sind. In unserem Beispiel der doppelt verketteten Liste aus dem vorherigen Kapitel hatten wir eine *Show*-Methode implementiert, die die aktuell in der Liste gespeicherten Elemente ausgibt. Wenn diese *Show*-Methode die virtuelle *Print*-Methode von *ListenElement* benutzt, dann ist sichergestellt, dass immer die für den Klassentyp korrekte *Print*-Methode aufgerufen wird[10].

Weil nun die Liste die *Print*-Methode verwendet, muss sichergestellt sein, dass immer eine ausführbare *Print*-Methode vorhanden ist. In unserem Beispiel wurde dies dadurch erreicht, dass schon die Basisklasse *ListenElement* eine *Print*-Methode besitzt. Sollten abgeleitete Klassen keine eigene *Print*-Methode mitbringen, dann wird auf die *ListenElement::Print*-Methode zurückgegriffen.

Aber seien wir einmal ehrlich: Eigentlich ist doch die Ausgabe der Speicheradresse für eine *Print*-Methode ziemlich unsinnig. Was soll der Benutzer mit dieser Information anfangen? Daraus schließen wir, dass für die Klasse *ListenElement* eine Implementierung von *Print* unnötig ist. Andererseits muss gewährleistet sein, dass immer eine *Print*-Methode zur Verfügung steht.

Wir müssen also dafür sorgen, dass eine von *Listenelement* abgeleitete Klasse auf jeden Fall eine *Print*-Methode haben muß, ohne aber in *ListenElement* selbst eine *Print*-Methode zu implementieren. Und dafür gibt es die **rein-virtuellen Funktionen**. Schauen Sie sich folgende Deklaration von *Print* für *ListenElement* an:

```
virtual void Print(void)=0;
```

Abstrakte Klasse

Durch das »=0« wird die virtuelle Methode *Print* zu einer rein-virtuellen Methode. Versuchen Sie nun einmal, von *ListenElement* eine Exemplar zu erzeugen. Es wird Ihnen nicht gelingen. Sobald eine Klasse eine rein-virtuelle Methode besitzt, wird sie zu einer **abstrakten Klasse**. Von abstrakten Klassen kann keine Exemplar erzeugt werden. Sie können erst dann eine Exemplar erzeugen, wenn die Klasse keine rein-virtuelle Methode mehr besitzt. Weil wir *IntElement* von *Listenelement* abgeleitet haben, wurde auch die rein-virtuelle Methode *Print* vererbt.

Das bedeutet, dass von *IntElement* nur dann ein Exemplar erzeugt werden kann, wenn die Klasse eine *Print*-Funktion besitzt. Da wir *IntElement* mit einer *Print*-Methode ausgestattet haben, ist *IntElement* ohne rein-virtuelle Methode und damit auch keine abstrakte Klasse mehr.

10. Wegen der dynamischen Typüberprüfung

9.4 Zugriffs-Deklarationen

Im Verlaufe dieses Kapitels haben wir die verschiedenen Vererbungstypen kennen gelernt (sie sind in Tabelle 11.2 zusammengefasst). Manchmal wäre es jedoch wünschenswert, einige Elementen der Klasse vom benutzten Vererbungstyp abweichen zu lassen. Dieses Bedürfnis stellt sich meist dann ein, wenn man eine bereits implementierte Klasse ableitet und deswegen keinen Einfluss auf die Bezugsrahmen der Basisklassenelemente mehr hat. Dazu am besten ein Beispiel. Gehen wir einmal davon aus, dass folgende Klasse bereits implementiert ist:

```
class Kunde
{
  public:
    char vorname[80];
    char nachname[80];
    unsigned long geheimzahl;
};
```

Dies ist eine stark vereinfachte Klasse, die allgemein einen Kunden mit Geheimzahl repräsentieren soll[11]. Angenommen, Sie wollten von dieser Klasse ableiten. Allerdings möchten Sie so ableiten, dass die Elemente der Basisklasse nur noch für die abgeleitete Klasse und ihre Erben und nicht mehr für die Öffentlichkeit zugänglich ist. Welchen Vererbungstyp nehmen wir da? Die *protected*-Vererbung:

```
class BankKunde : protected Kunde
  {
    public:
      void init(void)
        {geheimzahl=0;}
  };
```

Die abgeleitete Klasse *BankKunde* ist in der Lage, auf die Elemente von *Kunde* zuzugreifen. Durch die Definition der Basisklasse als *protected* werden die öffentlichen Elemente der Basisklasse jedoch zu geschützten Elementen der abgeleiteten Klasse. Das bedeutet, dass von außen über *BankKunde* nicht mehr auf die Elemente von *Kunde* zugegriffen werden kann. Sie können dies einmal ausprobieren.

Das ist für den Anfang schon ganz gut. Leider ist die Datenkapselung noch nicht perfekt genug, denn wenn man will, kann man immer noch auf die Geheimzahl zugreifen.

11. Bei einer so einfachen Klasse wie dieser programmiert man sie eher selbst, als dass man sich auf Kompromisse einlässt. Meist sind die Basisklassen aber so komplex, dass eine Neuimplementierung nicht in Frage kommt.

Entwickeln Sie ein Programmfragment, mit welchem man über *BankKunde* auf die Geheimzahl zugreifen kann. Dies natürlich ohne die Klassen *Kunde* und *BankKunde* zu verändern.

```
class Spion : public BankKunde
  {
    public:
      void getpwd(void)
        {cout << geheimzahl;}
  };
```

Durch ein öffentliches Ableiten von *BankKunde* werden die Elemente in der abgeleiteten Klasse ebenfalls *protected*, weswegen die abgeleitete Klasse auf sie zugreifen kann.

Hätten wir *BankKunde* mit *Kunde* als privater Basisklasse abgeleitet, dann wären die Elemente von *Kunde* in *BankKunde* zwar privat, aber dadurch wäre einer Klasse, die von *BankKunde* erbt, ebenfalls der Zugang zum Vor- und Nachnamen versperrt.

Zugriffs-Deklarationen

Wir brauchen also eine Methode, mit der wir gezielt vom gewählten Vererbungstyp abweichen können. Und dieses Abweichen erreicht man durch die Einrichtung von **Zugriffs-Deklarationen**.

Zugriffs-Deklarationen werden formuliert, indem man den kompletten Namen des Elements (also inklusive Klassennamen) unter dem gewünschten Bezugsrahmen aufführt. In unserem Beispiel wäre dies die Geheimzahl. Wir haben *Kunde* als geschützte Basisklasse deklariert, weswegen alle öffentlichen Elemente von *Kunde* zu geschützten Elementen von *BankKunde* werden. Um nun die Geheimzahl als privates Element von *BankKunde* zu deklarieren, benutzen wir die folgende Zugriffs-Deklaration:

```
class BankKunde : protected Kunde
  {
    private:
      Kunde::geheimzahl;
    public:
      void init(void)
        {geheimzahl=0;}
  };
```

Dadurch, dass *Kunde::geheimzahl* bei *BankKunde* unter *private* aufgeführt wird, ändert sich der Status von *geheimzahl* – er wird privat. Die Elemente Vor- und Nachname bleiben weiterhin geschützt, so wie es von der Vererbung vorgeschrieben wurde.

Bei Zugriffsdeklarationen muss bedacht werden, dass der ursprüngliche Bezugsrahmen nur beibehalten oder verschärft werden kann. Es ist zum Beispiel nicht möglich, ein privates Element der Basisklasse in der abgeleiteten Klasse als geschützt oder öffentlich zu deklarieren.

Der Bezugsrahmen kann bezogen auf die Basisklasse nur beibehalten oder eingeengt, nicht jedoch erweitert werden.

Wie schon erwähnt, benötigt man die Zugriffs-Deklarationen in den meisten Fällen dann, wenn Basisklassen benutzt werden, die nicht selbst entworfen und implementiert wurden.

9.5 Kontrollfragen

1. Erläutern Sie die Beziehungen zwischen Basisklasse und abgeleiteter Klasse.
2. Worin liegt der Unterschied zwischen virtuellen und rein-virtuellen Funktionen?
3. Was muss man beim Ableiten einer abstrakten Klasse beachten?
4. Erläutern Sie die Zugriffsrechte *private*, *protected* und *public*.
5. Erläutern Sie die Vererbungstypen *private*, *protected* und *public*.
6. Wie könnte man eine Basisklasse als *protected* ableiten, ohne dies hinter dem Namen der abgeleiteten Klasse anzugeben?
7. Welchen Vorteil hat Polymorphismus?

10 Rekursion

Kommen wir nun zu einem programmtechnisch sehr wichtigen Thema: der Rekursion. Die Rekursion ist ein wichtiges Werkzeug zur Implementierung leistungsstarker Such- und Sortieralgorithmen. Der Grundgedanke der Rekursion ist der, dass sich Funktionen selbst aufrufen. Versuchen Sie sich dazu einmal an der folgenden Übung:

Schreiben Sie eine Funktion, der Sie eine Zahl übergeben und die dann von dieser Zahl ausgehend bis 1 herunterzählt. Die Funktion darf kein *for, while oder goto verwenden.*

Die Lösung liegt – wen wundert's – darin, dass sich die Funktion selber aufruft und damit eine Art Schleife simuliert:

```
void zaehler(int x)
{
  cout << x << endl;
  if(x>1) zaehler(x-1);
}
```

Spielen wir die Funktion einmal an einem Beispiel durch. Zur Veranschaulichung bezeichnen wir für dieses Beispiel die Funktion *zaehler*, die mit *x* aufgerufen wurde, als *zaehlerx*. Damit das Beispiel nicht zu lang wird, nehmen wir die Zahl 3.

Beim ersten Aufruf von *zaehler* befinden wir uns in *zaehler3* (weil *zaehler* mit dem Wert 3 aufgerufen wurde). Dort wird *x* – also 3 – ausgegeben. Sollte *x* größer als 1 sein, dann wird *zaehler(x-1)* aufgerufen, was hier gleichbedeutend ist mit *zaehler(2)*.

In *zaehler2* wird *x*, in diesem Fall 2, ausgegeben. Wenn *x* größer 1 ist, dann wird *zaehler(x-1)*, hier also *zaehler(1)*, aufgerufen.

In *zaehler1* wird wieder *x* ausgegeben. Es erscheint eine 1 auf dem Bildschirm. Nun ist *x* nicht mehr größer als 1 und daher erreicht *zaehler1* sein Ende.

Das Programm geht nun bei *zaehler2* hinter dem Aufruf von *zaehler1* weiter. Dort ist *zaehler2* aber auch zu Ende. Daher geht das Programm bei *zaehler3* hinter dem Aufruf von *zaehler2* weiter. Da *zaehler3* hier ebenfalls das Ende erreicht hat, fährt das Programm hinter dem Aufruf von *zaehler3* fort.

Auf dem Bildschirm steht nun die gewünschte Ausgabe. Formulieren wir nun die Übung etwas um.

Schreiben Sie eine Funktion, der sie eine Zahl übergeben und die dann von 1 aus bis zu dieser Zahl hochzählt. Die Funktion darf kein *for*, *while* oder *goto* verwenden.

```
void zaehler(int x)
{
  if(x>1) zaehler(x-1);
  cout << x << "\n";
}
```

Die Lösung ist fast identisch mit der vorherigen. Der wesentliche Unterschied liegt darin, dass die erste Lösung die Zahlen beim Abstieg in die Rekursion ausgibt, während diese Lösung erst in die Rekursion hinabsteigt, um dann beim Aufstieg die Zahlen auszugeben.

Schauen wir uns einmal das Aufrufmuster der herunterzählenden Funktion für das Beispiel 4 an:

In *zaehler4*: Ausgabe von 4, Aufruf von *zaehler3*.

In *zaehler3*: Ausgabe von 3, Aufruf von *zaehler2*.

In *zaehler2*: Ausgabe von 2, Aufruf von *zaehler1*.

In *zaehler1*: Ausgabe von 1, Ende von *zaehler1*.

In *zaehler2*: Ende von *zaehler2*.

In *zaehler3*: Ende von *zaehler3*.

In *zaehler4*: Ende von *zaehler4*.

Hier wird das Ausgeben während des Abstiegs besonders deutlich. Schauen wir uns nun das gleiche Beispiel für die hochzählende Funktion an:

In *zaehler4*: Aufruf von *zaehler3*.

In *zaehler3*: Aufruf von *zaehler2*.

In *zaehler2*: Aufruf von *zaehler1*.

In *zaehler1*: Ausgabe von 1, Ende von *zaehler1*.

In *zaehler2*: Ausgabe von 2, Ende von *zaehler2*.

In *zaehler3*: Ausgabe von 3, Ende von *zaehler3*.

In *zaehler4*: Ausgabe von 4, Ende von *zaehler4*.

Sie erkennen den Unterschied.

Nun ist die Rekursion nicht unbedingt für solche Anwendungen interessant. Es gibt andere Probleme, die sich rekursiv viel einfacher beschreiben lassen als iterativ.

Ein Beispiel, das bei keiner Erklärung von Rekursion fehlen darf, ist die Fakultät. Die Fakultät von x wird als x! bezeichnet und berechnet sich aus dem Produkt von 1,2,3,...,x. Die Fakultät von 4 ist damit 1*2*3*4=24. Eine Besonderheit bildet die 0, denn 0! ergibt 1. Die Fakultät ist für negative Zahlen nicht definiert.

Eine entsprechende iterative Implementierung der Fakultät sähe wie folgt aus:

fakultaet

```
long fakultaet(long x)
{
  if(x<0)  return(0);
  if(x<2)  return(1);

long f=1;

  while(x>1)
    f*=x--;

  return(f);
}
```

Die erste *if*-Anweisung fängt den Fall der Übergabe eines negativen Wertes ab. Weil die Fakultäts-Operation nie den Wert 0 liefern kann, benutzen wir die 0 als Fehlerwert, der zurückgegeben wird, wenn die Fakultät nicht berechnet werden konnte.

Wenn wir uns den rekursiven Ansatz der Fakultät anschauen, dann sehen wir die Vereinfachung sofort:

$x! = x * (x-1)!$, mit $0! = 1$

Das Hauptproblem wird so lange auf kleinere Probleme reduziert, bis der triviale Fall eingetreten ist[1].

Schreiben Sie eine Funktion *rekfakultaet*, die die Fakultät rekursiv berechnet.

Die Funktion ist ziemlich einfach:

```
long rekfakultaet(long x)
{
  if(x<0)  return(0);
  if(x==0)  return(1);
  return( x * rekfakultaet(x-1) );
}
```

1. Die triviale Lösung ist eine Lösung, die so einfach und simpel ist, dass keine weitere Vereinfachung vorgenommen werden muss. Im Fall der Fakultät ist die triviale Lösung 0!.

Die rekursive Beschreibung der Fakultät ist bis auf syntaktische Einzelheiten auch die Implementierungsvorschrift der Funktion. Mit der ersten *if*-Anweisung wird ein Rekursions-Start mit positiven Zahlen sichergestellt. Egal wie groß x auch sein mag, durch den Aufruf von *rekfakultät(x-1)* wird dafür gesorgt, dass früher oder später eine triviale Lösung (x=1) erreicht wird.

10.1 Rest-Rekursivität

Ein immer wieder als Nachteil eingebrachtes Argument ist der Overhead, der bei rekursiven Funktionen zu bewältigen ist. Jedes Mal, wenn eine Funktion sich selbst aufruft, muss die Rücksprungadresse gesichert werden und alle lokalen Variablen (dazu zählen auch übergebene Funktionsparameter) müssen neu angelegt werden. Um diese Daten zu sichern, wird jedes Mal ein Stack angelegt.

Nun kann man aber, unter der Voraussetzung, dass der benutzte Compiler **Last-Call-Optimierung** unterstützt, viele rekursive Funktionen so umwandeln, dass diese Nachteile nicht mehr bestehen. Man nennt eine solche Funktion dann **rest-rekursiv**. Dazu wandeln wir die Fakultäts-Funktion in eine rest-rekursive Funktion um und schauen uns einmal die Unterschiede an:

```
long rekfakultaet(long x, long y)
{
  if(x<0)  return(0);
  if(x==0)  return(1);
  if(x==1)  return(y);
  return(rekfakultaet(x-1,y*(x-1)) );
}
```

Die für die Rest-Rekursivität wichtigen Unterschiede sind die folgenden:

- Der rekursive Aufruf erfolgt in der *return*-Anweisung.
- Der *return*-Anweisung folgen keine weiteren Anweisungen mehr.
- Das Ergebnis des rekursiven Aufrufs wird unmittelbar als Rückgabewert verwendet und nicht für weitere Berechnungen benutzt.

Die Fakultät wird jetzt nicht mehr beim Aufstieg aus der Rekursion, sondern beim Abstieg in die Rekursion berechnet. Die daraus resultierenden Folgen sehen Sie in Abbildung 10.1.

In 10.1a sehen Sie die normal-rekursive Fakultäts-Funktion. Sie übergibt bei jedem Aufruf den einfacher zu berechnenden Fall (x-1) und multipliziert das Ergebnis dann mit x. Nachdem die Rekursion am tiefsten Punkt angelangt ist, steigt sie langsam wieder nach oben und übergibt jeweils das Ergebnis an die aufrufende Funktion. Dort wird das Ergebnis für die Berechnung benutzt und wieder zurückgegeben. Es sind also sowohl die übergebenen Parameter als auch das vom Aufruf erhaltene Ergebnis für jeden Rekursionsschritt wichtig.

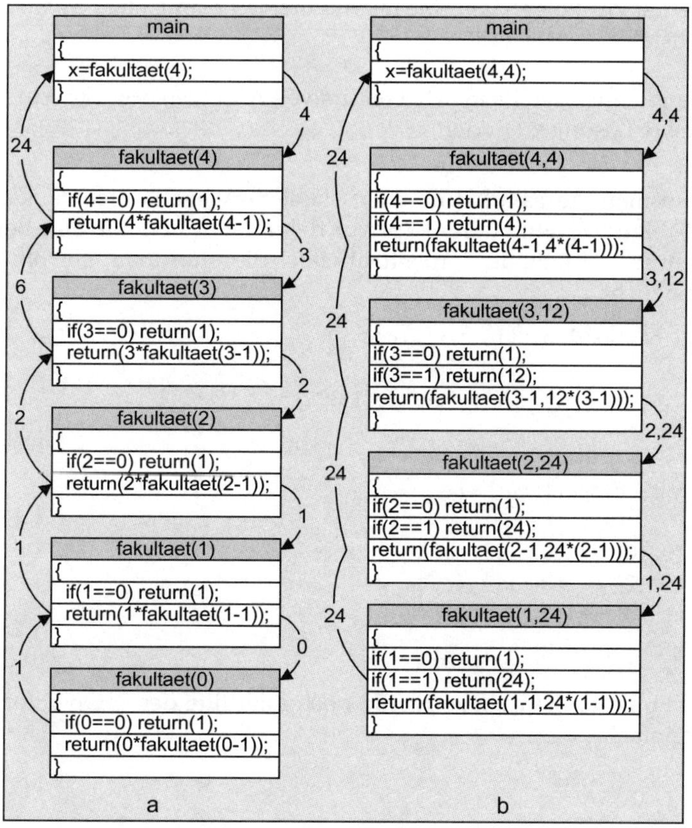

Abbildung 10.1: Die Fakultät als rekursive und rest-rekursive Funktion

In 10.1b sehen Sie die rest-rekursive Variante. Hier wird beim rekursiven Aufruf einerseits wieder x, aber auch der aktuelle Stand der Fakultätsberechnung übergeben. Das bedeutet, dass bei jedem Schritt tiefer in die Rekursion sich das Ergebnis um einen Schritt komplettiert, bis es an der tiefsten Stelle schließlich endgültig ist. Der Aufstieg aus der Rekursion ist dann nichts weiter als das Durchhangeln des Ergebnisses bis zum ersten Aufruf der Funktion (In 10.1 ist dies die *main*-Funktion).

Da hinter der *return*-Anweisung keine Anweisungen mehr stehen und das Ergebnis sofort wieder weitergegeben wird, ohne es für etwaige Berechnungen zu verwenden, braucht beim rekursiven Aufruf nichts von der aufrufenden Funktion behalten zu werden.

Die übergebenen Parameter werden nicht mehr benötigt, und auch die Rücksprungadresse muss nicht gesichert werden, weil das Ergebnis von der tiefsten Rekursionsstufe aus sofort an die erste aufrufende Funktion übergeben werden kann (wie in 10.1b dargestellt).

Dies hat zur Folge, dass eine rest-rekursive Lösung einer iterativen in nichts nachsteht.

Wenn möglich, sollte man bei rekursiven Ansätzen bestrebt sein, eine rest-rekursive Lösung zu finden.

Wenn man die Fakultät in einer Klasse verwenden möchte, kann man die rest-rekursive Funktion als privat deklarieren und für den Benutzer eine öffentliche Methode implementieren, die ihm den gewohnten Aufruf ermöglicht:

```
long rekfakultaet(long x, long y)
{
  return((x==1) ? y : rekfakultaet(x-1,y*(x-1)) );
}

long fakultaet(long x)
{
  if(x<0)  return(0);
  if(x<2)  return(1);
  return(rekfakultaet(x,x));
}
```

Die Funktion *rekfakultaet* wurde noch mit Hilfe des ?:-Operators ein wenig vereinfacht.

10.2 Backtracking

Nicht immer findet man für ein Problem eine einfache Rekursionsvorschrift. Vielleicht findet man auch gar keine. In einem solchen Fall muss ein Programm entworfen werden, welches so lange nach der Lösung »sucht«, bis sie gefunden ist oder man eindeutig sagen kann, dass keine Lösung existiert.

Die einfachste Methode, eine Lösung zu suchen, ist die, alle Möglichkeiten auszuprobieren und zu schauen, ob die Lösung darunter ist. Diese Vorgehensweise nennt man **Backtracking**.

Solitaire

Wir werden das Backtracking auf ein bekanntes Beschäftigungsspiel anwenden: das Solitaire. Abbildung 10.2a zeigt die Startsituation des Spiels.

Bis auf das mittlere Feld sind alle anderen Felder mit Steinen besetzt. Ziel des Spieles ist es, alle Steine, bis auf den letzten, der auf dem mittleren Feld stehen muss, vom Spielfeld zu nehmen (Bild 10.2b). Als gültige Züge gelten horizontale oder vertikale Sprünge mit einem Stein über einen anderen hinweg, wobei der übersprungene Stein aus dem Spiel herausgenommen wird. Bedingung ist natürlich, dass die Position, auf die der Stein springt, frei ist.

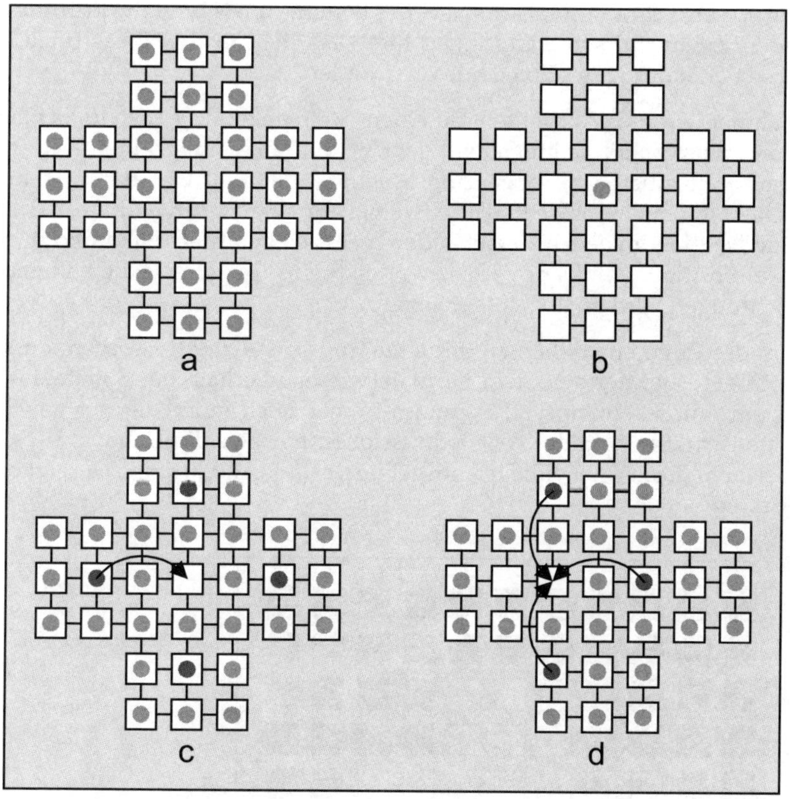

Abbildung 10.2: Solitaire

In Abbildung 10.2c sehen Sie die vier Steine, die zum Spielanfang gezogen werden können. Es wird der mit dem Pfeil markierte Stein gezogen und der übersprungene Stein vom Spielfeld genommen. In Abbildung 10.2d sehen Sie die daraus resultierenden Möglichkeiten für den nächsten Zug. Die Steine, mit denen ein Sprung möglich ist, sowie das Sprungziel sind markiert.

Zuerst muss überlegt werden, wie das Spielfeld als Datenstruktur im Programm repräsentiert werden kann. Dafür gilt folgende Regel:

Man sollte bemüht sein, die Backtracking-Funktion so einfach und effizient wie möglich zu halten, auch wenn dies einen höheren Aufwand an anderer Stelle bedeutet.

Die Backtracking-Funktion ist die bei weitem am häufigsten während der Lösungssuche über rekursive Aufrufe verwendete Funktion. In unserem konkreten Fall wird sie vermutlich mehrere Milliarden Mal aufgerufen. Deswegen wird eine klitzekleine Verbesserung der Laufzeit, mit dem Faktor 10^9 betrachtet, zu einer enormen Verbesserung.

Ein wesentliches Problem im Falle des Solitair-Spiels birgt die Prüfung eines jeden Zuges auf seine Gültigkeit hin. Dies liegt in der etwas ungewöhnlichen Gestaltung des Spielfeldes begründet.

Nehmen wir an, wir wollten mit einem Stein einen Zug nach links machen. Dann muss zuerst dahingehend geprüft werden, ob die beiden Felder links vom Stein überhaupt noch zum Spielfeld gehören. Erst dann, wenn wir sicher sind, nicht ins Leere zu schauen, kann überprüft werden, ob das Feld eine Position links des zu ziehenden Steins ebenfalls ein Stein und das Feld zwei Positionen links des zu ziehenden Steins frei ist. Für die anderen drei Richtungen wird analog vorgegangen.

Um die Züge einheitlich zu gestalten, müssen wir dafür sorgen, dass sich auch ein Zug, der den Stein normalerweise außerhalb des Spielfeldes platzieren würde, für unser Programm immer noch innerhalb der gewählten Datenstruktur befindet. Wir wählen dazu ein zweidimensionales Feld, in welchem diese Unebenheiten ausgebügelt sind. Abbildung 10.3 zeigt diesen Ansatz.

Abbildung 10.3: Ein Ansatz zur Repräsentation des Solitair-Spiels

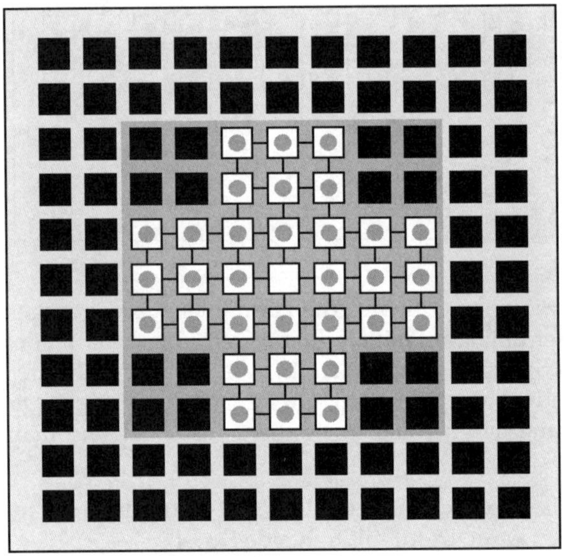

Wir legen ein 11*11 Elemente großes zweidimensionales Feld an, in dem das Solitair-Spielfeld mittig platziert wird. Alle Felder, die nicht zum Spielfeld gehören[2], werden als ungültige Steinpositionen markiert. Da ein Zug einen Stein immer um zwei Felder in die entsprechende Richtung bewegt, ist es von jeder Position in jede Richtung gewährleistet, dass die Zielposition entweder ungültig, besetzt oder frei ist. Wenn man zugrunde legt, dass eine

2. In der Abbildung kariert dargestellte Felder.

ungültige Position mit -1, eine freie mit 0 und eine besetzte Position mit 1 markiert wird, dann sieht die Initialisierungsroutine für das Feld folgendermaßen aus:

Initialisierung des Spielfeldes

```
int x,y;
for(x=0;x<11;x++) {
  for(y=0; y<11; y++) {
    f[x][y]=INVA;
  }
}

for(x=2;x<9; x++) {
  f[4][x]=OCCU;
  f[5][x]=OCCU;
  f[6][x]=OCCU;
  f[x][4]=OCCU;
  f[x][5]=OCCU;
  f[x][6]=OCCU;
}

f[5][5]=FREE;

for(x=0; x<32; x++)
  for(y=0; y<3; y++)
    solu[x][y]=0;
```

Um jedes einzelne Feld des Spielfeldes zu markieren, wurden die Konstanten FREE (freies Feld), OCCU (mit Stein belegtes Feld) und INVA (invalides Feld außerhalb des Spielbretts) definiert.

Das Feld *solu* wird die ermittelte Lösung aufnehmen.

Der tatsächlich auf Steine zu untersuchende Bereich beschränkt sich auf das in Abbildung 10.3 dunkel unterlegte Quadrat. Nur dort können sich tatsächlich Steine für eventuell vorzunehmende Züge befinden.

Der Nachteil liegt im großen Overhead, denn trotz der erheblich kleineren Fläche, die betrachtet werden muss, sind immer 16 Positionen dabei, von denen wir von vorneherein wissen, dass sie ungültig sind und sich dort kein Stein befinden kann.

Trotzdem wollen wir an diesem Ansatz festhalten, weil dadurch die Backtracking-Funktion eleganter wird. Und so groß ist das Solitaire-Problem auch nicht, als dass die elegantere Lösung zu viel Rechenzeit benötigen würde.

Doch kommen wir nun zum Kern – der Backtracking-Funktion:

Backtracking-Funktion

```
bool Solitaire::calcSolution(int step) {
  if((step==31)&&f[5][5]==OCCU)
    return(true);
```

Die Backtracking-Funktion *calcSolution* besitzt als einzigen Parameter die aktuelle Zugnummer, die bei Null beginnt (beim ersten Zug ist *step* gleich 0). Als Rückgabewert dient ein boolescher Wert, der angibt, ob eine Lösung gefunden wurde oder nicht.

Wenn Stepp den Wert 31 hat, dann soll der 32. Zug stattfinden. Zu diesem Zeitpunkt ist allerdings nur noch ein Stein auf dem Spielbrett. Deswegen wird geprüft, ob dieser eine Stein genau in der Mitte steht, denn dann hätten wir die Lösung gefunden.

```
for(int x=2; x<9;x++) {
  for(int y=2; y<9; y++) {
```

Diese zwei verschachtelten Schleifen laufen den in Abbildung 10.3 dunkel unterlegten Bereich Stein für Stein ab.

```
      if((f[x][y]==OCCU)&&(f[x+1][y]==OCCU)&&(f[x+2][y]==FREE)) {   //
rechts
        f[x][y]=FREE; f[x+1][y]=FREE; f[x+2][y]=OCCU;
        if(calcSolution(step+1)) {
          solu[step][0]=x; solu[step][1]=y; solu[step][2]=RECHTS;
          return(true);
        }
        f[x][y]=OCCU; f[x+1][y]=OCCU; f[x+2][y]=FREE;
      }
```

Diese if-Anweisung prüft daraufhin, ob ein Zug nach rechts möglich ist. Dazu müssen folgende Punkte erfüllt sein:

- Auf der aktuellen Position liegt ein Stein.
- Eine Position weiter rechts liegt ebenfalls ein Stein, der übersprungen werden kann.
- Zwei Positionen weiter rechts (bezogen auf den aktuellen Stein) ist ein freier Platz, wo der Stein hinspringen kann.

Wenn also ein Zug nach rechts möglich ist, dann wird dieser ausgeführt und die Backtracking-Funktion für den nächsten Zug aufgerufen. Sollte dieser Aufruf einen wahren Wert zurückliefern, dann hat der Zug zur Lösung beigetragen und wird im *solu*-Feld abgespeichert. Die Funktion wird daraufhin beendet.

Wenn der Aufruf einen falschen Wert zurückliefert, dann hat der Zug nicht gefruchtet. Er wird rückgängig gemacht. Im Folgenden wird geprüft, ob eventuell ein Zug nach links, unten oder oben möglich ist:

```
      if((f[x][y]==OCCU)&&(f[x-1][y]==OCCU)&&(f[x-2][y]==FREE)) {   //
links
        f[x][y]=FREE; f[x-1][y]=FREE; f[x-2][y]=OCCU;
        if(calcSolution(step+1)) {
          solu[step][0]=x; solu[step][1]=y; solu[step][2]=LINKS;
          return(true);
```

```
        }
        f[x][y]=OCCU; f[x-1][y]=OCCU; f[x-2][y]=FREE;
      }

      if((f[x][y]==OCCU)&&(f[x][y+1]==OCCU)&&(f[x][y+2]==FREE)) {    //
runter
        f[x][y]=FREE; f[x][y+1]=FREE; f[x][y+2]=OCCU;
        if(calcSolution(step+1)) {
          solu[step][0]=x; solu[step][1]=y; solu[step][2]=RUNTER;
          return(true);
        }
        f[x][y]=OCCU; f[x][y+1]=OCCU; f[x][y+2]=FREE;
      }

      if((f[x][y]==OCCU)&&(f[x][y-1]==OCCU)&&(f[x][y-2]==FREE)) {    //
hoch
        f[x][y]=FREE; f[x][y-1]=FREE; f[x][y-2]=OCCU;
        if(calcSolution(step+1)) {
          solu[step][0]=x; solu[step][1]=y; solu[step][2]=HOCH;
          return(true);
        }
        f[x][y]=OCCU; f[x][y-1]=OCCU; f[x][y-2]=FREE;
      }
    }
  }
  return(false);
}
```

Sollte der relevante Bereich komplett durchlaufen sein, dann hat keiner der Züge zum Erfolg geführt und die Funktion liefert false zurück.

Zum Schluss fehlt noch die Funktion, die die Lösung ausgibt:

Ausgabe der Lösung

```
Solitaire::soluOut() {
  for(int x=0; x<31; x++) {
    cout << (x+1) << "["<< solu[x][0] << "," << solu[x][1] << ",";
    switch(solu[x][2]) {
    case HOCH:
      cout << "ho";
      break;
    case RUNTER:
      cout << "ru";
      break;
    case LINKS:
      cout << "li";
      break;
    case RECHTS:
      cout << "re";
      break;
```

```
    }
    cout << "] " << endl;
  }
}
```

Das Format der Lösung sieht so aus, dass für jeden Zug die Koordinate des zu ziehenden Steins mitsamt der Richtung, in die der Stein springen soll, ausgegeben wird.

Den Quellcode finden Sie auf der CD unter /BUCH/KAP10/SOLITAIRE.

Abbildung 10.4 stellt die Lösung zu Solitaire grafisch dar. Dazu sucht man sich die aktuelle Zugnummer (beginnend mit eins) und zieht den Stein nach den Solitaire-Regeln in die angegebene Richtung.

Abbildung 10.4: Die Lösung zu Solitaire

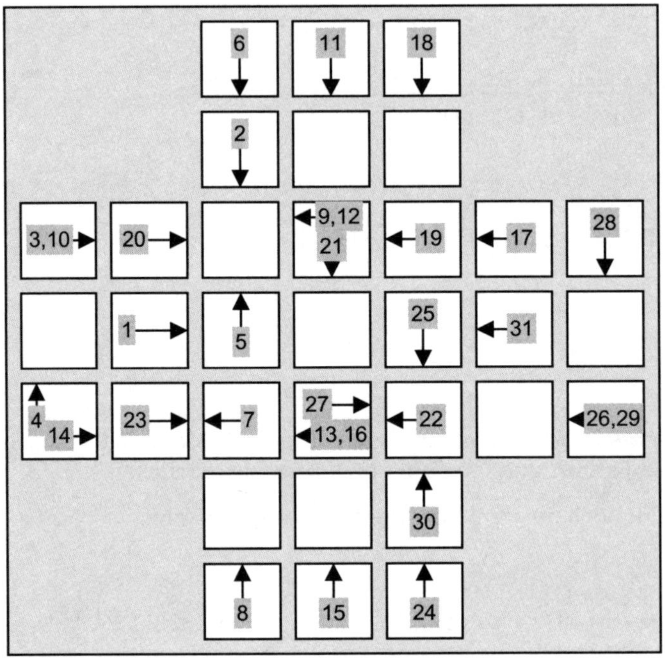

10.3 Die Fibonacci-Zahlen

Kommen wir nun zu den Fibonacci-Zahlen, die wir auch später noch verwenden werden. Die Fibonacci-Zahl F_x ist definiert als die Summe der beiden vorherigen Fibonacci-Zahlen: $F_{x-1} + F_{x-2}$, wobei die ersten beiden Fibonacci-Zahlen den Wert 1 haben. In Tabelle 10.1 sehen Sie die ersten sieben Fibonacci-Zahlen sowie ihre Berechnung.

Fibonacci-Zahl	Berechnung	Wert
F_1	-	1
F_2	-	1
F_3	F_2+F_1	2
F_4	F_3+F_2	3
F_5	F_4+F_3	5
F_6	F_5+F_4	8
F_7	F_6+F_5	13

Tab. 10.1: Die ersten sieben Fibonacci-Zahlen

Definieren Sie die triviale(n) Lösung(en) des Fibonacci-Problems und entwerfen Sie eine rekursive Funktion *rekfibonacci*, die eine beliebige Fibonacci-Zahl berechnet.

ü

Die trivialen Lösungen sind die Fibonacci-Zahlen F_1 und F_2 mit dem Wert 1. Die Funktion *rekfibonacci* sieht dann folgendermaßen aus:

```
long rekfibonacci(long x)
{
  if(x<3)  return(1);
  return( rekfibonacci(x-1) + rekfibonacci(x-2) );
}
```

Wir haben nun eine rekursive Funktion für das Fibonacci-Problem. Es wäre jedoch wünschenswert, wenn wir unserem Leitsatz treu blieben und versuchten, eine rest-rekursive Lösung zu finden. Die Lösung muss, wenn es sie denn gibt, darin liegen, die Fibonacci-Zahl beim Abstieg in die Rekursion zu berechnen, um sie dann nur noch zurückgeben zu müssen.

Wandeln Sie die rekursive Funktion *rekfibonacci* in eine rest-rekursive Funktion um.

ü

Und hier ist die Lösung:

```
long rekfibonacci(long x, long f1, long f2)
{
  if(x==1)  return(f1);
  return(rekfibonacci(x-1,f1+f2,f1));
}
```

10.4 Ein paar Probleme

In diesem Abschnitt werden Sie einige Probleme kennen lernen, die Sie zur Übung einmal selbst lösen können. Da auf diese Probleme schon ausführlicher in [WILLMS98] eingegangen wurde, wird auf eine Abbildung und Dokumentation des Programmtextes verzichtet. Sie finden den Programmtext jedoch auf der CD.

10.4.1 Türme von Hanoi

Bei den Türmen von Hanoi handelt es sich um ein Spiel, welches aus drei Stangen besteht. Auf der ersten Stange steckt eine beliebige Anzahl von Scheiben[3]. Die Scheiben sind so angeordnet, dass die Scheibe mit dem größten Durchmesser unten liegt und die jeweils nächstkleinere Scheibe darauf.

Die Aufgabe liegt darin, den aus Scheiben bestehenden Turm unter Zuhilfenahme der zweiten Stange auf die dritte Stange zu stapeln. Dabei darf von einer Stange immer nur eine, und zwar die oberste Scheibe weggenommen werden. Und es darf keine größere Scheibe auf einer kleineren liegen. In Abbildung 10.5 sehen Sie die Lösung des Spiels mit drei Scheiben.

Schreiben Sie eine rekursive Funktion, der Sie die Anzahl der Scheiben übergeben, und die Ihnen dann die Lösung in Form von Anweisungen der Art »Eine Scheibe von Stange x nach Stange y legen« ausgibt.

Die Lösung finden Sie auf der CD unter /BUCH/KAP10/HANOI.

10.4.2 Das Dame-Problem

Das Dame-Problem ist ein Problem aus dem Bereich des Schach-Spiels. Schach besteht aus einem 8*8 Felder großen Spielfeld. Die Dame darf sich von ihrer aktuellen Position beliebig viele Felder weit in vertikaler, horizontaler oder diagonaler Richtung entfernen. Steht auf einem von der Dame erreichbaren Feld eine Figur, dann ist diese Figur von der Dame bedroht.

Die Schwierigkeit des Dame-Problems liegt darin, acht Damen so auf dem Schachbrett zu verteilen, dass keine Dame eine andere bedroht.

Schreiben Sie eine Funktion, die Ihnen eine Lösung des Dame-Problems ausgibt. Schreiben Sie zudem eine Funktion, die Ihnen die Anzahl der möglichen Lösungen ermittelt.

Die Lösung für den ersten Teil der Aufgabe finden Sie auf der CD im Verzeichnis /BUCH/KAP10/DAME in der Datei DAME1.CPP. Die Lösungen der zweiten Aufgabenstellung finden Sie im selben Verzeichnis in der Datei DAME2.CPP.

3. Die Anzahl der Scheiben bestimmt den Schwierigkeitsgrad des Spiels.

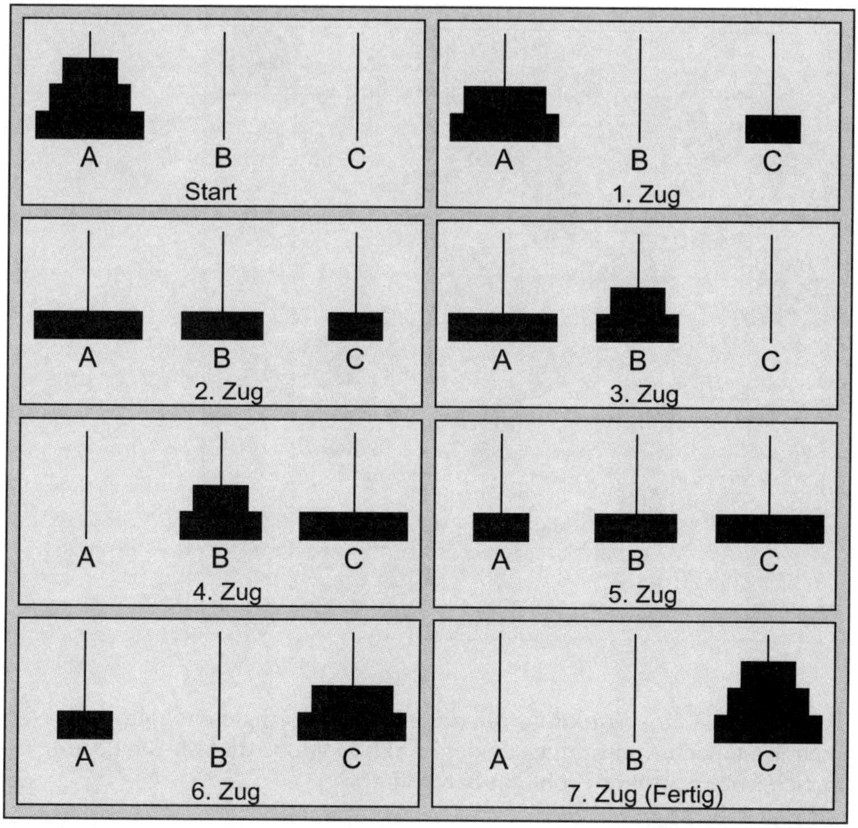

Abbildung 10.5: Die Türme von Hanoi

Noch ein kleiner Tipp zum Verständnis: Die Lösung benutzt zur Darstellung des Schachbrettes ein eindimensionales Feld. Und zwar aus dem Grund, weil zwei Damen bei der zu bestimmenden Lösung nie in derselben Zeile oder Spalte stehen dürfen.

10.4.3 Das Springer-Problem

Auch das Springer-Problem basiert auf den Schach-Regeln. Und zwar muss man mit einem Springer, der in einer Ecke des Spielfeldes startet, so über das Spielfeld springen, dass er auf jedem Feld genau einmal war. Das heißt, er darf kein Feld auslassen und kein Feld mehrmals betreten.

Eine Verschärfung des Problems ist die zusätzliche Bedingung, dass der Springer auf das Feld zurückspringen soll, von wo er startete. Das Start/Endfeld ist somit das einzige, welches zweimal betreten werden darf.

Abbildung 10.6: Eine Lösung des Dame-Problems

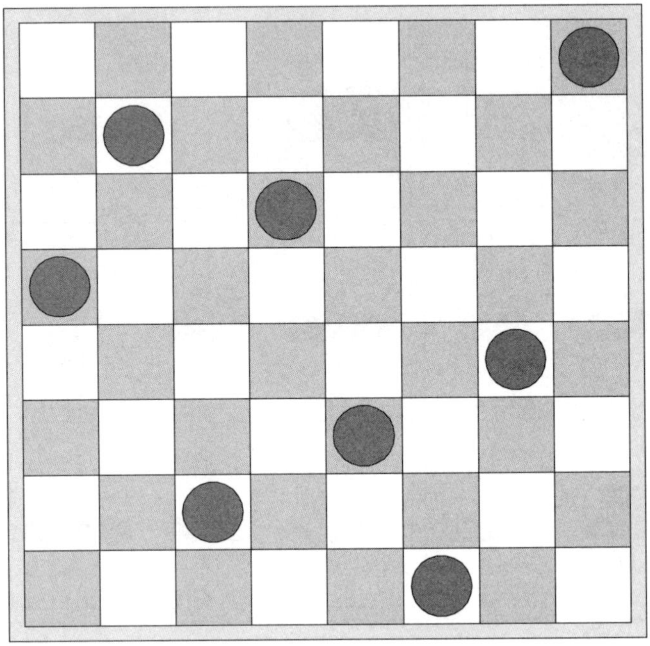

Schreiben Sie eine Funktion, die das einfache Springer-Problem löst. Nehmen Sie danach Änderungen an der Funktion vor, so dass sie die Lösung des verschärften Springer-Problems berechnet.

Die Lösungen finden Sie auf der CD unter /BUCH/KAP10/SPRINGER in den Dateien SPRING1.CPP und SPRING2.CPP.

10.5 Kontrollfragen

1. Was ist das wesentliche Merkmal einer Rekursion?
2. Wann sollte Rekursion eingesetzt werden, und wann nicht?
3. Nennen Sie Vorteile rest-rekursiver Funktionen.

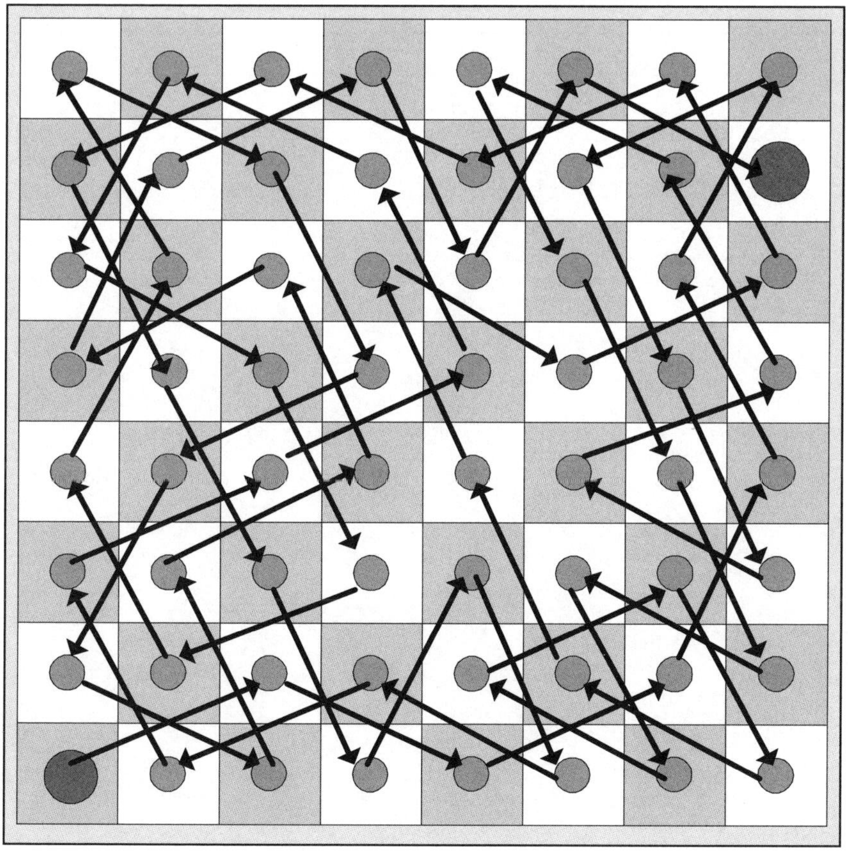

Abbildung 10.7: Eine Lösung des Springer-Problems

11 Überladen von Operatoren

In diesem Kapitel werden wir uns mit weiteren Möglichkeiten des Überladens beschäftigen, die unseren Klassen noch mehr Flexibilität und Benutzerfreundlichkeit verleihen. Und zwar geht es um das Überladen von Operatoren.

Kommen wir einmal mehr auf unser Beispiel mit den Listenelementen zurück. Wir haben von *ListenElement* die Klasse *IntElement* abgeleitet, um mit unserer Liste einfache *int*-Werte verwalten zu können. Auf den zweiten Blick jedoch hinkt unsere Klasse den normalen *int*-Variablen ziemlich hinterher.

Probleme bei der Arbeit mit Klassen

Wir werden im nächsten Kapitel vor dem Problem stehen, dass wir zwei Int-Elemente miteinander vergleichen müssen. Doch wie sollen wir das anstellen? Wir könnten die Klasse mit einer Methode wie z. B. *vergleiche* ausstatten, der man zwei Exemplare übergibt und die dann den Vergleich vornimmt. Dies hat jedoch den Nachteil, dass wir zum Vergleichen immer eine Methode aufrufen müssen. Und was machen wir, wenn wir mit den *int*-Elementen rechnen wollen? Wir müssten für jeden Rechenoperator eine Methode schreiben, die bei Bedarf aufgerufen werden müsste.

Dass dies keine sonderlich effektive Vorgehensweise ist, wurde auch den Entwicklern von C++ klar. Sie versuchten daher, dem Programmierer die Möglichkeit zu geben, seine Klassen genauso intuitiv anwendbar zu machen wie Standardtypen von C++.

Die Lösung besteht darin, die in C++ gängigen Operatoren für eigene Klassen zu überladen. Das bedeutet, dass die Operatoren im Zusammenhang mit den eigenen Klassen eine andere Funktionalität besitzen als bei den Standard-Datentypen. Folgende Operatoren können in C++ überladen werden:

Tab. 11.1: Tabelle überladbarer Operatoren

<table>
<tr><th>+</th><th>-</th><th>*</th><th>/</th><th>%</th><th>^</th><th>&</th><th>|</th></tr>
<tr><td>~</td><td>!</td><td>=</td><td><</td><td>></td><td>+=</td><td>-=</td><td>*=</td></tr>
<tr><td>/=</td><td>%=</td><td>^=</td><td>&=</td><td>|=</td><td><<</td><td>>></td><td><<=</td></tr>
<tr><td>>>=</td><td>==</td><td>!=</td><td><=</td><td>>=</td><td>&&</td><td>||</td><td>++</td></tr>
<tr><td>--</td><td>->*</td><td>,</td><td>-></td><td>[]</td><td>()</td><td>new</td><td>delete</td></tr>
</table>

Dabei können die Bindungsstärke der Operatoren untereinander[1] und andere syntaktische Besonderheiten[2] nicht verändert werden.

1. Zum Beispiel die »Punkt-vor-Strich«-Regel.
2. Zum Beispiel, dass der !-Operator nur als unärer Operator benutzt werden kann.

11.1 Die Vergleichsoperatoren

Für den Vergleich zweier Exemplare bietet es sich an, die in C++ gebräuchlichen Vergleichsoperatoren »==«, »!=«, »<«, »>«, »<=« und »>=« zu überladen.

Für einen gegebenen Operator #[3] heißt die überladende Funktion *operator#*. Schauen wir uns nun einmal die Funktion *operator<* an, die den Vergleichsoperator »<« überlädt. Sie wurde direkt in die Klassendefinition aufgenommen und ist daher *inline*:

operator<

```
bool operator<(const ListenElement &e)
  { return(data<((const IntElement&)(e)).data);}
```

Der Funktionsparameter wurde als *const* deklariert, um eine eventuelle Manipulation des Elements zu verhindern. Des Weiteren wurde der Funktionsparameter als Referenz deklariert, um ein Zeit raubendes und in diesem Fall unnötiges Anlegen einer temporären Kopie des Objekts zu vermeiden.

Die explizite Typumwandlung von *e* in eine Referenz auf *IntElement* ist notwendig, weil nur *IntElement* das Attribut *data* besitzt. Obwohl *e* auf ein *IntElement* zeigen muss[4], mussten wir wegen der von der rein-virtuellen Funktion *ListenElement::operator<* vorgegebenen Parameterliste ein *ListenElement* in der Parameterliste von *IntElement::operator<* angeben. Da wir aber sicher sind, dass es sich bei *e* auch tatsächlich um eine Referenz auf ein *IntElement* handelt, können wir diese explizite Typumwandlung vornehmen.

Sollten Sie nun in Ihrem Programm den Vergleich *a<b* benutzen, dann wird er in den folgenden Aufruf umgesetzt:

```
a.operator<(b)
```

Alternativ dazu hat man die Möglichkeit, die *operator*-Funktion nicht als Element-Funktion, sondern als eigenständige Funktion zu deklarieren:

```
bool operator<(const ListenElement &a, const ListenElement &b)
      { return(((const IntElement&)(a)).data)<
        ((const IntElement&)(b)).data);}
```

Wichtig ist, dass Sie diese Funktion in der Klasse *IntElement* als *friend* deklarieren, damit sie Zugriff auf die privaten Attribute der Klasse hat.

Bei dieser Variante wird ein Vergleich der Art *a<b* folgendermaßen umgesetzt:

```
operator<(a,b)
```

3. Wobei # für einen der überladbaren Operatoren steht.
4. Sonst wäre diese Funktion, die ja zu *IntElement* gehört, nicht aufgerufen worden.

11.2 Zuweisung und Initialisierung

Die meisten Klassenentwürfe machen es auch erforderlich, Zuweisungen und Initialisierungen zu überladen. Doch bevor wir damit beginnen, rufen wir uns noch einmal in Erinnerung, was Zuweisungen und Initialisierungen sind und wo ihre Unterschiede liegen. Dazu betrachten wir folgendes Fragment:

```
int a=20,b;
b=10;
b=a;
a=30;
```

Die erste Zeile enthält die Initialisierung von *a*. Die zweite Zeile ist zwar in gewisser Weise ebenfalls eine Initialisierung, weil dort der Variablen *b* zum ersten Mal ein Wert zugewiesen wird. Der Compiler jedoch betrachtet dies nicht mehr als Initialisierung, sondern als eine Zuweisung des Wertes 10 zu *b*.

Nur die bei der Variablendefinition erfolgte Zuweisung betrachtet der Compiler als Initialisierung.

Diese Tatsache kommt im weiteren Verlauf des Kapitels zum Tragen.

Wir brauchten hier weder die Zuweisung noch die Initialisierung zu überladen, weil C++ für solche Fälle so genannte Standardkonstruktoren benutzt, die auch bei selbst definierten Klassen eingesetzt werden. Es gibt für die beiden Fälle zwei unterschiedliche Funktionen:

Die Initialisierung übernimmt der *Kopier-Konstruktor*[*], wohingegen die Zuweisung von der *operator*=-Funktion übernommen wird.

*Auch Copy-Konstruktor genannt.

Nun stellt sich natürlich die Frage, warum es überhaupt nötig ist, die Standardkonstruktoren durch eigene zu ersetzen. Die Antwort ist ganz einfach:

Die Standardkonstruktoren erzeugen nur eine flache Kopie.

Es gibt jedoch Klassen, die eine tiefe Kopie benötigen. Mit den Unterschieden zwischen einer flachen und einer tiefen Kopie sowie dem Erzeugen einer tiefen Kopie werden wir uns nun beschäftigen.

Um die Problematik an einem einfachen Beispiel zu betrachten, verwenden wir folgende Klasse:

Name

```
class Name
{
  private:
    char *name;
```

```
  public:
    Name(void) {name=0;}
    Name(char *);
    ~Name();
    void Print(void);
    void NewName(char *);};
    void NewChar(unsigned int, char);
};
```

Die Klasse macht nichts weiter, als einen Namen zu speichern, dessen Speicherplatz aber dynamisch verwaltet wird. Es wurden zwei Konstruktoren definiert. Der erste erzeugt ein leeres Element. Der zweite erzeugt ein Exemplar der Klasse *Name* aus einem String:

Konstruktor

```
Name::Name(char *s)
{
  name=new(char[strlen(s)+1]);
  strcpy(name,s);
}
```

Der Destruktor gibt eventuell belegten Speicherplatz wieder frei:

Destruktor

```
Name::~Name()
{
  if(name) delete[](name);
}
```

Um die Ergebnisse nachvollziehen zu können, wurde noch eine Methode *Print* implementiert, die den Inhalt des Exemplars auf den Bildschirm schreibt:

Print

```
void Name::Print(void)
{
  if(name) cout << name;
  else cout << "Leere Exemplar";
}
```

Des Weiteren benötigen wir noch eine Methode, mit der wir die Möglichkeit haben, nachträgliche Änderungen an den Daten vornehmen zu können. Wir implementieren daher die Methode *NewName*, mit der wir dem Exemplar einen neuen Namen zuweisen können:

NewName

```
void Name::NewName(char *s)
{
  if(name) delete[](name);
  name=new(char[strlen(s)+1]);
  strcpy(name,s);
}
```

Wie Sie sehen, besteht diese Methode aus nichts anderem als aus den Anweisungen des Destruktors und des Konstruktors hintereinander gereiht.

Um noch die Möglichkeit zu haben, einzelne Zeichen eines bestehenden Namens zu ändern, implementieren wir die Methode *NewChar*:

NewChar

```
void Name::NewChar(unsigned int p, char c)
{
  if(name)
    if(p<=strlen(name))
      name[p-1]=c;
}
```

Für den Fall, dass Sie die kommenden Experimente praktisch nachvollziehen wollen, finden Sie die Klasse *Name* in ihrem augenblicklichen Stand auf der CD unter /BUCH/KAP11/NAME1.

11.2.1 Initialisierung

Schauen wir uns einmal die Ausgaben an, die folgendes Programmfragment macht:

```
Name n1,n2("Theo Burauen");
n1.Print();
cout << endl;
n2.Print();
cout << endl;
n1.NewName("Norbert Brommer");
n1.Print();
cout << endl;
```

Auf dem Bildschirm erscheint:

```
Leere Instanz
Theo Burauen
Norbert Brommer
```

Dies war zu erwarten. Kommen wir nun zu einem anderen Fragment:

```
Name n1("picard");
Name n2=n1;
```

Hier wird zuerst das Exemplar *n1* aus dem String »picard« ezeugt. Danach wird das zweite Exemplar *n2* erzeugt und mit *n1* initialisiert.

```
n1.Print();
cout << "    ";
n2.Print();
cout << endl;
```

Nun werden *n1* und *n2* ausgegeben. Wie erwartet, erscheint zweimal der Name »picard« auf dem Bildschirm. Nun ändern wir mit *NewChar* den Namen von *n1* so um, dass er mit einem großen »P« beginnt, und geben beide Namen erneut aus:

```
n1.NewChar(1,'P');

n1.Print();
cout << "    ";
n2.Print();
cout << endl;
```

Überraschenderweise beginnt nun sowohl der Name von *n1* als auch der Name von *n2* mit einem großen »P«. Zu allem Überfluss wird das Programm nicht ordnungsgemäß beendet. Es müsste abstürzen. Doch was ist falsch gelaufen?

Flache Kopie

Das Übel liegt darin begründet, dass der standardmäßig benutzte Kopier-Konstruktor[5] verwendet wird, und dieser erzeugt nur eine flache Kopie.

Bei einer flachen Kopie werden lediglich die Daten des zu kopierenden Elementes selbst kopiert, nicht aber die Daten, auf die eventuell Zeiger des Elements verweisen.

Was bedeutet dies für unser Beispiel? Schauen wir uns dazu einmal Abbildung 11.1 an:

Bild a zeigt den Zustand, nachdem *n1* erzeugt, aber bevor der Konstruktor aufgerufen wurde.

In b sehen wir die Klasse nach der Beendigung des Konstruktors.

Bild c zeigt den Zustand nach der Erzeugung von *n2*, bevor der Standard-Kopier-Konstruktor aufgerufen wurde.

Bild d nun zeigt den Zustand, nachdem der Standard-Kopier-Konstruktor die flache Kopie von *n1* erzeugt hat.

Und hier wird die ganze Problematik deutlich. *n1* und *n2* zeigen mit ihrem *name*-Zeiger beide auf denselben Namen, weil der *copy*-Konstruktor nur eine flache Kopie von *n1* erzeugt hat, also nur die Elemente von *n1* nach *n2* kopierte und nicht die Daten, auf die *name* verweist.

Und eben weil nun beide Exemplare den gleichen Zeiger auf *name* besitzen, wirkt sich jede Änderung des Namens bei *n1* gleichzeitig auf den Namen von *n2* aus und umgekehrt.

Absturzgrund

Besprechen wir nun noch schnell den Grund, warum das Programm abgestürzt ist oder einen Laufzeitfehler hervorrief. Wenn das Programm beendet wird, werden automatisch die Destruktoren der erzeugten Exemplare aufgerufen, und zwar in umgekehrter Reihenfolge der Erzeugung. Daher wird zuerst der Destruktor von *n2* aufgerufen, der ordnungsgemäß den Speicher freigibt, auf den *name* zeigt.

5. Der *Kopier*-Konstruktor ist für die Initialisierung zuständig.

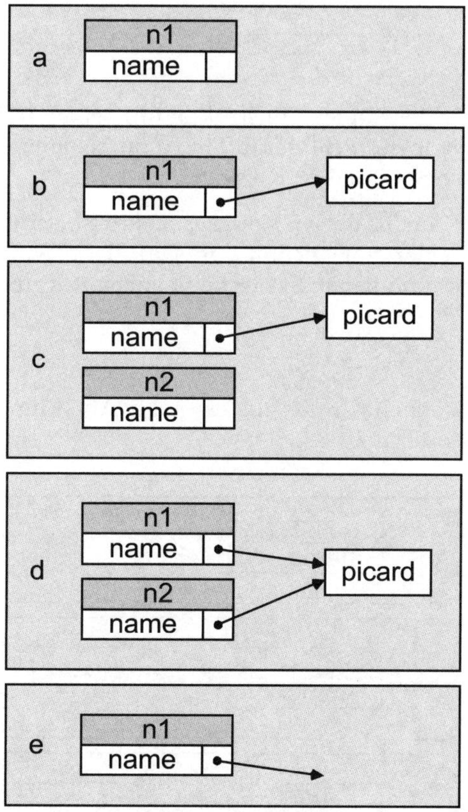

Abbildung 11.1: Die Arbeitsweise des Standard-Kopier-Konstruktors

Dann wird der Destruktor von *n1* aufgerufen, der auch versucht den Speicher freizugeben, auf den *name* zeigt. Aber *name* zeigt auf denselben Speicher, der zuvor schon von *n2* freigegeben wurde. Deswegen versucht die aufgerufene *delete*-Funktion Speicher freizugeben, der längst schon freigegeben ist. Und genau das verursacht den aufgetretenen Fehler.

Tiefe Kopie

Um dieses Problem zu umgehen, benötigen wir einen eigenen Kopier-Konstruktor, der eine tiefe Kopie anfertigt.

Bei einer tiefen Kopie werden sowohl die Daten des zu kopierenden Elementes als auch die Daten, auf die eventuell Zeiger des Elements verweisen, kopiert.

Der typische Kopier-Konstruktor hat folgende Form:

```
KLASSENNAME(const KLASSENNAME &)
```

Für unseren Fall sieht der Konstruktor also so aus:

```
Name::Name(const Name &n)
{
```

```
  name=new(char[strlen(n.name)+1]);
  strcpy(name,n.name);
}
```

Da der Kopier-Konstruktor nur bei der Initialisierung verwendet wird, brauchen wir nicht daraufhin zu überprüfen, ob *name* schon auf einen reservierten Speicherbereich zeigt.

Wenn Sie diesen Kopier-Konstruktor nun zur Klasse Name hinzufügen (die Deklaration nicht vergessen), dann wird das letzte Beispiel auch korrekt funktionieren. Es erscheint Folgendes auf dem Bildschirm:

```
picard   picard
Picard   picard
```

Schauen wir uns nun einmal in Abbildung 11.2 die Auswirkungen der tiefen Kopie an.

Abbildung 11.2: Eine tiefe Kopie mit eigenem Kopier-Konstruktor

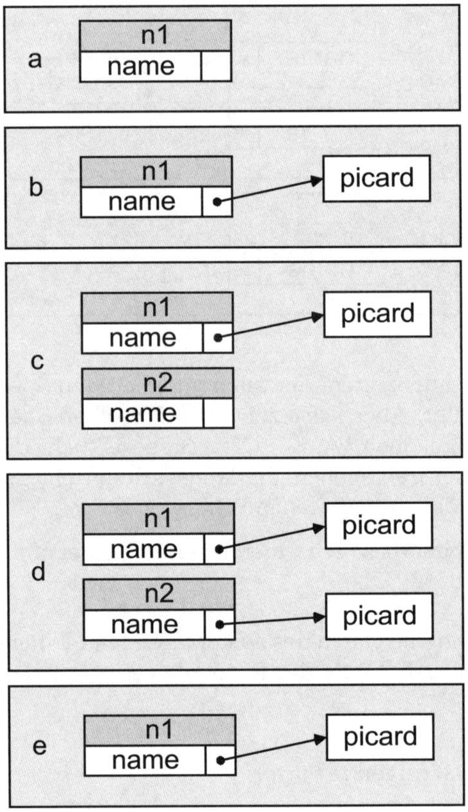

Die Bilder a-c sind identisch mit denen bei der flachen Kopie.

Bild d jedoch zeigt die Auswirkung unseres eigenen Kopier-Konstruktors. Es gibt nun zwei Speicherbereiche, in denen der Name »picard« steht. Wenn nun über *n1* eine Änderung am Namen vorgenommen wird, dann bezieht sich diese nur auf den einen von *n1* reservierten Speicherbereich. Der vom Kopier-Konstruktor erzeugte Speicherbereich von *n2* ist komplett eigenständig. Deswegen hat beim automatischen Aufruf der Destruktoren auch jedes Exemplar seinen eigenen Speicherbereich, den es freigibt. Ein Fehler tritt dadurch nicht mehr auf.

11.2.2 Zuweisung

Nachdem wir nun die zu berücksichtigenden Aspekte bei der Initialisierung besprochen haben, können wir das erworbene Wissen leicht auf die Zuweisung übertragen. Schauen wir uns dazu folgendes Beispiel an:

```
Name n1("Picard");
Name n2("Nummer eins");
```

Hier werden zwei Exemplare von *Name* erzeugt.

```
n2=n1;
```

Hier stoßen wir auf eine Zuweisung. Wir wissen, dass die Standard-Funktion nur eine flache Kopie erzeugt. Das bedeutet, dass *n2* nur den Verweis von *n1* zugewiesen bekommt. Dadurch verweisen wieder beide Exemplare auf denselben Namen. Doch ergibt sich hier noch ein weiteres Manko. Durch das bloße Kopieren des Verweises ist der ursprüngliche Verweis von *n2* verloren gegangen. Ein Speicherbereich, der nicht freigegeben wurde und auf den kein Verweis mehr besteht, bleibt bis zum Ende des Programms belegt, weil keine Möglichkeit mehr besteht, ihn noch freizugeben. Solche Speicherleichen sollten unbedingt vermieden werden.

```
n1.Print();
cout << "   ";
n2.Print();
cout << endl;
```

Hier wird zweimal der Name Picard ausgegeben, weil *n1* und *n2* auf denselben Speicherbereich verweisen.

```
n1.NewName("Crusher");
```

Durch den Aufruf von *NewName* bei *n1* wird der alte Speicherbereich gelöscht und ein neuer reserviert, in den der Name »Crusher« hineinkopiert wird. Sollte der neue Speicherbereich nicht zufällig an derselben Adresse liegen wie der alte, dann verweist *name* von *n2* nun ins Leere.

```
n1.Print();
cout << "   ";
n2.Print();
cout << endl;
```

Wenn bei dieser Ausgabe kein Fehler auftrat, dann lag der neue Speicherbereich an derselben Stelle wie der alte. Ansonsten würde die Ausgabefunktion einen Speicherbereich ausgeben, der nicht mehr zu unserem Programm gehört und vielleicht schon von einer anderen Applikation reserviert wurde. Das Ergebnis kann verheerend sein.

Wie dem auch sei, spätestens bei der Beendigung des Programms wird es einen Fehler irgendeiner Form geben, weil entweder versucht wird, denselben Speicherbereich zweimal freizugeben[6], oder ein Speicherbereich, der nicht mehr zu unserem Programm gehört, freigegeben wird.

Eigene Zuweisungs-Funktion

Es liegt natürlich klar auf der Hand, dass wir eine neue Zuweisungsfunktion brauchen. Die überladende Funktion heißt *operator=*. Die Deklaration unserer eigenen *operator=*-Funktion sieht folgendermaßen aus:

```
Name &operator=(const Name&);
```

Der Aufruf *n2=n1* wird dann folgendermaßen übersetzt:

```
n2.operator=(n1)
```

Das Argument der Funktion ist wieder als Referenz deklariert, damit das Programm keine Kopie des Exemplars anzufertigen braucht. Des Weiteren wurde das Argument aus zwei Gründen als konstant deklariert: Einerseits erkennt man sofort, dass unsere Funktion keine Änderungen am Funktionsargument vornimmt[7], und andererseits können auch tatsächlich als konstant deklarierte Exemplare bearbeitet werden[8].

Es vielleicht noch bemerkenswert, dass die Funktion eine Referenz auf ein *Name*-Exemplar zurückgibt. Dies hat einen ganz einfachen Grund. Wir haben oben gesehen, wie der Compiler die Anweisung *n2=n1* umsetzt. Wie aber setzt er die Anweisung *n3=n2=n1* um? Da Zuweisungen von rechts nach links bearbeitet werden, bearbeitet der Compiler zuerst *n2=n1*. Nach dieser ersten Umformung haben wir dann folgenden Ausdruck:

```
n3=n2.operator=(n1)
```

Hier erkennt man schon, dass *n3* den Rückgabewert von *n2.operator=* zugewiesen bekommt. Die nächste Umsetzung ergibt dann das endgültige Ergebnis:

```
n3.operator=(n2.operator=(n1))
```

---

6. Dies ist der Fall, wenn der von *n1* neu reservierte Speicherbereich an derselben Adresse liegt wie der alte.
7. Denn wegen der Deklaration als Referenz hätten Änderungen Auswirkungen auf die Originaldaten.
8. Es ist für den Compiler kein Problem, ein nicht konstantes Exemplar als konstant zu behandeln. Andersherum funktioniert es aber nicht, weil dies eine Aufweichung der Datenkapselung zur Folge hätte.

Das ist der Grund, warum *operator=* eine Referenz auf das eigene Exemplar als Rückgabewert besitzen sollte. Ansonsten könnten Sie nur einfache Zuweisungen benutzen.

Doch schauen wir uns nun die Definition der *operator=*-Funktion an:

```
Name &Name::operator=(const Name &n)
{
  if(this==&n) return(*this);
  if(name) delete[](name);
  name=new(char[strlen(n.name)+1]);
  strcpy(name,n.name);
  return(*this);
}
```

Die Funktion prüft zuerst, ob nicht eine Zuweisung an sich selbst stattfindet (z.B. *n1=n1.*). Würde dieser Fall nicht abgefangen, dann würde sich die Funktion durch das anschließende delete selbst den Boden unter den Füßen wegziehen.

Als Argument wird **this* zurückgegeben, weil *this* ein Zeiger ist.

Implizite Typumwandlung

Durch die Implementierung unserer *operator=*-Funktion kommen wir in den Genuss einer weiteren Eigenschaft von C++. Wir brauchen nun die Methode *NewName* nicht mehr.

Formulieren Sie eine Anweisung mit der gleichen Funktionalität wie *NewName*, jedoch ohne *NewName* zu benutzen. Erklären Sie Ihre Lösung.

Die Lösung ist sehr einfach. Schreiben Sie anstelle von

```
n1.NewName("Crusher");
```

einfach

```
n1="Crusher";
```

Aber warum funktioniert diese Anweisung problemlos? Es liegt an der positiven Eigenschaft von C++, dass der Compiler in gewisser Weise »mitdenkt«. Der Compiler weiß auf der einen Seite, wie man ein Exemplar von *Name* einem anderen Exemplar von *Name* zuweist[9]. Auf der anderen Seite weiß der Compiler aber auch, wie er aus einem String ein Exemplar von *Name* erzeugen kann[10]. Also erzeugt er einfach aus dem String »Crusher« ein temporäres Exemplar von *Name*, weist dieses *n1* zu und löscht das temporäre Exemplar wieder.

Sie können dies sehr schön nachvollziehen, wenn Sie den Destruktor und den verwendeten Konstruktor einmal folgendermaßen abändern:

9. Dafür haben wir die *operator=*-Funktion implementiert.
10. Er kann dafür den Konstruktor Name(char*) verwenden, den wir implementiert haben.

Konstruktor und Destruktor für Testzwecke

```
Name::Name(char *s)
{
  name=new(char[strlen(s)+1]);
  strcpy(name,s);
  cout << "Konstruktor mit " << s << " aufgerufen" << endl;
}

Name::~Name()
{
  if(name) cout << "Destruktor mit " << name << " aufgerufen" << endl;
  if(name) delete[](name);
}
```

Grundsätzlich gilt Folgendes:

Konstruktoren mit nur einem Argument werden, wenn möglich, vom Compiler zur Typumwandlung verwendet*.

*Es sei denn, der Konstruktor wurde als explizit deklariert. Explizite Konstruktoren werden vom Compiler nicht zur impliziten Typumwandlung herangezogen.

Der Nachteil besteht darin, dass jedes Mal ein temporäres Exemplar erzeugt werden muss. Bei unserem Beispiel ist dies nicht sonderlich zeitaufwändig, aber bei Klassen, die aus einem Vielfachen der hier benutzten Datenmenge bestehen, kann dies ein erheblicher Einschnitt in die Leistung des Programms sein.

Doch es gibt hier eine ganz einfache Lösung. Wir überladen die *operator=*-Funktion einfach noch einmal. Und zwar diesmal mit einem String als Argument.

```
const Name &Name::operator=(char *s)
{
  if(name) delete[](name);
  name=new(char[strlen(s)+1]);
  strcpy(name,s);
  return(*this);
}
```

Wenn Sie diese Funktion in die Klasse integrieren (Deklaration nicht vergessen!), dann werden Sie sehen, dass kein temporäres Exemplar erzeugt wird.

Da auch hier die *operator=*-Funktion ein Rückgabeargument hat, können auch Zuweisungen folgender Art formuliert werden:

```
n3=n2=n1="LaForge";
```

Sie können auf diese Weise die Zuweisungen immer komfortabler gestalten.

Die bisherigen Veränderungen an der Klasse *Name* finden Sie auf der CD unter /BUCH/KAP11/NAME2.

11.3 Die Operatoren << und >>

Kommen wir nun zu den Operatoren »<<« und »>>«. In C haben diese Operatoren nur die Funktion eines bitweisen Verschiebens nach links oder nach rechts. In C++ kommt ihnen noch eine weitere Bedeutung zu, nämlich als Operatoren der Ein- und Ausgabe bei Streams.

Da das Überladen der Operatoren als bitweise Verschiebung keine neuen Ansprüche an unsere Fähigkeiten stellt, werden wir uns hier hauptsächlich mit der Ein- und Ausgabe beschäftigen. Und zwar wollen wir die Operatoren »<<« und »>>« so überladen, dass wir mit ihnen unsere eigenen Klassen ausgeben und Daten für sie eingeben können. Wir werden als Beispiel weiterhin unsere *Name*-Klasse verwenden. Schauen wir uns nun die Deklaration unserer eigenen *operator*<<-Funktion an:

Deklaration

```
friend ostream &operator<<(ostream&, const Name&);
```

Diese Funktion kann nicht mehr als Elementfunktion deklariert werden, weil sie sonst zu *ostream* gehören müsste. *ostream*, von der *cout* ein Exemplar ist, ist eine von *ios* abgeleitete Klasse.

Der an die Funktion übergebene *ostream* muss von der Funktion wieder zurückgegeben werden, um eine Aneinanderreihung der Ausgaben, wie man sie üblicherweise verwendet, zu ermöglichen. Die Funktion muss als *friend* unserer Klasse deklariert sein, weil sie für die Ausgabe auf die privaten Elemente von *Name* zugreifen muss. Die Deklaration des auszugebenden Elements als konstant und als Referenz hat die gleichen Gründe wie sonst auch, nämlich das Vermeiden von unnötigen temporären Kopien und das explizite Deklarieren der Absicht, keine Änderungen an den Daten des übergebenen Exemplars vorzunehmen. Und nun die Funktion selbst:

Definition

```
ostream &operator<<(ostream &ostr, const Name &n)
{
  ostr << n.name;
  return(ostr);
}
```

Der Trick besteht darin, die Ausgabe unserer Klasse auf Datentypen zu beschränken, für die standardmäßig schon <<-Operatoren überladen wurden. In unserem Fall machen wir uns die String-Ausgabe zu Nutze. Wir sind nun in der Lage, unsere Klasse zum Beispiel wie folgt auszugeben:

```
Name n4("Crusher");
cout << "Mal sehen, ob es mit " << n4 << " klappt" << endl;
```

Wenden wir uns nun der Eingabe zu. Die Deklaration der *operator*>>-Funktion sieht der der *operator*<<-Funktion sehr ähnlich:

Deklaration

```
friend istream &operator>>(istream&, Name&);
```

Die Funktion hat als ein Argument und als Rückgabewert ein Objekt von der Klasse *istream*, welche genau wie *ostream* von *ios* abgeleitet ist.

Unsere eigene Klasse darf nun in der Argumentliste nicht mehr als konstant deklariert sein, weil wir die eingegebenen Daten in sie hineinschreiben wollen. Wir gehen in diesem Beispiel der Einfachheit halber davon aus, dass alle einzugebenden Namen kleiner als 200 Zeichen lang sind. Obwohl dies für tatsächliche Anwendungen äußerst unelegant ist, würde eine dynamische Implementierung hier von unserem Hauptthema ablenken. Doch hier die Funktion:

```
istream &operator>>(istream &istr, Name &n)
{
char s[201];

  cin.getline(s,200);
  if(n.name) delete[](n.name);
  n.name=new(char[strlen(s)+1]);
  strcpy(n.name,s);
  return(istr);
}
```

Die Funktion muss dafür sorgen, dass *Name* für den eingegebenen String Speicher reserviert bekommt und eventuell von einem alten Namen belegter Speicherplatz freigegeben wird.

11.4 Die Grundrechenarten

Die Grundrechenarten sind von der Benutzung her ziemlich ähnlich, weswegen wir hier hauptsächlich die Addition besprechen werden. Als Beispielklasse eignet sich dafür hervorragend unsere Klasse *IntElement*. Um sie an unsere Bedürfnisse anzupassen, erweitern wir sie um zwei weitere Konstruktoren sowie um einen *copy*-Konstruktor und eine *operator<<*-Funktion:

Definition

```
IntElement(void) : ListenElement(0,0), data(0){}

IntElement(int d) : ListenElement(0,0), data(d){}

IntElement(const IntElement &el)
{
  data=el.data;
}

const IntElement &operator=(const IntElement &el)
{
  data=el.data;
  return(*this);
}

friend ostream &operator<<(ostream &ostr, const IntElement &el)
{
```

```
  cout << el.data;
  return(ostr);
}
```

Man könnte dem Gedanken verfallen, keinen Kopier-Konstruktor zu benötigen, weil flache Kopien ausreichen.

Das Problem liegt aber darin, dass der Standard-Kopier-Konstruktor alle Elemente der Klasse kopiert, also auch *previous* und *next*. Die *operator<<*-Funktion löst die *Print*-Funktion ab, deren rein-virtuelle Variante auch aus *ListenElement* entfernt werden muss[11].

Doch kommen wir nun zur Deklaration unserer *operator+*-Funktion:

Deklaration

```
friend IntElement operator+(const IntElement&, const IntElement&);
```

Wir haben sie als Nicht-Elementfunktion definiert, was einige Vorteile mit sich bringt. Schauen wir uns nun die Funktion selbst an:

Definition

```
IntElement operator+(const IntElement &el1, const IntElement &el2)
{
  IntElement el(el1.data+el2.data);
  return(el);
}
```

Warum wird in operator+ ein Exemplar von IntElement erzeugt und dieses dann nicht als Referenz, sondern als Kopie zurückgegeben?

Die Antwort ist eigentlich ganz einfach. Der +-Operator muss sicherstellen, dass die Operanden nicht verändert werden. Deswegen müssen wir das Ergebnis in einem neuen Exemplar festhalten.

Um das Ergebnis als Referenz zurückgeben zu können, müssten wir den Speicher für das Exemplar dynamisch anfordern[12]. Dynamisch angeforderter Speicher hat in diesem Fall aber den Nachteil, dass wir uns selbst wieder um die Freigabe kümmern müssen. Durch das Deklarieren des zur Sicherung des Ergebnisses benötigten Exemplars als lokale Variable kümmert sich der Compiler selbst um die Freigabe nach Beendigung der Funktion.

Da der Rückgabewert keine Referenz ist, wird eine Kopie der lokalen Variablen angefertigt. Weil dieser Rückgabewert auch lokalen Charakter hat[13], kümmert sich hier der Compiler um die Freigabe. Dies ist notwendig, weil wir nicht wissen, ob der Rückgabewert dieser Funktion von unserem eigenen Programm verwertet wird.

---

11. Würde die *Print*-Methode nur in *IntElement* gelöscht, dann würde *IntElement* ebenfalls zu einer abstrakten Klasse, weil automatisch die rein-virtuelle Funktion *Print* von *ListenElement* übernommen würde.
12. Das in unserem Beispiel statisch erzeugte Exemplar von *IntElement* wird vom Compiler automatisch nach Beendigung der Funktion gelöscht. Deswegen kann man keine Referenz auf sie zurückgeben.
13. Denn er wird höchstwahrscheinlich als Funktionsparameter enden.

Mit dieser Operator-Funktion sind nun folgende Fälle abgedeckt:

```
IntElement ie;

ie=4+6;
cout << "Wert:" << ie << endl;
ie=ie+15;
cout << "Wert:" << ie << endl;
ie=5+ie;
cout << "Wert:" << ie << endl;
```

Wobei der Compiler den *IntElement(int)*-Konstruktor verwendet, um aus den *int*-Werten temporäre *IntElement*-Exemplare zu erzeugen.

Warum wurde die *operator+*-Funktion nicht als Methode von *IntElement* deklariert? Welche Nachteile würden sich daraus ergeben?

Deklaration als Methode

Dazu müssen wir uns ins Gedächtnis rufen, wie der Ausdruck *a+b* mit der bisherigen Variante umgesetzt wird:

```
operator+(a,b)
```

Wäre *operator+* aber eine Elementfunktion, dann hätte sie erstens nur noch einen Parameter und würde den Ausdruck *a+b* so umsetzen:

```
a.operator+(b)
```

Dies erfordert aber, dass der Operand *a* auf jeden Fall vom Typ *IntElement* ist. Daraus folgt, dass diese Variante den Ausdruck *20+b* nicht mehr verarbeiten kann, denn 20 ist nicht vom Typ *IntElement* und wird auch nicht mehr automatisch mit dem *IntElement(int)*-Konstruktor in ein temporäres *IntElement* umgewandelt, weil 20 dazu ein Funktionsparameter sein müsste, was aber nicht der Fall ist.

Natürlich haben wir auch hier – genau wie im vorherigen Kapitel – den Nachteil, dass immer implizit der *IntElement(int)*-Konstruktor verwendet wird, was nicht sehr effizient ist. Haben Sie Ihr Hauptaugenmerk auf die Geschwindigkeit Ihres Programms gerichtet, dann sollten Sie für jeden Datentyp eine eigene *operator+*-Funktion implementieren.

Wir können unsere *operator+*-Funktion aber noch verbessern. Wenn wir uns die bisherige Version ansehen, stellen wir fest, dass zuerst ein lokales Exemplar mit der Summe erzeugt wird. Dieses wird dann als Rückgabewert benutzt, wobei dort ebenfalls ein Exemplar erzeugt wird[14]. Diese beiden Exemplare werden beim Verlassen ihres Bezugsrahmens automatisch wieder zerstört. Wir können aber durch einen Trick auf eines der beiden Exemplare verzichten und erhöhen somit die Verarbeitungsgeschwindigkeit:

14. Das lokale Exemplar konnte wegen der begrenzten Lebensdauer nicht verwendet werden.

Einsparung einer Variablen

```
IntElement operator+(const IntElement &el1, const IntElement &el2)
{
  return(el1.data+el2.data);
}
```

Der Compiler weiß, dass die Funktion ein Exemplar vom Typ *IntElement* zurückgeben soll. Da die Summe vom Typ *int* ist, benutzt er den *IntElement(int)*-Konstruktor zur impliziten Typumwandlung. Wir haben damit das lokale Exemplar eingespart.

11.4.1 Zuweisungsoperatoren

Kommen wir nun noch zu den Rechenoperatoren mit eingebauter Zuweisung (+=, -=, *=, /=). Als Beispiel bleiben wir bei der Addition, die wir nun wieder als Elementfunktion realisieren:

Deklaration

```
IntElement &operator+=(const IntElement&);
```

Im Gegensatz zum normalen Additions-Operator wird bei der automatischen Zuweisung das Ergebnis dem linken Operanden zugewiesen. Deswegen brauchen wir das Ergebnis nicht in einer zusätzlichen lokalen Variablen zwischenzuspeichern und können das Ergebnis auch wieder wie sonst als Referenz zurückgeben:

Definition

```
IntElement &IntElement::operator+=(const IntElement &el)
{
  data+=el.data;
  return(*this);
}
```

Der Ausdruck *a+=b* wird dann wie folgt umgesetzt:

```
a.operator+=(b)
```

Durch das implizite Verwenden des *IntElement(int)*-Konstruktors durch den Compiler sind folgende Fälle abgedeckt:

```
el1+=4;
el1+=ie;
```

Auch hier gilt, dass Sie zur Geschwindigkeitsoptimierung eine zusätzliche Funktion *operator+=(int)* implementieren können, um die implizite Typumwandlung zu vermeiden.

11.5 Die Operatoren [] und ()

In diesem Kapitel besprechen wir das Überladen des Indizierungsoperators [] und des Funktionsaufrufoperators ().

Zuerst wollen wir uns des Indizierungsoperators annehmen. Die Verwendung, wie wir sie von den gewöhnlichen Feldern her kennen, kann häufig auch für eigene Klassen interessant sein. Zum Beispiel könnten wir mit diesem Operator eine Möglichkeit definieren, um einzelne Elemente unserer Liste anzusprechen. Wir könnten dann mit *liste[8]* das achte Element der Liste ansprechen.

Als Beispielklasse, die wir mit diesem Operator ausstatten wollen, bietet sich die *Name*-Klasse geradezu an. Wir hatten dort schon eine Methode namens *NewChar* implementiert, die wir nun durch den Indizierungsoperator ersetzen wollen.

Der Indizierungsoperator unterscheidet sich von den bisher betrachteten Operatoren dadurch, dass er sowohl auf der linken als auch auf der rechten Seite einer Zuweisung stehen kann:

```
name[3]='b';
char c=name[8];
```

Um diesem Dilemma zu entkommen, lassen wir die Funktion einfach eine Referenz auf das betroffene Element zurückgeben:

```
char &operator[](int);
```

Die Funktion selbst sieht folgendermaßen aus:

```
char &Name::operator[](int p)
{
  return(name[p]);
}
```

Diese Funktion ist sehr einfach. Sie hat jedoch den Nachteil, dass sie in keinster Weise auf eine Bereichsüberschreitung eingeht. Wir werden uns im letzten Abschnitt dieses Kapitels mit einer einfachen Methode dieser Fehlerbehandlung beschäftigen.

Der Funktionsaufrufoperator kann ähnlich dem Indizierungsoperator benutzt werden. Da er aber nur auf der rechten Seite stehen kann, brauchen wir nicht mit Referenzen zu arbeiten:

```
char operator()(int);
```

Die Funktion selbst ist abgesehen vom Funktionskopf identisch mit der des Indizierungsoperators:

```
char Name::operator()(int p)
{
  return(name[p]);
}
```

Der Vorteil des Funktionsaufrufoperators ist der, dass innerhalb der Klammern mehrere Argumente stehen können. Dadurch wiederum können Sie die *operator()*-Funktion auf die verschiedenste Weise und mit den unterschiedlichsten Argumenten überladen, wodurch sie für ein breit gefächertes Anwendungsspektrum in Frage kommt.

11.6 Umwandlungsoperatoren

Angenommen, Sie müssten aus unerfindlichen Gründen das File-Handling von C einsetzen, wollten aber auf die Vorteile von Klassen nicht verzichten. Anstelle des Öffnens und Schließens der Datei könnten Sie eine Klasse namens *Datei* entwerfen, deren Konstruktor eine Datei öffnet und deren Destruktor die Datei wieder schließt:

```
class Datei
{
  private:
    FILE *fhd;
    static int fanz;

  public:
    Datei(const char*, const char*);
    ~Datei();
};
```

Die Klasse enthält noch ein statisches Attribut, welches die Zahl der durch die Klasse geöffneten Dateien zählt. Die dazu nötigen Methoden und Initialisierungen sehen wie folgt aus[15]:

```
int Datei::fanz=0;

Datei::Datei(const char *n, const char *m)
{
  fhd=fopen(n,m);
  fanz++;
}

Datei::~Datei()
{
  fclose(fhd);
  fanz--;
}
```

So weit, so gut. Schauen Sie sich einmal folgendes Fragment an:

```
Datei dat("input.txt","r");
char s[100];

fscanf(dat,"%s",s);
```

Die letzte Anweisung muss einen Fehler zur Folge haben, weil *dat* vom Typ *class Datei* ist und nicht *FILE**. Wir müssten eine Funktion schreiben, die als Rückgabewert das Filehandle hat, und diese dann z. B. so benutzen:

15. Für das ordnungsgemäße Funktionieren muss die Header-Datei *cstdio* mittels *include* eingebunden werden.

```
fscanf(dat.getHandle(),"%s",s);
```

Dies ist nicht sehr praktisch. Deswegen wurden die so genannten Umwandlungsoperatoren eingeführt, die bei Bedarf eine implizite Typumwandlung vornehmen. Was die Konstruktoren mit einem Parameter für die Umwandlung »fremder Typ -> eigener Klassentyp« sind, das sind die Umwandlungsoperatoren für die Umwandlung »eigener Klassentyp -> fremder Typ«. Schauen wir uns einmal zwei solcher Umwandlungsoperatoren für unsere Klasse *Datei* an:

```
class Datei
{
  private:
    FILE *fhd;
    static int fanz;

  public:
    Datei(const char*, const char*);
    ~Datei();
    operator FILE*() {return fhd;}
    operator int() {return fanz;}
};
```

Wie Sie sehen, werden die Umwandlungsoperatoren auch mit dem Schlüsselwort *operator* eingeleitet. Diesem folgt, durch ein Leerzeichen getrennt, der Ziel-Typ. Dieser Ziel-Typ wird dann auch als Rückgabeparameter der Funktion erwartet.

In unserem Beispiel wurden zwei Umwandlungsoperatoren definiert. Der eine wandelt von *class Datei* nach *FILE** um und der andere von *class Datei* nach *int*, wobei der *int*-Wert für die Anzahl der aktuell durch die Klasse geöffneten Dateien steht.

Sie finden die Klasse *Datei* auf der CD unter /BUCH/KAP11/ DATEI.

Diese Form des Öffnens und Schließens von Dateien ist nur dann ratsam, wenn geeignete Methoden zur Fehlerbehandlung vorliegen. Deswegen werden wir im nächsten Teilkapitel eine einfache Fehlerbehandlung kennen lernen. Ein sehr viel mächtigeres Werkzeug werden wir in Kapitel 16 besprechen.

11.7 Einfache Fehlerbehandlung

Zum Abschluss dieses Kapitels wollen wir uns noch eine einfache Variante der Fehlerbehandlung anschauen. Das dazu verwendete Makro heißt **assert** und befindet sich in der Header-Datei »assert.h«.

assert macht nichts, wenn die übergebene Bedingung wahr ist. Sollte sie aber falsch sein, gibt *assert* die Datei, die Zeile und die Art des entstandenen Fehlers aus und ruft dann *abort* auf, was einen Programmabbruch zur Folge hat.

```
char &Name::operator[](unsigned int p)
{
  assert(p<strlen(name));
  return(name[p]);
}
```

Das Argument der Funktion wurde in *unsigned int* umgeändert, um auf eine Abfrage nach kleiner Null verzichten zu können.

Diese Methode sollte hauptsächlich dazu verwendet werden, während der Entwicklungsphase durch Formulierung von Bedingungen das Auftreten von kritischen Situationen während der Laufzeit (Speicher konnte nicht reserviert werden, Funktion mit ungültigen Parametern aufgerufen etc.) abfangen zu können. Einige Compiler binden die *assert*-Anweisungen nicht mehr ins Programm ein, wenn man eine veröffentlichungswürdige Version (release-version) kompiliert, die im Allgemeinen keine zusätzlichen Debuggerinformationen enthält.

Wir werden später noch die Möglichkeit der Ausnahmebehandlung kennen lernen, bei der man zudem die Möglichkeit hat, auf die Fehler mit eigenen Anweisungen einzugehen, um zum Beispiel sensible Daten noch vor Abbruch des Programms abzuspeichern.

11.8 Kontrollfragen

1. Worin lag die Motivation, die Möglichkeit des Überladens von Operatoren einzuführen?
2. Inwieweit kann die Bedeutung eines Operators verändert werden und welche Grenzen sind Ihnen dabei gesetzt?
3. Was ist die Besonderheit von Konstruktoren mit nur einem Parameter?
4. Worin liegt der Nachteil der Standardkonstruktoren?
5. Nennen Sie den Unterschied zwischen einer flachen und einer tiefen Kopie.
6. Erklären Sie den Unterschied zwischen Zuweisung und Initialisierung.
7. Erklären Sie die Doppeldeutigkeit des Begriffs »Initialisierung«.

12 Übungen

Wir werden dieses Übungskapitel dazu nutzen, einmal ein kleineres »Projekt« in Angriff zu nehmen. Und zwar werden wir eine String-Klasse entwerfen, die uns den Umgang mit Strings erleichtern soll. String-Klassen gehören im Allgemeinen zur Klassenbibliothek eines jeden Compilers, aber Sinn und Zweck der Übungen eines Lehrbuches ist es, das »wie« zu vermitteln, und irgendwie ist es doch immer schöner, etwas zu benutzen, was man selbst geschrieben hat.

Gerade weil die einzelnen Aufgaben aufeinander aufbauen, sollten Sie nach der Bearbeitung jeder Aufgabe Ihre Lösung mit der abgedruckten vergleichen, damit sich eventuelle Fehler nicht über mehrere Aufgaben hinweg hochschaukeln.

Die Klasse *String* mit allen in diesem Übungskapitel geforderten Funktionen finden Sie auf der CD unter /BUCH/KAP12/STRING.

1

Entwerfen Sie eine Klasse namens *String*, die einen privaten Zeiger auf einen dynamischen Speicherbereich besitzt. Als weitere Attribute sollen *len* für die Stringlänge und *bufsize* für die Größe des Stringpuffers angelegt werden. Schreiben Sie drei Konstruktoren *String(void)*, *String(const char*)* und *String(const char)*, die den nötigen Speicherbereich reservieren, und zwar soll der für den String verwendete Speicherbereich immer um 15 Zeichen größer sein als benötigt. Schreiben Sie drei Zuweisungsoperatoren *operator=(String)*, *operator=(const char *)* und *operator=(const char)* sowie einen copy-Konstruktor *String(const String&)*. Vergessen Sie den Destruktor nicht.

Um die vom Benutzer ansprechbaren Funktionen von der tatsächlichen Verwaltung des Speichers zu kapseln, entwerfen Sie eine private Methode *replace*, die einen neuen String übernimmt und alle dazu nötigen Maßnahmen ergreift.

Des Weiteren soll die Klasse mit überladenen <<- und >>-Operatoren ausgestattet werden, wobei die Eingabe vorerst mit einer maximalen Größe arbeiten darf.

Trennen Sie die Deklarationen und Definitionen voneinander und speichern Sie diese in zwei Dateien namens »string.h« und »string.cpp«.

2

Wenden wir uns nun den Additionsoperatoren zu. Implementieren Sie für *operator+* und *operator +=* alle nötigen Funktionen, um die Datentypen *const String&*, *const char** und *const char* verarbeiten zu können.

Überlegen Sie, welche Funktionen als Elementfunktionen deklariert werden können und welche als Nicht-Elementfunktionen deklariert werden müssen.

Benutzen Sie zur Implementierung der *operator*-Funktionen eine Funktion *insert(unsigned long pos, unsigned long len, const char *s)*, die an der Stelle *pos* im Stringspeicher die ersten *len* Zeichen des Strings *s* einfügt. *insert* soll dabei Gebrauch vom zusätzlichen Speicher des Stringpuffers machen.

3

Überladen Sie den Operator [], um auf die einzelnen Zeichen eines *String*-Objekts genauso zugreifen zu können wie auf ein *char*-Feld.

4

Überladen Sie für die Klasse *String* die Vergleichsoperatoren.

5

Überladen Sie den Operator () so, dass Sie ihn mit *(pos,len)* aufrufen können und er dann einen Teilstring erzeugt, der an der Position *pos* beginnt und *len* Zeichen lang ist.

6

Überladen Sie den Operator -= für *const String&*, *const char** und *const char*. Zum Beispiel soll der Aufruf

```
str-="otto";
```

alle Vorkommnisse des Strings »otto« in *str* löschen. Schreiben Sie dazu eine private Methode namens *remove*, der Sie Position und Länge des zu löschenden Teils im Stringpuffer übergeben. Denken Sie daran, dass bei entsprechender Verkleinerung des Strings der Effizienz wegen auch der Stringpuffer verkleinert werden sollte. Dabei sollte der beim Einfügen benutzte zusätzliche Speicher des Stringpuffers nicht verloren gehen.

7

Schreiben Sie eine Methode namens *Insert* für *const String&* und *const char**, die den ihr übergebenen String an der ihr ebenfalls übergebenen Position einfügt.

8

Schreiben Sie eine Methode *Overwrite* für *const String&* und *const char**, die den String ab der übergebenen Position mit dem übergebenen String überschreibt. Gegebenenfalls muss der String verlängert werden.

9

Schreiben Sie eine Methode *Remove*, die einen Teilstring aus dem Stringpuffer herausschneidet. Position und Länge des Teilstrings werden der Funktion übergeben.

10

Schreiben Sie eine Methode *Includes* für *const String&* und *const char**, die einen wahren Wert zurückliefert, wenn der übergebene Teilstring im Stringpuffer enthalten ist. Ansonsten soll sie einen falschen Wert zurückgeben.

11

Schreiben Sie eine Methode *toChar*, die einen konstanten Zeiger auf den String zurückliefert, damit wir unseren String auch mit den normalen Funktionen aus *string.h* bearbeiten können.

12.1 Lösungen

1

Der erste Entwurf unserer Klasse sieht bis jetzt folgendermaßen aus:

Klassendefinition

```
#ifndef __STRING_H
#define __STRING_H

#include <iostream>

#define FWDBUFFER 15
#define INPBUFFER 200

using namespace std;

class String
{
  private:
    char *string;
    unsigned long len;
    unsigned long bufsize;

    void replace(const char*);

  public:
    String(void);
    String(const char*);
    String(const char);
    String(const String&);
    ~String();

    friend ostream &operator<<(ostream&, const String&);
    friend istream &operator>>(istream&, String&);
    String &operator=(const String&);
    String &operator=(const char*);
```

```
    String &operator=(const char);
};

#endif
```

FWDBUFFER ist die Konstante für den zusätzlichen Speicher des Stringpuffers. *INPBUFFER* ist die Konstante für die maximale Länge des Eingabestrings.

Schauen wir uns zuerst die private Methode *replace* an, denn sie spielt eine zentrale Rolle:

replace

```
void String::replace(const char *s)
{
  if(string) delete[](string);
  len=strlen(s);
  bufsize=FWDBUFFER+len+1;
  string=new(char[bufsize]);
  assert(string!=0);
  strcpy(string,s);
}
```

Zuerst wird eventuell schon vorhandener Stringspeicher freigegeben. Danach wird die Länge des zu kopierenden Strings ermittelt und nach *len* geschrieben. Durch das Ermitteln der Stringlänge zu diesem Zeitpunkt sparen wir uns ein weiteres Aufrufen von *strlen* bei der Reservierung neuen Speichers mittels *new*. *bufsize* ist wegen der abschließenden Null eines Strings um ein Zeichen länger.

Zum Schluss wird der String kopiert, nachdem abgesichert wurde, dass tatsächlich Speicher reserviert worden ist.

Kommen wir nun zu den Konstruktoren:

Konstruktoren

```
String::String(void)
{
  len=0;
  bufsize=0;
  string=0;
}
```

Der argumentlose Konstruktor braucht lediglich die Attribute mit Null zu initialisieren, weil es sich ja um einen leeren String handelt.

```
String::String(const char *s)
{
  string=0;
  replace(s);
}
```

Da bei einem Konstruktor-Aufruf kein Attribut initialisiert ist, müssen wir vor dem Aufruf von *replace string* auf Null setzen, damit *replace* ordnungsgemäß erkennt, dass noch kein String vorhanden ist.

```
String::String(const char c)
{
  string=0;
  char s[2];
  s[0]=c;
  s[1]=0;
  replace(s);
}
```

Der Trick dieses Konstruktors besteht darin, aus dem Zeichen einen einelementigen String zu machen und diesen dann genau wie im *String(const char*)*-Konstruktor zu behandeln.

```
String::String(const String &s)
{
  string=0;
  replace(s.string);
}
```

Für den Kopier-Konstruktor gilt das Gleiche, wobei sich nur das Argument von *replace* geändert hat.

```
String::~String()
{
  if(string) delete[](string);
}
```

Nach all unseren Beispielen ist der Destruktor trivial. Wenden wir uns daher direkt den Zuweisungsoperatoren zu:

```
String &String::operator=(const String &s)
{
  replace(s.string);
  return(*this);
}
String &String::operator=(const char *s)
{
  replace(s);
  return(*this);
}
String &String::operator=(const char c)
{
  char s[2];
  s[0]=c;
  s[1]=0;
  replace(s);
  return(*this);
}
```

Auch die Zuweisungsoperatoren bedürfen keiner weiteren Erklärung. Man sieht aber sehr schön, wie einfach all diese Funktionen zu realisieren sind, nur weil wir die Funktion *replace* eingeführt haben.

Ein weiterer Vorteil von *replace* liegt darin, dass alle Änderungen bezüglich der eigenen Speicherverwaltung bis jetzt nur in *replace* selbst vorgenommen zu werden brauchen, weil die vom Benutzer zugänglichen Funktionen keine eigenen Anweisungen zur Speicherverwaltung besitzen. Als Letztes besprechen wir noch die Ein- und Ausgabeoperatoren:

Ein-/ Ausgabeoperatoren

```
ostream &operator<<(ostream &ostr, const String &s)
{
  if(s.len) ostr << s.string;
  return(ostr);
}

istream &operator>>(istream &istr, String &s)
{
  char buf[INPBUFFER+1];
  istr.getline(buf,INPBUFFER);
  s.replace(buf);
  return(istr);
}
```

Abgesehen vom *replace*-Aufruf in *operator>>* sind beide Funktion nahezu identisch mit denen unserer Beispielklasse *Name*.

2

Schauen wir uns zunächst die *insert*-Funktion an, die ja das Herzstück der kommenden Funktionen ist:

```
void String::insert(unsigned long pos, unsigned long slen,
                    const char *s)
{
  if(!string)
    {
      len=slen;
      bufsize=FWDBUFFER+len+1;
      string=new(char[bufsize]);
      assert(string!=0);
      strcpy(string,s);
      return;
    }
```

Zuerst wird der Fall eines leeren Strings behandelt. Da ein leerer String keine Zeichen enthält, können einzufügende Zeichen nur an den Anfang gesetzt werden. Deswegen ist dieser Programmteil nahezu identisch mit dem der *replace*-Funktion. Das nächste Programmstück behandelt die Situation, in der ein String in einen schon bestehenden eingefügt werden soll

```
else
  {
    if((len+slen+1)<=bufsize)
      {
        for(unsigned long x=len+1;x>=pos+1;x--)
          string[x+slen-1]=string[x-1];
        for(x=0;x<slen;x++)
          string[x+pos]=s[x];
        len+=slen;
      }
```

Für das Einfügen in einen bestehenden String müssen zwei Fälle unterschieden werden. Entweder ist der einzufügende String kleiner/gleich dem noch freien Speicher im Stringpuffer oder nicht. Der obere Programmteil behandelt den ersten Fall, der in Abbildung 12.1 grafisch dargestellt ist:

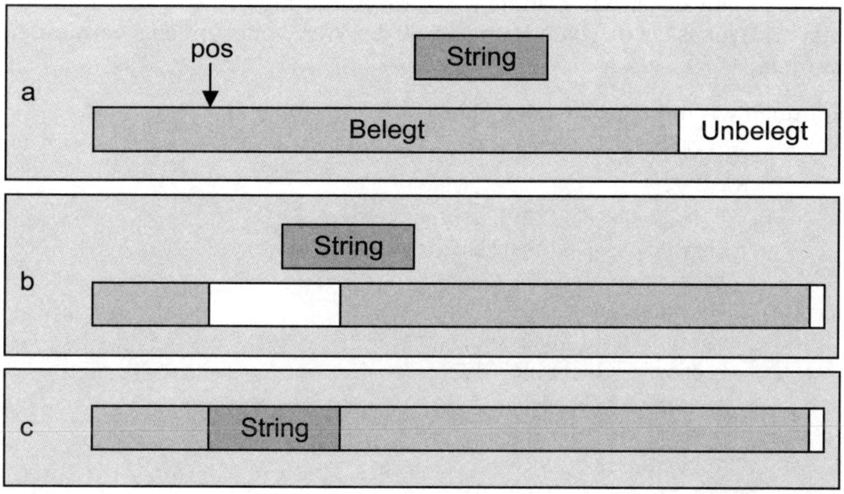

Abbildung 12.1: Der noch freie Pufferspeicher ist groß genug

Weil der Stringpuffer groß genug ist, um den einzufügenden String aufzunehmen, müssen lediglich Teile des Stringpuffers verschoben werden. Bild a in Abbildung 12.1 zeigt den Stringpuffer mit seinem belegten und unbelegten Speicher.

Um nun Platz an der Einfügeposition (*pos*) zu schaffen, muss der Stringteil rechts der Einfügeposition so weit nach rechts geschoben werden, wie der einzufügende String lang ist. Dies erledigt in unserem Programmstück die erste Schleife. Bild b zeigt die Situation, nachdem die Verschiebung abgeschlossen ist.

Die zweite Schleife unseres Programms kann nun den einzufügenden String in den freigewordenen Bereich kopieren. Das Ergebnis ist in Bild c dargestellt.

Eine Anmerkung ist noch zur ersten Schleife zu machen. Ist Ihnen aufgefallen, dass *x* mit *len+1* initialisiert wird, aber bei jeder Benutzung von *x* im Ausdruck -1 vorkommt? Rein mathematisch gesehen könnte einfach das *+1* und alle Vorkommnisse von *-1* weggelassen werden. Der Grund ist ganz einfach und wird offensichtlich, wenn man die Grenzpunkte der Schleife betrachtet.

Stellen Sie sich einmal vor, die *+1* und *-1* wären nicht vorhanden und die Länge des Strings wäre 0. Dann würde *x* mit Null initialisiert und wäre durch das *x-* nach dem ersten Schleifendurchlauf eine extrem große positive Zahl[1]. Obwohl die Schleife abbrechen müsste, tut sie dies nicht, weil als Bedingung *x>=pos* steht, und das ist selbst bei einer extrem großen Zahl gegeben.

Deswegen wird der Wert um eins erhöht, um einen korrekten Schleifenabbruch zu gewährleisten. Damit sich diese Änderung nicht auf das Ergebnis auswirkt, muss bei der Benutzung von *x* der Wert von *x* um eins vermindert werden.

Kommen wir nun zum zweiten Fall:

```
    else
      {
        bufsize=FWDBUFFER+len+slen+1;
        char *sptr=new(char[bufsize]);
        assert(sptr!=0);
        unsigned long y=0;
        for(unsigned long x=0;x<pos;x++)
          sptr[y++]=string[x];
        for(x=0;x<slen;x++)
          sptr[y++]=s[x];
        for(x=pos;x<=len;x++)
          sptr[y++]=string[x];
        len+=slen;
        delete[](string);
        string=sptr;
      }
    }
}
```

Dies ist der Fall, wenn der einzufügende String größer ist als der noch freie Platz des Stringpuffers. In diesem Fall muss ein größerer Speicherbereich reserviert werden. In Abbildung 12.2 sehen Sie die einzelnen Schritte.

1. Weil durch die Deklaration von *x* als *unsigned* kein negativer Zahlenbereich vorhanden ist.

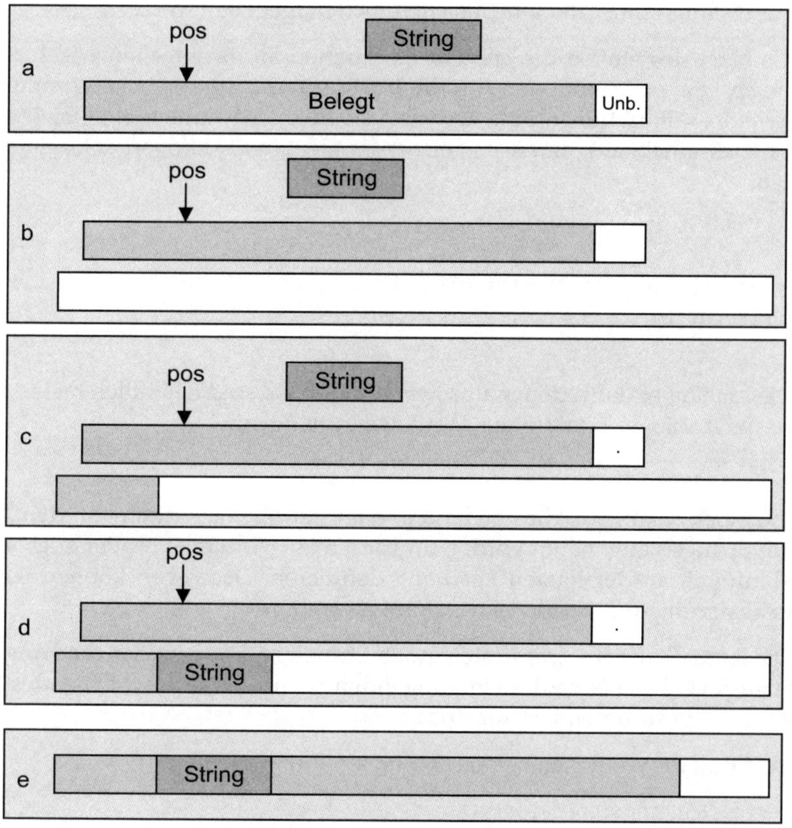

Abbildung 12.2: Der noch freie Pufferspeicher ist zu klein

Bild a in Abbildung 12.2 zeigt die Ausgangssituation. Zuerst muss ein größerer Speicherbereich reserviert werden. Der neue Speicherbereich wird erneut größer angelegt als eigentlich nötig, damit die nächsten Einfügeoperationen wieder unter Fall 1 bearbeitet werden können. Die Situation ist in Bild b dargestellt.

Danach wird der Stringteil links von der Einfügeposition in den neuen Speicherbereich kopiert (Bild c). Unser Programm macht dies mit der ersten Schleife. Die zweite Schleife kopiert den einzufügenden String direkt hinter den bisher kopierten Stringteil im neuen Speicherbereich (Bild d). Die letzte Schleife hängt im neuen Speicherbereich den Teilstring rechts von der Einfügeposition an den eingefügten String an (Bild e).

Durch diese drei Schleifen bleibt uns das Verschieben erspart. Wir hätten auch einfach den neuen größeren Speicher reservieren, dann den kompletten String in den neuen Speicherbereich kopieren können und hätten somit das Problem auf Fall 1 reduziert. Dies ist aber von der Laufzeit her ungünstiger.

Zum Schluss muss der alte Speicher noch freigegeben werden.

Als Nächstes stehen die *operator*-Funktionen an. Besprechen wir zunächst die *operator+=*-Funktionen. Da die für unsere Klasse in Frage kommenden *operator+=*-Funktionen üblicherweise als linkes Argument ein Objekt unserer Klasse haben, können sie getrost als Elementfunktionen deklariert werden.

operator+=

```
String &String::operator+=(const String &s)
{
  insert(len,strlen(s.string),s.string);
  return(*this);
}
```

Die *operator+=*-Funktionen unserer Stringklasse sind eigentlich nichts anderes als Anhänge-Funktionen. Wenn wir zum Beispiel

```
s+="Anton";
```

schreiben, dann soll dies bedeuten, dass der String »Anton« an den Inhalt des Strings *s* angehängt wird. Nun kann man »Anhängen« aber auch als ein »Einfügen an der letzten Position« definieren. Deswegen können wir zur Realisierung unsere *insert*-Funktion verwenden.

Die letzte Stelle unseres bestehenden Strings ist *len*, weil das die Länge des Strings ist. Die Länge des einzufügenden Strings ohne abschließendes Nullzeichen[2] bestimmen wir mit *strlen*.

Und nun die restlichen beiden *operator+=*-Funktionen:

```
String &String::operator+=(const char *s)
{
  insert(len,strlen(s),s);
  return(*this);
}

String &String::operator+=(const char c)
{
  insert(len,1,&c);
  return(*this);
}
```

Da wir für die *insert*-Funktion keinen String mit Endekennung benötigen, können wir ein Zeichen ganz einfach als einen String der Länge 1 an die Funktion übergeben.

Bei den *operator+*-Funktionen müssen wir bedenken, dass keine der involvierten Klassen das Ergebnis der Konkatenation zugewiesen bekommt. Wir

2. Würde die abschließende Null mitkopiert, dann hätte der sich ergebende String eine Stringendemarkierung irgendwo mittendrin oder deren zwei am Ende.

müssen deswegen ein temporäres Objekt erzeugen, welches das Ergebnis aufnehmen kann.

operator+

```
const String operator+(const String &s1, const String &s2)
{
  String tmp=s1.string;
  tmp.insert(tmp.len,strlen(s2.string),s2.string);
  return(tmp);
}
```

Diese *operator+*-Funktion wurde als Freund deklariert, um möglichst umfangreich sein zu können. Diese Funktion kann alle Additionen vornehmen, für die der Compiler einen entsprechenden einparametrigen Konstruktor findet. Der Nachteil besteht darin, dass für jede Typumwandlung ein temporäres Objekt erzeugt werden muss. Deswegen werden wir für die typischen Verknüpfungen spezielle *operator+*-Funktionen implementieren, die ohne ein temporäres Objekt auskommen:

```
const String String::operator+(const char *s)
{
  String tmp=string;
  tmp.insert(len,strlen(s),s);
  return(tmp);
}

const String String::operator+(const char c)
{
  String tmp=string;
  tmp.insert(len,1,&c);
  return(tmp);
}
```

Dies sind die beiden *operator+*-Funktionen, bei denen der linke Operand vom Typ *String* ist. Wir können sie als Methoden der Klasse deklarieren. Diejenigen *operator+*-Funktionen jedoch, bei denen nur der rechte Operand vom Typ *String* ist, müssen als Freunde der Klasse deklariert werden:

```
const String operator+(const char *s, const String &str)
{
  String tmp=s;
  tmp.insert(tmp.len,strlen(str.string),str.string);
  return(tmp);
}

const String operator+(const char c, const String &str)
{
  String tmp=c;
  tmp.insert(tmp.len,strlen(str.string),str.string);
  return(tmp);
}
```

3

operator[ ]

```
char &String::operator[](unsigned long p)
{
  assert(p<len);
  return(string[p]);
}
```

Wir haben diese Funktion schon bei der Klasse *Name* besprochen. *assert* stellt sicher, dass sich *p* im für den Index gültigen Bereich befindet. Es wird eine Referenz übergeben, weil die Variable sowohl gelesen als auch beschrieben werden kann.

4

Vergleichsoperatoren

```
bool String::operator<(const String &s)
{return(strcmp(string,s.string)<0);}

bool String::operator<=(const String &s)
{return(strcmp(string,s.string)<=0);}

bool String::operator==(const String &s)
{return(strcmp(string,s.string)==0);}

bool String::operator!=(const String &s)
{return(strcmp(string,s.string)!=0);}

bool String::operator>=(const String &s)
{return(strcmp(string,s.string)>=0);}

bool String::operator>(const String &s)
{return(strcmp(string,s.string)>0);}
```

Zu den Vergleichsoperatoren ist nicht mehr viel zu sagen. Man hätte auch die Operatoren wie *operator<=* durch eine Verknüpfung von *operator<* und *operator=* implementieren können:

```
return((string<s.string)||(string==s.string));
```

Aber bei dieser Vorgehensweise wird die *strcmp*-Funktion zweimal aufgerufen, für jeden Operator einmal. Deswegen ist es von der Laufzeit her günstiger, jeden Operator für sich allein zu implementieren.

5

operator( )

```
const String String::operator()(unsigned long p, unsigned long l)
{
  assert((p<len)&&((p+l)<=len));
  String tmp="";
  tmp.insert(0,l,string+p);
  return(tmp);
}
```

Zuerst wird sichergestellt, dass sowohl Position und Länge des Teilstrings sich im gültigen Bereich befinden. Dann wird ein Objekt vom Typ *String* mit einem leeren String erzeugt. Dadurch haben wir unser Objekt schon mal mit einer Stringendekennung versehen.

Dann wird einfach mit Hilfe der *insert*-Funktion der Teilstring an den Anfang des leeren Strings eingefügt. Da der String nur aus der Endekennung bestand, wird der Teilstring vor die Endekennung gesetzt. Das Ergebnis ist der Teilstring mit Endekennung, der dann als Rückgabeparameter verwendet wird.

6

Die *remove*-Funktion muss zwei Fälle unterscheiden. Im ersten Fall wird der zusätzliche Speicher durch das Entfernen des Teilstrings nicht größer als FWDBUFFER:

remove

```
void String::remove(unsigned long p, unsigned long l)
{
  if((bufsize-len-1+l)<=FWDBUFFER)
    {
      for (unsigned long x=p;(x+l)<=len;x++)
        string[x]=string[x+l];
      len-=l;
    }
```

Hier brauchen lediglich die durch das Ausschneiden eines Teilstrings entstandenen Stringhälften wieder aneinander gehängt zu werden. Dazu verschieben wir den rechten Teil so weit nach links, dass er an den linken anschließt.

Im zweiten Fall bleibt durch das Löschen eines Teilstrings so viel Speicherplatz des Stringpuffers unbenutzt, dass ein kleinerer Speicherbereich angefordert wird:

```
  else
    {
      bufsize=len+1-l+FWDBUFFER;
      char *sptr=new(char[bufsize]);
      assert(sptr!=0);
      unsigned long y=0;
      for (unsigned long x=0;x<p;x++)
        sptr[y++]=string[x];
      for (x=p+l;x<=len;x++)
        sptr[y++]=string[x];
      delete[](string);
      string=sptr;
    }
}
```

Der neue Speicher wird angefordert und anschließend zuerst der Teilstring links vom zu löschenden Stück und danach der Teilstring rechts vom zu löschenden Stück in den neuen Speicherbereich kopiert. Danach wird der alte Speicherbereich freigegeben.

operator-= Als Nächstes sind die *operator-=*-Funktionen an der Reihe:

```
String &String::operator-=(const String &s)
{
  char *sptr;
  while(sptr=strstr(string,s.string))
    remove(sptr-string,s.len);
  return(*this);
}
```

Der Aufruf *strstr(a,b)* prüft daraufhin, ob der String *b* im String *a* enthalten ist[3]. Wenn ja, gibt *strstr* die Adresse des ersten Vorkommens zurück, ansonsten beträgt der Rückgabewert Null.

```
String &String::operator-=(const char *s)
{
  char *sptr;
  unsigned long l=strlen(s);
  while(sptr=strstr(string,s))
    remove(sptr-string,l);
  return(*this);
}
```

Die Stringlänge von *s* wird zuerst ermittelt und dann einer Variablen zugewiesen. Dies hat den Vorteil, dass die Stringlänge nur einmal und nicht bei jedem *remove*-Aufruf bestimmt werden muss.

```
String &String::operator-=(const char c)
{
  char *sptr;
  while(sptr=strchr(string,c))
    remove(sptr-string,1);
  return(*this);
}
```

Hier wurde die Funktion *strchr* benutzt, die die gleiche Funktionsweise hat wie *strstr*, nur dass sie anstelle eines Strings nach einem einzelnen Zeichen sucht.

7

```
const String &String::Insert(const String &s, unsigned long p)
{
  assert(p<=len);
  insert(p,s.len,s.string);
```

3. Bei dieser Überprüfung wird der String *b* ohne Endekennung betrachtet.

```
  return(*this);
}
```

Da dies eine ziemlich einfache Funktion ist, wird hier nur die Variante für *const String&* aufgeführt.

8

```
const String &String::Overwrite(const String &s, unsigned long p)
{
  if(len>=(p+s.len))
    {
      strncpy(string+p,s.string,s.len);
    }
  else
    {
      strncpy(string+p,s.string,len-p);
      insert(len,p+s.len-len,s.string+len-p);
    }
  return(*this);
}
```

Die *Overwrite*-Funktion muss wieder zwei Fälle unterscheiden. Der erste Fall tritt dann ein, wenn der Stringpuffer nicht vergrößert werden muss. Dies ist zum Beispiel dann der Fall, wenn an Position 4 eines 30-Zeichen-Strings 5 Zeichen überschrieben werden.

Der zweite Fall tritt zum Beispiel dann ein, wenn an Position 10 eines 20-Zeichen-Strings 15 Zeichen überschrieben werden sollen. Da der 20-Zeichen-String von Position 10 an nur noch 10 Zeichen besitzt, muss für die letzten 5 Zeichen neuer Platz geschaffen werden. Deswegen wird im zweiten Fall zuerst das überschrieben, wofür Platz vorhanden ist, und das Übriggebliebene dann angehängt.

Die Overwrite-Funktion für const char* sieht nahezu identisch aus. Da aber die Länge des Strings, mit dem überschrieben werden soll, häufiger benutzt wird, sollte man eine lokale Variable anlegen, der dann die Länge des Strings zugewiesen wird.

9

```
const String &String::Remove(unsigned long p, unsigned long l)
{
  assert((p<len)&&((p+l)<=len));
  remove(p,l);
  return(*this);
}
```

10

```
bool String::Includes(const String &s)
{return(strstr(string,s.string)!=0);}
```

11

```
const char *String::toChar(void)
{return(string);}
```

13 Suchverfahren

In diesem Kapitel werden wir uns mit Suchverfahren beschäftigen. So gut wie alle Suchverfahren benötigen einen direkten Zugriff auf alle zu sortierenden Elemente. Dieser Zugriff ist bei einer Liste nicht gegeben, weswegen dort der Umweg über eine Indextabelle gegangen werden muss, in der nacheinander die Verweise auf die einzelnen Elemente stehen.

Suchverfahren arbeiten im Allgemeinen so, dass bei der Suche nicht der ganze Datensatz, sondern nur bestimmte Elemente des Datensatzes verglichen werden, die ihn eindeutig von anderen Datensätzen unterscheiden. Diese den Datensatz eindeutig kennzeichnenden Daten nennt man *Schlüssel*. Ein eindeutiger Schlüssel einer Personenkartei wäre zum Beispiel die Nummer des Personalausweises. Man kann auch mehrere Daten zu einem Schlüssel zusammenfassen. Ein Schlüssel bestehend aus Vornamen, Nachnamen und Geburtsdatum ist zwar nicht eindeutig, aber die Wahrscheinlichkeit einer Kollision sehr gering.

Wir halten also fest, dass bei einer Suche nur der Schlüssel relevant ist. Um unser Augenmerk auf das Wesentliche zu richten, werden wir daher Datensätze benutzen, die nur aus einem Schlüssel bestehen.

Schreiben Sie eine Klasse namens *Feld*, die einen Konstruktor besitzt, dem Sie die Anzahl der Feldelemente übergeben können. Die Feldelemente sollen vom Typ *unsigned int* sein. Um das Feld mit Werten (unsere Schlüssel) beschreiben zu können, sollen drei Methoden implementiert werden. *Unsorted* schreibt das Feld mit zufälligen Werten voll, wobei kein Wert mehrfach vorkommen darf (die Schlüssel sollen eindeutig sein). *Sorted* beschreibt das Feld mit Werten, die aufsteigend sortiert sind. *RevSorted* beschreibt das Feld mit Werten, die absteigend sortiert sind. Sie sollten den Operator << überladen, um sich eine angenehme Möglichkeit zur Ausgabe des Feldes zu eröffnen. Vergessen Sie den Destruktor nicht! ü

Kommen wir zuerst zur Klassendefinition:

Klassendefinition

```
class Feld
{
  public:
    unsigned int *feld;
    unsigned long size;

    unsigned int rnd(unsigned int, unsigned int);

    unsigned long vgl,vts;
    Feld(unsigned long);
```

```
    ~Feld();

    void Sorted(void);
    void RevSorted(void);
    void Unsorted(void);
    friend ostream &operator<<(ostream&, const Feld&);
};
```

Die Klasse ist vollständig öffentlich deklariert, weil es sich nur um eine Testklasse handelt und die Handhabung dadurch erheblich vereinfacht wird.

vgl und vts Es wurden noch zwei Attribute *vgl* und *vts* eingeführt, um bei den einzelnen Algorithmen die Anzahl der Schlüsselvergleiche (*vgl*) und Datensatzvertauschungen[1] (*vts*) zählen zu können.

Der Konstruktor sieht folgendermaßen aus:

Konstruktor

```
Feld::Feld(unsigned long l)
{
  if (l<5)
    l=5;


  time_t t;
  srand(time(&t));

  size=l;
  feld=new(unsigned int[l]);
  assert(feld);
}
```

ctime und cstdlib Damit die Zufallszahlen nicht immer bei jedem Programmstart gleich sind, wird der Zufallszahlengenerator mit der aktuellen Zeit initialisiert. Die Funktion *time* wird in *ctime* deklariert. Die Zufallszahlenfunktionen stehen in *cstdlib*. Der Konstruktor sorgt für eine Mindestfeldgröße von 5.

Kommen wir zur Zufallszahlenfunktion:

rnd

```
unsigned int Feld::rnd(unsigned int min, unsigned int max)
{
  unsigned int x;

  do
    {
      x=rand();
    } while((x<min)||(x>max));
  return(x);
}
```

1. Vertauschungen deswegen, weil wir diese Klasse auch bei den Sortierverfahren verwenden werden.

Mit dieser Funktion haben wir die Möglichkeit, Zufallszahlen zu generieren, die in einem von uns bestimmten Intervall liegen. Die Zufallszahlen werden von der *Unsorted*-Funktion benötigt:

```
void Feld::Unsorted(void)
{
  unsigned int w;
  int gueltig;
  unsigned long x,y;

  for(x=0;x<size;x++)
    {
      do
        {
          gueltig=1;
          w=rnd(1,5*size);
          for(y=0;y<x;y++)
            {
              if(w==feld[y])
                {
                  gueltig=0;
                  break;
                }
            }
        } while(!gueltig);
      feld[x]=w;
    }
}
```

Die Funktion wurde so implementiert, dass bei einer Feldgröße von *x* die Zufallszahlen im Bereich von [1;5*x] liegen. Dadurch machen die tatsächlich aus diesem Intervall benötigten Zahlen nur 20% der Gesamtmenge aus. Hätten wir das Intervall [1;x] genommen, dann wären es 100% gewesen. Das hätte zur Folge gehabt, dass bei der Belegung des letzten Feldelementes nur noch eine Zahl gültig wäre. Und bis diese Zahl dann tatsächlich zufällig kommt, vergeht Zeit. Wir haben durch die Vergrößerung des Intervalls also einen beschleunigten Durchlauf der Funktion erreicht.

Schauen wir uns nun noch die *Sorted*-Funktion an:

Sorted

```
void Feld::Sorted(void)
{
  for(unsigned long x=0;x<size;x++)
    feld[x]=x+1;
}
```

Diese Funktion ist trivial. Die *RevSorted*-Funktion sieht genauso aus, außer dass *feld[x]* der Wert *size-x* zugewiesen wird. Wie Ihnen vielleicht aufgefallen ist, wird das Feld so mit Werten beschrieben, dass die Null nie verwendet wird. Wir können sie deswegen als Rückgabewert für »Nicht gefunden« benutzen.

Und zum Schluss sehen wir uns noch die *operator<<*-Funktion an:

operator<<

```
ostream &operator<<(ostream &ostr, const Feld &f)
{
  ostr << "\n";
  for(unsigned long x=0;x<f.size;x++)
    ostr << "Schluessel #" << x << "=" << f.feld[x] << "\n";
  ostr << endl;
  return(ostr);
}
```

Grundsätzliche Laufzeitschranke

Bevor wir mit der Besprechung der Suchverfahren beginnen, sei noch angemerkt, dass ein auf Schlüsselvergleichen basierendes Suchverfahren im schlechtesten Fall niemals eine bessere Laufzeit als O(log(N)) haben kann.

13.1 Sequentielle Suche

Starten wir nun unsere Suchalgorithmen mit der sequentiellen Suche. Die sequentielle Suche ist das einfachste Verfahren, einen Datensatz zu finden. Die sequentielle Suche hat Vorteile, die sich sonst bei kaum einem anderen Verfahren finden lassen. Erstens brauchen die Daten nicht sortiert zu sein und zweitens benötigt die sequentielle Suche keinen direkten Zugriff auf die Datensätze. Das Verfahren funktioniert somit auch bei Listen, ohne dass wir eine Indextabelle anlegen müssen.

Das Verfahren selbst ist denkbar einfach. Man startet mit der Suche am Anfang und sucht so lange, bis man entweder am Ende angekommen ist oder den gesuchten Datensatz gefunden hat:

Sequentielle Suche

```
unsigned int *Feld::SequentielleSuche(unsigned int s)
{
  unsigned long x=0;

  vgl++;
  while((x<size)&&(feld[x]!=s))
    {
      x++;
      vgl++;
    }

  if(x==size) return(0);
  return(&feld[x]);
}
```

Im Falle einer Liste kann die Variable *x* einfach durch einen Zeiger auf ein Listenelement ausgetauscht werden. Die Anweisung *x++* würde dann *x=x->next* oder ähnlich lauten[2].

2. Für den Fall, dass die Funktion tatsächlich in einem Programm verwendet wird, sollte das Verändern von *vgl* natürlich entfernt werden.

Die Suchfunktion gibt einen Zeiger auf das gefundene Element zurück, weil man im Allgemeinen dann ein Element sucht, wenn man es in irgendeiner Weise be- oder verarbeiten will. Durch den Zeiger hat man nach erfolgreicher Suche die Möglichkeit, direkt auf das gefundene Element zuzugreifen.

Um die Funktion zu testen, benutzen wir folgende *main*-Funktion:

```
#define SIZE 20

int main()
{
  unsigned long x;
  Feld f(SIZE);
  f.Sorted();

  for(x=0;x<=f.size+1;x++)
    {
      f.vgl=0;
      if(f.SequentielleSuche(x))
        cout << x << " gefunden. Vergleiche :" << f.vgl << endl;
      else
        cout << x << " nicht gefunden. Vergleiche :" << f.vgl << endl;
    }
}
```

Über SIZE können wir die Größe des Feldes beliebig ändern. Das Schlüsselfeld ist immer ein Intervall der Form [1;x]. Da die Schleife alle Schlüssel des Intervalls [0;x+1] ausprobiert, werden zwangsläufig der erste und der letzte Schlüssel nicht gefunden. Das ist durchaus beabsichtigt, denn man sollte auch immer untersuchen, wie sich eine Funktion verhält, wenn der gesuchte Schlüssel gar nicht existiert.

Sie können nun ein wenig mit der Suchfunktion experimentieren, indem Sie einmal anstelle der *Sorted*-Funktion *Unsorted* oder *RevSorted* verwenden.

Anforderungen

Man kann normalerweise davon ausgehen, dass eine Datensammlung in sortierter Form vorliegt. Wir können eine solche Sortierung in unserer Suchfunktion nutzen, indem wir bei den Vergleichen außer == und != auch > und < verwenden. Da die sequentielle Suche in der aktuellen Variante lediglich die Vergleichsoperatoren Gleich und Ungleich verwendet, kann sie aber auch auf einer Menge von unsortierten Datensätzen operieren.

Der Nachteil der sequentiellen Suche liegt eindeutig darin, dass das Suchergebnis umso länger auf sich warten lässt, je weiter das gesuchte Element zum Ende der Liste hin angesiedelt ist.

Weil wir aber nun voraussetzen, dass die Daten sortiert sind, können wir Folgendes machen: Wir bewegen uns durch die Liste, indem wir immer ein Element überspringen. Dadurch sind wir in der Hälfte der Zeit am Ende der Liste. Die Abfrage wird so formuliert, dass die Schleife abbricht, wenn das aktuelle Element größer ist als der Suchschlüssel oder ihm gleich ist, denn dann haben wir das gesuchte Element entweder gerade übersprungen oder sind genau bei ihm angelangt. Letzteres beendet die Suche, ersteres macht einen weiteren Vergleich mit dem gerade übersprungenen Element notwendig. Fällt auch hier der Vergleich negativ aus, so liegt das gesuchte Element in unserer Liste nicht vor.

Die Funktion dazu sieht folgendermaßen aus:

Verbesserte sequentielle Suche

```
unsigned int *Feld::SequentielleSuche2(unsigned int s)
{
  unsigned long x=0;

  vgl++;
  while((x<size)&&(feld[x]<s))
    {
      x+=2;
      vgl++;
    }

  vgl++;
  if(x>size) return(0);

  if((x!=size)&&(feld[x]==s))
  {vgl++; return(&feld[x]);}

  if(feld[x-1]==s)
    {vgl++; return(&feld[x-1]);}

  return(0);
}
```

Wenn wir diese Funktion nun mit unserer *main*-Funktion testen, werden wir sehen, dass sich die maximale Zahl der Vergleiche fast halbiert hat. Ein weiterer Vorteil der Sortierung ist die Gewissheit, dass das zu suchende Element nicht vorhanden ist, sobald man ein Element passiert, das größer ist als das gesuchte. Deswegen wissen wir schon nach dem ersten Element, dass die 0 nicht in der Liste enthalten ist. Wir brauchen dann nicht mehr die komplette Liste durchzusehen.

13.1.1 Die Sentinel-Technik

Wenn man eine Funktion optimieren will, dann schaut man sich zuerst die Anweisungen an, die am häufigsten abgearbeitet werden, und das sind in der Regel die Schleifen. Schauen wir uns einmal die Schleife unserer Suchfunktion an, und überlegen wir, in welcher Weise wir sie noch optimieren können[3].

3. Abgesehen von der *vgl++*-Anweisung, die in der endgültigen Version sowieso nicht mehr vorhanden wäre.

Die Abbruchbedingung der Schleife besteht aus zwei Teilen. Erstens wird daraufhin geprüft, ob das gesuchte Element gefunden wurde, und zweitens muss sichergestellt werden, dass die Schleife am Ende der Liste terminiert. Auf den Schlüsselvergleich können wir nicht verzichten. Aber wie sieht es mit der Abfrage aus, ob das Ende der Liste erreicht ist?

Überlegen Sie, welche Voraussetzung gegeben sein muss, damit wir keine Abfrage auf das Ende der Liste mehr brauchen.

Die Antwort ist eigentlich ziemlich einfach: Wir brauchen dann nicht mehr zu überprüfen, ob das Ende der Liste erreicht ist, wenn wir das gesuchte Element auf jeden Fall finden.

Und wie kann man sicherstellen, dass das gesuchte Element auf jeden Fall gefunden wird? Indem man es in die Liste einfügt. Jedoch wird das Element nicht an seinem der Sortierung nach richtigen Platz in der Liste einsortiert, sondern an das Ende der Liste angehängt.

Wenn wir die Liste unter dieser Voraussetzung durchsuchen, werden wir auf jeden Fall das gesuchte Element finden. Wir müssen dann nach dem Verlassen der Schleife das gefundene Element nur daraufhin überprüfen, ob es das von uns selbst eingefügte ist. Wenn ja, dann war das gesuchte Element nicht in der Liste. Wenn nein, dann ist das gefundene Element auch das gesuchte. Man darf dann nur nicht vergessen, das eingefügte Element wieder aus der Liste zu entfernen.

Laufzeit

Die ursprüngliche Variante der sequentiellen Suche brauchte bei N Elementen N Vergleiche in der Schleife und dann noch einen zum Schluss. In der ONotation ausgedrückt ist dies O(N)-Zeit. Die verbesserte Version für sortierte Listen brauchte N/2 Vergleiche in der Schleife und dann noch maximal 2 nach Verlassen derselben. Dies ergibt O(N/2)-Zeit[4].

13.2 Binäre Suche

Das zweite Suchverfahren, das wir besprechen wollen, ist die binäre Suche. Die binäre Suche zählt zu den schnellsten Suchverfahren überhaupt. Es liegt ihm die Idee zugrunde, den zu durchsuchenden Bereich in zwei Hälften zu unterteilen. Anschließend wird nur noch in der Hälfte weitergesucht, in der sich das gesuchte Element befinden muss. Diese Hälfte wird dann erneut geteilt usw. Diese Vorgehensweise setzt voraus, dass das Feld sortiert ist. In einem unsortierten Feld könnte man keine Aussagen darüber machen, in welcher Hälfte sich das gesuchte Element befindet. Des Weiteren muss ein direkter Zugriff auf die Elemente möglich sein. Wenn man sich erst zur Mitte der Datenmenge durchhangeln muss, wie bei einer verketteten Liste, dann

4. Wobei O(N/2)-Zeit streng genommen auch O(N)-Zeit ist, denn die Konstante ½ ist nach der Definition der O-Notation vernachlässigbar.

könnte man auf dem Weg dorthin das Element auch direkt suchen. Sehen wir uns die Vorgehensweise der binären Suche einmal in Abbildung 13.1 an.

Bild a zeigt die Datenmenge mit dem in der Mitte selektierten Element. Für den Fall, dass dies schon das gesuchte Element ist, wird die Suche beendet. Wenn nicht, dann wird ermittelt, ob das gesuchte Element sich in der Elementmenge links oder rechts vom selektierten Element befinden muss.

Bild b zeigt die Datenmenge aufgeteilt in zwei Hälften, wobei jede Hälfte wieder ein selektiertes Element in der Mitte hat. Die tatsächliche Suche geht natürlich nur in einer Hälfte weiter. Die Grafik zeigt nun alle Möglichkeiten auf, und man erkennt sehr schön, das man – vorausgesetzt das gesuchte Element ist Teil der Elementmenge – es nach spätestens vier Vergleichen gefunden hat.

Abbildung 13.1: Die Idee der binären Suche

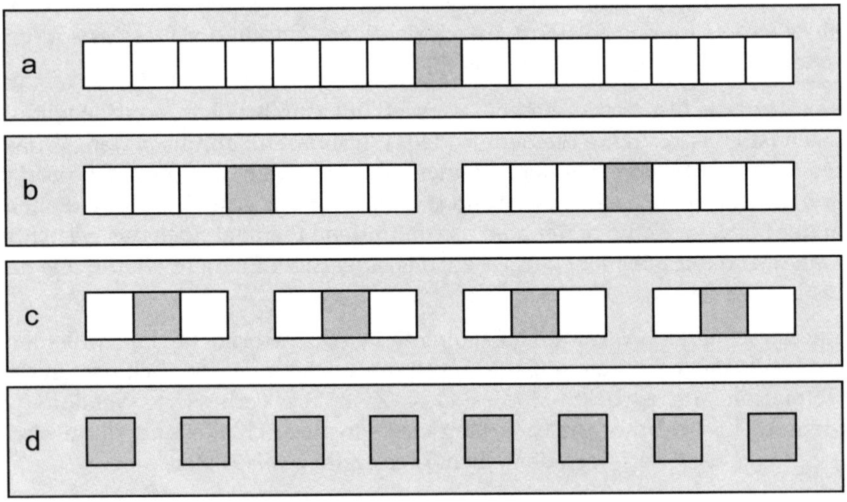

Weil nach einer Aufteilung jede Hälfte zur weiteren Suche genauso betrachtet werden kann wie die Originalmenge, bietet sich hier eine rekursive Lösung geradezu an. Wir werden uns aber zuerst der iterativen Variante widmen, die in Abbildung 13.2 dargestellt ist.

Die implementierte Methode sieht folgendermaßen aus:

Iterative binäre suche

```
unsigned int *Feld::BinaereSuche(unsigned long links,
                        unsigned long rechts, unsigned int s)
{
  unsigned long mitte;
  while(1)
    {
      if(links>rechts) return(0);
      mitte=(links+rechts)/2;
      vgl++;
```

```
      if(feld[mitte-1]==s) return(&feld[mitte-1]);
      vgl++;
      if(s<feld[mitte-1])
        rechts=mitte-1;
      else
        links=mitte+1;
    }
}
```

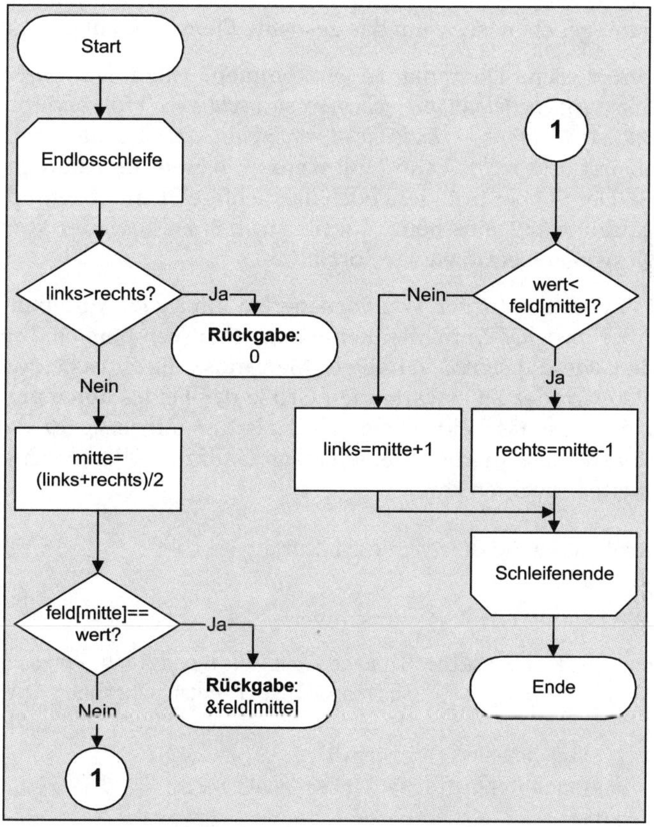

Abbildung 13.2: Die binäre Suche als PAP

Shell-Funktion

Um die Funktion benutzerfreundlicher zu machen, können wir sie mit einer Variante überladen, die nur ein Argument besitzt, nämlich den Suchschlüssel:

```
unsigned int *Feld::BinaereSuche(unsigned int s)
{
  return(BinaereSuche(1,size,s));
}
```

Wenn man sich die Implementierung der Suchfunktion einmal anschaut, wird man sehen, dass sich dort gewisse Abweichungen vom PAP widerspiegeln. Zum Beispiel wird anstelle von *feld[mitte]* immer *feld[mitte-1]* verwendet und die Funktion mit *BinaereSuche(1,size,s)* aufgerufen, statt mit *BinaereSuche(0,size-1,s)*.

Der Grund liegt in einem bekannten Problem. Weil wir mit *unsigned*-Variablen arbeiten, kann zum Beispiel die Variable *mitte* in der Suchfunktion nicht negativ werden. Wenn aber die Variable *rechts* gleich null ist und die Anweisung *mitte=rechts-1* aufgerufen wird, dann müsste die Variable *mitte* für den korrekten Ablauf den Wert -1 bekommen, also negativ werden. Nur dann würde die Abbruchbedingung *(links>rechts)* funktionieren, die ja genau dann gegeben ist, wenn das gesuchte Element nicht gefunden wurde.

Um diesem Dilemma zu entkommen, rufen wir *BinSearch* anstelle mit *BinaereSuche(feldanfang, feldende, suchschluessel)* folgendermaßen auf: *BinaereSuche(feldanfang+1, feldende+1, suchschluessel)*. Dadurch wird *links* mit 1 initialisiert und *rechts* kann Null werden, womit die Abbruchbedingung erfüllt ist. Damit aber trotzdem noch das richtige Element gefunden wird, muss die Addition mit eins beim Zugriff auf das Feld wieder kompensiert werden. Deswegen benutzen wir dort *mitte-1*.

Man hätte natürlich von vorneherein mit *signed*-Variablen arbeiten können. Aber *unsigned*-Variablen können im positiven Bereich doppelt so groß werden wie die *signed*-Variablen. Man muss die Entscheidung *signed/unsigned* also von der zu erwartenden Größe des Feldes abhängig machen. Für den Fall, dass das Feld größer wird als der mit *unsigned* darstellbare Bereich selbst, muss man sich eine eigene Ganzzahl-Klasse schreiben, die größere Werte verwalten kann.

Realisieren Sie *BinaereSuche* rekursiv.

Die Lösung ist nicht sehr schwer:

Rekursive binäre Suche

```
unsigned int *Feld::BinaereSuche(unsigned long links,
                    unsigned long rechts, unsigned int s)
{
  if(links>rechts) return(0);
  unsigned long mitte=(links+rechts)/2;
  vgl++;
  if(feld[mitte-1]==s) return(&feld[mitte-1]);
  vgl++;
  if(s<feld[mitte-1])
    return(BinaereSuche(links,mitte-1,s));
  else
    return(BinaereSuche(mitte+1,rechts,s));
}
```

Laufzeit

Da die Funktion bei jedem Durchgang den zu durchsuchenden Bereich halbiert, hat sie ihn spätestens nach $\log_2(N)$ Durchläufen auf ein Element reduziert. Bei jedem Durchgang werden zwei Vergleiche angestellt, was die

Anzahl der Vergleiche auf $2*\log_2(N)$ bringt. Somit findet *BinaereSuche* ein Element in O(log(N))-Zeit.

13.3 Andere Suchverfahren

Die beiden bisher besprochenen Verfahren decken in der Regel die meisten Anwendungsbereiche ab. Es gibt jedoch noch andere Ansätze, die einem der beiden Verfahren ähneln oder sie ergänzen. Zwei von ihnen sollen hier erwähnt werden.

13.3.1 Selbst anordnende Listen

Selbst anordnende Listen stellen in gewisser Weise eine Ergänzung zur sequentiellen Suche dar. Und zwar wird die Liste nicht mehr aufsteigend nach den Schlüsseln, sondern absteigend nach den Suchhäufigkeiten sortiert. Dies hat zur Folge, dass die Elemente, die häufig gesucht werden, am Anfang der Liste stehen, wohingegen die Elemente, nach denen selten gesucht wird, sich am Ende der Liste ansiedeln. Für die Art und Weise der Selbstanordnung gibt es verschiedene Möglichkeiten. Zum Beispiel kann man jedes Element, nach dem gesucht wurde, an den Anfang der Liste setzen. Ein weniger drastisches Mittel ist es, jedes gesuchte Element mit seinem Vorgänger zu vertauschen, wodurch sich ein Element, das oft gesucht wird, langsam zum Listenanfang hinbewegt.

Eine andere Variante ist das Einführen der Suchhäufigkeit als Variable. Jedes Mal wenn ein Element gesucht wurde, wird sein Häufigkeitszähler um eins erhöht. Abhängig von diesem Häufigkeitszähler wird die Liste dann absteigend sortiert.

13.3.2 Fibonacci-Suche

Die Fibonacci-Suche ist eine andere Variante der binären Suche. Die Fibonacci-Zahl F_n ist gleich mit $F_{n-1}+F_{n-2}$. Mit dieser Regel lässt sich eine aus F_n Elementen bestehende Liste anstelle in zwei gleich große Hälften, wie bei der binären Suche, in zwei Hälften jeweils der Größe F_{n-1} und F_{n-2} aufteilen. Da die Größen der so entstandenen Mengen ebenfalls wieder Fibonacci-Zahlen sind, ist eine weitere Zerlegung kein Problem.

Da in den meisten Fällen die Größe einer gegebenen Datenmenge keine Fibonacci-Zahl ist, muss die Größe der Menge künstlich auf eine Fibonacci-Zahl gebracht werden.

13.4 Kontrollfragen

1. Nennen Sie die Vorteile und die Nachteile der sequentiellen Suche.
2. Welcher Sortierschlüssel kann benutzt werden, um die sequentielle Suche effizienter zu gestalten?
3. Welche Bedingungen müssen gelten, damit die binäre Suche verwendet werden kann?
4. Wie schnell kann ein auf Schlüsselvergleichen basierendes Suchverfahren im schlechtesten Fall sein?

14 Sortierverfahren

In diesem Kapitel werden wir einige Sortierverfahren besprechen. Um das Verhalten der jeweiligen Sortierverfahren bei wachsender Datenmenge zu beobachten, benutzen wir folgende *main*-Funktion:

Testfunktion

```
#define SIZE 50

int main()
{
  unsigned long vts=0,vgl=0;
  unsigned int x,y;
  Feld *f;

  for(y=5;y<=105;y+=10)
    {
      f=new Feld(y);
      vgl=vts=0;
      for(x=0;x<500;x++)
        {
          f->vgl=f->vts=0;
          f->Unsorted();
          f->InsertSort();
          vgl+=f->vgl;
          vts+=f->vts;
        }
      vgl/=x;
      vts/=x;
      cout << "Elementanz.:" << y;
      cout << " Durschn. Vergleiche:" << vgl;
      cout << " Durschn. Vertauschungen:" << vts << endl;
      delete(f);
    }
}
```

Untersucht werden jeweils die Schlüsselmengen der Größe 5, 14, 25,..., 105. Um einen Durchschnittswert zu erhalten, wird für jede Größe 500-mal eine zufällig angeordnete Datenmenge erzeugt und diese dann sortiert. Zum Schluss wird jeweils der Durchschnitt der Vergleiche und der Vertauschungen ausgegeben. Je nach der Leistung Ihres Rechners können Sie die Anzahl der Sortierungen vergrößern oder verkleinern.

Die hier vorgestellten Sortierverfahren basieren allesamt auf Schlüsselvergleichen. Ein solches Sortierverfahren kann im ungünstigsten Fall niemals schneller als O(N log(N))-Zeit sein.

14.1 Insert-Sort

Funktionsweise

Insert-Sort basiert auf der Idee, dass eine Datenmenge immer sortiert bleibt, wenn ein neues Element sofort an der richtigen Stelle eingefügt wird. Eine Menge mit einem Element ist immer sortiert. Fügt man das zweite Element ein, dann ordnet man es entweder vor oder nach dem ersten Element ein usw. Diese Idee ist in Abbildung 14.1 dargestellt.

Abbildung 14.1: Insert-Sort

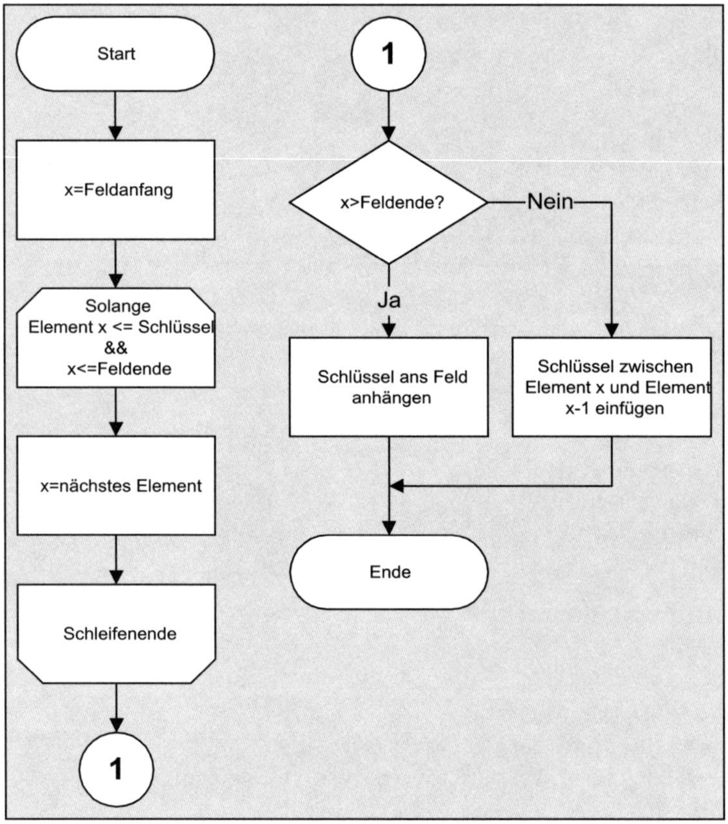

Bei Listen ist dieses Einfügen besonders elegant, weil das neue Element auf einfache Weise zwischen zwei bereits bestehenden Elementen eingefügt werden kann.

Benutzt man ein Feld, wie in unserem Fall, dann muss der vom neuen Element benötigte Platz geschaffen werden, indem man einen Teil des Feldes verschiebt. Das Anhängen des Elementes an die Liste ist für ein Feld insofern ein Sonderfall, als keine Verschiebungen von Elementen vorgenommen werden müssen.

Schreiben Sie eine Funktion namens InsertSort, die einen übergebenen Schlüssel an der richtigen Stelle in einem Feld einfügt, dessen Grenzen ebenfalls übergeben werden.

Schauen wir uns einmal die Funktion dazu an:

InsertSort

```
void Feld::InsertSort(unsigned long links,
                      unsigned long rechts, unsigned int s)
{
  unsigned long x=links;

  vgl++;
  while((x<=rechts)&&(feld[x]<=s))
    {vgl++; x++;}

  if(x>rechts)
    {
      vts++;
      feld[x]=s;
      return;
    }
  for(unsigned long y=rechts+1;y>x;y--)
    {vts++; feld[y]=feld[y-1];}

  vts++;
  feld[x]=s;
}
```

Die *while*-Schleife ermittelt die Einfügeposition des neuen Elementes. Sollte das einzufügende Element größer als alle bisherigen Elemente sein, dann wird es rechts am Ende des Feldes angefügt. Andernfalls ist die Einfügeposition irgendwo mittendrin und der Platz muss erst durch Rechtsverschieben der Elemente, die rechts von der Einfügeposition stehen, geschaffen werden.

Es ist noch anzumerken, dass bei diesem Sortierverfahren der Begriff Vertauschung nicht die übliche Bedeutung hat, weil hier nur Elemente kopiert werden.

Diese Funktion erzeugt aber nur dann eine sortierte Datenmenge durch Einfügen, wenn die Datenmenge vor dem Einfügen schon sortiert war. Was aber, wenn die Datenmenge unsortiert ist? Dazu brauchen wir eine andere Funktion, die sich die vorherige zunutze macht:

InsertSort

```
void Feld::InsertSort(void)
{
  for(unsigned long x=1;x<size;x++)
    InsertSort(0,x-1,feld[x]);
}
```

Wir fangen mit der Sortierung an, indem wir nur das erste Element der Menge betrachten. Diese ein-elementige Menge ist sortiert. Dann nehmen wir das zweite Element aus der Menge und übergeben es *InsertSort* mit der bisher bestehenden ein-elementigen Menge als Parameter. *InsertSort* erzeugt daraus eine sortierte zwei-elementige Menge. Dann wird das dritte Element herausgenommen und *InsertSort* mit der sortierten zwei-elementigen Menge aufgerufen. Die Funktion erzeugt dann eine sortierte drei-elementige Menge usw. Abbildung 14.2 zeigt ein Beispiel.

Abbildung 14.2: Ein Beispiel zu Insert-Sort

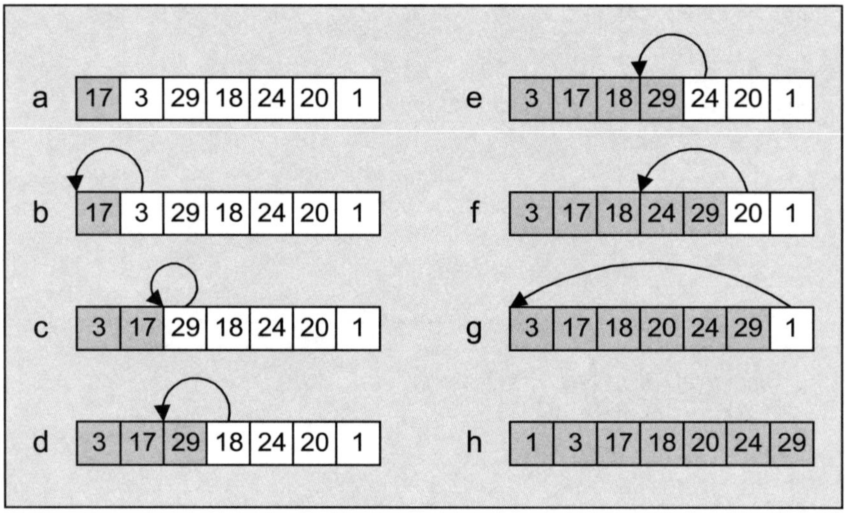

In a sehen Sie die Anfangssituation. Das erste Element gilt als sortiert, weil eine ein-elementige Menge immer sortiert ist. Bei b sehen Sie die nächste einzusortierende Zahl, die 3. Die passende Position ist vor der 17, sodass die 17 zuerst um eine Position nach rechts geschoben werden muss. Die nächste Zahl ist die 29. Da die 29 größer ist als alle bisher sortierten Elemente, wird sie an das sortierte Feld angehängt und landet dabei auf ihrem ursprünglichen Platz.

Für den Fall, dass die *InsertSort*-Funktion dazu benutzt wird, ein unsortiertes Feld zu sortieren, kann der Sonderfall, dass das Element rechts ans Feld angehängt wird, ignoriert werden, weil sich das Element schon dort befindet.

Schauen wir uns einmal die Anzahl der Vergleiche an. Bei einer zwei-elementigen Menge muss maximal einmal verglichen werden, um die Einfügeposition zu bestimmen. Bei einer fünf-elementigen Menge sind maximal vier Vergleiche nötig. Die Vergleiche liegen also in $O(N^2)$-Zeit. Bei den Vertauschungen sieht es ähnlich aus. Bei einer n-elementigen Menge müssen maximal n Elemente verschoben werden[1]. Also geschieht das Verschieben auch in $O(N^2)$-Zeit.

Stabiles Sortierverfahren

Diese Implementierung von Insert-Sort stellt ein so genanntes **stabiles Sortierverfahren** dar.

Ein Sortierverfahren ist dann stabil, wenn die Reihenfolge gleicher Schlüssel bei der Sortierung gewahrt bleibt.

Hätten wir in der *while*-Schleife der ersten Funktion anstelle von *(feld[x]<=s)* die Bedingung *(feld[x]<s)* verwendet, dann hätte sich die Reihenfolge gleicher Schlüssel nach der Sortierung umgedreht.

InsertSort geht das Feld von links nach rechts durch und fügt die einzelnen Elemente ein. Deswegen werden auch gleiche Elemente von links nach rechts bearbeitet. Wegen der Anweisung *(feld[x]<=s)* werden auch Schlüssel übersprungen, die gleich sind. Dadurch wird ein neuer Schlüssel hinter seine Doppelgänger eingefügt, womit die Reihenfolge »von links nach rechts« erhalten bleibt.

Durch die Anweisung *(feld[x]<s)* würde ein Schlüssel aber vor seine Doppelgänger eingefügt. Dadurch würde sich die Reihenfolge nach »von rechts nach links« ändern.

14.2 Selection-Sort

Selection-Sort ist ein Verfahren, welches dann angewendet werden sollte, wenn das Vertauschen von Elementen sehr zeitaufwändig ist (sehr großer Datensatz), das Vergleichen jedoch nicht (einfacher Schlüssel).

Funktionsweise

Selection-Sort sucht sich das kleinste Element aus der Datenmenge heraus und vertauscht es mit dem ersten Element. Es entsteht eine ein-elementige sortierte Menge. Dann wird aus der unsortierten Menge wieder das kleinste Element herausgesucht und mit dem zweiten Element vertauscht. Dadurch entsteht eine zwei-elementige sortierte Menge usw. Der Algorithmus ist in Abbildung 14.3 dargestellt.

Wir brauchen also zwei Schleifen. Die innere ermittelt aus den restlichen unsortierten Elemente das kleinste Element und die äußere gibt die Position des nächsten zu vertauschenden Elements an.

Entwerfen Sie die Funktion zu Selection-Sort.

Hier ist die Funktion:

SelectionSort

```
void Feld::SelectionSort(void)
{
  unsigned int *wptr,w;
  unsigned long x,y;
```

1. Dies ist dann der Fall, wenn das einzufügende Element kleiner als alle anderen ist.

Abbildung 14.3: Selection-Sort

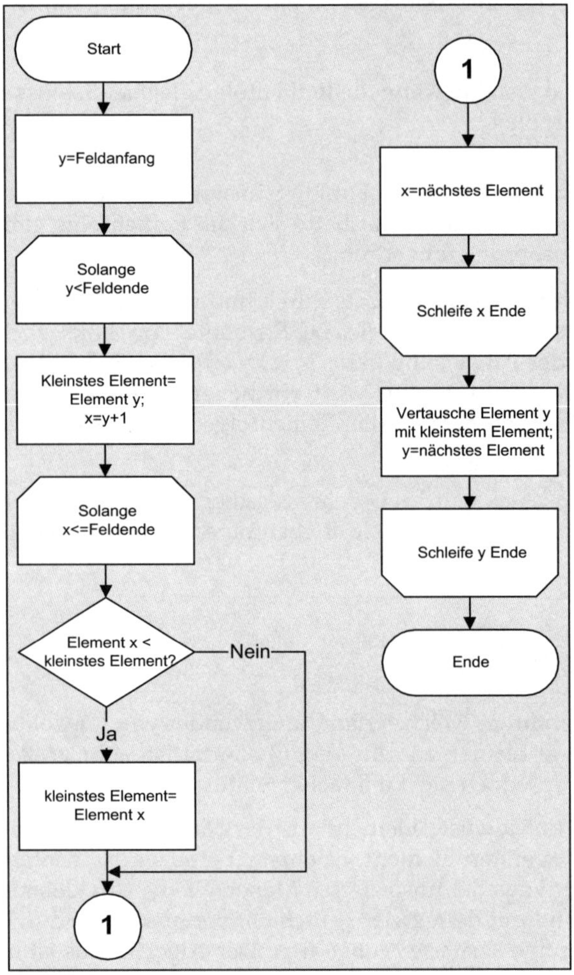


```
  for(y=0; y<(size-1); y++)
    {
      wptr=&feld[y];
      for(x=y+1;x<size; x++)
        {
          vgl++;
          if(feld[x]<*wptr) wptr=&feld[x];
        }
      w=*wptr;
      *wptr=feld[y];
      feld[y]=w;
      vts++;
    }
}
```

Abbildung 14.4 zeigt ein Beispiel für Selection-Sort.

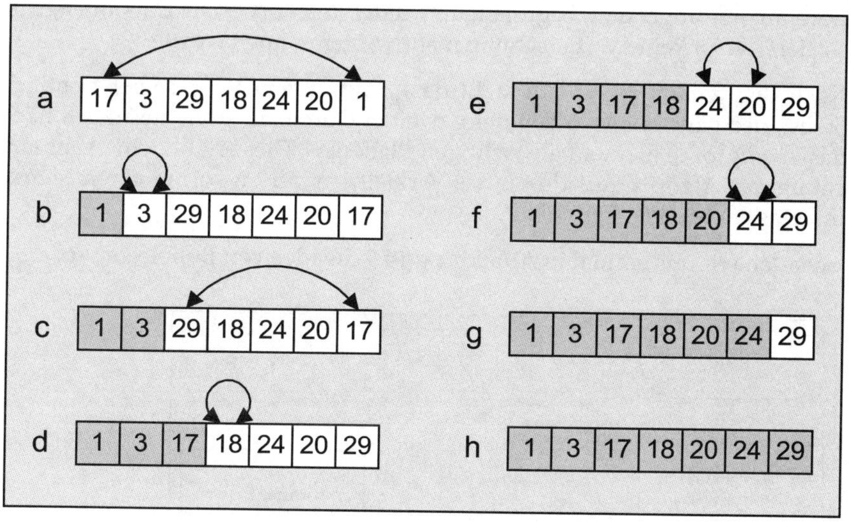

Abbildung 14.4: Ein Beispiel zu Selection-Sort

Da vor jeder Vertauschung das nächste Element exakt bestimmt wird, nimmt bei jeder Vertauschung die sortierte Menge um ein Element zu. Da eine einelementige Menge bereits sortiert ist, brauchen wir bei n Elementen n-1 Vertauschungen. Das Vertauschen braucht also O(N)-Zeit.

Die Ermittlung des kleinsten Elementes benötigt bei n unsortierten Elementen n-1 Vergleiche, und das vor jeder Vertauschung. Wir kommen daher auf $O(N^2)$-Zeit.

Einsatzbereich

Obwohl durch die hohe Anzahl der Vergleiche die Laufzeit des gesamten Verfahrens in $O(N^2)$-Zeit liegt, kommen die Vertauschungen mit einer Zeit von O(N) sehr gut weg. Deswegen lohnt sich dieses Verfahren besonders dann, wenn Vertauschungen durch die Größe oder Komplexität der Datensätze besonders zeitaufwändig sind.

14.3 Bubblesort

Bubblesort ist ein sehr populäres Verfahren, obwohl es nicht für große Mengen zu empfehlen ist.

Funktionsweise

Genau genommen entpuppt es sich bei größeren Datenmengen als eins der schlechtesten Sortierverfahren, die wir hier besprechen. Bubblesort macht exzessiv Gebrauch von Vertauschungen[2]. Bubblesort durchläuft die Datenmenge vom Anfang bis zum Ende und vergleicht paarweise die nebeneinan-

2. Im Vergleich zu InsertSort sind dies tatsächliche Vertauschungen, die den Zeitaufwand noch einmal erhöhen.

der stehenden Elemente. Sind zwei benachbarte Elemente nicht in der richtigen Reihenfolge, so werden sie miteinander vertauscht. Ist man am Ende der Datenmenge angelangt, beginnt man wieder von vorne. Die Datenmenge ist sortiert, wenn keine Vertauschung mehr vorgenommen wurde.

Nach dem ersten Durchlauf steht das größte Element an seiner richtigen Stelle, also ganz rechts. Nach dem zweiten Durchlauf steht zusätzlich noch das zweitgrößte Element am richtigen Platz usw. Dies erlaubt eine Vereinfachung des Algorithmus durch das Verkleinern der zu sortierenden Menge um eins nach jedem Durchlauf.

Schauen wir uns einmal in Abbildung 14.5 die Idee von Bubblesort an:

Abbildung 14.5: Bubblesort

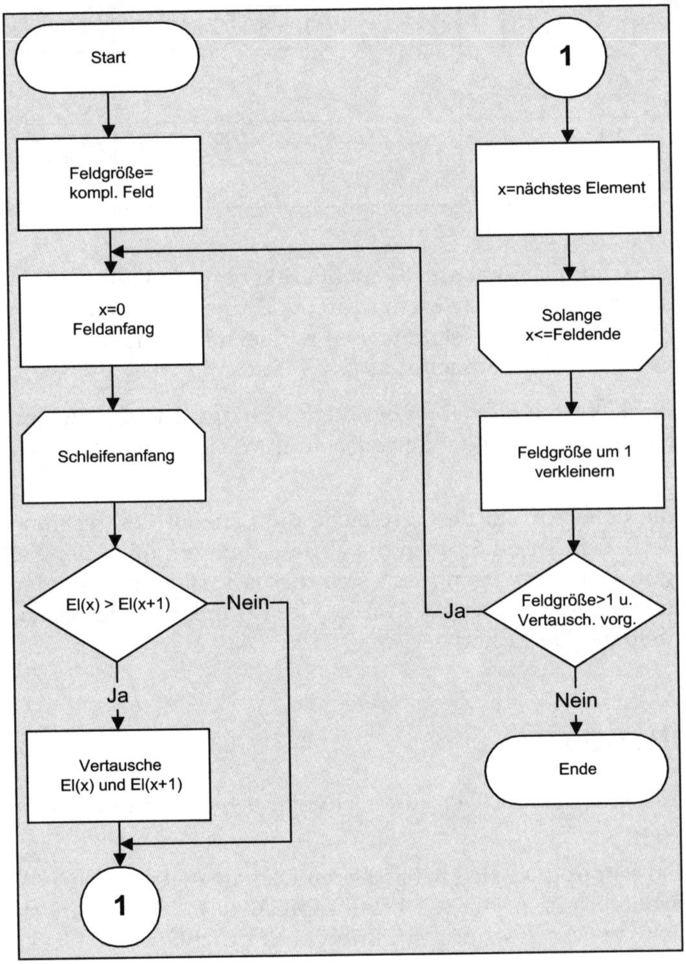

Um den Algorithmus besser zu verstehen, schauen wir uns einmal das Beispiel in Abbildung 14.6 an:

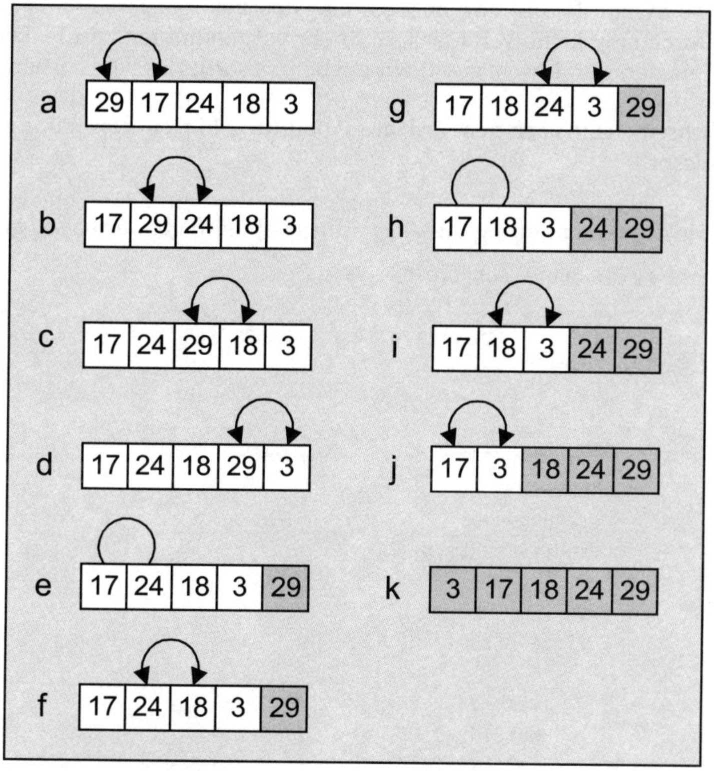

Abbildung 14.6: Ein Beispiel zu Bubblesort

Hier erkennt man auch sehr schön, wie der Algorithmus zu seinem Namen kam. Dreht man die Grafik um 90 Grad nach links, dann steigen die einzelnen Zahlen innerhalb der Datenmenge zu ihren Plätzen auf wie Blasen im Wasser[3].

Die Abbildung zeigt einen kompletten Sortiervorgang mit vier Durchgängen. In d sehen wir den letzten Vergleich des ersten Durchgangs. Danach ist das größte Element an seinem richtigen Platz. Wir haben daher eine ein-elementige sortierte Datenmenge, deren Element wir bei der weiteren Sortierung nicht mehr zu betrachten brauchen. Der letzte Vergleich des zweiten Durchgangs ist bei g beendet.

Wir haben in unseren Algorithmus zwei Bedingungen, die anzeigen, dass die Datenmenge sortiert ist. Die erste Bedingung besagt, dass das Feld sortiert ist, wenn die unsortierte Datenmenge ein Element groß ist. Das klingt logisch, denn wenn von einer n-elementigen Datenmenge n-1 Elemente sortiert sind, dann muss das n-te Element zwangsläufig an seinem richtigen Platz sein.

3. »Bubble« ist das englische Wort für »Blase«.

Die zweite Bedingung besagt, dass das Feld sortiert ist, wenn bei einem Durchgang keine Vertauschung mehr vorgenommen wurde. Dies ist besonders dann praktisch, wenn wir ein bereits sortiertes Feld sortieren wollen.

Schreiben Sie nach dem PAP aus Abbildung 14.5 eine Funktion namens Bubblesort.

Die Implementierung des Algorithmus sieht folgendermaßen aus:

Bubblesort

```
void Feld::Bubblesort(void)
{
  unsigned long rechts=size,sortierungen,x;
  unsigned int w;

  do
    {
      rechts--;
      sortierungen=0;
      for(x=0;x<rechts;x++)
        {
          vgl++;
          if(feld[x]>feld[x+1])
            {
              vts++;
              w=feld[x];
              feld[x]=feld[x+1];
              feld[x+1]=w;
              sortierungen++;
            }
        }
    } while(sortierungen&&(rechts>2));
}
```

Im Gegensatz zu SelectionSort ist Bubblesort sehr stark von der Anordnung der Elemente abhängig. Sie können dies leicht nachprüfen, indem Sie einmal mit unserer Prüffunktion mittels *Sorted*, *Unsorted* und *RevSorted* verschieden angeordnete Datenmengen erzeugen und diese dann mit Bubblesort sortieren lassen.

Der für Bubblesort schlimmste Fall tritt dann ein, wenn die Daten genau verkehrt herum sortiert sind. Im ersten Durchgang sind dann bei einer n-elementigen Datenmenge n-1 Vergleiche und n-1 Vertauschungen nötig. Beim zweiten Durchgang sind es nur noch n-2 Vergleiche und Vertauschungen. Wir benötigen daher sowohl für die Vergleiche als auch für die Vertauschungen $O(N^2)$-Zeit, was für den ganzen Algorithmus eine Laufzeit von ebenfalls $O(N^2)$-Zeit bedeutet.

14.4 Quicksort

Funktionsweise

Eins der schnellsten Sortierverfahren überhaupt ist **Quicksort**. Es basiert ähnlich wie die binäre Suche auf der Idee, die zu sortierende Menge zu halbieren, bis die Menge jeweils nur noch ein Element groß ist. Und ein-elementige Mengen sind immer sortiert.

Pivotelement

Eine Menge wird in zwei Teilmengen aufgeteilt, indem man ein Element heraussucht und in die linke Teilmenge alle Elemente kopiert, die kleiner/gleich dem ausgewählten Element sind. Die rechte Teilmenge enthält dann alle Elemente, die größer/gleich dem ausgewählten Element sind. Das jeweils ausgewählte Element nennt man Pivotelement.

Da die ursprüngliche Menge sowieso unsortiert ist, spielt es keine Rolle, welches Element zum Pivotelement wird. Wichtig ist lediglich, dass das Pivotelement zwischen den beiden Hälften stehen muss, um an seinem richtigen Platz zu sein. Wir entscheiden uns daher für das am rechten Rand stehende Element.

Die beiden Hälften erzeugen wir derart, dass wir einen Zeiger von links nach rechts und einen anderen Zeiger von rechts nach links durch die Menge laufen lassen. Sollte der linke Zeiger auf ein Element stoßen, das größer ist als das Pivotelement, dann steht dieses Element in der falschen Hälfte. Wenn dann der rechte Zeiger ein Element findet, das kleiner ist als das Pivotelement, dann steht auch dieses Element in der falschen Hälfte. Daher werden die beiden Elemente ausgetauscht.

Die Stelle, an der sich die beiden Zeiger überschneiden, ist die korrekte Position des Pivotelements. Da das Element, welches im Augenblick auf dieser Position steht, größer/gleich dem Pivotelement sein muss, kann es problemlos mit dem Pivotelement vertauscht werden.

Quicksort wird dann jeweils für die linke und für die rechte Hälfte aufgerufen. Schauen wir uns die Vorgehensweise einmal in Abbildung 14.7 anhand eines Beispiels an:

In a sehen wir die Anfangssituation. Die Datenmenge ist noch komplett unsortiert, das am rechten Rand stehende Element ist das Pivotelement und die beiden Zeiger, hier *l* und *r* genannt, stehen jeweils an der linken und rechten Grenze der verbleibenden Datenmenge.

l wandert nun so weit nach rechts, bis er auf ein Element stößt, welches größer/gleich dem Pivotelement ist. Da er bereits auf ein solches Element zeigt, wandert er in diesem Fall gar nicht. Analog dazu wandert *r* so lange nach links, bis er auf ein Element zeigt, welches kleiner/gleich dem Pivotelement ist. Da *r* bereits auch auf ein solches Element zeigt, wandert auch er nicht. Die beiden so ermittelten Elemente werden ausgetauscht. Das Ergebnis sehen wir in b.

Abbildung 14.7: Ein Beispiel zu Quicksort

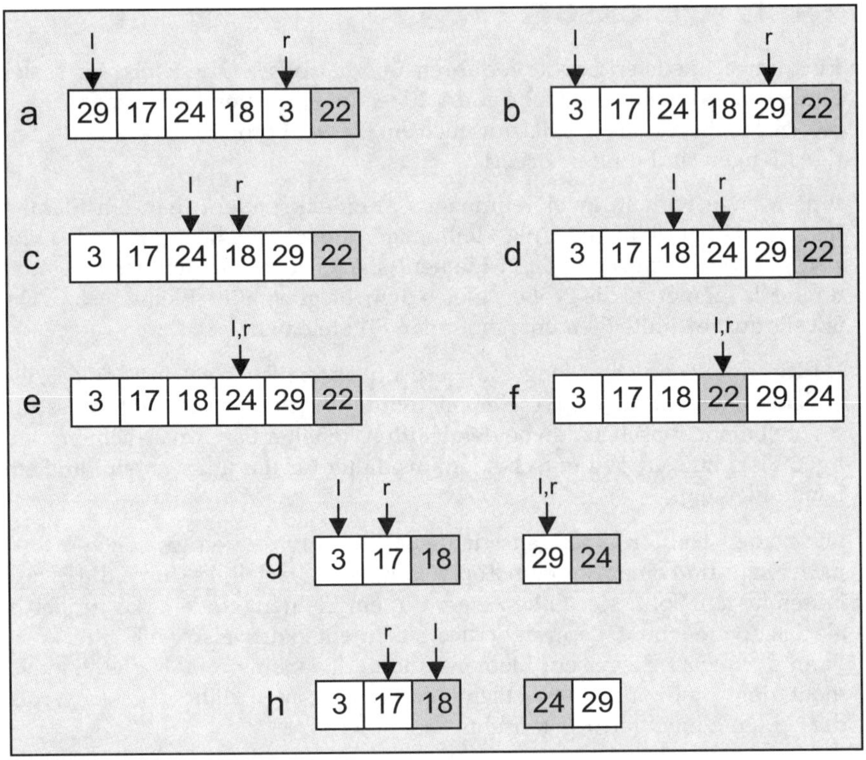

Dann beginnt das Spiel von vorne. l wandert so lange nach rechts, bis er auf ein Element zeigt, welches größer/gleich dem Pivotelement ist. Daher bleibt er bei 24 stehen. *r* wandert nun nach links und bleibt bei 18 stehen (c). Die beiden Elemente werden wieder ausgetauscht (d).

l wandert weiter nach rechts, bis er zur 24 kommt. *r* wandert so lange nach links, bis er entweder auf ein Element stößt, welches kleiner/gleich dem Pivotelement ist oder bis *r* kleiner/gleich mit *l* ist. Da *r* gleich *l* ist, endet die Schleife (e). Nun wird noch das Element, auf das l zeigt, mit dem Pivotelement ausgetauscht (f), und schon haben wir die beiden Hälften erzeugt. Links vom Pivotelement befinden sich alle Elemente, die kleiner/gleich dem Pivotelement sind, und rechts von ihm befinden sich alle Elemente, die größer/gleich sind.

Nun wird Quicksort einmal mit der linken Datenhälfte und einmal mit der rechten Datenhälfte aufgerufen (g). Jede Hälfte wird nun wieder in zwei Hälften unterteilt und für sich sortiert, bis alle sortierten Einzelmengen zusammengesetzt die komplette vollständig sortierte Datenmenge ergeben.

Den Algorithmus sehen Sie in Abbildung 14.8. Die Verfeinerung der Operation »Vertauschbare Elemente suchen« ist in Abbildung 14.9 dargestellt.

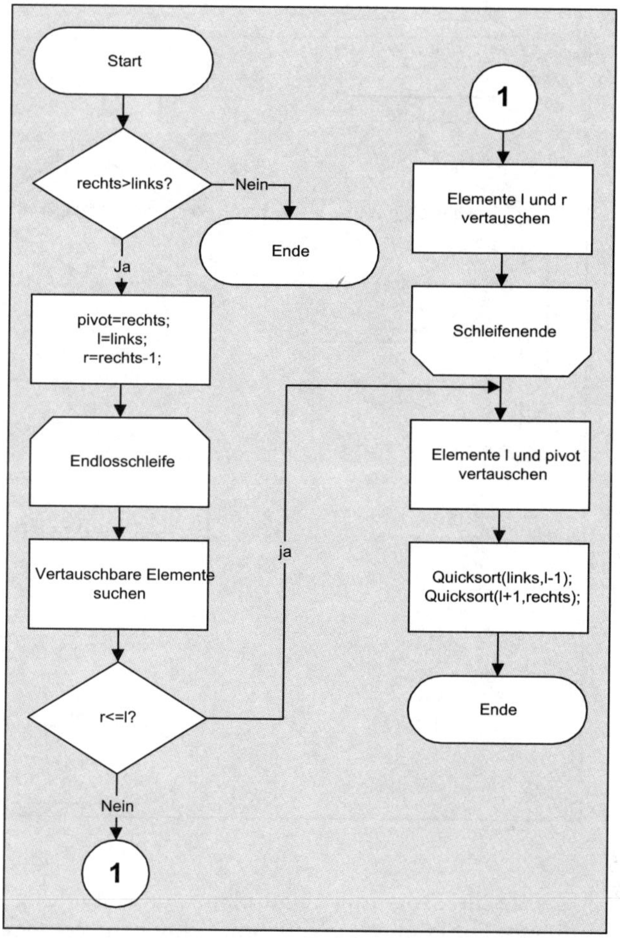

Abbildung 14.8: Quicksort

Die in Abbildung 14.9 dunkel markierte Abbruchbedingung *r>l* für den Zeiger *r* kommt nur in einem einzigen Fall zum Tragen, und zwar dann, wenn das Pivotelement kleiner ist als alle anderen Elemente der Datenmenge. In allen anderen Fällen wird *r* früher oder später auf ein kleineres Element stoßen und sein Wandern beenden. Da das Pivotelement mit dem Element, auf das *l* zeigt, vertauscht wird, spielt zum Schluss die Position des Zeigers *r* keine Rolle mehr.

Verbesserung

Wenn es die Organisation der Daten zulässt, kann man links von der Datenmenge einen Schlüssel platzieren, der kleiner ist als alle Schlüssel. Dieses Element sorgt dann dafür, dass *r* auch ohne die dunkel markierte Abbruchbedingung zum Stehen kommt[4]. Wir haben dann eine Vergleichsoperation gespart.

4. Ähnlich der Sentinel-Technik

Abbildung 14.9: Verfeinerung zu »Vertauschbare Elemente suchen«

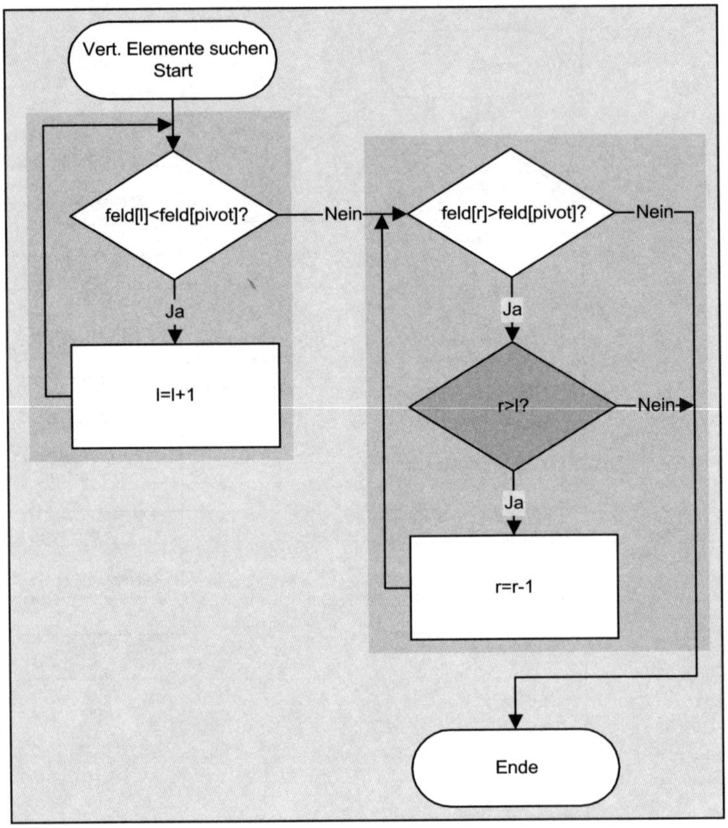

Setzen Sie die Programmablaufpläne aus Abbildung 16.8 und 16.9 in eine lauffähige Funktion *Quicksort* um. Schreiben Sie gegebenenfalls noch eine Zusatzfunktion, die es ermöglicht, die Sortierung ohne Parameter zu starten.

Lösung:

Quicksort

```
void Feld::Quicksort(long links, long rechts)
{
long pivot=rechts,l=links-1,r=rechts;
unsigned int w;
  if(rechts>links)
    {
      while(1)
        {
          while(feld[++l]<feld[pivot]) vgl++;
          while(feld[--r]>feld[pivot]) vgl++;
          if(r<l) break;
          w=feld[l];
```

```
        feld[l]=feld[r];
        feld[r]=w;
        vts++;
      }
    w=feld[l];
    feld[l]=feld[pivot];
    feld[pivot]=w;
    vts++;
    Quicksort(links,l-1);
    Quicksort(l+1,rechts);
  }
}
```

Um die Funktion *Quicksort* so aufrufen zu können, wie wir es von den anderen Sortierfunktionen gewohnt sind, implementieren wir noch eine zusätzliche Funktion:

Shell-Funktion

```
void Feld::Quicksort(void)
{
  Quicksort(0,size-1);
}
```

Quicksort gehört zu den instabilen Sortierverfahren. Wenn Sie also Wert darauf legen, dass gleiche Schlüssel ihre relative Position zueinander nicht ändern, dann können Sie Quicksort nicht verwenden.

Quicksort hat im schlechtesten Fall eine Laufzeit von $O(N^2)$. Jedoch liegt die Laufzeit im günstigsten Fall bei O(N log N). Man kann zeigen, dass die durchschnittliche Laufzeit kaum schlechter ist als die günstigste. Dies erfordert aber einen weiten Exkurs in die Mathematik (vgl. [OTTMANN93]), der hier nicht angetreten werden soll.

Alle Funktionen der hier vorgestellten Sortier- und Suchverfahren sowie die *Feld*-Klasse finden Sie auf der CD unter /BUCH/KAP13/FELD.

14.5 Kontrollfragen

1. Was versteht man unter einem stabilen Sortierverfahren?
2. Teilen Sie die vorgestellten Sortierverfahren in stabile und nicht stabile auf.
3. Welche Sortierverfahren sind auf den direkten Zugriff auf die Datensätze angewiesen und welche würden z.B. auch mit Listen funktionieren?
4. Wie schnell kann ein auf Schlüsselvergleichen basierendes Sortierverfahren für den schlechtesten Fall bestenfalls sein?

15 Bäume

In diesem Kapitel werden wir eine neue Datenstruktur kennen lernen: die Bäume. Bäume zählen zu den mächtigsten Organisationsstrukturen für große Datenmengen. Schauen wir uns zuerst einen typischen Baum in Abbildung 15.1 an.

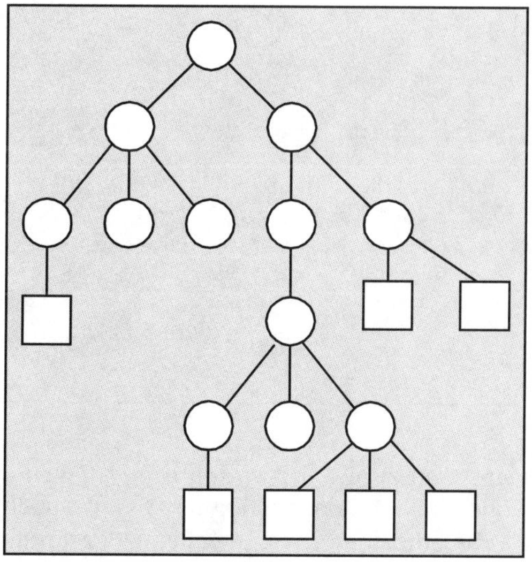

Abbildung 15.1: Ein typischer Baum

Knoten, Blätter, Wurzel

Ein Baum besteht aus **Knoten** und **Blättern**. Ein besonderer Knoten im Baum ist die **Wurzel**, die als einziger keinen Vorgänger hat und meistens als oberster Knoten dargestellt ist.

Vater

Außer der Wurzel hat jeder Knoten im Allgemeinen genau einen Vorgänger, den man als **Vater** bezeichnet.

Söhne

Ein Knoten kann weitere Knoten als direkte Nachfolger haben, die man **Söhne** nennt. Knoten können als Nachfolger auch **Blätter** haben. Blätter haben keine Nachfolger und einen Knoten als Vorgänger. Ein Blatt kennzeichnet somit das Ende eines Zweiges.

Pfad

Eine Besonderheit von Bäumen ist, dass sie keine Zyklen besitzen. Man kann also nirgendwo »im Kreis laufen.« Deswegen gibt es von der Wurzel aus zu jedem anderen Knoten oder Blatt genau einen Weg, den man **Pfad** nennt.

Höhe

Der Abstand zwischen dem am weitesten von der Wurzel entfernten Knoten und der Wurzel selbst wird als die **Höhe** des Baumes bezeichnet, wobei ein Baum mit nur einem Knoten die Höhe 0 hat. Der Baum in Abbildung 15.1 hat daher die Höhe 5.

In einem Baum kann man jeden Knoten auch als Wurzel eines Teilbaums ansehen. Schauen wir uns dazu Abbildung 15.2 an.

Abbildung 15.2: Teilbäume

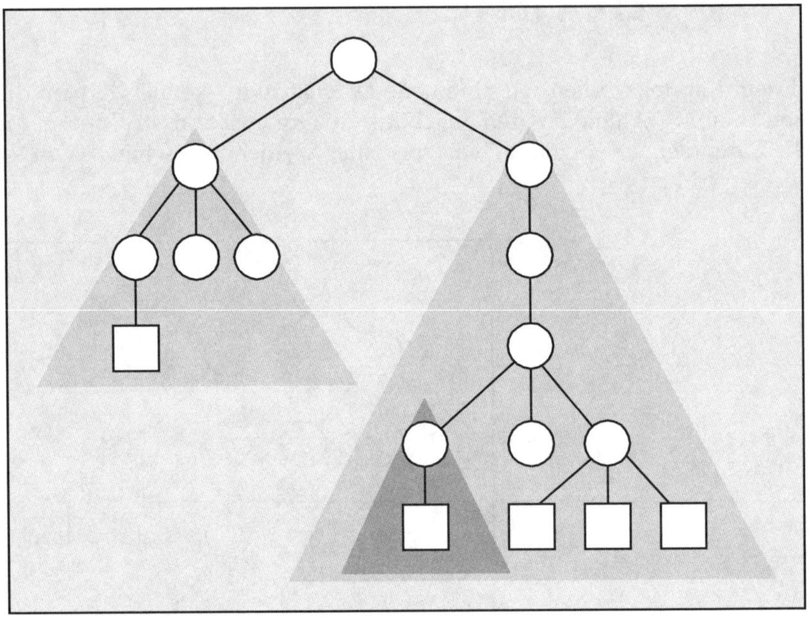

Teilbäume Man kann zum Beispiel den linken Zweig der Wurzel als einen Baum der Höhe 2 betrachten. Analog dazu ist der rechte Zweig ein Baum der Höhe 4. Da die einzelnen Zweige Teile des gesamten Baumes sind, bezeichnet man sie als **Teilbäume**.

Ordnung Wenn jeder Knoten eines Baumes maximal *d* Söhne hat, dann ist dieser Baum von der Ordnung *d*. Baum a in Abbildung 15.3 hat zum Beispiel die Ordnung 2 und Baum b die Ordnung 3.

Abbildung 15.3: Beispiele zur Ordnung eines Baumes

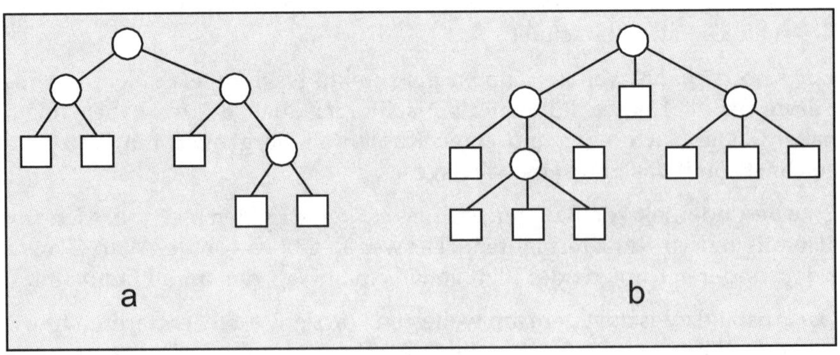

Bäume sind in gewisser Weise erweiterte Listen, weil eine Liste auch als Baum der Ordnung 1 bezeichnet werden kann.

15.0.1 Binärbäume

Bäume der Ordnung 2 haben eine besondere Bedeutung, weil sich mit ihnen besonders gut »entweder-oder«-Entscheidungen ausdrücken lassen. Man nennt sie daher **Binärbäume**. Weil Binärbäume maximal nur zwei Söhne haben können, spricht man auch vom linken und vom rechten Sohn.

Da Bäume Datenstrukturen sind, werden sie logischerweise dazu benutzt, um Daten zu speichern. Ein Baum bietet dazu zwei Möglichkeiten. Entweder sind alle Daten nur in den Knoten gespeichert oder nur in den Blättern. Die erste Variante nennt man **Suchbäume**, die zweite **Blattsuchbäume**.

Genau wie bei den Sortierverfahren, werden wir uns im weiteren Verlauf dieses Kapitels nur mit den Schlüsseln der Datensätze befassen, um den Blick auf das Wesentliche zu konzentrieren.

15.1 Heaps

Nützlich werden die Bäume allerdings erst, wenn die in ihnen gespeicherten Daten in einer gewissen Ordnung vorliegen. Wir wollen als Erstes die **Heaps**[1] besprechen, die im Vergleich zu anderen Bäumen noch eine recht lockere Ordnung besitzen.

Ein Heap ist ein Binärbaum, bei dem die Söhne – wenn sie denn existieren – eines Knotens immer kleiner/gleich dem Vater sind.

Abbildung 15.4 zeigt ein Beispiel eines Heaps.

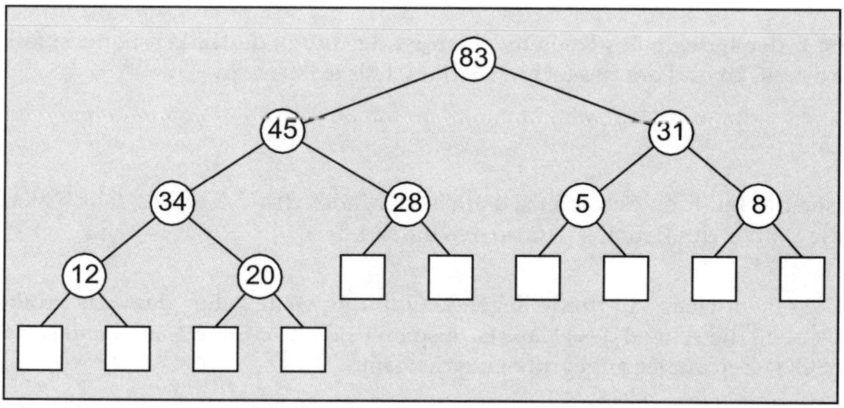

Abbildung 15.4: Beispiel eines Heaps

Diese lockere Ordnung ermöglicht es, Heaps ohne Nachteile in einem normalen Feld unterzubringen. Weil Heaps die Schlüssel in ihren Knoten spei-

1. »heap« entstammt dem Englischen und heißt zu Deutsch so viel wie »Haufen«.

chern, verzichten wir in den weiteren Abbildungen auf die Darstellung der Blätter. Wir brauchen den Heap aus Abbildung 15.4 nur ein wenig zu verzerren, und schon wird die Art und Weise der Übernahme in das Feld klar. Abbildung 15.5 zeigt diesen Vorgang.

Abbildung 15.5: Darstellung eines Heaps in einem Feld

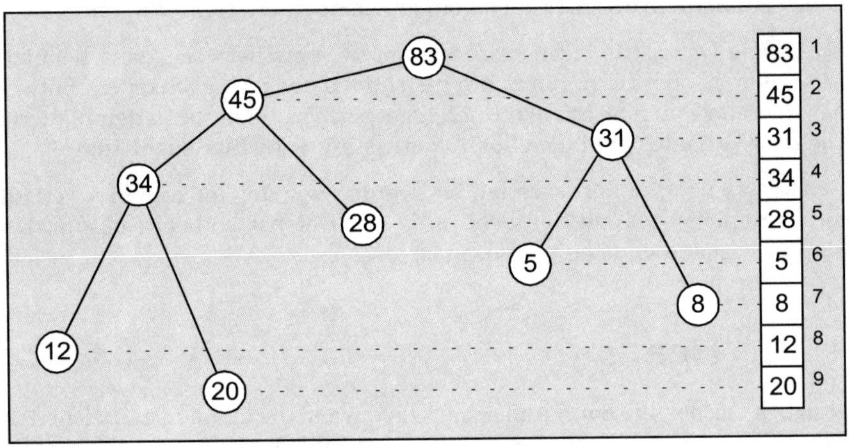

Wir können die Bedingung »Der Vater muss größer/gleich seinen Söhnen sein, sofern sie existieren« so umformen:

Ein Feld f mit k Schlüsseln ist dann ein Heap, wenn für alle n=1,2,...,k gilt: wenn 2n<=k dann f[n]>=f[2n], und wenn 2n+1<=k, dann f[n]>=f[2n+1].

In diesem Feld gelten nun die folgenden Regeln:

Ist n der Index eines Knotens, dann ist der Index des linken Sohnes, falls existent, 2n und der des rechten Sohnes, falls existent, 2n+1.

Und:

Ist n der Index eines Knotens, dann ist der Index des Vaters n/2, falls n nicht die Wurzel des Baumes ist (also den Index 1 hat).

Die einem Heap zugrunde liegende Ordnung stellt sicher, dass das größte Element die Wurzel des Heaps ist, also im Feld an Position 1 liegt, und somit in O(1)-Zeit auf sie zugegriffen werden kann.

Um einen Heap zu erhalten, müssen wir uns überlegen, wie wir Schlüssel hinzufügen oder entfernen können, ohne dass die Heapbedingung verletzt wird. Am einfachsten ist es, wenn das Hinzufügen und Entfernen nur mit bereits bestehenden Heaps benutzt wird. Wir können hier die gleichen Überlegungen anstellen wie bei InsertSort.

15.1.1 insert

Element anhängen

Wenn unser Feld nur aus einem Element besteht, dann muss es sich der Heapbedingung nach um einen Heap handeln. Doch wie fügen wir einen Schlüssel ein? Rein vom Feld her gesehen böte es sich an, den neuen Schlüssel an das Feld anzuhängen, denn dann müssten wir keinen Teil des Feldes wegen Platzbeschaffung verschieben. Man kann aber davon ausgehen, dass unter Umständen die Heapbedingung verletzt wird.

Heap wiederherstellen

Wir wissen aber auch, dass die Heapbedingung nur dann verletzt ist, wenn der Vater des eingefügten Schlüssels nicht größer/gleich dem eingefügten Schlüssel ist.

Wir können dieses folgendermaßen beheben: Wenn der Vater nicht größer/gleich dem neuen Schlüssel ist, dann muss der neue Schlüssel größer sein. Deswegen vertauschen wir die Plätze von Vater und Sohn. Da der Sohn nun der Vater ist, ist die Heapbedingung erfüllt. Durch diese Vertauschung kann die Heapbedingung für den anderen Sohn nicht in Gefahr geraten, weil der vorherige Vater schon größer/gleich war. Also muss der neue Vater dies erst recht sein, weil er selbst größer ist als der alte Vater.

Das ursprünglich eingefügte Element ist dadurch im Baum nach oben gewandert. Durch dieses Wandern hat der eingefügte Schlüssel einen neuen Vater bekommen, der unter Umständen kleiner ist und damit die Heapbedingung verletzt.

Deswegen muss der Schlüssel so lange mit seinem Vater vertauscht werden, bis ein Vater erreicht ist, der größer/gleich dem eingefügten Schlüssel ist oder der eingefügte Schlüssel zur Wurzel wurde. Schauen wir uns dazu das Beispiel in Abbildung 15.6 an:

In a sehen wir den Heap, den wir zuvor in einem Feld untergebracht haben. Wir bleiben für diese Betrachtungen aber bei der Baumdarstellung, weil dort die Vater/Sohn-Beziehungen besser zur Geltung kommen.

In Bild b sehen wir einen neu eingefügten Schlüssel, der an das Feld angehängt wurde und die Heapbedingung verletzt. Deswegen muss er mit seinem Vater vertauscht werden.

In c ist der neue Schlüssel bereits vertauscht, verletzt aber immer noch die Heapbedingung, weil auch sein neuer Vater kleiner ist. Deswegen wird der neue Schlüssel erneut mit seinem jetzigen Vater vertauscht.

In d erkennen wir, dass nun wieder ein gültiger Heap vorliegt. Unsere Arbeit ist beendet.

Verbesserung

Wir können diese Idee noch ein wenig verfeinern. Anstatt den Schlüssel einzufügen und ihn dann immer mit seinem Vater zu vertauschen, verschieben wir zuerst so lange die Väter nach unten, bis an der richtigen Stelle Platz geschaffen wurde.

Diese Idee sehen Sie in Abbildung 15.7 dokumentiert.

Abbildung 15.6: Ein Beispiel für das Einfügen bei Heaps

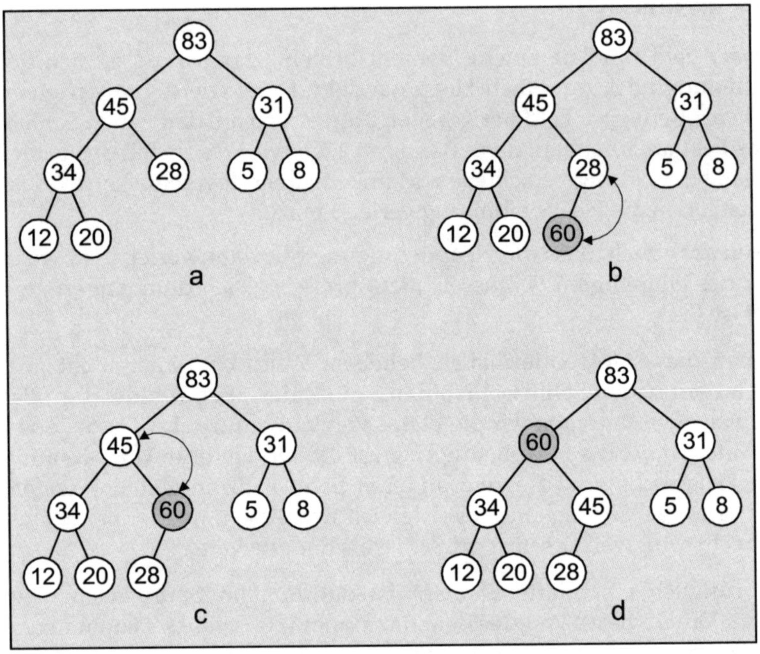

Abbildung 15.7: Eine bessere Einfüge-Variante

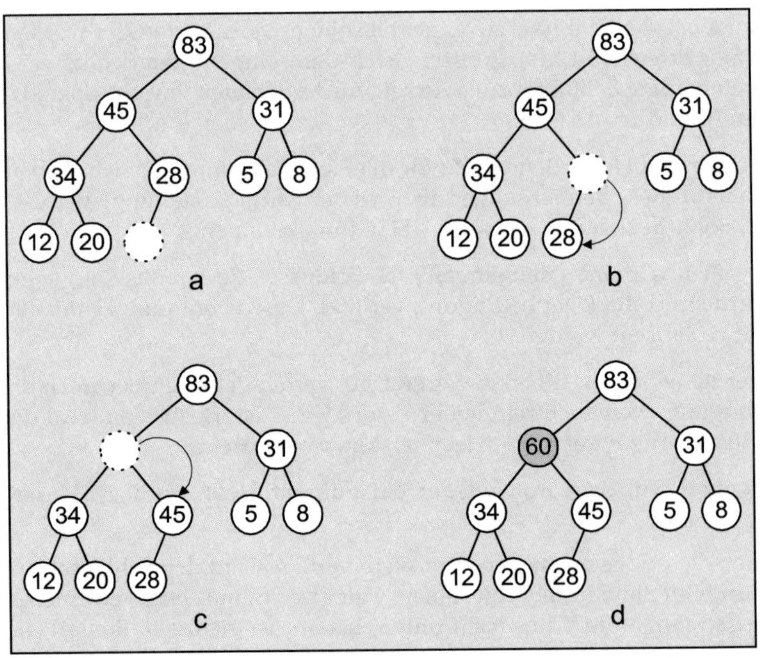

In a sehen Sie die Einfügeposition des neuen Schlüssels, jedoch setzen wir ihn noch nicht an diese Position. Wir überprüfen erst, ob die Heapbedingung verletzt werden würde, wenn wir ihn dort hinsetzten. Wenn ja, dann wird einfach der Vater wie in b dargestellt nach unten kopiert[2]. Dadurch wird eine andere Position frei. Auch hier prüfen wir, ob die Heapbedingung verletzt werden würde, wenn wir den neuen Schlüssel dort einfügten. Diesen Vorgang wiederholen wir so lange, bis wir an eine Position im Heap gelangen, an der wir den Schlüssel einfügen können, ohne die Heapbedingung zu verletzen.

Um eine höhere Flexibilität zu erreichen, werden wir eine Funktion namens *upheap* implementieren, der wir den Index eines Schlüssels übergeben. Sollte für diesen Schlüssel die Heapbedingung verletzt sein, wird eine Kopie dieses Schlüssels angelegt und dann werden nach dem zuletzt beschriebenen Verfahren die Väter nach unten verschoben, bis eine gültige Position zum Einfügen des Schlüssels frei wird. Den Programmablaufplan von *upheap* sehen Sie in Abbildung 15.8.

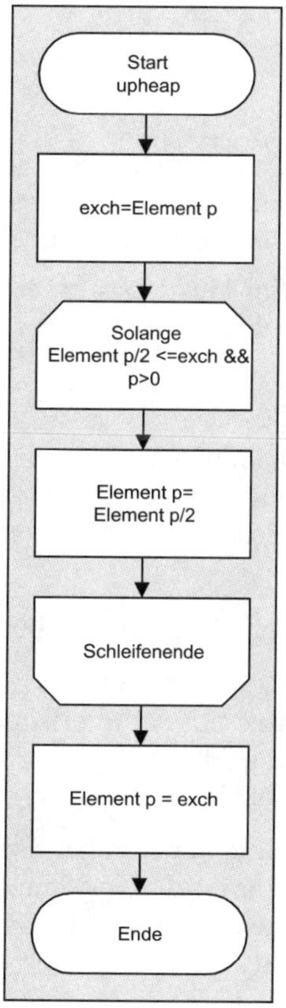

Abbildung 15.8: upheap

2. Wir brauchen nun keine Vertauschungen mehr.

Eine der Laufbedingungen der Schleife lautet *(p>0)*. Wenn es die Organisation der Daten zulässt, können Sie in einem Feld die Position mit dem Index 0 mit einem Dummy-Schlüssel belegen, der größer ist als alle möglichen Schlüssel. Dadurch wird gewährleistet, dass die Schleife auch ohne *(p>0)* korrekt terminiert.

Wir implementieren die Heap-Funktionen für unsere Klasse *Feld*, die uns schon bei den Such- und Sortierverfahren gute Dienste erwiesen hat.

upheap

```
void Feld::upheap(unsigned long p)
{
unsigned int exch;

  exch=feld[p-1];
  while((feld[p/2-1]<=exch)&&p)
    {
      feld[p-1]=feld[p/2-1];
      p/=2;
    }
  feld[p-1]=exch;
}
```

Da der erste Schlüssel eines Heaps in Felddarstellung den Index 1 hat, müssen wir die Berechnungen für unser Feld anpassen, indem wir die Indizes für alle Zugriffe um eins vermindern.

Laufzeit

Ein Heap kann von seiner Struktur her (Heapbedingung) bei n Schlüsseln maximal die Höhe

$$\lceil ld(n+1) \rceil - 1$$

haben[3], sodass wir maximal genauso viele Vertauschungen vornehmen müssen, um den Heap wiederherzustellen. *upheap* benötigt somit O(log N)-Zeit.

15.1.2 Delete

Einsatzgebiete eines Heaps

Kommen wir nun zum Löschen eines Schlüssels aus dem Heap. Wir sollten uns einmal überlegen, wozu ein Heap überhaupt sinnvoll sein kann, denn die Schlüssel liegen ja nicht sortiert vor, so wie wir es von den Sortierverfahren her kennen.

Eine der wenigen Ordnungseigenschaften von Heaps ist es, dass die Wurzel immer den größten/kleinsten[4] Schlüssel enthält. Heaps bieten sich deswegen besonders für Prioritätswarteschlangen (Auf Englisch heißen sie »priority queues«) an.

3. Die eckigen Klammern, bei denen das untere Stück fehlt, besagen, dass der Wert in ihnen auf die nächste Ganzzahl aufgerundet wird.
4. Abhängig von der Wahl der benutzten Vergleiche.

Priority-Queues

Wir haben die normalen Queues schon kennen gelernt. Es sind FIFO-Strukturen – wer zuerst kommt, mahlt zuerst – vordrängeln war nicht möglich. Eine Prioritätswarteschlange jedoch ordnet die wartenden Elemente nach ihrer Priorität. Selbst wenn schon etliche Elemente in der Schlange stehen, kommt ein neues Element mit höherer Priorität an den Anfang der Schlange. Und da nur am Kopf der Schlange auf Elemente zugegriffen wird, bietet sich ein Heap für eine Prioritätswarteschlange geradezu an.

Löschen der Wurzel

Wenn aber nur am Kopf, also an der Wurzel, auf bereits im Heap befindliche Elemente zugegriffen wird, ist ein Löschen der Wurzel eines Heaps eine sinnvolle Operation. Wenn wir die Wurzel löschen, entstehen zwei Teilheaps. Anstatt die beiden Teilheaps nun irgendwie miteinander zu verschmelzen, kopieren wir einfach das Element mit dem höchsten Index an die Stelle der Wurzel[5].

Für den Fall, dass die Heapbedingung verletzt werden sollte, also der Schlüssel nicht größer/gleich seinen beiden Söhnen ist, wird der Schlüssel mit dem größeren seiner beiden Söhne vertauscht. Für die Vertauschung muss der größere Sohn genommen werden, weil er als zukünftiger Vater größer ist als der kleinere Sohn und damit die Heapbedingung nicht verletzt. Würde der kleinere Sohn vertauscht und dadurch Vater, dann wäre der andere Sohn größer als der neue Vater und die Heapbedingung wäre erneut verletzt.

Nachdem die Vertauschung vorgenommen wurde, wird erneut geprüft, ob die Heapbedingung verletzt wurde. Der Schlüssel wird so lange mit dem größeren seiner Söhne vertauscht, bis die Heapbedingung wieder erfüllt ist. Das passiert entweder, wenn der Schlüssel an eine Position gelangt, an der er größer/gleich seinen beiden Söhne ist, oder er ein Ende des Heaps erreicht hat[6].

Schauen wir uns dazu einmal das Beispiel in Abbildung 15.9 an:

Bild a zeigt den Heap vor der DeleteMax-Operation. In Bild b sehen wir die freigewordene Position und das Element, welches diesen Platz einnimmt. Mit der 28 als Wurzel ist die Heapbedingung verletzt und ein Vertauschen erforderlich.

Der größere Sohn ist die 60, also tauschen 28 und 60 ihre Plätze (d). Da die Heapbedingung immer noch nicht erfüllt ist, geht das Vertauschen weiter, bis die 28 in e schließlich ihre korrekte Position erreicht hat.

---

5. Das Element mit dem höchsten Index ist das Element am Ende des Feldes. Durch das Kopieren dieses Elements an den Anfang des Feldes ersparen wir uns das Aufrücken aller anderen Elemente nach links, was erforderlich wäre, um die entstandene freie Stelle im Feld zu schließen.
6. In der Baumstruktur ist das Ende des Heaps nicht identisch mit dem Ende des Feldes. Dies kann schon alleine deswegen nicht sein, weil der Heap als Baumstruktur mehrere Enden hat, das Feld aber nur eins.

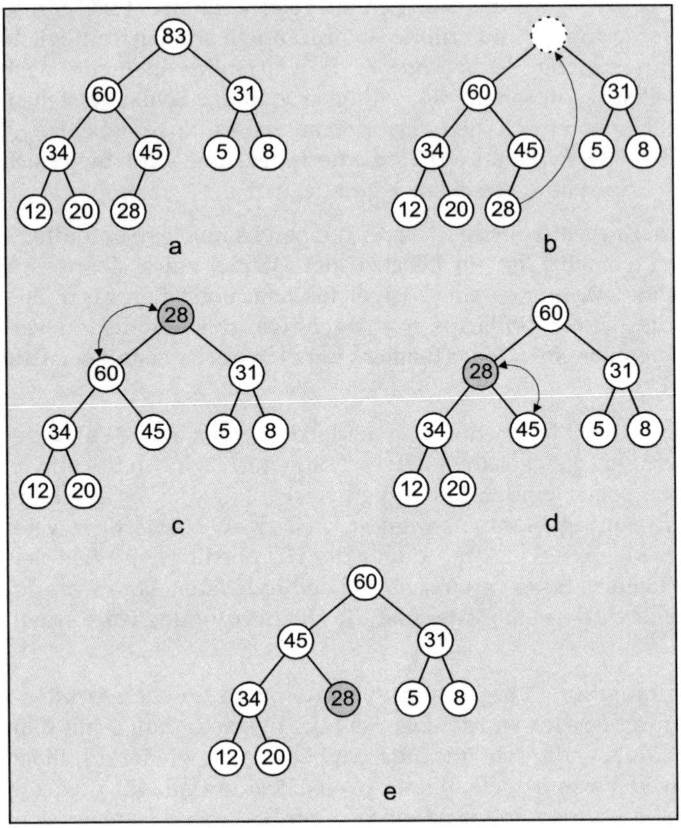

Abbildung 15.9: Ein Beispiel zu DeleteMax

Genau wie beim Einfügen entwerfen wir eine flexiblere Funktion, der eine Schlüsselposition übergeben wird und die dann den Schlüssel gegebenenfalls an seine richtige Position hinabsteigen lässt. Wir nennen diese Funktion *downheap*.

Der Algorithmus dazu ist nicht sehr aufwändig und in Abbildung 15.10 dargestellt.

Im Normalfall dürfte die Schleife nie terminieren, weil die Abbruchbedingungen der Funktion innerhalb der Schleife liegen. Aber für den Fall, dass die Heapstruktur so unvollkommen ist, dass ein ordnungsgemäßes downheap nicht ausgeführt werden kann, wurde die Schleife mit einer Abbruchbedingung versehen, um keine Endlosschleife zu bilden. Die Funktion *downheap* sieht implementiert so aus:

downheap

```
void Feld::downheap(unsigned long n, unsigned long p)
{
unsigned int exch;
unsigned long next;
```

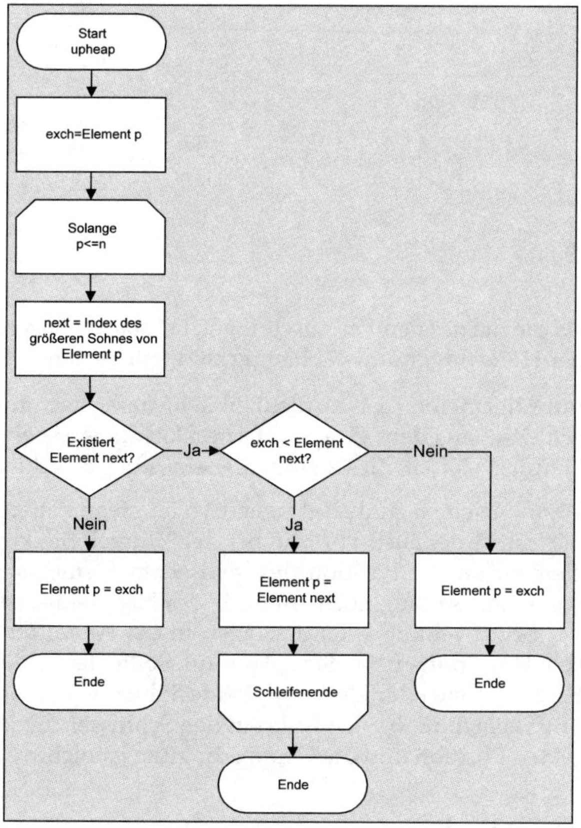

Abbildung 15.10: downheap

```
exch=feld[p-1];

while(p<=n)
  {
    next=2*p;
    vgl++;
    if(((next+1)<=n)&&(feld[next-1]<feld[next+1-1])) next++;
    vts++;
    if(next<=n)
      {
        if(exch<feld[next-1])
          {
            feld[p-1]=feld[next-1];
            p=next;
          }
        else
          {
            feld[p-1]=exch;
```

```
                return;
              }
          }
        else
          {
            feld[p-1]=exch;
            return;
          }
    }
}
```

Laufzeit

Da die maximalen Vertauschungen bei *downheap* genauso wie bei *upheap* von der Höhe des Baumes abhängig sind, gilt auch hier O(log N)-Zeit.

Im Allgemeinen ist es nicht üblich, dass man außer der Wurzel andere Schlüssel aus dem Heap entfernt. Doch falls Sie einmal in die Verlegenheit kommen sollten, dies zu tun, hier eine knappe Erklärung.

Beliebigen Schlüssel entfernen

Wenn Sie einen Schlüssel irgendwo im Heap entfernen wollen, dann gehen Sie zuerst genauso vor wie bei der Wurzel. Sie kopieren das letzte Heapelement an die Position des gelöschten Elements. Da diese Position aber weder am Anfang noch am Ende des Heapfeldes ist, müssen Sie prüfen, ob der Schlüssel auf- oder absteigen muss. Wenn der Schlüssel größer ist als sein Vater, dann rufen Sie *upheap* auf. Sollte der Schlüssel kleiner als einer der beiden Söhne oder kleiner als beide Söhne sein, dann rufen Sie *downheap* auf. Trifft keiner der beiden Fälle auf den Schlüssel zu, dann steht er an einer korrekten Position und die Heapbedingung ist nicht verletzt.

15.1.3 Erzeugung eines Heaps

Stellen Sie sich vor, Sie hätten ein Feld, das augenblicklich keiner Sortierung unterliegt, und Sie möchten dieses Feld in einen Heap verwandeln.

Die Lösung ist ziemlich simpel. Sie fangen am Ende des Feldes an und lassen nach und nach mit downheap jeden Schlüssel nach unten absteigen. Dabei brauchen Sie die letzte Hälfte der Elemente nicht zu betrachten, weil sie keine Söhne haben. Schauen wir uns das einmal an einem Beispiel an, welches Sie in Abbildung 15.11 dargestellt sehen.

In Bild a sehen Sie ein unsortiertes Feld. Lediglich die Knoten bilden optisch die Konstellation des zukünftigen Heaps, um den Algorithmus einfacher darstellen zu können. Beachten Sie zur Orientierung noch einmal die entsprechenden Feldindizes der Knoten.

Wir haben gesagt, dass die zweite Hälfte der Knoten nicht betrachtet werden braucht, weil sie keine Söhne haben. Also beginnen wir bei *n* Knoten mit Knoten *n*/2. Das ist in unserem Fall der Knoten mit Index 5. Bei Index 5 steht die 45, für die dann *downheap* aufgerufen wird (b). Da der einzige Sohn von 45 die 31 ist, wird die Heapbedingung nicht verletzt und *downheap* ist fertig. Wir haben jetzt einen Teilheap der Größe 2.

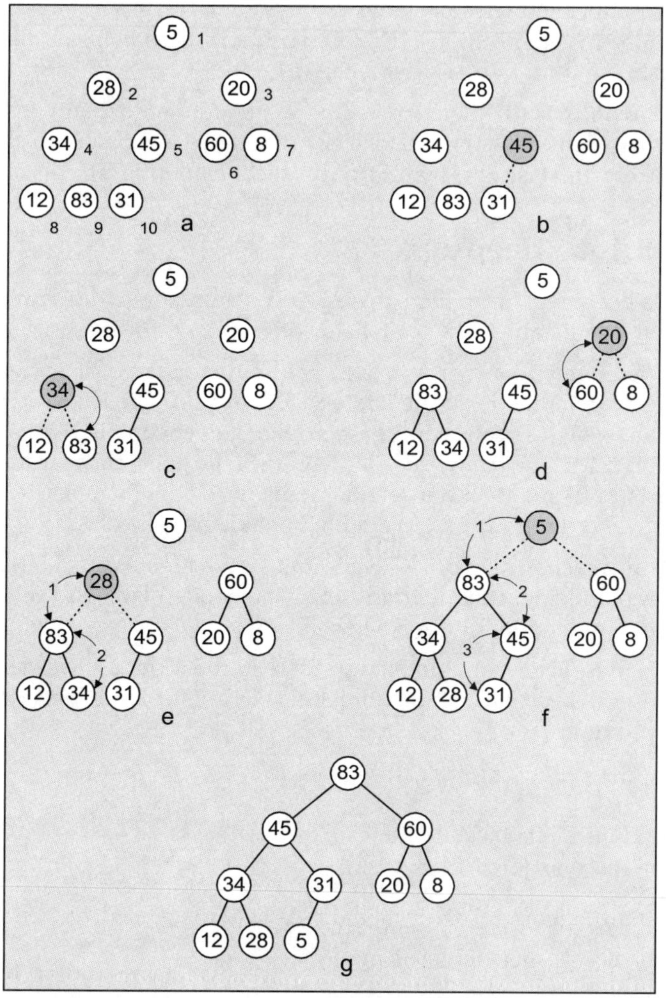

Abbildung 15.11: Erzeugen eines Heaps aus einem unsortierten Feld

In Bild c geht es weiter mit Index 4, die 34. Es wird wieder die Funktion *downheap* aufgerufen, die eine Vertauschung mit dem rechten Sohn vornimmt, um die Heapbedingung wiederherzustellen. Wir haben jetzt den zwei-elementigen Teilheap von vorhin und einen neuen drei-elementigen Teilheap.

Bei Index 3 steht die 20, die zwei Söhne hat und von *downheap* mit ihrem linken Sohn vertauscht wird (d). Dadurch entsteht der dritte Teilheap.

Bei Index 2 steht die 28, die als Söhne die Wurzeln von zwei Teilheaps hat. Sie wird zur neuen Wurzel gemacht (e). Um die Heapbedingung wiederherzustellen muss *downheap* die 28 zweimal absteigen lassen. Aus den beiden ersten Teilheaps und der 28 entsteht ein neuer Teilheap der Größe 6.

Anschließend wird noch der Knoten mit Index 1 zur neuen Wurzel der zwei Teilheaps gemacht (f). Die 5 wird von *downheap* an die richtige Stelle gebracht und fertig ist der Heap (g).

Obwohl wir die gleichen Schlüssel genommen haben wie bei den anderen Beispielen zu Heaps, ist doch ein anderer Heap entstanden. Man kann daran erkennen, dass die Heap-Struktur nicht eindeutig ist.

15.1.4 Heapsort

Da bei einem Heap der größte Schlüssel immer an der Wurzel steht, können wir damit ganz einfach ein Feld sortieren:

Zuerst erzeugen wir aus dem Feld einen Heap. Wir entfernen die Wurzel und kopieren Sie an die letzte Stelle im Feld. Die letzte Stelle ist freigeworden, weil das vorher dort gestandene Element an die Wurzelposition kopiert und mittels *downheap* an die richtige Stelle gebracht wurde. Damit steht das größte Element an der letzten Stelle, was bei einem sortierten Feld korrekt ist. Und der Heap ist um ein Element kleiner geworden.

Nun machen wir das Gleiche mit der neuen Wurzel. Der Heap wird so immer kleiner und der dadurch entstehende Platz wird mit den immer kleiner werdenden Schlüsseln belegt.

Da das Feld von hinten mit den immer kleiner werdenden Schlüsseln beschrieben wird, ist das Ergebnis ein aufsteigend sortiertes Feld. Hier die Funktion:

Heapsort

```
void Feld::Heapsort(void)
{
unsigned int exch;
unsigned long count,n=size;

  for(count=size/2;count>0;count--)
    downheap(size,count);

  do
    {
      vts++;
      exch=feld[1-1];
      feld[1-1]=feld[n-1];
      feld[-1+n--]=exch;
      downheap(n,1);
    } while(n>0);
}
```

Eigenschafen und Laufzeit

Die *for*-Schleife erzeugt aus dem unsortierten Feld einen Heap. Die *do-while*-Schleife wandelt den Heap dann elementweise in ein sortiertes Feld um. Heapsort ist ein Verfahren, welches genau wie Quicksort ein Laufzeit-Verhalten von O(N log N) hat und instabil ist. Allerdings reagiert Heapsort im Gegensatz zu Quicksort auf eine bestehende Sortierung kaum mit einer Verschlechterung der Laufzeit.

15.2 Suchbäume

Suchbäume besitzen eine Ordnung, die es uns erlaubt, zu sagen, dass die gespeicherten Schlüssel sortiert vorliegen. Leider ist eine unproblematische Speicherung in einem Feld nicht mehr möglich. Wir müssen uns, genau wie bei den Listen, eine Struktur überlegen, die als Knoten eines Baumes einsetzbar ist. Eine solche Struktur könnte folgendermaßen aussehen:

BKnoten

```
class BKnoten
{
  friend class SBaum;

  private:
    BKnoten *f,*l,*r;
    long key;
  public:
    BKnoten(BKnoten*, BKnoten*, BKnoten*);
    BKnoten(BKnoten*, BKnoten*, BKnoten*, long);
};
```

Der Knoten besitzt drei Zeiger: Auf seinen Vater (*f*), auf seinen linken (*l*) und auf seinen rechten (*r*) Sohn. Dann besitzt er noch einen Schlüssel, welches normalerweise ein Zeiger auf die zu verwaltenden Nutzdaten sind. Hier wurden die Nutzdaten jedoch wieder auf den Schlüssel allein reduziert, um unnötigen Ballast zu vermeiden. Die Klasse *SBaum*, die nachher den Baum selbst verwalten soll, wurde hier als Freund deklariert, um einfacher auf die Zeiger zugreifen zu können. Ein Beispiel für einen Baum, der mit dieser Struktur aufgebaut wurde, sehen Sie in Abbildung 15.12.

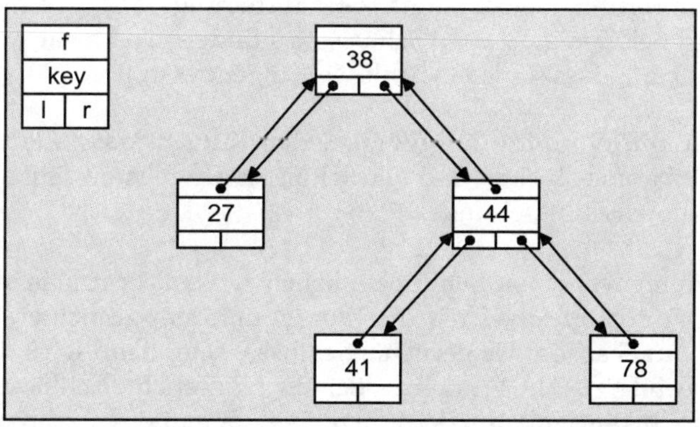

Abbildung 15.12: Dynamische Verkettung eines Baumes

Häufig werden Knoten nur mit Zeigern auf ihre Söhne, nicht jedoch auf ihren Vater ausgestattet. Der Zeiger auf den Vater hat aber bei eventuell nötigen Umstrukturierungen programmiertechnische Vorteile, die die Nachteile (mehr Verwaltungsaufwand, höherer Speicherbedarf) mehr als wettmachen.

Jeder Zeiger *l* und/oder *r*, der auf Null gesetzt ist, also auf keinen weiteren Knoten zeigt, entspricht einem Blatt des Baumes. Bei unseren Suchbäumen werden die Schlüssel jedoch wieder in den Knoten gespeichert, so dass wir die Blätter in der Darstellung vernachlässigen können.

Wir werden der Übersichtlichkeit wegen auch weiterhin die Bäume wie gewohnt darstellen und nicht wie in Abbildung 15.12. Dies diente ausschließlich der Erklärung.

Kommen wir nun auf den Baum selbst zu sprechen. Welche Art Attribute muss er besitzen? Auf jeden Fall braucht er einen Zeiger auf die Wurzel. Zusätzlich wollen wir ihn noch mit einem Zähler ausstatten, der die Anzahl der aktuell im Baum gespeicherten Schlüssel repräsentiert:

SBaum

```
class SBaum
{
  private:
    BKnoten *root;
    unsigned long anz;

  public:
    SBaum(void);
};
SBaum::SBaum(void)
{
  root=0;
  anz=0;
}
```

Es wurde schon erwähnt, dass die Anordnung der Schlüssel im Baum einer Sortierung gleichkommt. Die Sortierung soll es ermöglichen, möglichst schnell den gesuchten Schlüssel zu finden. Und zwar wird der Baum so aufgebaut, dass für jeden Schlüssel Folgendes gilt:

In einem Suchbaum gilt für jeden Knoten, dass alle Schlüssel des linken Teibaumes kleiner und alle Schlüssel des rechten Teilbaumes größer als der Knotenschlüssel sind.

Die Suche im Baum

Wenn wir einen Schlüssel suchen wollen, beginnen wir mit der Wurzel. Dann vergleichen wir die Wurzel mit dem gesuchten Schlüssel. Sollte die Wurzel schon der gesuchte Schlüssel sein, dann wird die Suche erfolgreich beendet. Ist die Wurzel größer als der gesuchte Schlüssel, dann muss er sich im linken Teilbaum der Wurzel befinden und wir fahren mit der Suche beim linken Sohn der Wurzel fort. Ist die Wurzel aber kleiner als der gesuchte Schlüssel, dann muss er sich im rechten Teilbaum befinden und die Suche geht mit dem rechten Sohn weiter.

Auf diese Weise wurde eine Entscheidung getroffen, bei welchem Sohn die Suche weitergeht. Unter der Voraussetzung, dass der Baum eine für seine aktuelle Schlüsselzahl minimale Höhe hat, haben wir den zu durchsuchenden Bereich mit diesem einen Vergleich halbiert. Die Suche wird beim ausgewählten Sohn genauso weitergeführt, dass erneut eine Entscheidung getroffen wird, wodurch sich die Menge der zu durchsuchenden Schlüssel wiederum halbiert.

Für einen Baum mit minimaler Höhe kommt dieses Verfahren der binären Suche gleich.

15.2.1 Insert

Fangen wir nun damit an, uns einen geeigneten *Insert*-Algorithmus für unseren Baum zu überlegen.

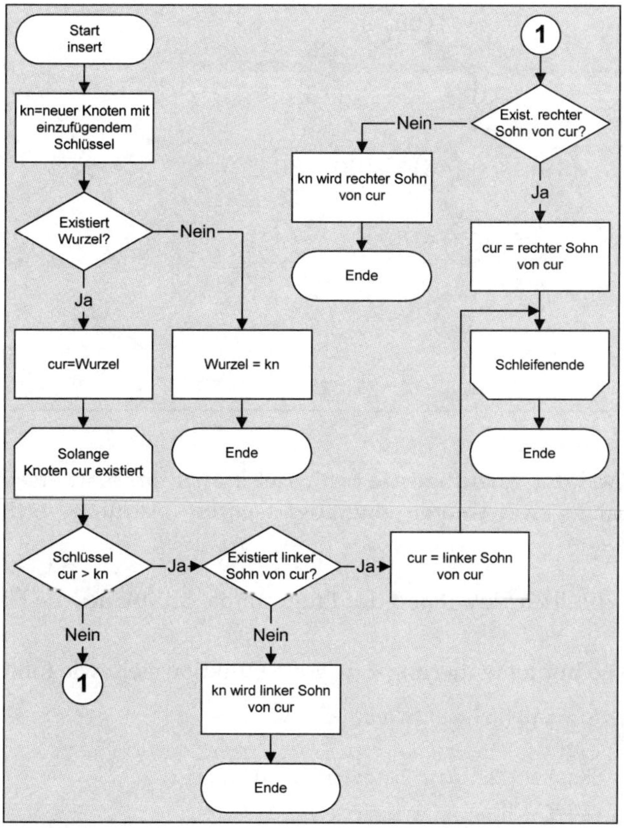

Abbildung 15.13: Insert bei Suchbäumen

Vorgehensweise

Das Hauptproblem bei der Prozedur des Einfügens liegt wie immer darin, die korrekte Stelle zu finden. Da wir wissen, wie man einen Schlüssel im Baum sucht, können wir einfach so tun, als ob wir den einzufügenden Schlüssel suchen wollten.

Wenn der einzufügende Schlüssel kleiner ist als die Wurzel, muss er auf jeden Fall im linken Teilbaum eingefügt werden, weil sonst die Ordnung zerstört werden würde. Analog dazu muss ein Schlüssel, der größer als die Wurzel ist, im rechten Teilbaum eingefügt werden.

Die Betrachtung führt man nun so lange fort, bis man an einem Blatt angelangt ist. Dort ist dann die Einfügestelle. Die einzige Ausnahme bildet ein leerer Baum. Dort wird der einzufügende Schlüssel automatisch zur Wurzel.

Den Algorithmus sehen Sie in Abbildung 15.13. Zwei Beispiele dazu finden Sie in Abbildung 15.14, wo bei a der Schlüssel 40 und bei b der Schlüssel 75 in den Baum eingefügt wird.

Abbildung 15.14: Ein Beispiel zu Insert

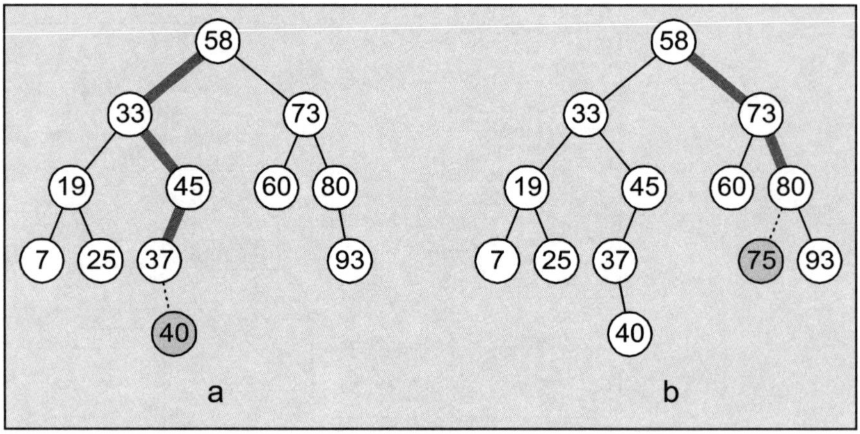

Weil der einzufügende Schlüssel immer ein Blatt ersetzt, muss er nie zwischen zwei Knoten eingefügt werden. Dadurch verringert sich der Aufwand.

Schreiben Sie anhand des Programmablaufplanes die Funktion Insert.

Die Implementierung der *Insert*-Funktion sieht wie folgt aus:

Insert

```
void SBaum::Insert(long k)
{
  BKnoten *kn=new BKnoten(0,0,0,k);
  assert(kn);

  if(!root)
    {
      root=kn;
      anz++;
      return;
    }
```

```
  BKnoten *cur=root;

  while(cur)
    {
      if(cur->key>k)
        {
          if(!cur->l)
            {
              cur->l=kn;
              kn->f=cur;
              anz++;
              return;
            }
          else
            {cur=cur->l;}
        }
      else
        {
          if(!cur->r)
            {
              cur->r=kn;
              kn->f=cur;
              anz++;
              return;
            }
          else
            {cur=cur->r;}
        }
    }
}
```

15.2.2 Durchlaufordnungen

Nachdem wir nun in der Lage sind, Schlüssel in unseren Baum einzufügen, müssen wir uns Gedanken über Möglichkeiten der Schlüsseldarstellung machen. Bei der Ausgabe ist man üblicherweise daran interessiert, dass die Sortierung der Schlüssel dort Ausdruck findet. Das Ausgeben der Schlüssel in sortierter Form nennt man **Inorder**, was zu Deutsch soviel wie »In Reihenfolge« heißt. Schauen wir uns in Abbildung 15.15 einmal an, wie ein Ausgeben in aufsteigend sortierter Form aussehen müsste:

Die sortierte Reihenfolge der Schlüssel muss 7, 19, 25, 33, 37, 40, 45, 58, 60, 73, 75, 80, 93 lauten. Doch wie kommen wir programmtechnisch zu diesem Ergebnis?

Abbildung 15.15: Durchlaufordnung Inorder

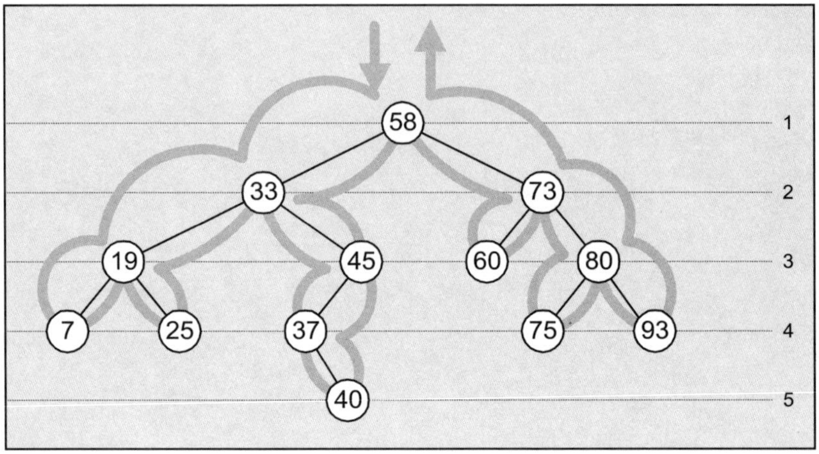

Betrachten wir zuerst die Wurzel. Wir wissen, dass sich im linken Teilbaum der Wurzel nur Schlüssel befinden, die kleiner/gleich der Wurzel sind. Um ein sortiertes Ausgeben zu gewährleisten, müssen aber alle Schlüssel, die kleiner als die Wurzel sind, vor der Wurzel selbst ausgegeben werden. Analog dazu müssen alle Schlüssel, die größer als die Wurzel sind, nach der Wurzel ausgegeben werden. Und diese größeren Schlüssel befinden sich im rechten Teilbaum.

Rekursionsvorschrift

Wir haben also eine erste Reihenfolge: zuerst den linken Teilbaum, dann die Wurzel und zum Schluss den rechten Teilbaum. Wenn wir einen der beiden Teilbäume betrachten, kann man dort alle Überlegungen anstellen, die auch für die Wurzel gelten. Wir müssen dort zuerst den linken Teilbaum des Teilbaums, dann die Wurzel des Teilbaums und danach den rechten Teilbaum des Teilbaums ausgeben.

Damit können wir für die Inorder-Ausgabe also folgende rekursive Formel aufstellen:

1. linken Teilbaum Inorder ausgeben
2. Wurzel ausgeben
3. rechten Teilbaum Inorder ausgeben

Dies gilt für alle Knoten. Die dazugehörige Funktion sieht so aus:

```
void SBaum::Inorder(BKnoten *kn)
{
  if(kn->l) Inorder(kn->l);
  cout << kn->key << ",";
  if(kn->r) Inorder(kn->r);
}
```

Bevor wir *Inorder* für einen der Teilbäume aufrufen, müssen wir natürlich sicherstellen, dass dieser Teilbaum auch existiert.

Um den Baum ohne Parameter ausgeben zu können, überladen wir *Inorder* folgendermaßen:

```
void SBaum::Inorder(void)
{
  if(!root)
    {
      cout << "Baum ist leer!\n" << endl;
      return;
    }
  else
    {
      Inorder(root);
      cout << "\b" << endl;
    }
}
```

Es sollte auch nur diese *Inorder*-Funktion öffentlich sein. Es ist ratsam, die vorherige Funktion als privat zu deklarieren, weil dadurch ein Aufruf mit falschen Parametern von Seiten des Benutzers ausgeschlossen wird.

Preorder und Postorder

Abgesehen von Inorder gibt es noch zwei andere Durchlaufordnungen, die häufig benötigt werden. Zum einen wäre da **Preorder** mit der Reihenfolge Wurzel, linker Teilbaum, rechter Teilbaum und zum anderen wäre noch **Postorder** mit der Reihenfolge linker Teilbaum, rechter Teilbaum, Wurzel[7] zu nennen. Preorder ist in Abbildung 15.16 und Postorder in Abbildung 15.17 dargestellt.

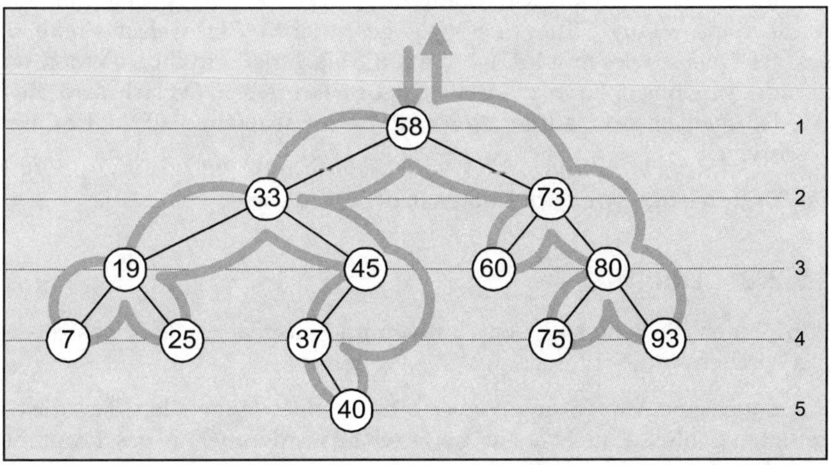

Abbildung 15.16: Durchlaufordnung Preorder

7. »preorder« bedeutet »Vor-Reihenfolge« und »postorder« bedeutet »Nach-Reihenfolge«. Der deutsche Name für preorder ist »Hauptreihenfolge«, für inorder ist dies »symmetrische Reihenfolge« und postorder ist »Nebenreihenfolge«.

Abbildung 15.17: Durchlaufordnung Postorder

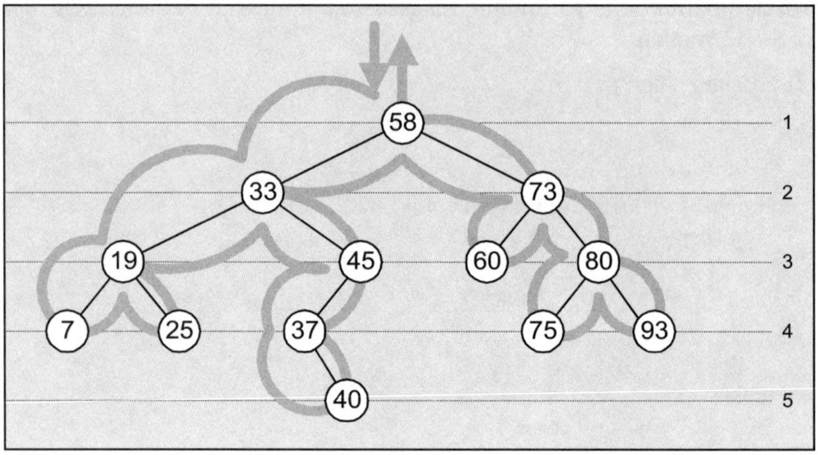

Levelorder Als letzte Reihenfolge wäre noch Levelorder zu nennen, die die Knoten in der Reihenfolge der Knotenlevel ausgibt. Für unseren Beispielbaum ist dies die Reihenfolge 58, 33, 73, 19, 45, 60, 80, 7, 25, 37, 75, 93, 40. Levelorder lässt sich nicht mehr rekursiv implementieren. Vielmehr werden die ermittelten Knoten in einer Queue gespeichert.

Zu Beginn wird die Wurzel in der Queue gespeichert.

In einer Schleife wird nun immer ein Knoten aus der Queue gelesen, ausgegeben und dessen Söhne in die Queue geschrieben.

Für den ersten Durchlauf wird damit die Wurzel(58) ausgegeben und deren beide Söhne (33 und 73) in die Queue geschrieben. Der nächste Knote, der aus der Queue gelesen wird, ist damit 33. Nach der Ausgabe werden wiederum die Söhne (19 und 45) in die Queue geschrieben. Danach wird die 73 aus der Queue geholt, ausgegeben und die Söhne (60 und 80) in die Queue geschrieben.

Das läuft so lange, wie noch Knoten in der Queue sind.

15.2.3 Delete

Wir können die Schlüssel jetzt einfügen und ausgeben. Als Nächstes steht das Löschen eines Schlüssels auf dem Programm.

Dazu noch eine Anmerkung: Vielleicht ist es Ihnen aufgefallen, dass die eingefügten Schlüssel nicht mehr freigegeben werden, wenn das Programm beendet oder das Baum-Objekt gelöscht wird. Das liegt daran, dass wir noch keinen Destruktor implementiert haben, der alle Schlüssel löscht.

Genau wie bei den Listen ist es wichtig, dass kein Knoten gelöscht wird, der noch Verweise auf andere Knoten hat, weil diese dann für unser Programm unwiderruflich unzugänglich wären.

Für unseren Baum heißt dies konkret, dass kein Knoten, der noch Söhne hat, gelöscht werden darf. Bevor wir einen Knoten löschen, müssen wir also vorher die beiden Teilbäume des Knotens löschen. Eine rekursive Funktion, die dies bewerkstelligt, könnte folgendermaßen aussehen:

DeleteKey

```
void SBaum::DeleteKey(BKnoten *kn)
{
  if(kn->l) DeleteKey(kn->l);
  if(kn->r) DeleteKey(kn->r);
  delete(kn);
}
```

In *DeleteKey* erkennt man sehr schön die Postorder-Struktur. Der dazugehörige Konstruktor sieht dann so aus:

```
SBaum::~SBaum()
{
  if(root) DeleteKey(root);
}
```

Bevor der Destruktor die rekursive *DeleteKey*-Funktion aufruft, stellt er sicher, ob der Baum nicht schon leer ist.

Doch wir wollten uns eigentlich mit dem Löschen eines speziellen Schlüssels beschäftigen. Bei einem Baum kommt das Löschen eines Schlüssels dem Löschen des ihn beherbergenden Knotens gleich. Wir implementieren daher zuerst eine Funktion *Find*, die den zu einem Schlüssel gehörigen Knoten liefert.

Find

```
BKnoten *SBaum::Find(long k)
{
  if(!root) return(0);
  BKnoten *cur=root;
  while(cur&&(cur->key!=k))
    {
      if(cur->key<k)
        cur=cur->r;
      else
        cur=cur->l;
    }
  return(cur);
}
```

Die Funktion basiert auf der gleichen Idee, mit der wir bei der *Insert*-Funktion die richtige Einfügestelle gefunden haben. Sollte *Find* während seiner Suche auf ein Blatt stoßen, so ist der gesuchte Schlüssel nicht im Baum vorhanden, und es wird eine Null zurückgegeben. Ansonsten wird ein Zeiger auf den entsprechenden Knoten zurückgegeben.

Nachdem wir den Knoten gefunden haben, nennen wir ihn hier K, können wir ihn löschen. Dabei können drei verschiedene Fälle auftreten:

Der einfachste Fall ist der, dass K keinen Sohn hat. Wir können den Knoten K einfach löschen, dürfen aber nicht vergessen, ebenfalls den Verweis des Vaters von K auf K zu löschen. Dies ist in Abbildung 15.18a dargestellt.

Abbildung 15.18: Die zwei einfachen Fälle von Delete

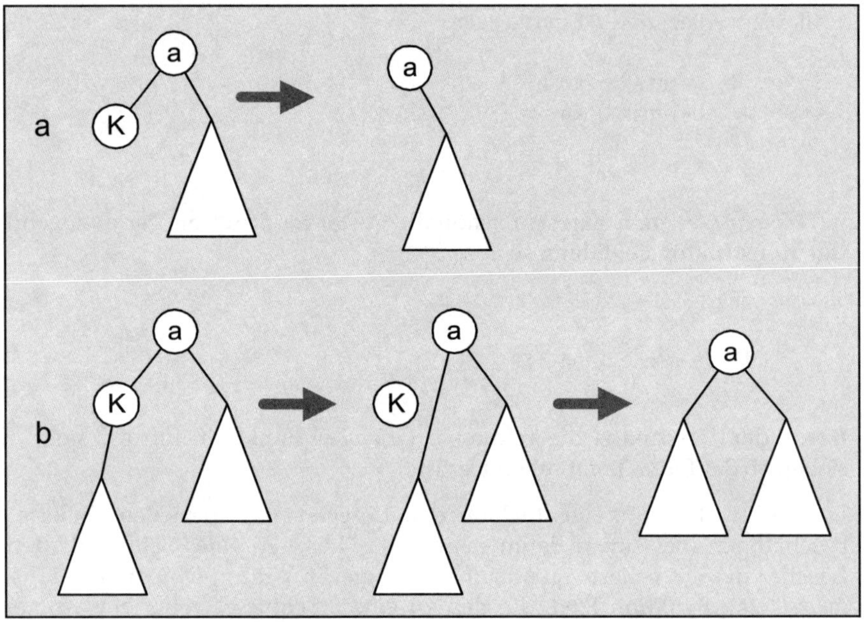

Dann kann es passieren, dass K nur einen Sohn hat. Dies ist auch kein Problem. Es entspricht dem Löschen eines Elements in einer Liste. Der Verweis des Vaters von K auf K wird auf den Sohn von K umgeleitet. Der Verweis des Sohns von K auf K wird auf den Vater von K umgeleitet. Dann kann K gelöscht werden. Sie sehen diesen Sachverhalt in Abbildung 15.18b grafisch dargestellt.

Der letzte und schwierigste Fall tritt dann ein, wenn K zwei Söhne hat. K kann nun nicht mehr so ohne weiteres gelöscht werden, weil nicht beide Söhne dem Vater von K zugewiesen werden können[8]. Wir müssen uns etwas einfallen lassen, um das Problem zu vereinfachen.

Anstatt K zu löschen, können wir K durch einen anderen Knoten ersetzen, der einfacher zu löschen ist. Aber durch welchen Knoten kann K ersetzt werden, ohne dass die Sortierung des Baumes verletzt wird?

Bei einer Liste ist die Antwort ganz einfach. Wir könnten K durch den folgenden oder vorherigen Knoten in der Liste ersetzen. Den dort freigewordenen Platz können wir wieder durch den Nachfolger oder Vorgänger ersetzen, und das so lange, bis wir das Ende der Liste erreicht haben.

8. Wir benutzen Binärbäume und die dürfen maximal nur zwei Söhne haben.

In einem Baum ist die Aussage über den Nachfolger nicht ganz so einfach, weil Knoten zwei Söhne haben können. Wir müssen zuerst definieren, was wir bei einem Baum unter einem Nachfolger und einem Vorgänger verstehen.

Analog zur Liste können wir folgende erste Aussage machen:

Der Nachfolger eines Knotens K ist der Knoten, der bei sortierter (symmetrischer) Ausgabe direkt hinter K ausgegeben wird. Man nennt ihn *symmetrischen Nachfolger.*

Analog dazu kann man den Vorgänger definieren.

Der Vorgänger eines Knotens K ist der Knoten, der bei sortierter (symmetrischer) Ausgabe direkt vor K ausgegeben wird. Man nennt ihn *symmetrischen Vorgänger.*

Nachdem wir dies geklärt haben, müssen wir nur noch besprechen, wie wir den symmetrischen Nachfolger bzw. den symmetrischen Vorgänger in einem Baum finden können. Wir wissen, dass sich der symmetrische Nachfolger von K auf jeden Fall im rechten Teilbaum befinden muss, weil er wegen der späteren Ausgabe größer K ist. Analog dazu muss sich der symmetrische Vorgänger im linken Teilbaum von K befinden.

Wir werden die weiteren Betrachtungen nur noch für den symmetrischen Nachfolger anstellen, weil sie spiegelbildlich auch für den symmetrischen Vorgänger gelten.

Vorgehensweise

Wenn wir uns nun die Wurzel des rechten Teilbaums anschauen, wie kommen wir dann zum nächsten ausgegebenen Knoten? Wir besitzen schon eine Funktion, die die Knoten symmetrisch (sortiert) ausgibt, nämlich *Inorder.* Schauen wir uns doch noch einmal ihren Kern an:

```
if(kn->l) Inorder(kn->l);
cout << kn->key << ",";
if(kn->r) Inorder(kn->r);
```

Solange ein linker Sohn existiert, ruft *Inorder* sich selbst mit diesem linken Sohn auf. Erst wenn kein weiterer linker Sohn mehr existiert, wird der aktuelle Schlüssel ausgegeben. Damit haben wir unseren Algorithmus zur Bestimmung des symmetrischen Nachfolgers: Wir gehen vom rechten Sohn aus immer weiter den Baum entlang der linken Söhne herab, bis es keinen mehr gibt. Dieser am weitesten links stehende aller linken Söhne ist dann der symmetrische Nachfolger.

In Abbildung 15.19 wurden der symmetrische Nachfolger (62) und der symmetrische Vorgänger (45) für den Schlüssel 58 ermittelt. Nachfolgend sehen Sie die Implementierung der Funktion *sympred,* die den symmetrischen Vorgänger, und der Funktion *symsucc,* die den symmetrischen Nachfolger bestimmt.

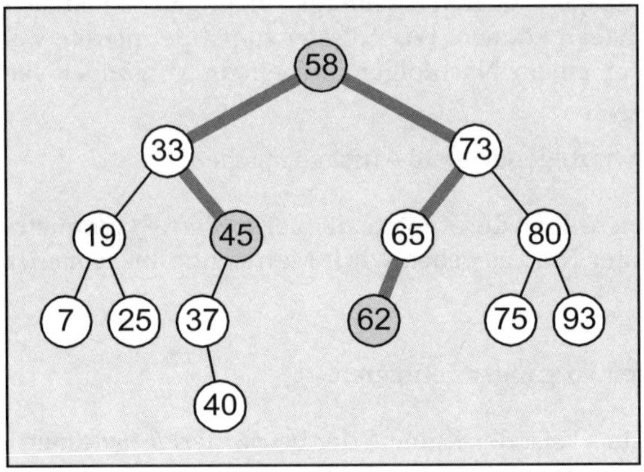

Abbildung 15.19: Der symmetrische Vorgänger und Nachfolger

sympred

```
BKnoten *SBaum::sympred(BKnoten *kn)
{
  BKnoten *cur=kn->l;
  while(cur->r)
    cur=cur->r;
  return(cur);

}
```

symsucc

```
BKnoten *SBaum::symsucc(BKnoten *kn)
{
  BKnoten *cur=kn->r;
  while(cur->l)
    cur=cur->l;
  return(cur);
}
```

Wenn wir nun einen Schlüssel mit zwei Söhnen löschen wollen, dann ersetzen wir ihn einfach durch seinen symmetrischen Nachfolger[9]. Danach rufen wir *Delete* erneut mit dem symmetrischen Nachfolger auf. Irgendwann stoßen wir auf einen Nachfolger, der nur einen oder keinen Sohn hat, und die Löschoperation terminiert. In Abbildung 15.20 ist der Algorithmus der *Delete*-Funktion noch einmal zusammengefasst:

Wenn der zu löschende Knoten die Wurzel des Baumes ist, müssen wir darauf achten, dass der *root*-Zeiger in *SBaum* aktualisiert wird, falls nötig. Es folgt nun die Implementierung der *Delete*-Funktion.

9. Oder man benutzt den symmetrischen Vorgänger. Man kann sich entscheiden, ob man mit dem Vorgänger oder dem Nachfolger arbeiten möchte. Man sollte innerhalb einer Funktion aber konsequent nur einen der beiden verwenden.

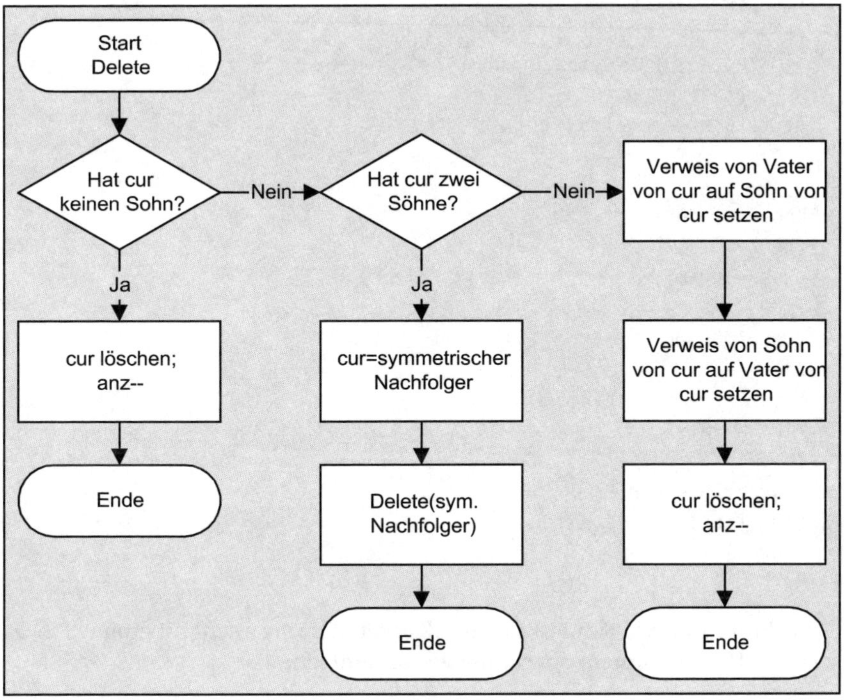

Abbildung 15.20: Delete

Delete

```
int SBaum::Delete(BKnoten *cur)
{
  if(!cur) return(0);

  if((!cur->l)&&(!cur->r))
    {
      if(cur==root)
        {
          root=0;
          delete(cur);
          anz--;
          return(1);
        }
      else
        {
          if(cur->f->l==cur)
            cur->f->l=0;
          else
            cur->f->r=0;
          delete(cur);
          return(1);
        }
    }
```

```
  if((cur->l)&&(cur->r))
    {
      BKnoten *sys=symsucc(cur);
      cur->key=sys->key;
      return(Delete(sys));
    }

  BKnoten *sohn;
  if(cur->l)
    sohn=cur->l;
  else
    sohn=cur->r;
  sohn->f=cur->f;
  if(cur->f->l==cur)
    cur->f->l=sohn;
  else
    cur->f->r=sohn;
  delete(cur);
  return(1);
}
```

Diese Funktion funktioniert nur mit Knoten. Um sie auch mit einem Schlüssel aufrufen zu können, überladen wir sie einfach:

```
int SBaum::Delete(long k)
{
  return(Delete(Find(k)));
}
```

Sie finden die hier für den Suchbaum vorgestellten Methoden auf der CD unter /BUCH/KAP15/SBAUM.

15.3 AVL-Bäume

Leider haben die bisher besprochenen Suchbäume einen gewaltigen Nachteil: Der Vorteil eines Baumes kommt bei ihnen nur zum Tragen, wenn die einzufügenden Schlüssel relativ zufällig verteilt sind. Fügen Sie in einen leeren Baum einmal die Schlüssel 1, 2, 3, 4, 5, 6 und 7 ein, und zwar genau in dieser Reihenfolge. Die Entstehung dieses Baumes sehen Sie in Abbildung 15.21 dargestellt.

Der Baum ist zu einer Liste degeneriert. Der daraus entstehende Nachteil ist der, dass wir bei der Suche nach einem Element wieder maximal so viele Vergleiche benötigen, wie Schlüssel vorhanden sind.

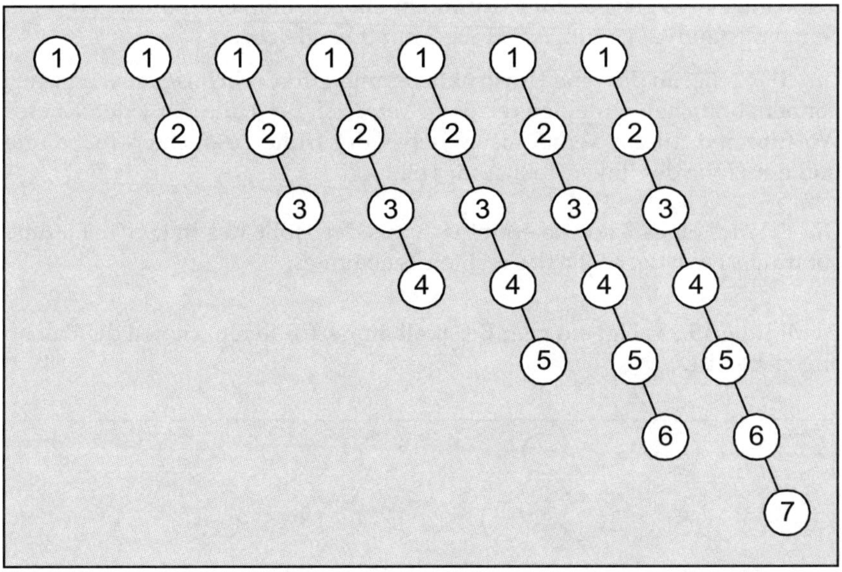

Abbildung 15.21: Ein degenerierter Baum

Man kommt schnell zu dem Schluss, dass es bei Bäumen erstrebenswert ist, die Vollständigkeit zu erreichen. Wären in unserem Beispiel die Schlüssel so in den Baum eingefügt worden, dass eine Struktur wie in Abbildung 15.22 dargestellt entstanden wäre, hätten wir bei Suchoperationen eine optimale Laufzeit.

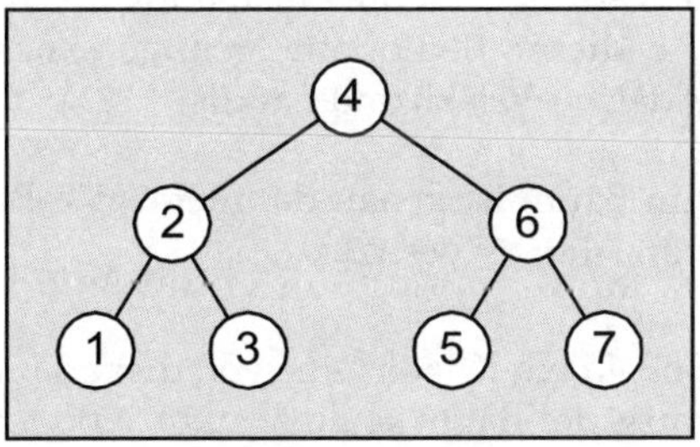

Abbildung 15.22: Ein vollständiger Baum

Wenn man bei gleichen Schlüsseln und gleicher Anzahl nur die unterschiedlichen Wurzeln des degenerierten und des vollständigen Baumes betrachtet, wird klar, dass irgendwann im Laufe der Einfüge-Phase gewisse Änderungen der Baum-Struktur vorgenommen werden müssen.

Wir brauchen allerdings ein Kriterium, anhand dessen wir entscheiden können, wann und wo eine Umstrukturierung vorgenommen werden muss.

Ein entscheidender Unterschied zwischen dem degenerierten und dem vollständigen Baum ist deren Höhe. Während der degenerierte Baum mit Höhe

6 maximal 7 Vergleiche zum Auffinden eines Schlüssels braucht, sind dies beim vollständigen Baum mit Höhe 2 nur 3 Vergleiche.

Balance

Um die Stelle, an der eine Umstrukturierung erforderlich ist, ausmachen zu können, brauchen wir einen relativen Vergleich der Höhe für jeden Knoten. Wir führen dazu das Verhältnis zwischen der Höhe des rechten Teilbaumes und der Höhe des linken Teilbaumes ein.

Die Balance eines Knotens ergibt sich aus der Höhe des linken Teilbaumes subtrahiert von der Höhe des rechten Teilbaumes.

Abbildung 15.23 zeigt ein paar Beispielbäume, für deren Knoten die Balance angegeben ist.

Abbildung 15.23: Beispiele für die Balance

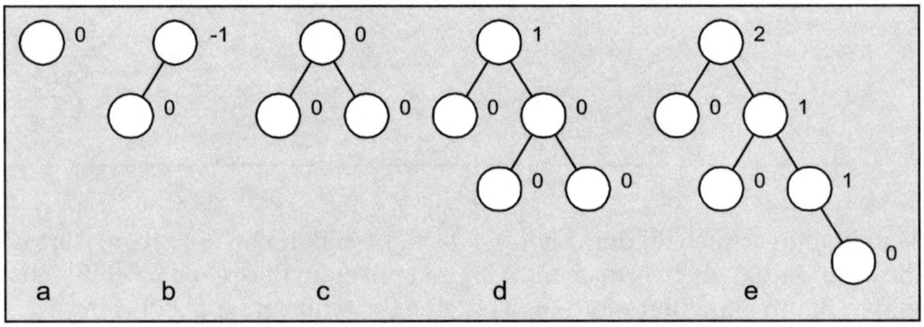

Wir benutzen nun diese Balance, um eine Bedingung zu formulieren, die es uns ermöglicht, die Entstehung degenerierter Bäume zu vermeiden. Bäume, die dieser Bedingung genügen, nennt man **AVL-Bäume**, benannt nach Adelson-Velskij und Landis.

Ein Baum ist genau dann ein AVL-Baum, wenn jeder Knoten eine Balance von {-1;0;+1} besitzt.

Sobald ein Knoten eine von den erlaubten Werten abweichende Balance hat, muss der Baum so umstrukturiert werden, dass einerseits jeder Knoten wieder eine gültige Balance besitzt, aber andererseits die dem Baum zugrunde liegende Sortierung nicht zerstört wird.

Rotation

Bei AVL-Bäumen wird diese Umstrukturierung ausschließlich mit einer Operation durchgeführt, der **Rotation**. Schauen wir uns eine solche Rotation einmal an einem Beispiel an, welches in Abbildung 15.24 dargestellt ist.

Es wird eine Rotation nach rechts bei Knoten *z* durchgeführt. Nun betrachten wir das Programmstück, welches diese Rotation vornimmt. *kn* ist in diesem Fall ein Zeiger auf den Knoten *z*:

```
child=kn->l;
```

child zeigt nun auf den Knoten *y*.

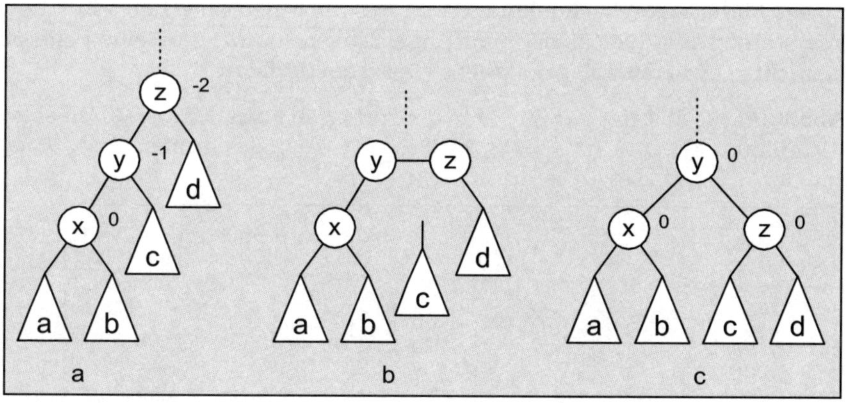

Abbildung 15.24: Die Rotation nach rechts an einem Beispiel

```
kn->l=child->r;
```

Der rechte Ast von *y* (Teilbaum c) wird zum linken Ast von *z*.

```
if(child->r) child->r->f=kn;
```

Sollte Teilbaum c existieren, bekommt seine Wurzel einen neuen Vater (Knoten *z*) zugewiesen.

```
child->r=kn;
```

y wird nun zum Vater von *z*.

```
child->f=kn->f;
```

y wird dadurch zur neuen Wurzel des betrachteten Teilbaumes, wodurch der alte Vater von *z* zum neuen Vater von y wird.

```
kn->f=child;
```

y wird zum Vater von *z*.

```
if(child->f)
  {
    if(child->f->l==kn)
      child->f->l=child;
    else
      child->f->r=child;
  }
else
  root=child;
```

Da *y* einen neuen Vater bekommen hat, ist *y* für seinen Vater auch ein neuer Sohn. Um wieder eine Konsistenz zu erlangen, muss zuerst festgestellt werden, ob *z* der rechte oder der linke Sohn war. Dann wird der entsprechende Verweis auf *y* gelegt. Dies erfolgt aber nur für den Fall, dass die alte Wurzel des betrachteten Teilbaumes (*z*) nicht die Wurzel des gesamten Baumes war.

Spiegelbildlich zur Rechts-Rotation gibt es auch noch die Links-Rotation. Wir werden uns hier aber darauf beschränken, immer nur eine Seite zu betrachten, weil das spiegelbildliche Umsetzen trivial ist.

Abbildung 15.25 zeigt das Einfügen der sortierten Folge 1,2,3,4,5,6,7 in einen AVL-Baum.

Abbildung 15.25: Einfügen sortierter Folgen in einen AVL-Baum

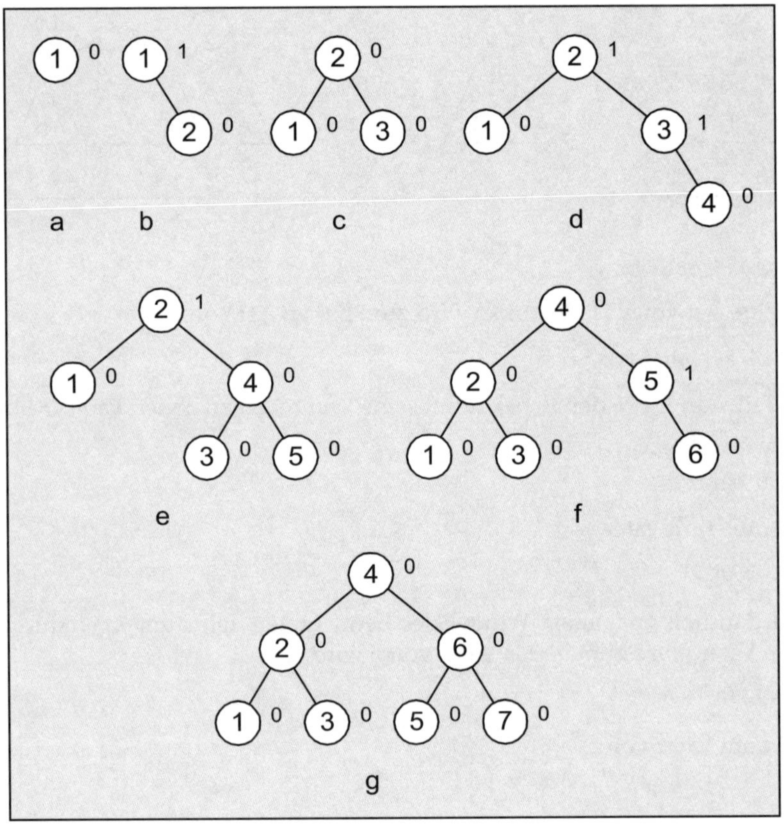

Wir haben in diesem Fall das Glück gehabt, dass das Einfügen unserer sieben Schlüssel einen vollständigen Baum ergeben hat. Die Struktur der AVL-Bäume ist bezogen auf die Anzahl der in ihnen enthaltenen Schlüssel nicht eindeutig. Es wäre zum Beispiel durchaus denkbar, dass im Laufe der Arbeit mit dem AVL-Baum die sieben Schlüssel aus Abbildung 17.25 eine Umstrukturierung erfahren. Diese könnte zum Beispiel wie in Abbildung 15.26 dargestellt aussehen.

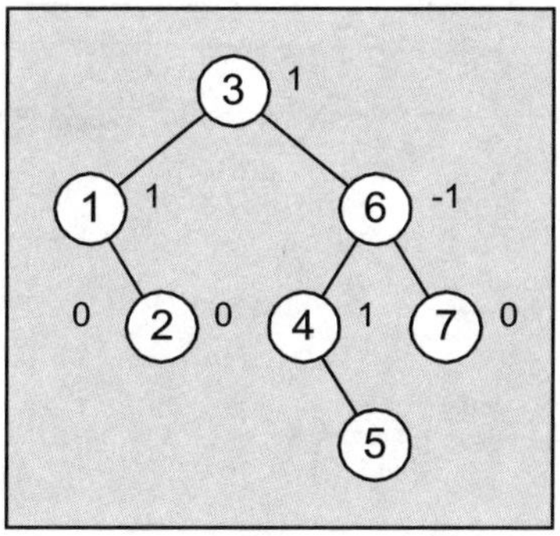

Abbildung 15.26: Ein unvollständiger AVL-Baum mit sieben Schlüsseln

15.3.1 Insert

Wir werden jetzt die Vorgänge des Einfügens und Entfernens ein wenig formalisieren.

Das Einfügen läuft grundsätzlich genauso ab wie bei unserem ersten Suchbaum. Wir müssen nur zusätzlich darauf achten, dass wir nach dem Einfügen die Balancen aktualisieren und eventuelle Verletzungen der AVL-Bedingung wieder korrigieren.

Aufgrund der AVL-Bedingung kann der zukünftige Vater nur eine Balance von 1, 0 oder -1 haben. Beim Einfügen des neuen Sohnes können daher vier Fälle auftreten, die in Abbildung 15.27 dargestellt sind.

In Fall a und b hat der Vater von *x* jeweils schon einen Sohn. Durch den zusätzlichen Sohn ändert sich die Höhe des Teilbaumes nicht, weswegen sich auch keine Balancen anderer Knoten geändert haben können. Das Einfügen ist beendet.

Ändert sich beim Einfügen die Balance des Vaters auf 0, dann hat sich die Höhe des Teilbaumes nicht geändert. Die AVL-Bedingung kann nicht verletzt worden sein.

ungleich 0 und die Höhe des Teilbaumes ist um eins angewachsen. Dies kann sich auch auf jene Knoten auswirken, die auf dem Pfad von der Wurzel zum eingefügten Knoten hin liegen.

Ändert sich beim Einfügen die Balance des Vaters auf 1/-1, dann hat sich die Höhe des Teilbaumes geändert und die Balancen auf dem Pfad Wurzel-eingefügter Knoten müssen angepasst werden.

upin

Wir rufen dafür eine Funktion namens *upin* auf und übergeben ihr den Vater des eingefügten Sohnes. In Abbildung 17.28 sind die vier trivialen Fälle von *upin* dargestellt. Der Knoten x, mit dem *upin* aufgerufen wird, ist grau schattiert.

Abbildung 15.27: Die vier Fälle beim Einfügen

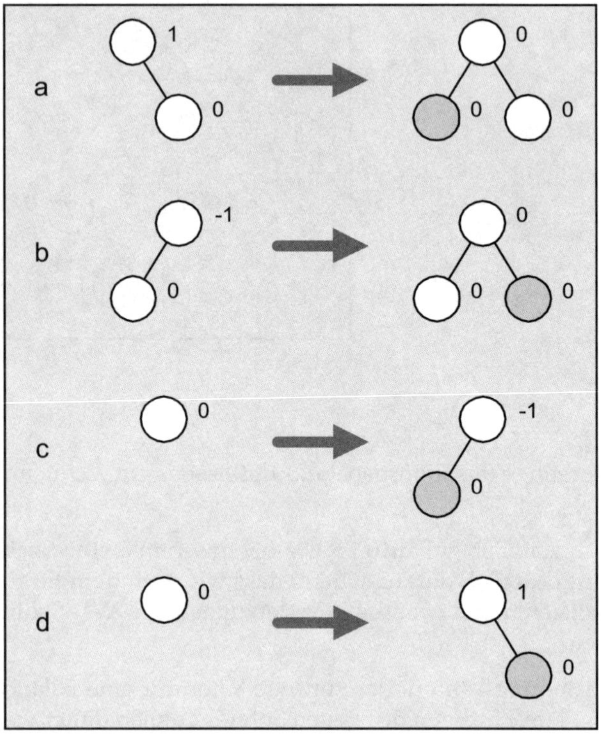

Triviale Fälle

Es spielt keine Rolle, ob die Höhe durch eine Änderung der Balance auf 1 (Abbildung 15.27d) oder auf -1 (Abbildung 15.27c) geändert wurde. Dies wird dadurch deutlich gemacht, dass x nach der Höhenänderung durch eine Balance von -1/1 gekennzeichnet wird. Um dennoch die nach der Höhenänderung unterschiedliche Höhe des rechten und linken Teilbaumes von x widerzuspiegeln, wurde grafisch eine Änderung der Balance auf -1 dargestellt.

Wir wissen, dass die Höhe des Teilbaumes, dessen Wurzel der an *upin* übergebene Knoten x ist, in der Höhe um eins angewachsen ist.

Für den Fall, dass x der linke Sohn von y ist und y eine Balance von *1* hat, ändert sich die Balance von y auf 0 (a).

Für den Fall, dass x der rechte Sohn von y ist und y eine Balance von -1 hat, ändert sich die Balance von y ebenfalls auf 0 (b).

Durch die Änderung der Balance von y auf 0 hat sich die Höhe des Teilbaums, dessen Wurzel y ist, nicht geändert. Das Einfügen kann daher keine Auswirkungen auf andere Knoten mehr haben und ist beendet.

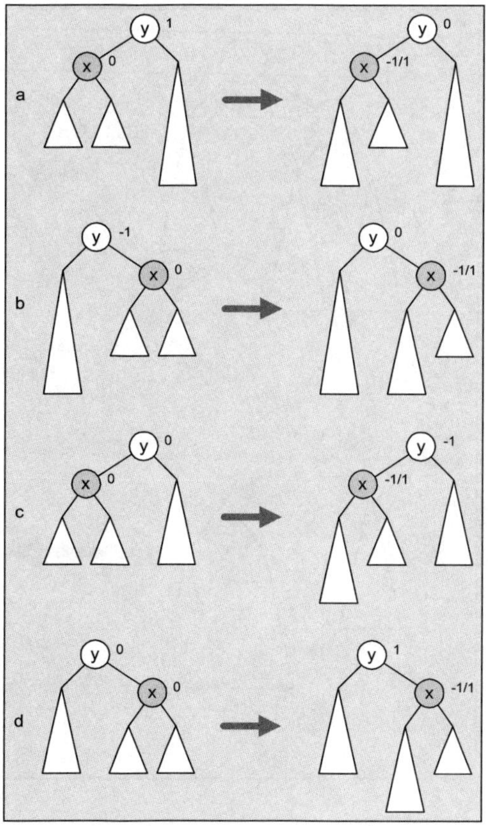

Abbildung 15.28: Die vier trivialen Fälle von upin

In den Fällen c und d ist x einmal der linke und einmal der rechte Sohn von y und y hat die Balance 0. Weil sich die Balance von y auf -1 oder 1 ändert, hat auch die Höhe des Teilbaumes um eins zugenommen. Dadurch ändert sich auch die Balance des Vaters von y. Für den Fall, dass y einen Vater hat, also nicht die Wurzel des gesamten Baumes ist, wird *upin* erneut mit y als Parameter aufgerufen.

Nicht-triviale Fälle

Kommen wir nun zu den nicht-trivialen Fällen von *upin*. Diese Fälle treten dann ein, wenn Knoten y durch das Einfügen eine Balance bekommt, die nicht mehr der AVL-Bedingung entspricht. Abbildung 15.29 zeigt diese zwei Fälle:

Wenn sich die Balance von y auf -2 oder 2 ändert, dann ist die AVL-Bedingung verletzt und der Baum muss durch Umstrukturierung (Rotation) wieder in einen AVL-Baum umgewandelt werden.

Da für die Umstrukturierung jeder der beiden Fälle aus Abbildung 17.29 wieder jeweils in zwei separate Fälle aufgeteilt werden muss, werden wir uns nur mit Fall a beschäftigen. Analog dazu kann Fall b durch Spiegelung der folgenden Betrachtungen gelöst werden.

Abbildung 15.29: Die nicht-trivialen Fälle von upin

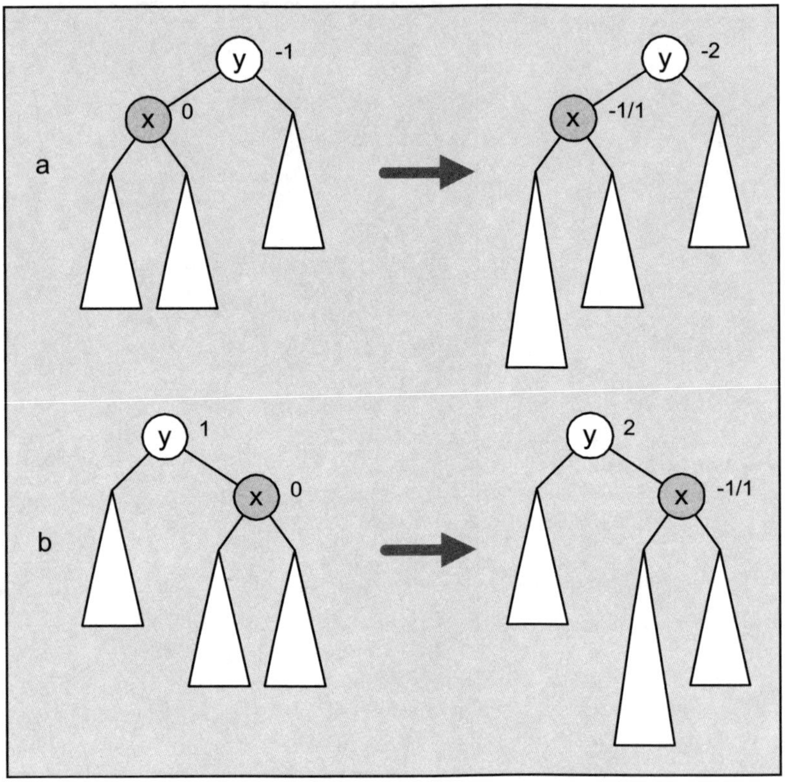

Um eine entsprechende, die AVL-Struktur wiederherstellende Rotation anzubringen, müssen wir sie von der Balance von x abhängig machen. Von eben dieser Balance hängt es nämlich ab, ob eine einfache oder eine Doppelrotation vorgenommen werden muss. Sprechen wir deshalb die beiden Situation anhand Abbildung 15.30 durch.

Sollte die Balance von x -1 sein, dann kann die AVL-Bedingung durch eine Rotation nach rechts bei y wiederhergestellt werden. Für den Fall, dass die Balance 1 ist, muss zuerst eine Rotation nach links bei x und dann eine Rotation nach rechts bei y stattfinden. Diese zweifache Rotation ist eine links-rechts-Doppelrotation.

Da in beiden Fällen als Ergebnis eine Balance von 0 bei der neuen Wurzel des Teilbaumes vorliegt, ist das Einfügen damit beendet, denn die Höhe hat sich nicht geändert und damit sind Auswirkungen auf die Balance anderer Knoten ausgeschlossen.

Abgeänderte Insert-Funktion

Wir haben nun alle möglichen Fälle durchgesprochen, die beim Einfügen eines Schlüssels in einen AVL-Baum zu beachten sind. Wir könnten nun die Implementierung besprechen, wollen uns aber zunächst kurz ein Fragment aus der abgeänderten *Insert*-Funktion ansehen:

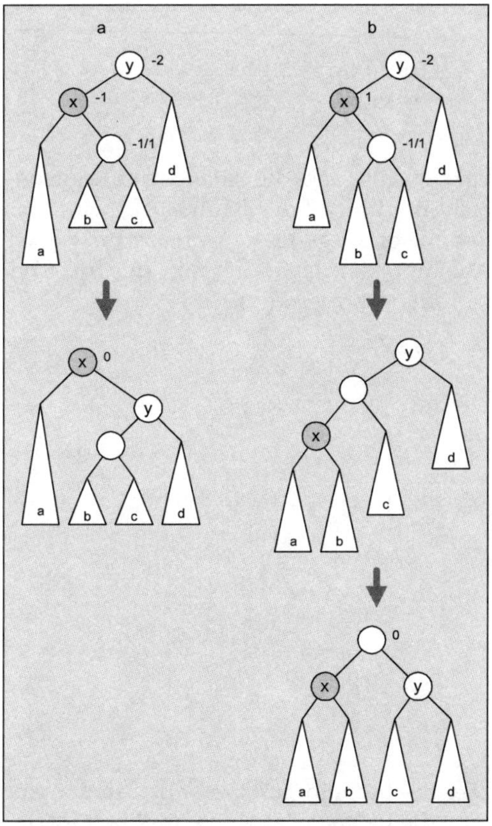

Abbildung 15.30: Die einfache und Doppelrotation bei upin.

```
cur->l=kn;
cur->b--;
kn->f=cur;
anz++;
if(cur->b) upin(cur);
return;
```

Abhängig davon, ob der eingefügte Schlüssel der rechte oder, wie im Falle des Fragments, der linke Sohn ist, muss die Balance entweder um eins erhöht oder vermindert werden. Sollte die Balance ungleich Null sein, dann wird *upin* für den Vater des eingefügten Sohnes aufgerufen.

Implementierung

```
void AVLBaum::upin(BKnoten *kn)
{
BKnoten *fkn=kn->f;

  if(((kn->b==-1)||(kn->b==1))&&(kn!=root))
   {
     if(kn->f->l==kn)
       kn->f->b--;
```

```
    else
      kn->f->b++;
    upin(kn->f);
    return;
  }
```

Für den Fall, dass die Balance des Knotens -1 oder 1 beträgt und der Knoten nicht die Wurzel des Baumes ist, wird *upin* mit dem Vater des Knotens als Parameter aufgerufen. Vorher wird jedoch noch die Balance, und zwar in Abhängigkeit davon, ob nun der linke oder der rechte Sohn des Knotens betroffen ist, verändert.

```
if(kn->b==-2)
  {
    if(kn->l->b==-1)
      {
        rotate(kn);
        return;
      }
    else
      {
        rotate(kn->l);
        rotate(kn);
        return;
      }
  }
```

Dieser Abschnitt beschreibt den in der Abbildung 15.30 besprochenen Fall, dass die Balance des Knotens -2 beträgt. In Abhängigkeit des linken Sohnes wird entweder eine einfache oder eine Doppelrotation vorgenommen.

```
  if(kn->b==2)
    {
      if(kn->r->b==1)
        {
          rotate(kn);
          return;
        }
      else
        {
          rotate(kn->r);
          rotate(kn);
          return;
        }
    }
}
```

Der Rest entspricht der Vorgehensweise beim spiegelbildlichen Fall, in dem die Balance -2 beträgt.

15.3.2 Delete

Wir wollen uns nun mit dem Löschen eines Schlüssels aus einem AVL-Baum beschäftigen. Auch hier können wir die *Delete*-Funktion unseres Suchbaumes verwenden. Wir brauchen sie lediglich um jene die AVL-Bedingung wiederherstellenden Programmteile zu ergänzen. Wir gehen davon aus, dass der nichttriviale Fall der *Delete*-Funktion bereits durch Rekursion gelöst wurde[10] und wir nun einen Knoten löschen, der entweder keinen oder nur einen Sohn hat. Abgesehen von den programmtechnischen Unterschieden beim Löschen eines Knotens mit genau einem Sohn und dem Löschen eines Knotens ohne einen Sohn, interessiert uns für die weitere Betrachtung nur die Tatsache, dass in beiden Fällen die gleiche Veränderung der Balance des Vaters eintritt. Wir brauchen die beiden Fälle für die eventuelle Wiederherstellung des AVL-Baums nicht getrennt zu behandeln.

Schauen wir uns als Erstes die sechs Fälle an, die beim Löschen eines Knotens auftreten können. Sie sind in Abbildung 15.31 dargestellt.

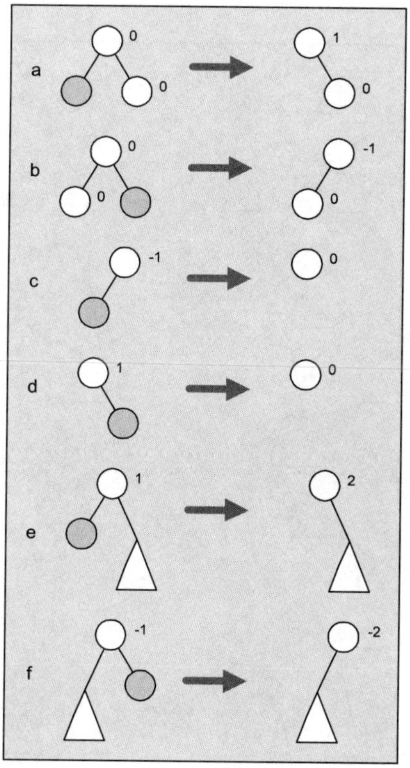

Abbildung 15.31: Die sechs Fälle beim Löschen

10. Zur Erinnerung: Der nicht-triviale Fall der *Delete*-Funktion ist dann gegeben, wenn der zu löschende Knoten zwei Söhne hat. Er wird dann durch seinen symmetrischen Nachfolger oder Vorgänger ersetzt und dieser dann gelöscht.

In den Fällen a und b ändert sich nur die Balance des Vaters, nicht aber die Höhe des Teilbaumes, dessen Wurzel der Vater bildet. Das Löschen des Knotens kann keine Folgen für andere Knoten haben, die auf dem Pfad zur Hauptwurzel liegen, und ist damit beendet.

In den Fällen c und d ändert sich die Balance auf 0. Der Teilbaum ist dadurch in der Höhe um eins geringer. Das heißt, dass sich auch die Balance anderer Knoten geändert hat. Wir rufen dazu die Funktion *upout* auf, die die Aktualisierung der Balancen und eventuelle Wiederherstellung des AVL-Baumes vornimmt.

In den Fällen e und f ändert sich die Balance in 2 bzw. -2. Die AVL-Bedingung ist dadurch verletzt und muss durch Rotation wiederhergestellt werden. Da diese Form der Rotation später noch einmal auftritt, werden wir zu gegebener Zeit auf sie zurückkommen.

Triviale Fälle

Wir fahren nun mit der Betrachtung für die Fälle c und d fort, die einen Aufruf von *upout* zur Folge hatte. Dazu schauen wir uns zuerst in Abbildung 15.32 die trivialen Fälle der *upout*-Funktion an.

Abbildung 15.32: Die trivialen Fälle von upout

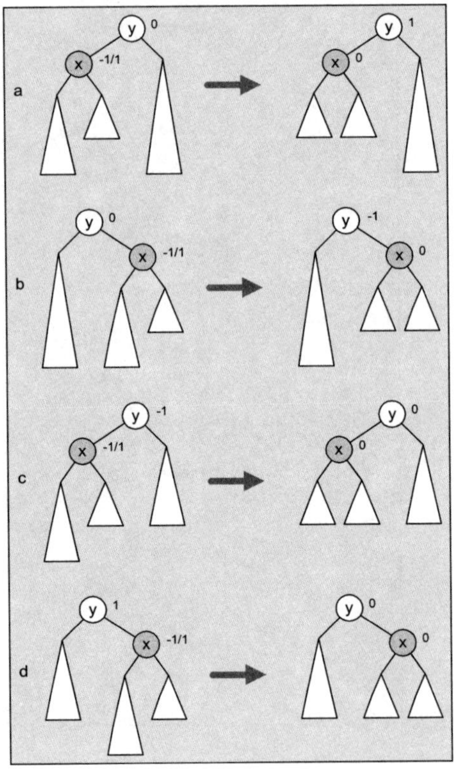

In den Fällen a und b hat die Höhenänderung zur Folge, dass sich x auf eine Balance von 1 bzw. -1 ändert. Dadurch ändert sich die Höhe des Teilbaumes mit *y* als Wurzel nicht und weitere Balancen sind nicht mehr betroffen. Das Löschen ist beendet.

In den Fällen c und d wirkt sich die Höhenänderung auch auf die Höhe des Teilbaumes mit *y* als Wurzel aus und *upout* wird mit *y* als Parameter aufgerufen, um weitere Balancen zu aktualisieren.

Nicht-triviale Fälle

In Abbildung 15.33 sehen Sie die nicht-trivialen Fälle von *upout*, mit denen wir uns jetzt beschäftigen werden.

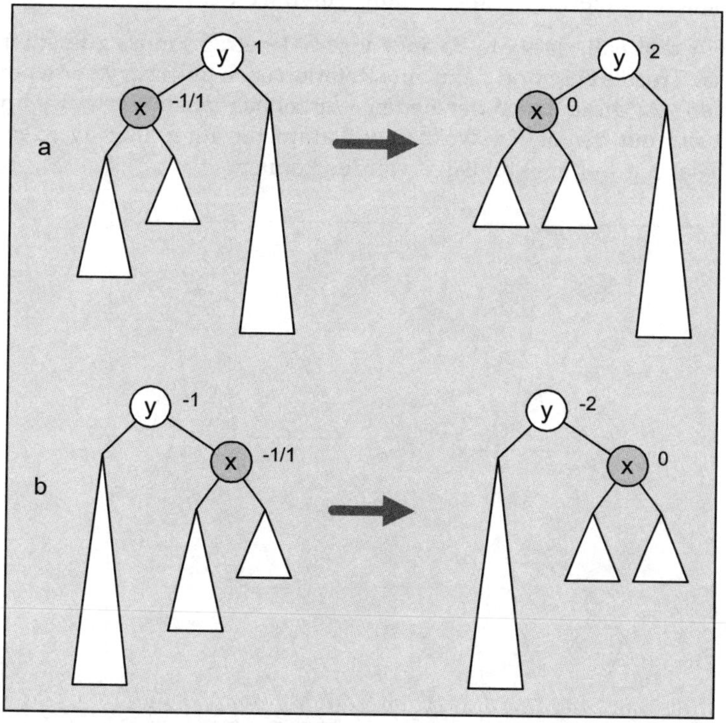

Abbildung 15.33: Die nicht-trivialen Fälle von upout

Die nicht-trivialen Fälle treten dann ein, wenn sich die Balance eines Knotens auf 2 bzw. -2 ändert, denn dann muss der AVL-Baum durch Rotation(en) wiederhergestellt werden. Die jetzt betrachteten Umstrukturierungen gelten auch für die Fälle e und f in Abbildung 15.31.

Genau wie beim Einfügen werden wir hier nur einen der beiden nicht-trivialen Fälle betrachten, weil der andere durch Spiegeln der folgenden Betrachtungen abgeleitet werden kann.

Für den Fall, dass sich die Balance des Knotens *y* auf 2 geändert hat, müssen drei weitere Fälle unterschieden werden, die von der Balance des rechten Sohnes *z* von *y* abhängig gemacht werden. Diese drei Fälle sind in Abbildung 15.34 dargestellt.

Sollte z eine Balance von 0 haben (a), dann wird eine Links-Rotation bei y vorgenommen. Dadurch ändert sich die Balance der neuen Wurzel z auf -1. Da die alte Wurzel y vor dem Löschen 1 gewesen sein muss[11], wurde die ursprüngliche Höhe des Teilbaumes wiederhergestellt und wir sind mit dem Löschen fertig.

Bei einer Balance von 1 bei z (b) wird ebenfalls eine Links-Rotation bei y vorgenommen. Weil sich dadurch die Balance der neuen Wurzel auf 0 ändert, muss wegen der damit einhergehenden Höhenänderung *upout* mit der neuen Wurzel als Parameter aufgerufen werden.

Für den Fall, dass die Balance von z -1 beträgt, muss zuerst eine Rotation nach rechts bei z und dann eine Rotation nach links bei y vorgenommen werden. Da die Balance der neuen Wurzel sich auch hier auf 0 ändert, muss *upout* mit der neuen Wurzel als Parameter aufgerufen werden, damit die Balancen weiter aktualisiert werden können.

Abbildung 15.34: Wiederherstellung des AVL-Baums durch upout

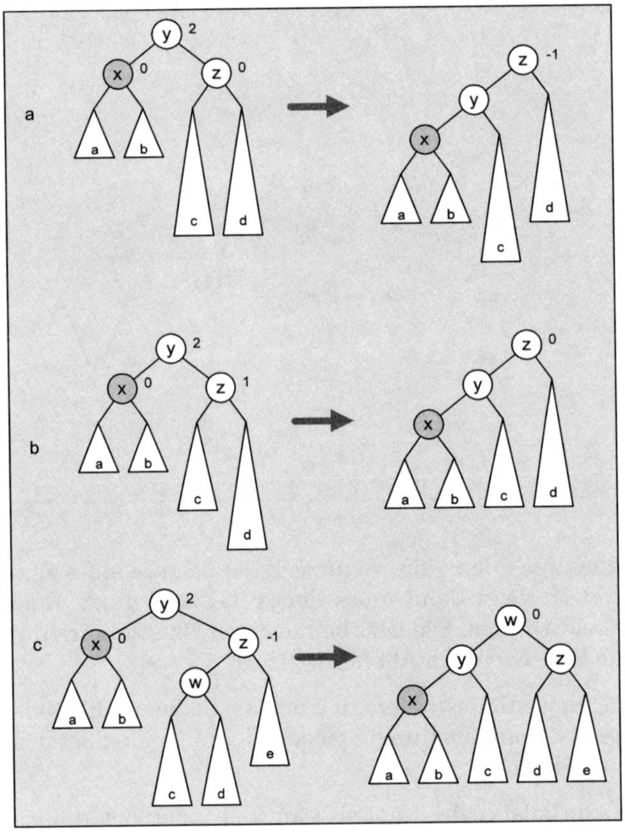

11. Wenn sich die Balance von y durch das Löschen auf 2 geändert hat, dann muss sie vorher 1 oder 3 gewesen sein. Eine Balance von 3 ist ein Widerspruch zur AVL-Bedingung, sodass die Balance nur 1 gewesen sein kann.

Nachdem wir nun in der Theorie alle Fälle von *upout* kennen, sind wir auch in der Lage, uns mit der Implementierung zu beschäftigen.

upout

```
void AVLBaum::upout(BKnoten *kn)
{
BKnoten *fkn=kn->f;

  if((kn->b==-1)||(kn->b==1)) return;
  if((kn==root)&&(kn->b==0)) return;
```

Die erste *if*-Anweisung überprüft, ob die Balance des Knotens 1 oder -1 ist. Ist dies der Fall, hat sich die Höhe nicht geändert und *upout* kann beendet werden.

Die zweite *if*-Anweisung überprüft, ob die Balance Null und der Knoten die Wurzel des gesamten Baumes ist. Eine Balance von Null bedeutet normalerweise, dass weitere Balancen aktualisiert werden müssen. Handelt es sich aber um die Wurzel des gesamten Baums, dann kann *upout* beendet werden, weil die Wurzel keinen Vater hat, dessen Balance aktualisiert werden müsste.

```
  if(kn==root)
    {
      if(kn->b==-2)
        {
          if(kn->l->b<=0)
            rotate(kn);
          else
            {
              kn=rotate(kn->l);
              rotate(kn);
            }
        }
```

Wenn es sich bei dem an *upout* übergebenen Knoten um die Wurzel handelt, die eine Balance von -2 bzw. 2 hat, dann ist dies ein weiterer Sonderfall. Er bedarf aber keiner neuen Vorgehensweise, denn er kann durch die Unterscheidung der zwei Fälle gemäß Abbildung 15.29 gelöst werden.

Der im vorherigen Programmabschnitt behandelte Fall entspricht der Rotation, wie sie in Abbildung 15.30 gezeigt wird.

```
      else
        {
          if(kn->r->b>=0)
            rotate(kn);
          else
            {
              kn=rotate(kn->r);
              rotate(kn);
            }
```

```
    }
  return;
}
```

Die hier angewendeten Rotationen entsprechen dem spiegelbildlichen Fall von Abbildung 15.30.

Als Nächstes beschäftigen wir uns mit der Unterscheidung der Fälle e und f aus Abbildung 15.31.

```
if(kn->b==2)
  {
    switch(kn->r->b)
      {
        case 0:
          rotate(kn);
          return;

        case 1:
          upout(rotate(kn));
          return;

        case -1:
          rotate(kn->r);
          upout(rotate(kn));
          return;
      }
  }
```

Die vorherige *switch*-Anweisung unterscheidet die drei Fälle, wie sie in Abbildung 15.34 dargestellt sind.

```
if(kn->b==-2)
  {
    switch(kn->l->b)
      {
        case 0:
          rotate(kn);
          return;

        case -1:
          upout(rotate(kn));
          return;

        case 1:
          rotate(kn->l);
          upout(rotate(kn));
          return;
      }
  }
```

Hier wurden die drei spiegelbildlichen Fälle zu Abbildung 15.34 behandelt.

Als nächstes werden die Fälle aus Abbildung 15.33 implementiert, die dann genau wie im vorherigen Abschnitt mit den Rotationen aus Abbildung 15.34 umgesetzt werden. Falls der Vater mit seiner Balance die AVL-Bedingung nicht verletzt, wird zumindest *upout* mit dem Vater als Parameter aufgerufen, um weitere Balance-Anpassungen vornehmen zu können.

```
if(fkn->l==kn)
  {
    fkn->b++;
    if(fkn->b<2)
      {
        upout(fkn);
        return;
      }
    switch(fkn->r->b)
      {
        case 0:
          rotate(fkn);
          return;

        case 1:
          upout(rotate(fkn));
          return;

        case -1:
          rotate(fkn->r);
          upout(rotate(fkn));
          return;
      }
  }
```

Voranstehend der Programmtext, falls der behandelte Knoten der linke Sohn seines Vaters ist. Es folgt der Programmtext für den rechten Sohn.

```
if(fkn->r==kn)
  {
    fkn->b--;
    if(fkn->b>-2)
      {
        upout(fkn);
        return;
      }
    switch(fkn->l->b)
      {
        case 0:
          rotate(fkn);
          return;
```

```
        case -1:
          upout(rotate(fkn));
          return;

        case 1:
          rotate(fkn->l);
          upout(rotate(fkn));
          return;
      }
  }
}
```

Kommen wir nun zu der Funktion, von der *upin* und *upout* regen Gebrauch machen: der Rotations-Funktion. Die Rotation selbst ist in Abbildung 15.24 am Beispiel der Rechtsrotation dargestellt.

Die Schwierigkeit bei der Rotation liegt in der Bestimmung der neuen Balancen. Die Balance gibt nur den relativen Höhenunterschied zwischen dem linken und dem rechten Teilbaum wieder. Wenn Teilbäume verschiedener Wurzeln zu Teilbäumen einer Wurzel werden, müssen durch die Relativität der Balancen vielerlei Betrachtungen angestellt werden.

Die programmtechnisch einfachste Variante ist es, nach einer Umstrukturierung die Balancen neu zu bestimmen, indem man die Höhen der Teilbäume berechnet. Dadurch erfährt jedoch die Verarbeitungsgeschwindigkeit, die ja ein besonderes Merkmal der AVL-Bäume ist, erhebliche Einbußen.

Daher wollen wir hier die neuen Balancen durch In-Beziehung-Setzen zu den alten Balancen ermitteln, was aber Schwierigkeiten mit sich bringt.

rotate

```
BKnoten *AVLBaum::rotate(BKnoten *kn)
{
BKnoten *child;
```

Zuerst wird anhand der Balance des übergebenen Knotens bestimmt, ob eine Rechts- oder Linksrotation vorgenommen werden muss. Für eine Balance kleiner 0 ist dies zunächst eine Rechtsrotation.

```
  if(kn->b<0)
    {
      child=kn->l;
      kn->l=child->r;
      if(child->r) child->r->f=kn;
      child->r=kn;
      child->f=kn->f;
      kn->f=child;
```

Hier wurde die Rotation vorgenommen.

```
      if(child->f)
        {
```

```
        if(child->f->l==kn)
          child->f->l=child;
        else
          child->f->r=child;
      }
    else
      root=child;
```

Der voranstehende Programmtext behandelt den Sonderfall, dass die neue Wurzel des Teilbaumes gleichzeitig die Wurzel des Gesamtbaumes ist. Die Wurzel des Gesamtbaumes erkennt man daran, dass sie keinen Vater hat.

Der Rest der Linksrotation besteht nur noch aus der Bestimmung der neuen Balancen. Wir werden nicht intensiv darauf eingehen. Dem interessierten Leser wird die Vorgehensweise sicherlich leicht deutlich, wenn er sich einmal anschaut, welche Kombinationen von Balancen in einem AVL-Baum während des Einfügens und des Löschens eines Knotens auftreten können.

```
    if(kn->b==-1)
      {
        if(child->b==1)
          {
            child->b=2;
            kn->b=0;
            return(child);
          }

        if(child->b==-1)
          kn->b=1;
        else
          kn->b=0;
        child->b=1;
        return(child);
      }
    if(kn->b==-2)
      {
        if(child->b==-1)
          {
            kn->b=child->b=0;
            return(child);
          }
        if(child->b==0)
          {
            kn->b=-1;
            child->b=1;
            return(child);
          }
        if(child->b==-2)
```

```
            {
              kn->b=1;
              child->b=0;
              return(child);
            }
        }
    }
  else
```

Nun folgt der Fall der Rechtsrotation, die sich spiegelbildlich zur Linksrotation verhält.

```
    {
      child=kn->r;
      kn->r=child->l;
      if(child->l) child->l->f=kn;
      child->l=kn;
      child->f=kn->f;
      kn->f=child;
      if(child->f)
        {
          if(child->f->l==kn)
            child->f->l=child;
          else
            child->f->r=child;
        }
      else
        root=child;

      if(kn->b==1)
        {
          if(child->b==-1)
            {
              child->b=-2;
              kn->b=0;
              return(child);;
            }

          if(child->b==1)
            kn->b=-1;
          else
            kn->b=0;
          child->b=-1;
          return(child);
        }
      if(kn->b==2)
        {
          if(child->b==1)
```

```
            {
              kn->b=child->b=0;
              return(child);
            }
          if(child->b==0)
            {
              kn->b=1;
              child->b=-1;
              return(child);
            }
          if(child->b==2)
            {
              kn->b=-1;
              child->b=0;
              return(child);
            }
        }
    }
  return(child);
}
```

Der ganze Aufwand, der bei AVL-Bäumen betrieben wird, dient letztlich nur der Verbesserung des Laufzeitverhaltens. Unsere normalen Suchbäume hatten im schlechtesten Fall[12] für die Operationen Einfügen, Löschen und Suchen O(N)-Zeit benötigt.

Da der Baum durch die AVL-Bedingung immer wieder der Vollständigkeit zustrebt, kann er nicht zu einer Liste degenerieren. Ein AVL-Baum kann daher selbst im schlechtesten Fall die Operationen Einfügen, Löschen und Suchen in O(log N)-Zeit bewältigen.

Die hier vorgestellte Implementierung finden Sie auf der CD unter /BUCH/KAP15/AVLBAUM.

15.4 Kontrollfragen

1. Wann sollte ein Heap einer sortierten Menge oder einem Baum vorgezogen werden?
2. Welche bei einfachen Suchbäumen bestehende Gefahr wird durch die AVL-Bedingung behoben?
3. Wie könnte eine auf Bäume angewandte Sentinel-Technik aussehen?
4. Wann tritt für einfache Suchbäume beim Einsortieren der ungünstigste Fall auf?

12. Der schlechteste Fall tritt dann ein, wenn der Baum zur Liste degeneriert ist.

16 Exception-Handling

Nachdem wir mit assert schon eine einfache Fehlerbehandlung kennen gelernt haben, wollen wir uns hier eine »C++-gerechtere« Variante anschauen, mit der man das Auftreten eines Fehlers mitteilen und dann entsprechend darauf reagieren kann.

16.1 Ausnahmen

Die Ausnahmebehandlung, die wir hier kennen lernen werden, soll unsere bisherige Fehlerbehandlung mit *assert* in den meisten Fällen ersetzen.

assert

assert kann sehr gut benutzt werden, wenn während der Entwicklungsphase bestimmte Sacherverhalte sichergestellt sein müssen. Wie Sie sich sicherlich erinnern werden, haben wir bei der *String*-Klasse mittels *assert* sichergestellt, dass in der *operator[]*-Funktion der Index nicht außerhalb des gültigen Bereichs lag.

Die Fehlerbehandlung mit *assert* hat aber zwei Nachteile. Erstens konnte der Benutzer der *String*-Klasse nicht auf den Fehler reagieren, weil das Programm sofort abbricht, und zweitens unterstützen manche Compiler das *assert*-Makro nicht mehr, wenn das Programm als Release-Version[1] kompiliert wird.

operator[] als Beispiel

Wir werden uns nun wieder der String-Klasse zuwenden und sie mit einer besseren Fehlerbehandlung ausstatten. Schauen wir uns dazu noch einmal die *operator[]*-Funktion an, und zwar ohne jegliche Sicherheitsabfrage:

```
char &String::operator[](unsigned long p)
{
return(string[p]);
}
```

Wir werden diese Funktion nun Schritt für Schritt mit der neuen Fehlerbehandlung ausstatten.

16.1.1 try

Um dem Compiler mitzuteilen, dass nun ein Programmstück folgt, in dem ein Fehler auftreten könnte, wird der kritische Programmteil in einen **Ver-**

1. Release heißt soviel wie Veröffentlichung. Die Release-Version ist die Version des Programms, die veröffentlicht wird und für den Endbenutzer zugänglich ist. Alle bei der Entwicklung benutzten Informationen wie z.B. für den Debugger sind in ihr nicht mehr enthalten.

suchsblock eingeschlossen. Der Versuchsblock wird mit dem Schlüsselwort **try** eingeleitet, was auf Deutsch soviel wie Versuch oder versuchen heißt, und in geschweifte Klammern eingebettet:

Syntax

```
try
  {
    return(string[p]);
  }
```

16.1.2 throw

Wir wissen, dass genau dann ein Fehler auftritt, wenn der übergebene Index größer ist als die Länge des Strings. Sollte dies der Fall sein, müssen wir einen Fehler aus dem Versuchsblock »hinauswerfen«. Wir erzeugen eine so genannte Ausnahme (Exception). Das Schlüsselwort, mit dem ein Fehler geworfen wird, heißt **throw**, was zu Deutsch soviel wie werfen heißt. Die Funktion sieht damit so aus:

```
try
  {
    if(p>=len) throw("Bereichsfehler");
    return(string[p]);
  }
```

16.1.3 catch

Um den so geworfenen Fehler aufzufangen, benutzen wir das Schlüsselwort **catch**, also fangen. Der Fehler muss irgendwo hinter dem Versuchsblock aufgefangen werden. In diesem Fall fangen wir den Fehler direkt hinter dem Versuchsblock auf.

Um einen Fehler aufzufangen, müssen wir *catch* mitteilen, von welchem Typ der Fehler ist, den wir auffangen wollen. Da wir im Versuchsblock eine Stringkonstante geworfen haben, geben wir dies auch an:

```
char &String::operator[](unsigned long p)
{
try
  {
    if(p>=len) throw("Bereichsfehler");
    return(string[p]);
  }
catch(const char *s)
  {
    cout << s << " aufgetreten!" << endl;
  }
}
```

Wir haben damit unsere erste C++-Ausnahme- bzw. Fehlerbehandlung implementiert.

In diesem Fall hat die Sache aber noch ein Manko. Wir haben zwar den Fehler abgefangen und auch eine entsprechende Meldung ausgegeben, aber das Programm fährt trotzdem hinter dem Aufruf der *operator[]*-Funktion fort. Dies hat zur Folge, dass trotzdem mit dem ungültigen Index gearbeitet wird. Dieses Problem lässt sich dadurch umgehen, dass innerhalb der Funktion der Fehler nur noch geworfen, nicht aber aufgefangen wird. Dazu entfernen wir *try* und *catch*:

```
char &String::operator[](unsigned long p)
{
  if(p>=len) throw("Bereichsfehler");
  return(string[p]);
}
```

Der Fehler wird dann an der Stelle aufgefangen, an der auch die Operator-Funktion benutzt wird:

```
int main()
{
  String s="Chakotay";

  try
    {
      cout << s << endl;
      cout << s[0] << endl;
      cout << s[7] << endl;
      cout << s[1] << endl;
    }
  catch(const char *s)
    {
      cout << s << " aufgetreten!" << endl;
    }
}
```

Die dritte Anweisung mit der Ausgabe von *s[1]* wird nicht mehr ausgeführt, weil bei der vorhergehenden Anweisung eine Ausnahme aufgetreten sein wird. Es ist natürlich auch möglich, jede einzelne Anweisung in einen gesonderten *try*-Block zu packen und jeweils eine eigene *catch*-Funktion zu schreiben. Aber man sollte immer ein gewisses Gleichgewicht zwischen Aufwand und Nutzen wahren.

16.1.4 Mehrere catch-Anweisungen

Je nachdem, welche Anweisungen in einem *try*-Block ausgeführt oder welche Funktionen aufgerufen werden, können die verschiedensten Arten von Fehlern auftreten. Sollen bei bestimmten Fehlern gezielt Anweisungen ausgeführt werden, müssten wir den übergebenen String in *catch* auswerten, um so feststellen zu können, welcher Fehler genau auftrat.

Es ist aber auch möglich, mehrere *catch*-Anweisungen für einen *try*-Block anzugeben. Sie werden einfach hintereinander gereiht. Dabei ist wie beim Überladen von Funktionen darauf zu achten, dass die einzelnen *catch*-Anweisungen unterschiedliche Parameter besitzen. Wir können dies erreichen, indem wir verschiedene leere Klassen definieren und diese dann als Parameter benutzen. Schauen wir uns dies einmal am Beispiel der *operator()*-Funktion an.

Wir deklarieren im *public*-Bereich der String-Klassendefinition die zwei folgenden leeren Klassen:

```
class Bereichsfehler {};
class Segmentgroessenfehler {};
```

Die geänderte *operator()*-Funktion sieht dann so aus:

```
String String::operator()(unsigned long p, unsigned long l) const
{
  if(p>=len) throw(Bereichsfehler());
  if((p+l)>len) throw(Segmentgroessenfehler());
  String tmp="";
  tmp.insert(0,l,string+p);
  return(tmp);
}
```

Der Programmteil, der diese Fehler auswertet, hat folgendes Aussehen:

```
String s="Chakotay";

try
  {
    cout << s(0,3) << endl;
  }
catch(String::Bereichsfehler)
  {
    cout << "Bereichsfehler aufgetreten!" << endl;
  }
catch(String::Segmentgroessenfehler)
  {
    cout << "Segmentgroessenfehler aufgetreten!" << endl;
  }
```

In diesem Fall ist der Teilstring noch im gültigen Bereich und kein Fehler wird geworfen. Wenn wir aber die Ausgabe wie folgt ändern:

```
cout << s(9,3) << endl;
```

dann wird ein Bereichsfehler ausgegeben. Um einen Segmentgrößenfehler zu provozieren, ändern wir die Ausgabe erneut:

```
cout << s(0,9) << endl;
```

Wenn Sie an einer Stelle im Programm mehrere Ausnahmen auffangen, dann sollten Sie Folgendes beachten:

Die Reihenfolge der *catch*-Anweisungen im Programm spielt eine Rolle. Die Reihenfolge der Prüfung auf Übereinstimmung erfolgt von oben nach unten.

Bei unserer *operator()*-Funktion kommt die Reihenfolge nicht zum Tragen, denn wir arbeiten mit zwei getrennten Klassen. Anders sieht es aus, wenn Sie spezielle Fehlerklassen von einer allgemeinen Fehlerklasse ableiten:

```
class AlleFehler {};
class Fehler1 : public AlleFehler {};
class Fehler2 : public AlleFehler {};
```

Angenommen, Sie wollten nun solche Ausnahmen auffangen und würden dies wie folgt implementieren:

```
catch(AlleFehler)
{
...
}

catch(Fehler1)
{
...
}
```

Wegen der Vererbungsbeziehung zwischen *AlleFehler* und *Fehler1* wird mit *catch(AlleFehler)* auch eine Ausnahme vom Typ *Fehler1* aufgefangen[2]. Aus diesem Grunde ist der *catch(Fehler1)*-Block vollkommen sinnlos, denn er wird nie ausgeführt.

Um diesen Fehler zu beheben, setzen Sie den *catch(Fehler1)*-Block einfach vor den *catch(AlleFehler)*-Block. Dadurch wird zuerst geprüft, ob eine Ausnahme vom Typ *Fehler1* vorliegt. Sollte dies nicht der Fall sein, dann werden die restlichen Ausnahmen, die von *AlleFehler* abgeleitet sind (oder *AlleFehler* selbst), aufgefangen.

2. Denken Sie an die dynamische Typüberprüfung.

16.1.5 Übergabe von Exemplaren

Wir wollen nun der Fehlerbehandlung den letzten Schliff geben. Dazu statten wir die Klasse, die wir mit *throw* aufwerfen, mit Parametern aus. Die folgende Klassendefinition muss in den *public*-Bereich der String-Klassendefinition eingefügt werden:

Fehlerklasse mit Parametern

```
class Bereichsfehler
  {
    public:
      const String &str;
      unsigned long pos;
      Bereichsfehler(const String &s, unsigned long p):
                      str(s),pos(p){}
  };
```

Die als Übergabeparameter benutzte Klasse *Bereichsfehler* besitzt nun als Attribute eine Referenz auf ein Exemplar von *String* und die Position, die die Bereichsüberschreitung ausgelöst hat. Die entsprechend abgeänderten Funktionen *operator()* und *operator[]* sehen folgendermaßen aus:

operator[]

```
char &String::operator[](unsigned long p)
{
  try
    {
      if(p>=len) throw(Bereichsfehler(*this,p));
      return(string[p]);
    }
  catch(String::Bereichsfehler f)
    {
      cout << "\"" << f.str.string << "\"[" << f.pos;
      cout << "] out of range!!" << endl;
      throw(f);
    }
}
```

operator()

```
const String String::operator()(unsigned long p, unsigned long l)
{
  try
    {
      if(p>=len) throw(Bereichsfehler(*this,p));
      if((p+l)>len) throw(Bereichsfehler(*this,p+l));

      String tmp="";
      tmp.insert(0,l,string+p);
      return(tmp);
    }
  catch(String::Bereichsfehler f)
    {
      cout << "\"" << f.str.string << "\"[" << f.pos;
```

```
        cout << "] out of range!!" << endl;
        throw(f);
    }
}
```

Neu ist auch, dass die Klasse selbst auf die Bereichsüberschreitung reagiert und in der *catch*-Anweisung den Fehler nochmals aufwirft, um auch dem aufrufenden Programmkontext die Möglichkeit zu geben, auf den Fehler entsprechend einzugehen.

Wenn irgendwo die Möglichkeit besteht, dass eine Ausnahme aufgeworfen wird, dann sollte sie möglichst aufgefangen werden.

Eine nicht aufgefangene Ausnahme hat einen abnormen Programmabbruch zur Folge.

16.1.6 Allgemeines catch

Für den Fall, dass Sie nicht genau wissen, welche Ausnahme Sie auffangen müssen, können Sie eine allgemeine *catch*-Anweisung verwenden, die jede Ausnahme auffängt:

```
catch(...) {

}
```

Wegen der Reihenfolge der Überprüfung sollte dieses allgemeine *catch* immer am Schluss einer Reihe von *catch*-Blöcken stehen.

16.2 Freigabe von Ressourcen

Ausnahmen besitzen die Eigenschaft, dass bei ihrem Auftreten der Programmfluss in einer eventuell vorhandenen *catch*-Anweisung fortgeführt wird.

Angenommen, eine Klasse benötigte zehn Ressourcen[3] und das Anfordern der fünften Ressource erzeugt einen Fehler. Der dafür zuständige *catch*-Anweisungsblock müsste dann dafür Sorge tragen, dass die schon reservierten Ressourcen wieder freigegeben werden.

Dieses Problem tritt häufig in Konstruktoren auf, da diese im Allgemeinen zur Beschaffung der von der Klasse benötigten Ressourcen benutzt werden. Denn wenn die Konstruktion eines Objekts misslingt, wäre es töricht, bereits reservierte Ressourcen nicht wieder dem System zur Verfügung zu stellen.

3. Unter Ressourcen versteht man in diesem Zusammenhang Hilfsmittel oder das zur Verfügungstellen von Diensten (z.B. Arbeitspeicher, Prozessorzeit, Zugriff auf Datei, Drucker etc.).

Schauen wir uns dazu beispielhaft die Klasse *DateiPool* an, die bei der Konstruktion drei Dateien zum Lesen öffnet und diese bei der Destruktion wieder freigibt[4]:

```
class DateiPool
{
  private:
    ifstream data, datb, datc;

  public:
    class Fehler {};
    DateiPool(const char*, const char*, const char*);
    ~DateiPool();
};
```

Wir haben eine leere Klasse *Fehler* definiert, mit der wir einen aufgetretenen Fehler mitteilen können. Der Destruktor der Klasse sieht folgendermaßen aus:

```
DateiPool::~DateiPool()
{
  if(data.is_open()) data.close();
  if(datb.is_open()) datb.close();
  if(datc.is_open()) datc.close();
}
```

Bis hierher wird Sie noch nichts überrascht haben, wird doch jede Datei, die zum Lesen geöffnet wurde, auch wieder geschlossen. Doch kommen wir nun zum Konstruktor:

```
DateiPool::DateiPool(const char *a, const char *b, const char *c)
{
  try
    {
      data.open(a,ios::in);
      if(!data) throw(Fehler());
      datb.open(b,ios::in);
      if(!datb) throw(Fehler());
      datc.open(c,ios::in);
      if(!datc) throw(Fehler());
    }
  catch(Fehler)
    {
      if(data.is_open()) data.close();
      if(datb.is_open()) datb.close();
      if(datc.is_open()) datc.close();
```

4. Das Problem wird hierbei künstlich erzeugt, indem die Streams im Konstruktor mittels *open* geöffnet werden (und nicht durch Übergabe der Parameter mit der Initialisierungsliste).

```
        throw(Fehler());
    }
}
```

Das Öffnen der drei Dateien wurde in einen Versuchsblock gepackt. Der *catch*-Anweisungsblock, der im Fehlerfall aufgerufen wird, schließt die bereits geöffneten Dateien. Wozu? Bei der Destruktion wird dies durch den Destruktor doch sowieso erledigt. Das ist leider ein Irrtum.

Nur von einem vollständig konstruierten Objekt wird der Destruktor aufgerufen.

Wenn der Konstruktor nicht ordnungsgemäß beendet wird, also eine Ausnahme innerhalb des Konstruktors auftritt, dann wird der Destruktor des Objekts nicht aufgerufen, und die Freigabe der Ressourcen bleibt der Fehlerbehandlung überlassen.

Eine Vereinfachung der Situation ist durch Dezentralisierung der Fehlerbehandlung möglich. Wir sorgen dafür, daß jede Ressource sich selbst um ihre Reservierung und Freigabe kümmert. Dies setzen wir mit einer Klasse um, deren Konstruktor die Ressource beschafft und deren Destruktor die Ressource wieder freigibt.

Im Falle der Streams ist dieser Mechanismus bereits implementiert, denn ein File-Stream kann ja bereits über seinen Konstruktor geöffnet werden. Der Konstruktor unserer DateiPool-Klasse ändert sich dadurch wie folgt:

Konstruktor

```
DateiPool::DateiPool(const char *a, const char *b, const char *c)
:data(a,ios::in),datb(b,ios::in),datc(c,ios::in)
{
}
```

Auch der Destruktor kann jetzt seiner Dienste entledigt werden:

Destruktor

```
DateiPool::~DateiPool()
{
}
```

Wenn jetzt ein Fehler auftreten sollte, dann nur noch im Konstruktor der Streams.

In diesem Fall werden die Destruktoren der bis dahin ordnungsgemäß konstruierten Streams aufgerufen, die ihrerseits die reservierte Ressource wieder freigeben.

Der einzige Haken besteht nun darin, dass die Streams bei einem entsprechenden Fehler keine Ausnahme werfen, auf die dann reagiert werden könnte. Um dies zu bewerkstelligen, müssten wir die Stream-Klasse in einer eigenen Klasse kapseln und diese mit entsprechenden Fehlerklassen ausstatten, die im Fehlerfall geworfen werden.

Da wir zu diesem Thema noch in den Übungen kommen werden, wollen wir hier auf die kapselnde Klasse für Streams nicht weiter eingehen.

16.3 terminate

Wir hatten vorher als Merksatz festgehalten, dass eine nicht aufgefangene Ausnahme einen Programmabbruch zur Folge hat. Allerdings wird vorher eine Funktion namens **terminate** aufgerufen. Man hat nun mit Hilfe von **set_terminate** die Möglichkeit, eine eigene *terminate*-Funktion einzuschleusen. Diese kann dann z.B. dafür sorgen, dass ungesicherte Daten vor dem Programmabbruch gesichert werden. Hier ein kleines Beispiel:

```
#include <iostream>

using namespace std;

void ownterminate()
{
  cout << "\nEIN FEHLER!!!\n" << endl;
}

class Fehler {};

int main()
{
  cout << "Programmstart" << endl;
  set_terminate(ownterminate);
  throw(Fehler());
}
```

Grundsätzlich sollte man dafür sorgen, dass Ausnahmen, die eigene Routinen aufgeworfen haben, zumindest auch vom eigenen Programm aufgefangen werden. Darüber hinaus kann man mit einer eigenen *terminate*-Funktion erreichen, dass unvorhersehbare Fehler keinen Datenverlust mit sich bringen.

16.4 Kontrollfragen

1. Nennen Sie die Vor- und Nachteile der Fehlerbehandlung mit *assert*.
2. Welche Folgen hat ein aufgeworfener Fehler, der nicht aufgefangen wird?
3. Wie kann ein aufgeworfener Fehler von mehreren *catch*-Blöcken verarbeitet werden?
4. Muss die *throw*-Anweisung in einem *try*-Block stehen? Was für Konsequenzen ergeben sich daraus?

17 Vererbung 2

Wir werden uns nun noch einmal mit der Vererbung beschäftigen und ein paar Details besprechen, auf die im ersten Vererbungs-Kapitel nicht eingegangen wurde.

17.1 Mehrfachvererbung

Es kann ab und zu sinnvoll sein, dass eine Klasse mehrere Basisklassen besitzt. Dazu einmal ein kleines Beispiel. Wir entwerfen eine Klasse, die die Eigenschaft von Pflanzen, Wurzeln zu haben, zusammenfasst. Wir nennen diese Klasse bezeichnenderweise Wurzelgewächs[1]:

```
class Wurzelgewaechs {};
```

Zusätzlich entwerfen wir eine Klasse, die die Eigenschaften aller Pflanzen mit Dornen zusammenfasst.

```
class Dornengewaechs {};
```

Wenn wir nun die Klasse *Rose* definieren wollen, dann bietet es sich an, die beiden zuvor definierten Klassen zu verwenden. Bisher waren wir jedoch nur in der Lage, von einer einzelnen Klasse zu erben. Wir wollen uns nun ansehen, wie die mehrfache Vererbung formuliert wird:

Syntax

```
class Rose : public Wurzelgewaechs, public Dornengewaechs
{
};
```

Die mehrfache Vererbung unterscheidet sich nicht sonderlich von der einfachen. Die Basisklassen werden hintereinander durch Kommata getrennt angegeben.

Genau wie bei jeder anderen Parameterliste ist es auch hier wichtig, dass der Typ der Basisklasse explizit deklariert wird. Die folgende Schreibweise hat z.B. nicht zur Folge, dass beide Basisklassen als *protected* deklariert werden:

```
class Rose : protected Wurzelgewaechs, Dornengewaechs
{};
```

1. Die im weiteren Verlauf des Kapitels verwendeten Bezeichnungen für pflanzliche Eigenschaften gehen in keinster Weise konform mit gängigen botanischen Begriffen noch erheben sie den Anspruch, sprachlich korrekt zu sein.

Um Unklarheiten zu vermeiden, sollte man auf eine explizite Angabe des Vererbungstyps nicht verzichten.

Konstruktoren

Genau wie bei der einfachen Vererbung müssen eventuelle Konstruktoren der Basisklassen explizit aufgerufen werden. Zum Beispiel:

```
Rose::Rose(void) : Wurzelgewaechs(), Dornengewaechs()
{}
```

17.1.1 Gleichnamige Attribute

Für den Fall, dass es gleichnamige Attribute gibt, müssen diese komplett mit Klassennamen angesprochen werden:

```
void Rose::fkt(int g)
{
  Dornengewaechs::groesse=g;
  Wurzelgewaechs::groesse=g;
}
```

Die Funktion geht davon aus, dass in beiden Basisklassen das Attribut *groesse* enthalten ist.

17.1.2 Doppelte Basisklassen

Eine nicht unwahrscheinliche Annahme ist die, dass der Entwickler einer Klasse diese mit der Fähigkeit ausgestattet hat, in eine Liste aufgenommen zu werden. Daher könnten unsere beiden Basisklassen *Dornengewaechs* und *Wurzelgewaechs* durchaus von einer linkfähigen Klasse abgeleitet sein:

```
class Link
{
  protected:
    Link *prev,*next;
};

class Wurzelgewaechs : public Link {};

class Dornengewaechs : public Link {};
```

Die Klasse *Rose*, die ja sowohl von *Dornengewaechs* als auch von *Wurzelgewaechs* abgeleitet ist, kann damit gleichzeitig von zwei Listen verwaltet werden, von der Liste der Dornengewächse und von der Liste der Wurzelgewächse.

Doch wie sprechen wir die *prev-* und *next-*Zeiger an? Stellen Sie sich vor, Sie wollten im Konstruktor von *Rose* die beiden Zeiger *prev* und *next* auf 0 setzen. Der erste Lösungsansatz könnte so aussehen:

```
Rose::Rose(void)
{
  prev=0;
  next=0;
}
```

Wer im letzten Abschnitt aufgepasst hat, weiß sofort, dass sich dieser Konstruktor nicht einwandfrei kompilieren lassen wird. Denn woher soll der Compiler wissen, ob wir die Zeiger der Dornengewächs-Liste oder den der Wurzelgewächs-Liste verändern wollen? Unter der Voraussetzung, dass wir die Zeiger der Dornengewächs-Liste verändern wollten, lautete die Lösung analog zum vorherigen Abschnitt so:

```
Rose::Rose(void)
{
  Dornengewaechs::prev=0;
  Dornengewaechs::next=0;
}
```

So weit, so gut. Was aber, wenn der Konstruktor die Rose direkt in eine Liste einbinden soll? Stellen Sie sich vor, der *prev*-Zeiger würde schon auf den Vorgänger zeigen. Wir müssten nur noch dem Vorgänger sagen, dass die aktuelle Exemplar sein Nachfolger ist. Das könnte so geschehen:

```
  Dornengewaechs::prev->next=this;
```

Von der Idee her ist das nicht schlecht. Sie sollten diese Zeile einmal in den Konstruktor einfügen und kompilieren, damit Sie die Fehlermeldung selbst erleben. Der Compiler wird sich beschweren, dass er nicht auf das geschützte Element *next* der Klasse *Link* zugreifen kann. Warum das nun wieder? Zur Erinnerung:

Auf geschützte Elemente einer Klasse können nur Freunde der Klasse, Methoden der Klasse oder abgeleitete Klassen zugreifen.

Auf private Elemente einer Klasse können nur Freunde oder Methoden der Klasse zugreifen.

Nun ist *Rose* aber unter anderem von der Klasse *Dornengewaechs* abgeleitet, die wiederum von *Link* abgeleitet ist. Und auf das *prev* konnten wir schließlich auch zugreifen. Wir sollten uns einmal die Typen der Zeiger ansehen. Von welchem Typ ist der folgende Zeiger?

```
Dornengewaechs::prev
```

Er ist vom Typ *Link**. Unser Konstruktor gehört aber zur Klasse *Rose*. Das bedeutet also nichts anderes, als dass wir von der Klasse *Rose* aus mit einem Zeiger vom Typ *Link** auf die geschützten Elemente von *Link* zugreifen wollen. Und das geht natürlich nicht, denn sonst könnte man auf alle privaten und geschützten Elemente einer Klasse zugreifen, indem man einen Zeiger auf sie definiert.

Das eigentliche Problem liegt darin begründet, dass der Konstruktor von *Rose* eigentlich dazu berechtigt wäre, auf die Zeiger von *Link* zuzugreifen. Denn tatsächlich verbirgt sich hinter dem Zeiger auf *Link* ja eine *Rose*-Exemplar (Polymorphismus). Würde der Verweis nicht als Typ *Link**, sondern als Typ *Rose** vorliegen, dann würde der Zugriff auch funktionieren. Wir müssen dazu »nur« den Typ des Zeigers explizit umwandeln:

```
static_cast<Rose*>(Dornengewaechs::prev)->next=this;
```

Wie das Leben so spielt, ist der Compiler auch mit dieser Schreibweise nicht zufrieden. Das Problem ist aber das gleiche wie bei *prev*. Der Compiler muss wissen, ob *next* zu *Dornengewaechs* oder zu *Wurzelgewaechs* gehört:

```
static_cast<Rose*>(Dornengewaechs::prev)->
  Dornengewaechs::next=this;
```

Doch auch das reicht dem Compiler noch nicht. Er will noch wissen, ob der Zeiger, der nach *Rose** umgewandelt werden soll, von der Klasse *Dornengewaechs* oder von *Wurzelgewaechs* kommt. Das liegt daran, dass bei einem Zeiger, der von *Link** nach *Rose** umgewandelt wird, nicht eindeutig festgestellt werden kann, ob es der *Link*-Abschnitt von *Dornengewaechs* oder von *Wurzelgewaechs* ist.

Wir können dieses Problem durch das Einfügen eines Zwischenschritts lösen. Indem wir zuerst den Typ *Link** in *Dornengewaechs** umändern, bleibt die Eindeutigkeit gewahrt, denn *Dornengewaechs* hat nur eine Klasse *Link* als Basisklasse. Dann wandeln wir *Dornengewaechs** nach *Rose** um. Auch das ist eindeutig, weil *Rose** nur eine Basisklasse *Dornengewaechs* besitzt. Den Zwischenschritt realisieren wir so:

```
static_cast<Rose*>(static_cast<Dornengewaechs*>
  (Dornengewaechs::prev))->Dornengewaechs::next=this;
```

Nachdem die linke Seite der Zuweisung einwandfrei kompiliert wird, macht uns nun die rechte Seite Schwierigkeiten. Der *next*-Zeiger verweist auf ein Element vom Typ *Link**, aber wir weisen ihm ein Element vom Typ *Rose** zu, welches zwei *Link**-Elemente besitzt, das von *Dornengewaechs* und das von *Wurzelgewaechs*. Um hier Eindeutigkeit zu erzielen, wandeln wir den Zeiger in den Typ *Dornengewaechs** um:

```
static_cast<Rose*>(static_cast<Dornengewaechs*>
  (Dornengewaechs::prev))->Dornengewaechs::next=
  static_cast<Dornengewaechs*>(this);
```

Nun haben wir es geschafft. Obwohl es so aussieht, als wäre es angenehmer, auf doppelte Basisklassen zu verzichten, kann dieser Mehraufwand manchmal ganz nützlich sein. Sollten bereits implementierte Klassen verwendet werden, die ihrerseits mehrere gleiche Basisklassen verwenden, kommt man nicht darum herum, sich mit ihnen zu beschäftigen.

17.2 Virtuelle Basisklassen

Wir wollen nun einen anderen Aspekt betrachten, der bei der Benutzung mehrerer gleicher Basisklassen auftreten kann und soll. Wir werden uns für dieses Thema von der Klasse *Link* verabschieden und stellen dafür die Abhängigkeiten »ein Dornengewächs ist eine Pflanze« und »ein Wurzelgewächs ist eine Pflanze« auf. Das bedeutet für unsere Klassen, dass *Link* einfach durch die Klasse *Pflanze* abgelöst wird. Die Klassen *Wurzelgewaechs* und *Dornengewaechs* erben somit von *Pflanze*. Abbildung 17.1 stellt diesen Zusammenhang grafisch dar.

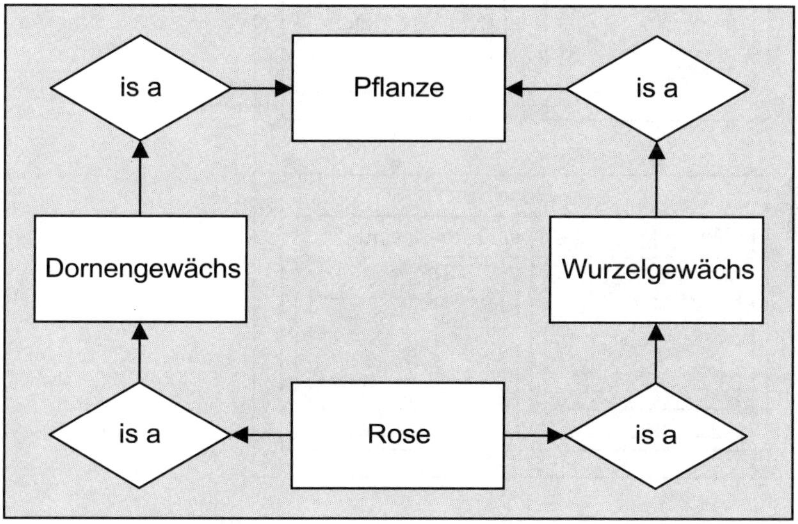

Abbildung 17.1: Die Beziehungen zwischen den Klassen Pflanze, Wurzelgewächs, Dornengewächs und Rose

Durch diese Vererbungshierachie haben wir eine ähnliche Situation wie im vorigen Kapitel. Es gibt in *Rose* zweimal die Klasse *Pflanze*, einmal *Dornengewaechs::Pflanze* und ein andermal *Wurzelgewaechs::Pflanze*. Dies zeigt Abbildung 17.2.

Obwohl diese Vererbungshierarchie mit *Link* noch sinnvoll war, weicht sie im Falle der Klasse *Pflanze* definitiv von der Realität ab. Denn nur weil eine Rose sowohl ein Dornengewächs als auch ein Wurzelgewächs ist, diese wiederum Pflanzen sind, ist eine Rose noch lange keine zwei Pflanzen.

Virtuelle Basisklasse

Um solch ein Problem lösen zu können, wurden die **virtuellen Basisklassen** ins Leben gerufen.

Die Klassen *Dornengewaechs* und *Wurzelgewaechs* sind Ergänzungen der Klasse *Pflanze*. Durch das Deklarieren von *Pflanze* als virtuelle Basisklasse wird dafür gesorgt, dass sich bei einer mehrfachen Vererbung die Klassen *Dornengewaechs* und *Wurzelgewaechs* auf dieselbe Pflanze beziehen. Dieser Sachverhalt ist in Abbildung 17.3 dargestellt.

Abbildung 17.2: Vererbung bei normalen Basisklassen

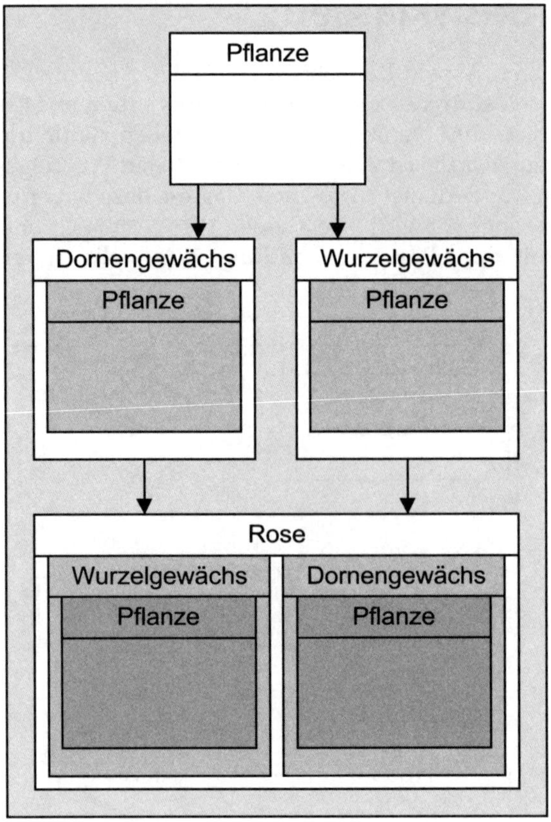

Schauen wir uns die Klassen einmal an:

```
class Pflanze
{
  protected:
    int alter;
    int groesse;
};
```

Das Attribut *groesse*, welches sowohl in *Dornengewaechs* als auch in *Wurzelgewaechs* enthalten war, wurde in Pflanze aufgenommen, weil es ein für die Pflanze typisches Attribut ist.

```
class Wurzelgewaechs : virtual public Pflanze
{
  protected:
    int dornenanz;
};

class Dornengewaechs : virtual public Pflanze
```

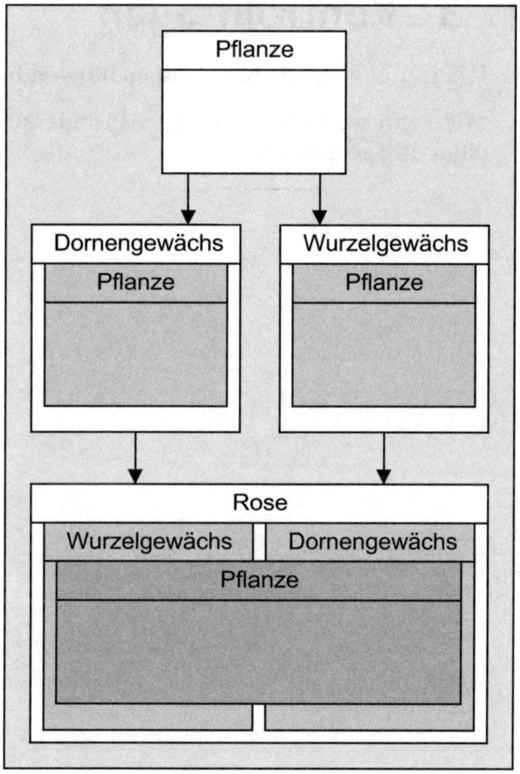

Abbildung 17.3: Vererbung bei virtuellen Basisklassen

```
{
  protected:
    int Wurzellaenge;
};

class Rose : public Wurzelgewaechs, public Dornengewaechs
{
  public:
    int bluehdauer;
    Rose(void);
};
```

Die Klasse *Rose* besitzt durch die virtuelle Basisklasse *Pflanze* nur ein Attribut *groesse* und ein Attribut *alter*. Es sind nun keine weiteren Spezifizierungen nötig, um *groesse* anzusprechen:

```
Rose::Rose(void)
{
  alter=1;
  groesse=20;
}
```

17.3 Kontrollfragen

1. Wozu sind virtuelle Basisklassen notwendig?
2. Wie kann man gleichnamige Attribute aus verschiedenen Basisklassen eindeutig ansprechen?

18 Übungen

Kommen wir nun wieder zu ein paar Übungen, die das bisher Erlernte in einen gemeinsamen Rahmen fassen sollen.

1

Entwerfen Sie eine Klasse *Mem* als Schablone, welches Sie in die Lage versetzt, dynamisch für jeden beliebigen Datentyp Speicher anzufordern. Der Konstruktor sollte den Speicher anfordern und der Destruktor ihn wieder freigeben. Werfen Sie eine Ausnahme, wenn die Allokation fehlschlägt. Entwerfen Sie Umwandlungsoperatoren, um die Handhabung zu erleichtern.

2

Die nun folgende Aufgabe ist ein wenig komplexer. Und zwar geht es um das bekannte Tic-Tac-Toe-Spiel. Es wird auf einem 3*3 Felder großen Spielfeld gespielt. Ein Spieler setzt Kreuze, der andere Kreise. Ziel des Spiels ist es, drei seiner Zeichen in eine Reihe zu bekommen. Eine Reihe kann horizontal, vertikal oder diagonal gebildet werden. Die Steine dürfen auf ein beliebiges freies Feld gesetzt werden. Abbildung 18.1 zeigt den Ablauf eines typischen Tic-Tac-Toe-Spiels.

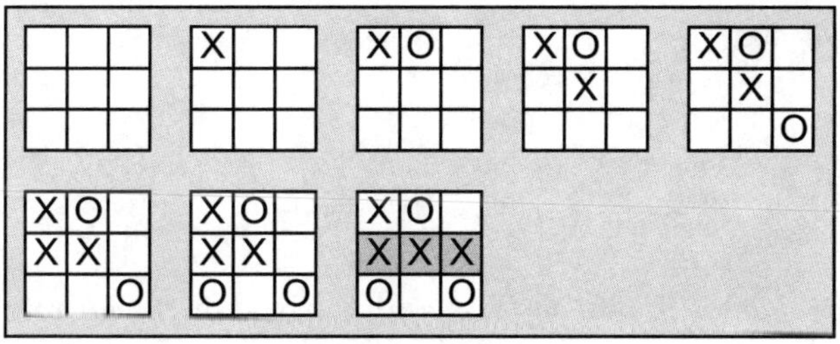

Abbildung 18.1: Eine Zugfolge bei Tic-Tac-Toe

Ihre Aufgabe soll nun sein, dieses Spiel zu programmieren, und zwar so, dass man es gegen den Computer spielt. Natürlich sollte der Computer so gut wie möglich spielen. Wir legen hier fest, dass derjenige, der die Kreuze spielt, immer anfängt. Deshalb soll am Anfang gefragt werden, ob der menschliche Spieler die Kreuze oder die Kreise spielen möchte.

Anhand dieser Wahl soll der Computer nun die Züge des Spiels vorausberechnen, und zwar so, dass er möglichst nicht verliert[1]. Die berechneten Züge sollen in einem Baum abgelegt werden und während des Spiels zufällig ausgewählt werden. Zufällig soll hier jedoch nicht heißen, dass er einen

1. Genaugenommen wird das Spiel bei einigermaßen aufmerksamen Spielern immer unentschieden ausgehen.

schlechteren Zug auswählt, obwohl es bessere gibt. Der Zufall soll sich auf die besten Züge beschränken.

Implementieren Sie dazu eine Klasse *TTTKnoten*, die einem Zug entspricht. Die Züge sollen von einer Klasse *TTTBaum* verwaltet werden, die als Freund von *TTTKnoten* deklariert werden soll.

Noch ein paar kleine Tipps. Bedenken sie, dass es sich bei dem entstehenden Baum nicht mehr um einen binären Baum handeln wird. Wenn Sie die Züge bewerten, ist es am günstigsten, anzunehmen, dass man selbst immer den bestmöglichen Zug macht. Des weiteren muss man davon ausgehen, dass der Gegner immer den für ihn bestmöglichen Zug macht, der für Sie der schlechtmöglichste Zug ist.

18.1 Lösungen

1

Kommen wir zuerst zur Klassendefinition:

Klassendefinition

```
template <class X>
class Mem
{
  private:
    X *memhd;

  public:
    class Allokationsfehler {};
    inline Mem(unsigned long);
    inline ~Mem();
    operator X*() {return(memhd);}
};
```

Die Klasse *Allokationsfehler* wird dazu benutzt, den aufgetretenen Fehler mittels *throw* zu werfen. Die einfache Handhabung wird durch einen Umwandlungs-Operator erreicht.

Konstruktor und Destruktor sehen so aus:

Konstruktor

```
template <class X>
Mem<X>::Mem(unsigned long anz)
{
  memhd=new(X[anz]);
  if(!memhd) throw(Allokationsfehler());
}
```

Destruktor

```
template <class X>
Mem<X>::~Mem()
{
```

```
  delete[](memhd);
}
```

2

Schauen wir uns zunächst die Deklaration von *TTTKnoten* an:

Klassendefinition

```
class TTTKnoten
{
  friend class TTTBaum;

  private:
    TTTKnoten *soehne[3][3];
    int bewertung[3][3];

  public:
    TTTKnoten(void);
};
```

Jeder Knoten repräsentiert eine Situation auf dem Spielfeld. Wenn z.B. auf das obere linke Feld ein Stein gesetzt wird, dann finden wir die neue Repräsentation im Knoten, auf den bei *soehne[0][0]* verwiesen wird. Abbildung 18.2 zeigt einen Ausschnitt aus dem »Tic-Tac-Toe-Baum«.

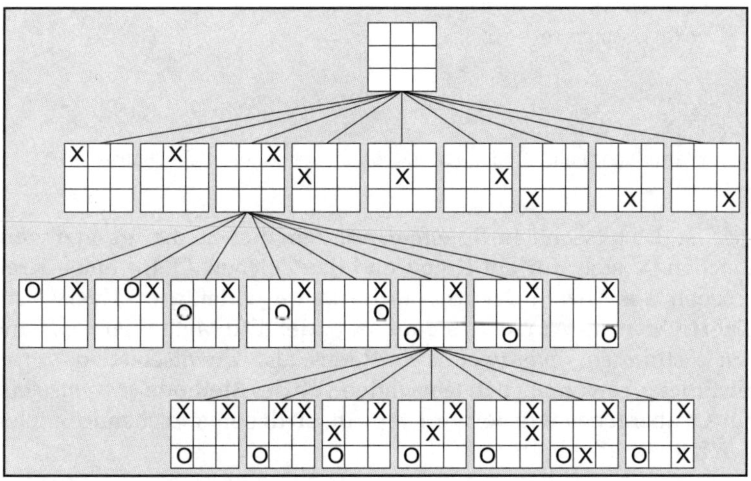

Abbildung 18.2: Ausschnitt aus dem Tic-Tac-Toe-Baum

Obwohl natürlich ein Knoten, der eine Spielsituation mit 4 bereits gesetzten Steinen repräsentiert, nur noch 5 Söhne haben kann, wurde trotzdem für jeden Knoten ein 3*3-Feld für die Söhne angelegt, weil so anhand der Position des Zeigers auf den letzten Zug zurückgeschlossen werden kann.

Der Konstruktor des Knotens ist trivial. Die Bewertung wird auf -1 gesetzt, weil dies ein Wert ist, der in unserem Programm nicht auftreten kann.

Konstruktor

```
TTTKnoten::TTTKnoten(void)
{
int x,y;

  for(x=0;x<3;x++)
    for(y=0;y<3;y++)
      {
        soehne[y][x]=0;
        bewertung[y][x]=-1;
      }
}
```

Kommen wir nun zur Klasse *TTTBaum*:

Klassendefinition

```
class TTTBaum
{
  private:
    char sfeld[3][3];
    long anz;
    TTTKnoten *wurzel;
    bool remis(void);
    bool gewonnen(char);
    int berechne(TTTKnoten *kn, char, char);
    void computerx(void);
    void computero(void);

  public:
    TTTBaum(void);
    friend ostream &operator<<(ostream&, const TTTBaum&);
};
```

sfeld ist das tatsächliche Spielfeld, auf dem die »Steine« gesetzt werden. Das Zeichen 'X' steht für ein Kreuz und das Zeichen 'O' für einen Kreis. *anzahl* spiegelt die Anzahl der Knoten im Baum wider. *wurzel* verweist auf den Knoten, der die Wurzel des Baumes bildet. Die Methoden *remis* und *gewonnen* bestimmen, ob entweder ein Remis, also Unentschieden, vorliegt, oder ein Spieler gewonnen hat. Je nachdem, ob der Methode *gewonnen* ein 'X' oder ein 'O' übergeben wurde, wird geprüft, ob der entsprechende Spieler gewonnen hat.

Die Funktion *berechne* berechnet den Baum und *computerx* und *computero* werden in Abhängigkeit davon aufgerufen, ob der Computer die Kreuze oder die Kreise setzt.

Der Konstruktor, der bereits den Wurzelknoten anlegt, sieht wie folgt aus:

Konstruktor

```
TTTBaum::TTTBaum(void)
{
int x,y,inp;
  for(x=0;x<3;x++)
```

```
    for(y=0;y<3;y++)
      sfeld[y][x]=' ';

  wurzel=new TTTKnoten;
  assert(wurzel);
  anz=0;
```

Hier käme jetzt die Abfrage, ob der Computer mit den Kreuzen oder Kreisen spielen soll.

```
}
```

Zunächst schauen wir uns die beiden Funktionen *remis* und *gewonnen* an, zu denen ein weiterer Kommentar sich erübrigt:

gewonnen

```
bool TTTBaum::gewonnen(char pl)
{
  if((sfeld[0][0]==pl)&&(sfeld[0][1]==pl)&&(sfeld[0][2]==pl))
    return(true);
  if((sfeld[1][0]==pl)&&(sfeld[1][1]==pl)&&(sfeld[1][2]==pl))
    return(true);
  if((sfeld[2][0]==pl)&&(sfeld[2][1]==pl)&&(sfeld[2][2]==pl))
    return(true);
  if((sfeld[0][0]==pl)&&(sfeld[1][0]==pl)&&(sfeld[2][0]==pl))
    return(true);
  if((sfeld[0][1]==pl)&&(sfeld[1][1]==pl)&&(sfeld[2][1]==pl))
    return(true);
  if((sfeld[0][2]==pl)&&(sfeld[1][2]==pl)&&(sfeld[2][2]==pl))
    return(true);
  if((sfeld[0][0]==pl)&&(sfeld[1][1]==pl)&&(sfeld[2][2]==pl))
    return(true);
  if((sfeld[0][2]==pl)&&(sfeld[1][1]==pl)&&(sfeld[2][0]==pl))
    return(true);

  return(false);
}
```

remis

```
bool TTTBaum::remis(void)
{
int x,y;
  for(x=0;x<3;x++)
    for(y=0;y<3;y++)
      if(sfeld[y][x]==' ')
        return(false);
  return(true);
}
```

Als Nächstes besprechen wir das Herzstück des Spiels: Die Funktion, die die Züge für den Computer berechnet. Dieser Funktion wird der aktuell zu bearbeitende Knoten übergeben. Des weiteren wird der Funktion noch mitgeteilt, welchen Steintyp der Computer spielt, und wer gerade am Zug ist.

berechne

```
int TTTBaum::berechne(TTTKnoten *kn, char splr, char zug)
{
  int gew=0,verl=0,rem=0;

  anz++;
  if(!(anz%10000))
    cout << anz << endl;

  int x,y;
  char nzug;

  if(zug=='X')
    nzug='O';
  else
    nzug='X';
```

Diese *if*-Anweisung bestimmt, welcher Spieler den nächsten Zug macht. Die folgenden zwei verschachtelten Schleifen, überprüfen jeden der 9 möglichen Söhne daraufhin, ob sie eine gültige Spielsituation darstellen (dann werden sie angelegt) oder nicht. Wenn möglich, wird der aktuelle Zug bereits bewertet.

```
  for(x=0;x<3;x++)
    {
      for(y=0;y<3;y++)
        {
          if(sfeld[y][x]==' ')
```

Um die aktuelle Spielsituation für den jeweiligen Knoten jederzeit präsent zu haben, setzt die Funktion die einzelnen Züge auf dem Spielfeld der Klasse. Ist ein Feld frei, dann ist dies ein potentieller Zug.

```
            {
              sfeld[y][x]=zug;
              if(gewonnen(zug))
```

Nachdem der Stein auf die aktuelle Position im Spielfeld gesetzt wurde, wird ermittelt, ob dieser Zug den Sieg brachte.

```
                {
                  sfeld[y][x]=' ';
```

Da der Knoten schon als Sieg bewertet wurde, wird der Zug im Spielfeld gelöscht, um der aufrufenden Funktion das Spielfeld so zu hinterlassen, wie sie es selbst diesem Aufruf übergeben hatte.

```
                  if(splr==zug)
                    {
                      kn->bewertung[y][x]=3;
                      return(3);
```

Wenn der Computer derjenige war, der durch diesen Zug gewonnen hätte, dann bekommt dieser Zug die höchste Bewertung (3), denn sollte der Computer in diese Situation kommen, dann soll er den Siegeszug auf jeden Fall ausführen.

```
      }
      else
        {return(-2);}
```

Sollte der betrachtete Zug ein Zug sein, den der Gegner hätte machen können[2], dann bekommt er die schlechteste Wertung (-2).

```
  }
  if(remis())
  {
    sfeld[y][x]=' ';
```

Auch hier erfolgt das Zurücksetzen des Spielfeldes in den ursprünglichen Zustand (ursprünglich aus der lokalen Sicht der Funktion).

```
    kn->bewertung[y][x]=1;
    return(1);
```

Sollte der Zug ein Unentschieden eingebracht haben, dann bekommt der Zug eine mittelmäßige Bewertung. Er ist nicht so schlecht wie der auf den eine Niederlage, aber auch nicht so gut wie der auf den ein Sieg folgt.

```
  }
kn->soehne[y][x]=new TTTKnoten;
assert(kn->soehne[y][x]);
anz++;
if(!(anz%10000))
  cout << anz << endl;
kn->bewertung[y][x]=
berechne(kn->soehne[y][x],splr,nzug);
sfeld[y][x]=' ';
```

Sollte der Zug noch keine Entscheidung zwischen Sieg, Unentschieden und Niederlage gebracht haben, muss die aktuelle Situation weiterverfolgt werden. Deswegen wird *berechne* mit der neuen Spielsituation aufgerufen und das Ergebnis der Berechnung im Feld *bewertung* abgelegt.

```
if(kn->bewertung[y][x]>=2)
  gew++;

if(kn->bewertung[y][x]==1)
  rem++;
```

2. Da man bei der Bewertung der gegnerischen Züge immer den Fall berücksichtigen muß, der für einen selbst am schlechtesten ist, muß dieser Zug die schlechteste Wertung bekommen. Denn nichts ist schlechter als das Spiel zu verlieren.

```
            if(kn->bewertung[y][x]==-2)
              verl++;
```

Da es meistens mehrere Möglichkeiten für einen Zug gibt, wird hier gezählt, wie viele Siege, Niederlagen und Unentschieden als Ergebnis des jeweils betrachteten Zuges aufgetreten sind.

```
          }
      }
  }
```

Wenn die Funktion an dieser Stelle angelangt ist, weiß sie, dass die augenblickliche Spielsituation keine Endsituation ist. Das kann wiederum bedeuten, dass mehrere Züge möglich waren. Der nun folgende Programmabschnitt beschäftigt sich damit, wie anhand der Ergebnisse, die die in der augenblicklichen Situation möglichen Züge liefern, die jetzige Spielsituation bewertet werden kann.

```
if(splr==zug)
  {
```

Zuerst wird der Fall betrachtet, daß die aktuelle Spielsituation eine Situation ist, in der wir einen Zug machen müssen. Wenn wir am Zug sind, bedeutet dies, daß wir wählen können, welchen Stein wir setzen. Deswegen nehmen wir von den möglichen Zügen natürlich den, bei dem die Chance am größten ist, zu gewinnen. Deswegen wird zuerst geprüft, ob es in der jetzigen Situation einen Zug gibt, bei dem wir gewinnen können. Wenn ja, wird der Wert 2 als Gewinnmöglichkeit zurückgegeben. Ist dies nicht der Fall, wird ermittelt, ob es einen Zug gibt, der ein Remis verursacht, und dieser gegebenenfalls mit 1 bewertet.

Sollten keiner der beiden letzten Fälle eingetreten sein, dann scheint es nur Züge zu geben, bei denen wir verlieren werden. Es wird deswegen der Wert -2 zurückgegeben.

```
    if(gew>0)
      return(2);
    if(rem>0)
      return(1);
    if(verl>0)
      return(-2);
  }
else
  {
```

Hier wird der Fall betrachtet, daß die aktuelle Spielsituation eine Situation ist, in der der Gegner ziehen muß. Deswegen müssen wir vom Schlimmsten ausgehen.

Gibt es für den Gegner einen Zug, der zur Folge hat, daß wir später verlieren werden, dann müssen wir davon ausgehen, daß er diesen Zug auch ausführen wird, und bewerten die Situation mit -2 für Niederlage.

Gibt es für den Gegner keinen Zug, mit dem er sich einem Sieg oder einem Unentschieden nähern kann, dann kann er sich nur seiner Niederlage nähern, welche unser Gewinn ist. Wir bewerten die Situation mit 2.

Gibt es jedoch für den Gegner die Wahl zwischen einer Niederlage und einem Unentschieden, dann müssen wir davon ausgehen, dass er sich für das Unentschieden entscheidet, und bewerten die Situation mit 1.

```
      if(verl>0) return(-2);
      if((verl==0)&&(rem==0)&&(gew>0)) return(2);
      if((verl==0)&&((rem>0)||(gew>0))) return(1);
    }
```

Sollte die Funktion an diesen Punkt gelangen, dann muß irgendwo ein Fehler aufgetreten sein.

```
  return(0);
}
```

Anstatt in jeden Knoten die Bewertung aller Folgezüge aufzunehmen, hätte man auch nur den besten Zug speichern können. Jedoch wäre man dann im Spiel nicht in der Lage, auf eine gleiche Situation unterschiedlich zu reagieren, ohne einen Zug zu riskieren, der eine Niederlage zur Folge hätte.

Es ist noch anzumerken, dass diese Strategie nur dann funktioniert, wenn der komplette Suchbaum generiert wird. Für den Fall, dass Sie Zug für Zug beispielsweise immer nur 3 Züge im voraus hätten berechnen müssen, wäre eine andere Strategie vonnöten.

Zum Schluss schauen wir uns noch den Ausschnitt aus der *computerx*-Funktion an, der den nächsten Zug bestimmt:

```
zug=gew=rem=verl=won=-1;
for(x=0;x<3;x++)
  for(y=0;y<3;y++)
    {
```

Die Variablen werden folgendermaßen gesetzt:

- *won*, wenn der Zug den sofortigen Sieg zum Ergebnis hat.
- *gew*, wenn der Zug ein Schritt zum späteren Sieg ist.
- *rem*, wenn der Zug bestenfalls ein späteres oder sofortiges unentschieden bewirken kann.
- *verl*, wenn der Zug früher oder später in die Niederlage führt.

```
      if(spielpos->bewertung[y][x]==3)
        won=y*3+x;
```

Sobald ein Zug gefunden wird, der den sofortigen Gewinn herbeiführt, wird er genommen.

```
      if(spielpos->bewertung[y][x]==2)
        if(gew==-1) gew=y*3+x;
        else if(time(&t)%2) gew=y*3+x;
```

Wenn die Bedingungen zum Setzen von *gew* erfüllt sind, dann wird zuerst geschaut, ob *gew* schon einen Zug besitzt. Wenn nicht, wird der jetzige Zug auf jeden Fall in *gew* gespeichert. Sollte *gew* aber schon einen Zug besitzen, dann entscheidet der Zufall, ob der neue Zug genommen oder der alte beibehalten wird. Analog hierzu werden auch die folgenden Entscheidungen getroffen.

```
      if(spielpos->bewertung[y][x]==1)
        if(rem==-1) rem=y*3+x;
        else if(time(&t)%2) rem=y*3+x;

      if(spielpos->bewertung[y][x]==-2)
        if(verl==-1) verl=y*3+x;
        else if(time(&t)%2) verl=y*3+x;
    }
```

Nun wird entschieden, welche der vier Varianten genommen wird. Es ist klar, dass zuerst die besten Züge gesetzt werden, deswegen sind die Abfragen absteigend ihrer Attraktivität nach geordnet.

```
if(won>=0)  zug=won;
else if(gew>=0)  zug=gew;
else if(rem>=0)  zug=rem;
else if(verl>=0)  zug=verl;
```

Der Zug selbst wird dann später so gesetzt:

```
sfeld[zug/3][zug%3]='X';
```

Das komplette Programm finden Sie auf der CD unter /BUCH/KAP18/TTT.

19 Hashing

Wir werden uns nun wieder ein wenig mit der Organisation von Daten beschäftigen. Die bisherigen Organisationsformen basierten darauf, dass in einer gegebenen Struktur Daten abgespeichert wurden. Die korrekte Stelle für das Abspeichern wurde durch Schlüsselvergleiche bestimmt. Die Suche nach einem bestimmten Datensatz wurde durch ebensolche Vergleiche realisiert.

Angenommen, wir hätten unendlich viel Speicher zur Verfügung. Mit welcher Methode könnten wir über den Schlüssel jeden Datensatz in O(1)-Zeit finden?

Für einen ganzzahligen Schlüssel könnte man die Speicheradresse, an der der Datensatz gespeichert ist, durch die einfache Formel *Schlüssel*sizeof(Datensatz)* berechnen. Dies natürlich nur unter der Voraussetzung, dass dieselbe Formel auch beim Speichern der Datensätze verwendet wird.

Leider ist unser Speicherplatz (noch) zu begrenzt, als dass diese Methode implementiert werden könnte. Zudem wäre die Auslastung des Speichers ziemlich gering. Stellen Sie sich vor, Sie wollten Ihre Bekannten oder Ihre Videokassetten mit einer solchen Struktur verwalten und benutzten einen *unsigned long*-Wert als Schlüssel. Um die oben vorgestellte Methode der direkten Adressierung anwenden zu können, müssten Sie Speicherplatz für 2^{32} bzw. $4.29*10^{9}$ Datensätze reservieren. Das wären ca. 4290000000 Datensätze. Wer hat schon so viele Bekannte oder Videokassetten? Nur einmal angenommen, Sie würden 5000 Bekannte haben oder ebenso viele Videokassetten besitzen, dann wäre der für deren Verwaltung benötigte Speicher nur zu ca. 0.0001% ausgelastet. Das ist nicht sehr ökonomisch.

Hash-Funktionen

Das Hashing verfolgt nun einen etwas weniger spektakulären Ansatz. In der ersten Version gehen wir davon aus, dass wir die Anzahl der Schlüssel nach oben hin abschätzen können. Wenn wir z.B. annehmen, dass wir nicht mehr als 5000 Videokassetten besitzen werden, dann könnten wir mit einem 5000 Datensätze umfassenden Speicher alle Kassetten verwalten. Wir müssen nun nur noch einen Weg finden, den *unsigned long*-Schlüssel so umzurechnen, dass mit ihm einer der 5000 Slots, so nennt man beim Hashing die reservierten Speicherplätze, adressiert wird. Und dafür gibt es die so genannten Hash-Funktionen.

Slot

Bevor wir aber zu diesen kommen, müssen wir erst einmal die programmtechnischen Grundlagen schaffen. Wir entwerfen eine Klasse *Slot* als Schablone. Sie besitzt als Attribute einen Zeiger auf den Datensatz, mit dem der Slot eventuell belegt ist und ein Flag *belegt*, welches angibt, ob der Slot bereits belegt ist. Als Methoden wurden ein parameterloser Konstruktor, eine Funktion *isBelegt*, die den aktuellen Belegungsstatus liefert, sowie die

Methoden *Insert*, *Delete* und *Get* implementiert, mit deren Hilfe man den Slot belegen, leeren oder einfach nur einen Zeiger auf den eventuell gespeicherten Datensatz erhalten kann.

Implementierung

```
template <class X>
class Slot
{
  private:
    bool belegt;
    X *datum;

  public:
    Slot(void) : belegt(true), datum(X()) {};
    bool isBelegt(void) {return(belegt);}

    bool Insert(X *d)
      {
        if(belegt) return(false);
        datum=d;
        belegt=true;
        return(true);
      }

    bool Delete(X *d)
      {
        if(!belegt||(d!=datum)) return(false);
        datum=0;
        belegt=0;
        return(true);
      }

    X *Get(X *d)
      {
        if(d==datum) return(datum);
        return(0);
      }

};
```

Des Weiteren entwerfen wir noch eine Klasse *Hashtable*, die dann später die Hash-Funktionen aufnehmen wird. Der Konformität wegen wird *Hashtable* – genau wie *Slot* – als Schablone deklariert.

Hashtable

```
template <class X>
class Hashtable
{
  private:
    Slot<X> **slots;
    unsigned long anz;
```

```
    unsigned long groesse;

  public:
    Hashtable(unsigned long);
    ~Hashtable();
};

template <class X>
Hashtable<X>::Hashtable(unsigned long s) : groesse(s), anz(0)
{
  slots=new (Slot<X>*[s]);
  for(unsigned x=0;x<s;x++)
    slots[x]=new (Slot<X>);
}

template <class X>
Hashtable<X>::~Hashtable(void)
{
  for(unsigned x=0;x<groesse;x++)
    delete(slots[x]);

  delete(slots);
}
```

19.1 Hash-Funktionen

Wie bereits erwähnt, handelt es sich bei den Hash-Funktionen um Vorschriften, nach denen aus dem Schlüssel die Nummer oder Adresse eines Slots berechnet werden kann.

Für unsere Beispiele gehen wir von 17 Slots[1] aus und werden nacheinander die Zeichen des Strings »Hashing-Versuch« in die Hash-Tabelle einfügen.

19.1.1 modulo

Die erste Hash-Funktion basiert auf dem Modulo-Operator. Unter der Voraussetzung, dass wir 17 Slots zur Verfügung haben, die von 0-16 durchnummeriert sind, ist die Zuweisung der Schlüssel mit den Werten 0-16 kein Problem. Schwierig wird es ab Nummer 17.

Hier können wir aber einfach den Effekt des Modulo-Operators einbringen. Und zwar wird Schlüssel 17 wieder in Slot 0 eingesetzt, Schlüssel 18 in Slot 1 usw. Schlüssel 33 wäre dann in Slot 16 und Schlüssel 34 wieder in Slot 0.

1. Es hat sich gezeigt, dass für die Anzahl der Slots Primzahlen besonders geeignet sind. Das hängt mit der Eigenschaft zusammen, dass sie nur durch 1 und sich selbst teilbar sind.

Die Berechnung der Slots erfolgt also folgendermaßen:

Slotnummer = Schlüsselwert % Slotanzahl

Wenn wir anhand dieser Formel die Zeichen des oben angegebenen Strings in die Hashtabelle einfügen[2], dann erhalten wir ein Ergebnis, wie es in Abbildung 19.1 dargestellt ist.

Abbildung 19.1: Die Divions-Rest-Methode

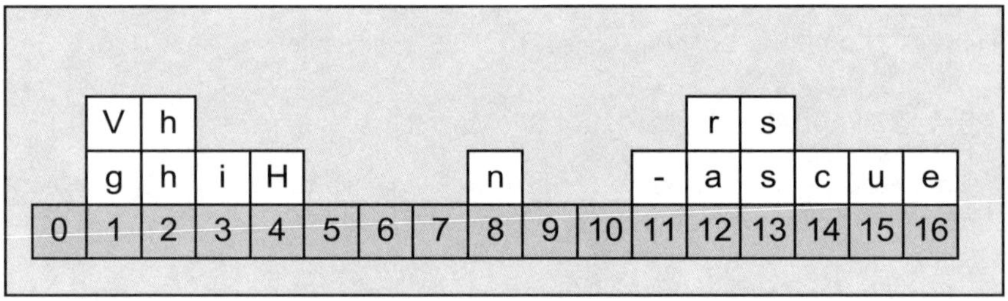

Es gibt bei drei der Slots Kollisionen, obwohl noch zehn Slots frei sind. Um diese Kollisionen zu vermeiden, gibt es zwei geeignete Verfahren. Welches der beiden Verfahren man wählt, hängt dabei davon ab, ob die maximale Anzahl der Datensätze abgeschätzt werden kann oder nicht.

Offenes Hashverfahren

In unserem Fall wissen wir, dass nicht mehr als 12 Datensätze eingefügt werden. Deswegen würde hier ein so genanntes **offenes Hashverfahren** angewendet werden. Offene Hashverfahren versuchen Kollisionen dadurch zu beheben, dass der die Kollision verursachende Datensatz in einen noch freien Slot gesetzt wird. Da wir die maximale Anzahl der Datensätze abschätzen können, sind wir in der Lage, die Hash-Tabelle groß genug anzulegen, um jedem Datensatz einen Slot bieten zu können. Wie bei einer Kollision ein freier Slot ermittelt wird, lernen wir bei den Sondierungsfolgen im nächsten Kapitel kennen.

Dynamisches Hashverfahren

Ist die maximale Menge der Datensätze nicht absehbar, dann wählt man ein dynamisches Hashverfahren. **Dynamische Hashverfahren** ordnen die Datensätze eines Slots in eine neue Struktur ein, um die Kollisionen aufzulösen. Zum Beispiel hätten in Abbildung 21.1 Slot 10 und 16 aus einer drei-elementigen und Slot 8 aus einer zwei-elementigen Liste bestehen können. Als dynamisches Hashverfahren werden wir später noch das universelle Hashing kennen lernen.

Doch kommen wir wieder zur Divisions-Rest-Methode zurück. Als Funktion realisiert sieht sie folgendermaßen aus:

Implementierung

```
template<class X>
int Hashtable<X>::Hashmod(X *d,unsigned long s)
{
  if(anz>=groesse) return(0);
```

2. Als Schlüssel nehmen wir den das Zeichen repräsentierenden Wert.

```
  unsigned long sp=s%groesse;
if(slots[sp]->isBelegt()) return(0);
  slots[sp]->Insert(d);
  return(1);
}
```

Diese Funktion reagiert auf eine Kollision in der Weise, dass sie den Datensatz überhaupt nicht einfügt. Wir werden bei den Sondierungsfolgen entsprechende Ergänzungen vornehmen.

19.1.2 Multiplikationsmethode

Bei der Multiplikationsmethode wird der Schlüssel mit einer Zahl mit Nachkommastellen multipliziert. Es werden nur die Nachkommastellen des Ergebnisses betrachtet, die dann mit der Slotanzahl multipliziert werden. Das Ergebnis wird abgerundet, und schon haben wir den entsprechenden Slot.

Nehmen wir als Beispiel die Zahl 0.345. Als Schlüssel nehmen wir 813. Dann wird zuerst 813*0.345 berechnet. Das Ergebnis ist 280.485, wobei nur die Nachkommastellen benötigt werden: 0.485. Diese Zahl wird dann mit der Slotanzahl (in unserem Fall 17) multipliziert. Das ergibt 8.245, abgerundet 8. Der Datensatz mit Schlüssel 813 wird somit in Slot 8 abgespeichert.

Goldener Schnitt

Man hat festgestellt, dass sich als Zahl der so genannte goldene Schnitt am besten eignet, weil die daraus resultierenden Zahlen am gleichmäßigsten verteilt sind. Der goldene Schnitt berechnet sich aus:

(sqrt(5) – 1) / 2

Das ergibt ca. 0.6180339.

Auf unser Beispiel angewendet ergibt dies eine Verteilung, wie in Abbildung 19.2 dargestellt.

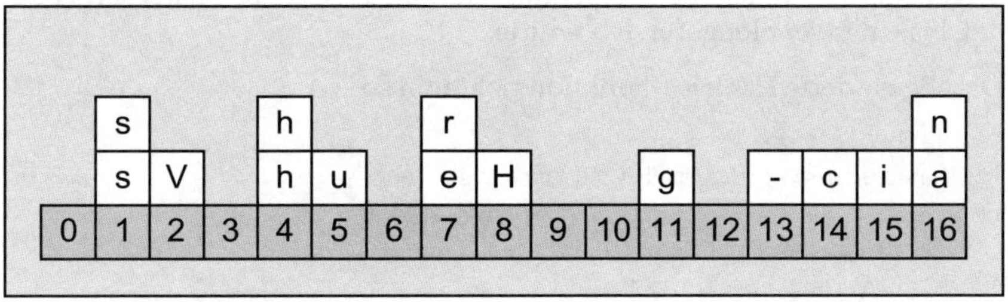

Abbildung 19.2: Die Multiplikationsmethode

Für unser Beispiel tritt weder eine Verbesserung noch eine Verschlechterung auf. Schauen wir uns die Funktion zur Multiplikations-Methode einmal an:

Implementierung

```
template<class X>
int Hashtable<X>::Hashmul(X *d,unsigned long s)
{
  if(anz>=groesse) return(0);
  unsigned long sp=(unsigned long)((s/0.6180339-
                  (unsigned long) (s/0.6180339))*groesse);
  if(slots[sp]->isBelegt()) return(0);
  slots[sp]->Insert(d);
  return(1);
}
```

19.2 Sondierungsfolgen

So wie es aussieht, ist die Wahrscheinlichkeit, zu keiner Kollision zu kommen, sehr gering. Vor allem, wenn die Eindeutigkeit der verwendeten Schlüssel nicht zwingend vorgeschrieben ist, ist eine Kollision sehr wahrscheinlich. Wir wollen deshalb anfangen, uns für das offene Hashing einige Sondierungsfolgen anzuschauen.

Als Sondierungsfolge bezeichnet man ein Folge von Werten, mit denen bei einer Kollision andere Slots untersucht werden, bis ein freier Slot gefunden wurde.

19.2.1 Lineare Sondierungsfolge

Die lineare Sondierungsfolge geht davon aus, dass bei einer Kollision einfach der nächste Slot benutzt wird. Schauen wir uns dies einmal in Abbildung 19.3 an. Als Hashingfunktion wurde die Divisions-Rest-Methode benutzt.

Auf der x-Achse finden Sie wie in den vorigen Abbildungen die Slotnummer. Auf der Y-Achse sehen Sie die Nummer des Zeichens, welches gerade eingefügt wird. Die schattierten Felder geben Kollisionen an. Die Indizes zeigen an, wie oft der entsprechende Datensatz eine Kollision hervorgerufen hat, bis ein freier Slot gefunden wurde.

Die abgeänderte *Hashmod*-Funktion sieht nun so aus:

Implementierung

```
template<class X>
int Hashtable<X>::Hashmod(X *d,unsigned long s)
{
  if(anz>=groesse) return(0);
  unsigned long sp=s%groesse;
  while(slots[sp]->isBelegt())
    {
      cout << sp << ",";
      sp=Linprob(sp);
    }
```

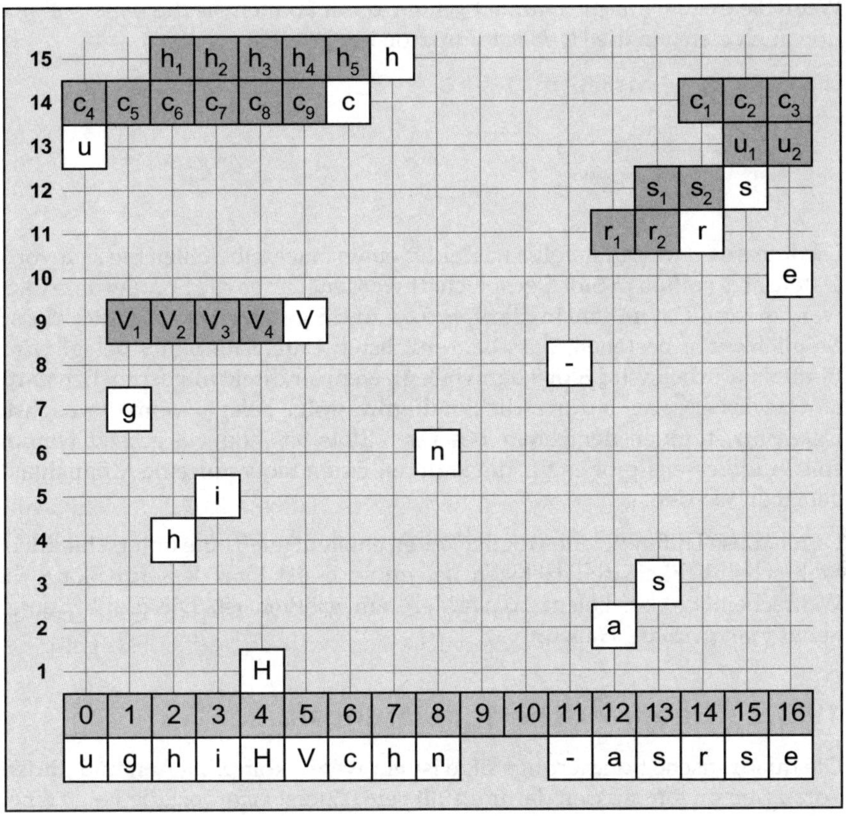

Abbildung 19.3: Lineare Sondierungsfolge

```
  cout << sp << endl;
  slots[sp]->Insert(d);
  return(1);
}
```

Die Werte, die zur Erstellung der Abbildung nötig waren, werden von der Funktion auf den Bildschirm ausgegeben.

Die *Linprob*-Funktion gestaltet sich ziemlich einfach:

Linprob

```
template<class X>
unsigned long Hashtable<X>::Linprob(unsigned long s)
{
  return((s+1)%groesse);
}
```

Der Modulo-Operator ist notwendig, damit das Sondieren bei einer Überschreitung der Hashtabellengrenze wieder am Anfang der Tabelle beginnt.

Wenn Sie extrem auf die Laufzeit achten, dann können Sie die *Linprob*-Funktion auch gleich in die *Hashmod*-Funktion integrieren:

```
while(slots[sp]->isBelegt())
    {
      cout << sp << ",";
      sp=(sp+1)%groesse;
    }
```

Die lineare Sondierungsfolge hat leider einen Nachteil. Stellen Sie sich vor, 4 Datensätze sollten in Slot 5 gespeichert werden. Durch die Sondierungsfolge werden die 4 Datensätze in die Slots 5,6,7 und 8 gesetzt. Das bedeutet, dass 5 Möglichkeiten bestehen, dass beim nächsten Datensatz Slot 9 belegt wird. Einmal natürlich wird Slot 9 dann belegt, wenn er direkt angesprochen wird. Slot 9 wird aber auch durch die Sondierungsfolge belegt, wenn der nächste Datensatz in einen der bereits besetzten Slots 5,6,7 oder 8 gesetzt werden soll. Andererseits gibt es für die anderen freien Slots nur eine Möglichkeit, belegt zu werden.

Primäre Häufung

Durch diese Differenz der Möglichkeiten entsteht auch eine unterschiedliche Wahrscheinlichkeit der nächsten Belegung. Es ist klar, dass für Slot 9 die Wahrscheinlichkeit, belegt zu werden, am größten ist. Dieses Phänomen nennt man **primäre Häufung**.

19.2.2 Quadratische Sondierungsfolge

Die quadratische Sondierungsfolge ist ein wenig komplizierter, und andere Voraussetzungen müssen dafür erfüllt sein. Zuerst erfordert die Folge einen Parameter, der festhält, das wievielte Mal sie aufgerufen wurde. Nennen wir diesen Parameter x. Die Folge sieht dann wie unten dargestellt aus[3]:

```
(ceil(x/2.0) * ceil(x/2.0))*(1-(2*(x%2))
```

Mathematisch ausgedrückt sähe die Formel so aus:

$$\left\lceil \frac{x}{2} \right\rceil^2 \cdot (-1)^x$$

Die nach unten geöffneten Klammern zeigen an, dass der Wert aufgerundet wird.

Man kann beweisen[4], dass die quadratische Sondierungsfolge dann alle Slots berücksichtigen wird, wenn die Slotanzahl eine Primzahl der Form *4*y+3* ist. Die bisher benutzte Primzahl 17 genügt diesem Kriterium nicht. Wir müssen daher auf die 23 ausweichen, denn *4*5+3* ist 23.

3. Die in *cmath* definierte Funktion *ceil* rundet einen Wert auf die nächsthöhere Ganzzahl auf.
4. Da dieser Beweis nicht mehr sehr viel mit dem Problem an sich zu tun hat, sondern im Bereich der Mathematik angesiedelt werden kann, verzichten wir hier auf ihn.

Eine Primzahl der Form 4*y+3 als Slotanzahl stellt sicher, dass im Laufe des Sondierens schlimmstenfalls alle Slots ausgetestet werden.

Weil unser Beispiel jedoch auch mit einer Slotanzahl von 17 funktioniert, wollen wir der besseren Vergleichsmöglichkeit wegen bei dieser Slotanzahl bleiben. Abbildung 19.4 zeigt das Sondierungsergebnis mit der quadratischen Sondierungsfolge.

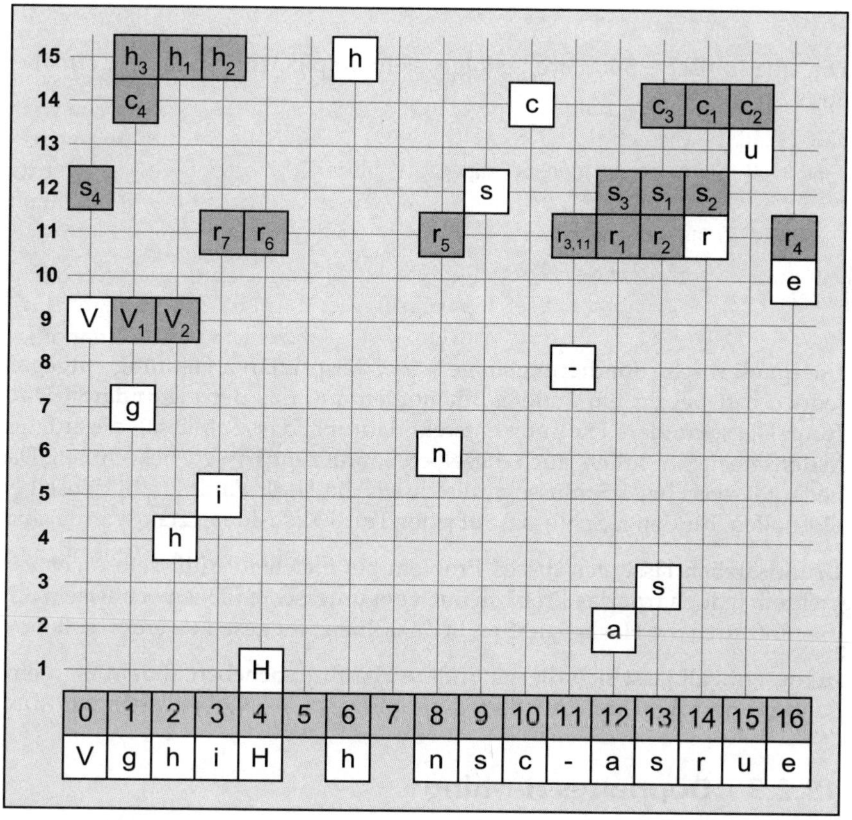

Abbildung 19.4: Quadratische Sondierungsfolge

Da die quadratische Sondierungsfolge sich immer relativ auf den durch die Hash-Funktion bestimmten Slot bezieht, muss die *Hashmod*-Funktion erneut umgeändert werden:

Implementierung

```
template<class X>
int Hashtable<X>::Hashmod(X *d,unsigned long s)
{
  if(anz>=groesse) return(0);
  unsigned long sp=s%groesse,csp=sp;
  long x=1;
```

```
  while(slots[csp]->isBelegt())
    {
      cout << csp << ",";
      csp=(sp-Quadprob(x++))%groesse;
    }

  cout << csp << endl;
  slots[csp]->Insert(d);
  return(1);
}
```

Die quadratische Sondierungsfolge sieht implementiert folgendermaßen aus:

Quadprob

```
template<class X>
long Hashtable<X>::Quadprob(long x)
{
  long y=(long)ceil(x/2.0);
  x=y*y*(1-2*(x%2));
  return(x);
}
```

sekundäre Häufung

Die quadratische Sondierungsfolge wirkt der primären Häufung entgegen. Jedoch tritt bei ihr ein anderes Phänomen auf, das der **sekundären Häufung**. Die sekundäre Häufung entsteht dadurch, dass Schlüssel, die anfangs in denselben Slot sollen, auch dieselben Sondierungs-Werte bekommen. Das bedeutet, dass bei 5 Schlüsseln, die durch die Hash-Funktion in denselben Slot sollen, für den 5. Schlüssel auf jeden Fall 4 Kollisionen zu erwarten sind.

Grundsätzlich lässt sich dieses Problem bei gleichen Schlüsseln nicht vermeiden. Jedoch tritt das Problem auch bei unterschiedlichen Schlüsseln auf, die nur durch die Hash-Funktion in denselben Slot gesetzt werden sollen.

In diesem Fall lässt sich die sekundäre Häufung beheben, indem man eine Sondierungsfolge implementiert, deren Werte vom Schlüssel abhängig sind.

19.2.3 Doppeltes Hashing

Das doppelte Hashing basiert auf der Idee, dass als Sondierungsfolge eine weitere Hash-Funktion verwendet wird. Dadurch ist die Art der Sondierung wieder vom Schlüssel abhängig. Zwei verschiedene Schlüssel, die durch die Hash-Funktion auf denselben Slot gesetzt werden, haben durch die vom Schlüssel abhängige zweite Hash-Funktion mit sehr großer Wahrscheinlichkeit eine unterschiedliche Sondierungsfolge.

Als zweite Hashfunktion haben sich Funktionen folgender Form als nützlich erwiesen:

```
x + (schluessel % (slotanzahl - y))
```

Man sollte darauf achten, dass die obige Funktion einen Wert kleiner als die Slotanzahl, aber größer als Null ergibt. Für unser Beispiel verwenden wir folgende Funktion:

Doubhash

```
template<class X>
unsigned long Hashtable<X>::Doubhash(unsigned long s, unsigned long x)
{
  return(x*(4+(s%(groesse-4))));
}
```

Der Aufruf von *Doubhash* innerhalb der *while*-Schleife von *Hashmod* sieht so aus:

```
  csp=(sp-Doubhash(s, x++))%groesse;
```

Das Ergebnis ist in Abbildung 19.5 dargestellt.

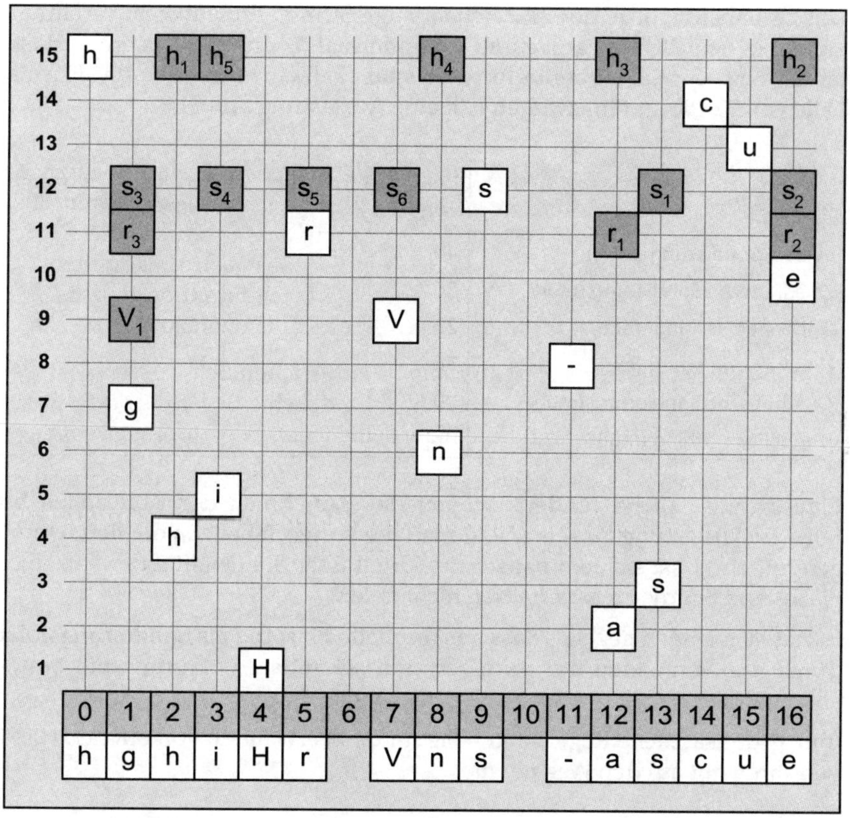

Abbildung 19.5: Doppeltes Hashing

Wir haben unseren 15 Zeichen umfassenden Beispielstring in eine 17 Slots umfassende Hashtabelle eingefügt und dabei drei verschiedene Sondierungsfolgen verwendet. Schauen wir uns dazu einmal eine Bilanz an, die in

Tabelle 19.1 aufgelistet ist. Die Tabelle wurde noch um die Werte für die multiplikative Hashing-Methode erweitert.

Tab. 19.1: Übersicht der verwendeten Sondierungsfolgen

Verfahren	Kollisionen	Nachteil
Lineare Sondierung (mod)	24	Primäre Häufung
Quadratische Sondierung (mod)	21	Sekundäre Häufung
Doppeltes Hashing (mod)	15	---
Lineare Sondierung (mul)	14	Primäre Häufung
Quadratische Sondierung (mul)	18	Sekundäre Häufung
Doppeltes Hashing (mul)	8	---

Es sieht so aus, als wenn die multiplikative Methode gepaart mit doppeltem Hashing am besten abschneidet. Um noch eine weitere Vergleichsmöglichkeit zu haben, wurde der 21 Zeichen lange String »Fruchtbares_Verfahren« einmal in eine 29 Slots große und ein andermal in eine 23 Slots große Hashtabelle eingefügt. Dies ergibt für den ersten Fall eine Belegung der Hashtabelle von 72,4% und im zweiten Fall eine Auslastung von 91,3%.

Tab. 19.2: Ergebnisse für »Fruchtbares_Verfahren«

Verfahren	Koll. bei Auslastung von 72,4%	Koll. bei Auslastung von 91,3%
Lineare Sondierung (mod)	40	67
Quadratische Sondierung (mod)	26	41
Doppeltes Hashing (mod)	23	41
Lineare Sondierung (mul)	28	43
Quadratische Sondierung (mul)	30	34
Doppeltes Hashing (mul)	36	39

Eine grundsätzliche Tendenz scheint das Zunehmen der Kollisionen bei höherer Auslastung zu sein. Zieht man die vorige Tabelle in die Betrachtungen mit ein, lässt sich ein pauschales Urteil über die Qualität der einzelnen Hash- und Sondierungsverfahren nicht fällen.

Es hat sich jedoch gezeigt, dass das doppelte Hashing als Sondierungsfolge durch das Vermeiden der primären und sekundären Häufung am besten abschneidet.

Eine grundsätzliche Regel sollten Sie für das Verwenden von offenen Hashverfahren mit auf den Weg nehmen:

Die Auslastung einer Hashtabelle sollte möglichst unter 90% liegen.

Die in diesem Kapitel verwendeten Funktionen und Klassen finden Sie auf der CD unter /BUCH/KAP19/OHASH.

19.3 Universelles Hashing

Wir werden uns nun einem Hash-Verfahren zuwenden, welches von der Implementierung her nicht zu den einfachsten, dafür aber zu den leistungsfähigsten zählt. Wir werden dieses Verfahren als dynamisches Verfahren implementieren, obwohl es grundsätzlich auch möglich wäre, es als offenes Verfahren zu entwerfen. Zur Erinnerung: Dynamische Hashverfahren setzt man dann ein, wenn die maximale Anzahl der Datenvergleiche nicht abzuschätzen ist.

Der Nachteil der bisher besprochenen Hash-Verfahren ist der, dass man sich einmal für eine Funktion entscheiden muss und diese dann als fest gegeben beibehalten wird. Dies gilt sowohl für die Hash-Funktion als auch für die Sondierungsfolge. Aber wir wollen das universelle Hashing als dynamisches Verfahren implementieren, so dass wir auf eine Sondierungsfolge verzichten können.

Sie haben es selbst an den Beispielen gesehen, dass bei manchen Datenmengen das eine und bei anderen Datenmengen das andere Verfahren besser geeignet ist. Es geht sogar so weit, dass man für jede Hash-Funktion, die man implementiert, eine Menge von Datensätzen finden kann, die alle auf denselben Slot abgebildet werden. Dies ist natürlich ein extremer Fall, der höchst unwahrscheinlich eintritt. Aber stellen Sie sich vor, er träte gerade bei Ihrer Videosammlung ein.

Die Lösung des Problems ist klar: Wenn es für jede Hash-Funktion eine Menge von Datensätzen gibt, die auf denselben Slot abgebildet werden, dann müssen wir die Hash-Funktion so variabel gestalten, dass die Wahrscheinlichkeit, zufällig gerade die Hash-Funktion zu erwischen, für die der ungünstigste Fall gilt, extrem gering ist. Und selbst wenn es dazu kommen sollte, der Zufall bestimmt beim nächsten Mal eine andere Hash-Funktion, für die dann nur noch bessere Bedingungen gelten können.

Wir wollen uns nicht mit mathematischen Details aufhalten, deswegen folgt hier lediglich die Bedingung für eine universelle Menge von Hash-Funktionen:

Gegeben ist eine Menge H von Hash-Funktionen, eine Menge von Slots der Größe s und zwei verschiedene Schlüssel x und y aus einem Schlüsseluniversum U. Wenn für eine zufällig gewählte Hash-Funktion aus H gilt, dass die Wahrscheinlichkeit der Kollision von x und y 1/s beträgt (oder wenn H genau $|H|/s$ Hash-Funktionen besitzt, die zur Kollision von x und y führen), dann ist H universell.

Wir besprechen nun ein Verfahren, mit dem wir eine solche universelle Menge an Hash-Funktionen erzeugen können.

Dazu erzeugen wir einen so genannten Hash-Vektor v, der aus n zufällig erzeugten Zahlen besteht. Wenn wir einmal davon ausgehen, dass die

Anzahl der verwendeten Slots s beträgt, dann müssen die Werte der Komponenten des Hash-Vektors im Intervall [0,s-1] liegen.

Dekomposition

Um einem Schlüssel einen Slot zuweisen zu können, muss der entsprechende Schlüssel zuerst in n Komponenten $k_0 - k_{n-1}$ aufgeteilt werden. Der Slot wird dann ermittelt, indem die einzelnen Komponenten des Hash-Vektors und des dekomponierten Schlüssels miteinander multipliziert werden. Die Produkte werden dann aufsummiert. Um keine Zahl zu erhalten, die größer als die verwendete Slotzahl s ist, wird der Modulo-Operator verwendet:

$$Slot = (v_0 * k_0 + v_1 * k_1 + \ldots + v_{n-2} * k_{n-2} + v_{n-1} * k_{n-1}) \bmod s$$

Die Anzahl und Größe der Komponenten wird durch bestimmte Parameter eingegrenzt. Zum einen müssen Größe und Anzahl so gewählt werden, dass der komplette Schlüssel verwendet wird. Zum anderen dürfen die Komponenten nicht größer als s sein.

Doch wie zerlegt man nun einen Schlüssel in Komponenten? Abbildung 19.6 zeigt die Zerlegung eines 1-Byte (8Bit)- Schlüssels in 3 Komponenten á 3 Bits, die wiederum in Bytes abgelegt werden. Als Beispiel wurde der Schlüssel mit dem Wert 99 verwendet.

Abbildung 19.6: Zerlegung eines Schlüssels in Komponenten

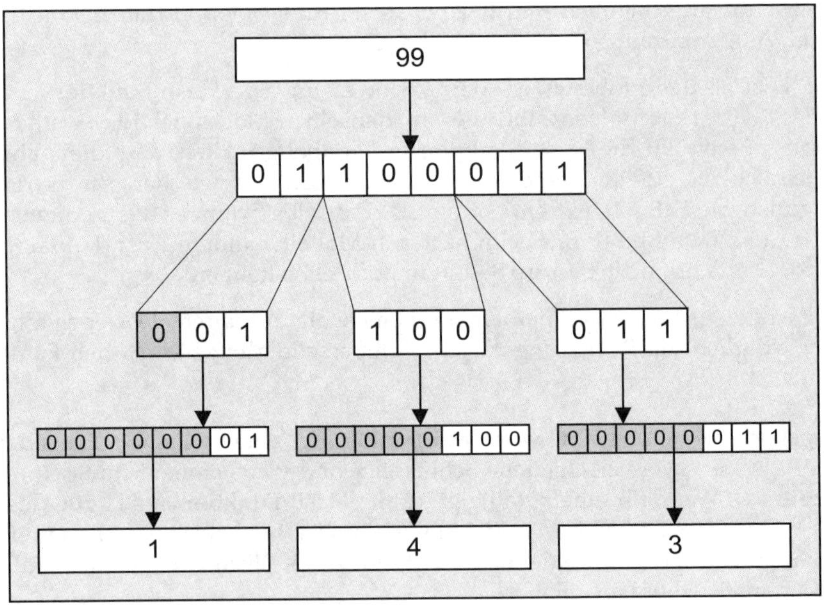

Zuerst wird der Schlüssel in seine Binärdarstellung umgewandelt. Dann werden jeweils drei Bits zu einer Gruppe zusammengefasst. Sollten für die letzte Gruppe keine 3 Bits mehr zur Verfügung stehen, dann werden die fehlenden Bits mit Nullbits aufgefüllt.

Wir haben den Schlüssel nun in 3 Komponenten á 3 Bits zerlegt. Da die einzelnen Komponenten wieder als Bytes abgelegt werden sollen, werden für die zum Byte fehlenden 5 Bits wieder Nullbits verwendet. In der Abbildung sehen Sie Füllbits unterlegt dargestellt.

Soweit die Theorie. Machen wir uns nun daran, diese Idee in ein C++-würdiges Programm zu fassen. Getreu einem der objektorientierten Leitsätze »Benutze bereits implementierte Klassen, um Arbeit zu sparen«, werden wir versuchen, bereits geschriebene Klassen zu verwenden. Dabei darf man natürlich nicht übersehen, dass ein verzweifeltes Verwenden von bereits implementierten Klassen manchmal einen ziemlichen Mehraufwand bedeuten kann.

Versuchen Sie zunächst, sich darüber klarzuwerden, welche Klassen Sie benötigen und wie die Beziehungen unter den Klassen aussehen müssen. Wenn Sie zu einem für Sie überzeugenden Ergebnis gekommen sind, sollten Sie sich an eine Implementation heranwagen.

Hashkey

Zuerst werden wir uns eine Klasse namens *Hashkey* erstellen, die einen Schlüssel verwaltet und ihn auch dekomponieren, also in Komponenten zerlegen kann:

Implementierung

```
class Hashkey
{
  private:
    unsigned long companz, keybits, decompbits;
    unsigned long lkey;
    unsigned long *key;
    void decomposekey(void);

  public:
    class Speicherfehler {};
    class Bereichsfehler {};
    Hashkey(unsigned long, unsigned long, unsigned long);
    unsigned long getComponent(unsigned long) const;
    operator unsigned long() {return(lkey);}
};
```

companz gibt die Anzahl der Komponenten an. *keybits* beinhaltet die Anzahl der Bits, aus denen der Schlüssel besteht, und *decompbits* gibt die Anzahl der Bits pro Komponente an. *lkey* nimmt den originalen Schlüssel auf und *key* ist ein Zeiger auf einen dynamisch reservierten Speicherbereich, in dem die einzelnen Komponenten gespeichert werden.

Als Methoden wurde ein Konstruktor definiert, dem der Schlüssel sowie die Anzahl der Komponenten und vom Schlüssel verwendeten Bits übergeben werden. *decomposekey* dekomponiert den Schlüssel. *getComponent* wurde implementiert, um anderen Klassen die Möglichkeit zu geben, einzelne Komponenten des Schlüssels auszulesen. Des Weiteren wurde noch ein Umwandlungsoperator nach *unsigned long* definiert.

Schauen wir uns nun das Herzstück von *Hashkey* an, die Methode *decomposekey*:

decomposekey

```
void Hashkey::decomposekey(void)
{
long c1;
unsigned long c2;

  key=new(unsigned long[companz]);
  if(!key) throw (Speicherfehler());

  decompbits=(long)ceil((double)(keybits)/(companz));
```

Hier werden die Bits pro Komponente berechnet. Aufgerundet mit *ceil* wird deshalb, weil es besser ist, überschüssige Bits mit Nullbits aufzufüllen, als einige relevante Bits zu vernachlässigen.

```
  for(c1=companz-1;c1>=0;c1--)
    {
      key[c1]=0;
      for(c2=0;c2<decompbits;c2++)
        {
          if(((companz-c1)*decompbits+c2)<keybits)
            {
```

Die Bedingung der vorigen *if*-Anweisung ist wahr, wenn der Schlüssel noch relevante Bits enthält, die noch nicht berücksichtigt wurden.

```
              if(lkey&1) key[c1]+=1<<c2;
              lkey>>=1;
```

Wenn Bit0 1 ist, dann wird das entsprechende Bit in der Komponente ebenfalls auf 1 gesetzt. Danach werden alle Bits des Schlüssels nach rechts geschoben, damit beim nächsten Durchgang das nächste zu prüfende Bit auf Position 0 steht.

```
            }
        }
    }
}
```

Als Nächstes folgen der Konstruktor, der Destruktor und der Umwandlungsoperator.

Konstruktor

```
Hashkey::Hashkey(unsigned long s, unsigned long ca, unsigned long kb)
: lkey(s), companz(ca), keybits(kb)
{ decomposekey(); }
```

Destruktor

```
Hashkey::~Hashkey()
{ if(key) delete[](key); }
```

getComponent

```
unsigned long Hashkey::getComponent(unsigned long x) const
{
```

```
  if(x>=companz) throw(Bereichsfehler());
  return(key[x]);
}
```

Eine Klasse für den Schlüssel haben wir jetzt. Wir sollten uns einmal Gedanken darüber machen, welche Eigenschaft ein Datentyp, der mittels des Hashings verwaltet werden soll, haben muss. Wir wissen, dass bei einem dynamischen Hashverfahren, wie wir es augenblicklich implementieren, die Schlüssel eines Slots in einer komplexeren Datenstruktur gespeichert werden, um so die Kollisionen aufzulösen.

Einen Baum oder sogar AVL_Baum zu verwenden wäre wie mit Kanonen auf Spatzen schießen. Deswegen verwenden wir als Datenstruktur eine dynamische Liste. Wir können dazu die Liste aus dem letzten Übungskapitel verwenden. Damit ein Datentyp aber mit der Liste verwaltet werden kann, muss er »linkable« sein. Auf irgendeine Weise wird er deshalb von der Klasse *Linkable* abgeleitet. Zusätzlich zu den Link-Eigenschaften braucht der Datentyp aber noch spezielle Methoden, die von der Hash-Klasse benötigt werden. Der Datentyp muss also zusätzlich noch »hashable« sein. Wir werden dazu eine neue Klasse namens *Hashable* entwerfen, von der jede Klasse, die mit Hashing verwaltet werden soll, abgeleitet sein muss. Um uns eine doppelte Vererbung zu ersparen[5], leiten wir die Klasse *Hashable* direkt von *Linkable* ab:

Hashable

```
class Hashable : public Linkable
{
  friend class Hashtable;

  protected:
    virtual Hashkey Key(unsigned long, unsigned long) const =0;

  public:
    virtual unsigned long Lkey(void) const =0;
    Hashable(void);

};
```

Um den später vom Hashing verwalteten Datentyp zu zwingen, uns spezielle Informationen zu übermitteln, entwerfen wir *Hashable* als abstrakte Basisklasse. Die rein-virtuelle Funktion *Key* gibt einen bereits fertig dekomponierten Schlüssel in Form einer Exemplar von *Hashkey* zurück. Da aber nur die spätere Klasse *Hashtable* die benötigten Parameter kennt, wird die Klasse als *protected* definiert. *Hashtable* ist als Freund von *Hashable* definiert, so dass sie ohne weiteres auf alle Methoden von Hashable zugreifen kann.

5. Die mit Hashing verwaltete Klasse muss sowohl von *Hashable* als auch von *Linkable* erben.

Als weitere rein-virtuelle Funktion wird *Lkey* definiert, die den Schlüssel in seiner Originalform als *unsigned long* zurückgibt. Der Konstruktor von *Hashable* ist denkbar einfach:

Konstruktor

```
Hashable::Hashable(void) : Linkable() {}
```

Widmen wir uns nun den Slots. Da ein Slot in gewisser Weise eine Liste mit erweiterten Eigenschaften ist, werden wir Slot von *Liste* ableiten und dadurch eine neue Klasse *LSlot* schaffen:

LSlot

```
class LSlot : protected Liste
{
  friend class Hashtable;
  protected:
    LSlot(void);
    Hashable *Find(Linkable*);
    Hashable *Find(unsigned long, Linkable*);
};
```

Die Liste wird in *LSlot* noch um zwei *Find*-Methoden erweitert. Da *Hashable* von *Linkable* abgeleitet ist, kann wegen des Polymorphismus eine Exemplar von *Hashable* auch als *Linkable* angesehen und dadurch problemlos mit den von *Liste* vererbten Methoden verwaltet werden.

Der Konstruktor von *LSlot* ist wieder sehr einfach:

Konstruktor

```
LSlot::LSlot(void) : Liste() {}
```

Die erste *Find*-Funktion wird hauptsächlich dazu verwendet, um festzustellen, ob konkret ein bestimmter Datensatz vorhanden ist. Es wird also die Adresse und nicht der Schlüssel verglichen. Zwei verschiedene Datensätze können den gleichen Schlüssel besitzen, aber nicht dieselbe Adresse.

Find

```
Hashable *LSlot::Find(Linkable *ds)
{
  Linkable *cur=First();
  while(cur)
    {
      if(cur==ds) return((Hashable*)(cur));
      cur=Next(cur);
    }
  return(0);
}
```

Die zweite *Find*-Funktion sucht einen Datensatz über den Schlüssel. Da in einer ungünstigen Situation mehrere Datensätze den gleichen Schlüssel verwenden können, wurde diese Methode so implementiert, dass man nach einer erfolgreichen Suche an der Stelle weitersuchen kann, an der die Suche erfolgreich beendet wurde.

```
Hashable *LSlot::Find(unsigned long s, Linkable *start)
{
```

```
  if(!start) start=First();
  else start=Next(start);
```

Wenn 0 übergeben wird, dann wurde vorher kein Datensatz gefunden. Die Suche beginnt am Anfang der Liste.

Sollte ein Datensatz übergeben werden, dann ist dies ein Datensatz, der bereits als erfolgreich gefunden zurückgeliefert wurde. Deswegen wird die Suche hinter diesem Datensatz fortgeführt.

```
  while(start)
    {
      if(s==((Hashable*)(start))->Lkey())
        return((Hashable*)(start));
      start=Next(start);
    }
  return(0);
}
```

Als Nächstes ist die Klasse *Hashvektor* an der Reihe, die mit ihren zufälligen Komponenten die Hash-Funktion bestimmt.

Hashvektor

```
class Hashvektor
{

  private:
    unsigned long *vektor;
    unsigned long companz,slotanz;

    unsigned long lrnd(unsigned long, unsigned long);

  public:
    class Speicherfehler {};
    class Bereichsfehler{};
    Hashvektor(unsigned long, unsigned long);
    ~Hashvektor();
    unsigned long getComponent(unsigned long) const;
    unsigned long operator*(const Hashkey&) const;
};
```

vektor ist ein Zeiger auf einen dynamisch reservierten Speicherbereich, in dem die einzelnen Komponenten des Hashvektors gespeichert werden. *companz* beinhaltet die Anzahl der Komponenten und *slotanz* die Anzahl der Slots. Diese Information über die Slots ist für *Hashvektor* notwendig, um bei der Bestimmung des Slots die Modulo-Operation durchführen zu können. Diese beiden Attribute werden dann auch als Konstruktorparameter übergeben.

Als Methoden gibt es einmal *getComponent*, die eine einzelne Komponente aus dem *Hashvektor* liefert. Des Weiteren wurde die *operator**-Funktion überladen, um mit ihr das Berechnen des Slots aus dem dekomponierten Schlüssel und dem Hashvektor vorzunehmen. Deswegen ist der Rückgabeparameter auch *unsigned long* und gibt die Nummer des Zielslots an.

Eine weitere Methode ist *lrnd*, die eine *unsigned long*-Zufallszahl ermittelt. Schauen wir uns diese Funktion als Erstes an:

lrnd

```
unsigned long Hashvektor::lrnd(unsigned long min, unsigned long max)
{
double wert;

  wert=(double)(rand())*(double)(rand())/100000;

  while(wert>=1) wert/=10.0;
  wert-=floor(wert);
  wert=(wert*(max-min))+min;
  return((unsigned long)(wert));
}
```

Normalerweise liefert die Zufallsfunktion *rand* aus der C-Standardbibliothek nur Zufallswerte aus dem *unsigned int*-Bereich. Dieses Problem wurde dadurch gelöst, dass die Zufallszahl in eine *double*-Zahl aus dem Intervall *[0;1]* umgewandelt wird, indem sie so lange durch 10 dividiert wird, bis keine Vorkommastellen mehr vorhanden sind. Wird die so entstandene Zahl mit einer Zahl x multipliziert, dann muss das Ergebnis zufällig im Intervall *[0;x]* liegen. Diese Implementierung ist jedoch nicht perfekt, da sie keine exakt gleichverteilten Zufallszahlen liefert. Man kann dieses Problem jedoch meist ignorieren, da die Zufallszahlengeneratoren der Compiler auch nicht immer gleich verteilte Zufallszahlen erzeugen.

Der Konstruktor von *Hashvektor* reserviert den zur Speicherung der Komponenten benötigten Speicher und ermittelt die Zufallszahlen, die im Bereich *[0;slotanz-1]* liegen müssen. Der Destruktor gibt den reservierten Speicherbereich wieder frei:

```
Hashvektor::Hashvektor(unsigned long a, unsigned long s)
: companz(a), slotanz(s)
{
time_t t;

  srand(time(&t));

  vektor=new(unsigned long[companz]);
  if(!vektor) throw(Speicherfehler());

  for(unsigned long x=0;x<companz;x++)
    vektor[x]=lrnd(0,slotanz-1);
}

Hashvektor::~Hashvektor()
{ delete[](vektor);}
```

Als letzte Methoden der Klasse *Hashvektor* bleiben noch *getComponent* und die *operator**-Funktion:

getComponent

```
unsigned long Hashvektor::getComponent(unsigned long x) const
{
  if(x>=companz) throw(Bereichsfehler());
  return(vektor[x]);
}


unsigned long Hashvektor::operator*(const Hashkey &key) const
{
  unsigned long slot=0;
  for(unsigned long x=0;x<companz;x++)
    slot=(vektor[x]*key.getComponent(x)+slot)%slotanz;
  return(slot);
}
```

In Abwandlung zur angegebenen Formel wurde die Modulo-Operation nach jeder Teilsumme angewandt, um so einen Überlauf der gesamten Summe zu verhindern. Mathematisch betrachtet ist dies jedoch identisch mit der angegebenen Formel.

Kommen wir nun zur tatsächlichen Hash-Klasse *Hashtable*.

Hashtable

```
class Hashtable
{

  private:
    unsigned long slotanz;
    unsigned long keyanz,keybits,decompbits,companz;
    LSlot **slots;
    Hashvektor *vektor;
    int checkprim(unsigned long) const;

  public:
    class Speicherfehler {};
    Hashtable(unsigned long, unsigned long, unsigned long);
    ~Hashtable();
    unsigned long Slotanz(void) const {return(slotanz);}
    unsigned long Companz(void) const {return(companz);}
    int Insert(Hashable&) const;
    Hashable *Find(Hashable&) const;
    int Delete(Hashable&) const;
    Hashable *Find(unsigned long, Hashable*) const;
};
```

slotanz beinhaltet die Anzahl der Slots. Genau wie bei den anderen Hash-Verfahren wird hier eine Primzahl verwendet.

keyanz beinhaltet die Anzahl der im Schlüsseluniversum existierenden Schlüssel. Wir werden in unserem Beispiel hauptsächlich die mit dem Variablentyp *unsigned long* darstellbaren Zahlen als Schlüsselmenge verwenden. In manchen Fällen kann es jedoch wünschenswert sein, diese große Menge zu verkleinern. Deswegen der Parameter.

keybits beinhaltet die Anzahl der Bits, die nötig sind, um alle Schlüssel des Schlüsseluniversums darstellen zu können. Bei einem *unsigned long*-Wert sind dies im Allgemeinen 32 Bits.

decompbits gibt an, wie viele Bits des Schlüssels in einer Komponente des dekomponierten Schküssels Verwendung finden.

companz beinhaltet die Anzahl der Komponenten des dekomponierten Schlüssels.

slots ist ein Zeiger auf ein Feld, welches Zeiger auf Slots enthält. Das Zeigerfeld wird dynamisch allokiert.

vektor ist ein Zeiger auf den verwendeten Hashvektor.

checkprim überprüft eine Zahl daraufhin, ob sie eine Primzahl ist.

Die Funktionen *Slotanz* und *Companz* liefern die jeweiligen Werte der gleichnamigen Attribute.

Die Bedeutungen von *Insert*, *Delete* und *Find* sind selbsterklärend.

Die Funktion *checkprim*, die vom Konstruktor der Klasse verwendet wird, sieht so aus:

checkprim

```
int Hashtable::checkprim(unsigned long w) const
{
  if(w<2) return(0);
  for(unsigned long x=w-1;x>1;x--)
    if(!(w%x)) return(0);
  return(1);
}
```

Eine Zahl x ist dann eine Primzahl, wenn sie nur durch 1 und durch sich selbst teilbar ist. Das bedeutet, dass eine Division von x durch alle Ganzzahlen des Intervalls [2,x-1] immer einen Rest ergeben muss. Wenn nicht, dann ist es keine Primzahl. Auf dieser Idee basiert *checkprim*.

Betrachten wir nun den Konstruktor:

Konstruktor

```
Hashtable::Hashtable(unsigned long sa, unsigned long ka,
  unsigned long ca)
: slotanz(sa), keyanz(ka), companz(ca)
{
  while(!checkprim(slotanz)) slotanz++;
```

Wir haben festgelegt, dass die Slotanzahl eine Primzahl sein soll. Daher wird geprüft, ob es sich bei dem übergebenen Wert um eine Primzahl handelt oder nicht. Wenn nicht, dann wird die Slotanzahl so lange erhöht, bis eine Primzahl erreicht ist.

```
keybits=(unsigned long)ceil(log(keyanz)/log(2));
```

Diese bedeutet mathematisch ausgedrückt: *keybits = Gld(keyanz)H*, wobei *ld* für den logarithmus dualis, also den Logarithmus zur Basis 2 steht. Mit anderen Worten: Die Gleichung *keyanz = 2x* wird nach x aufgelöst.

Auf diese Weise wird bestimmt, wie viel Bits nötig sind, um den größten verwendeten Schlüssel darstellen zu können.

```
decompbits=(long)ceil((double)(keybits)/(companz));
```

Hier wird bestimmt, wie viel Bits des Schlüssels pro Komponente verwendet werden.

```
while(pow(2,decompbits)>=slotanz)
  {
```

Sollte mit den pro Komponente verwendeten Schlüsselbits ein Wert dargestellt werden können, der größer gleich der Slotanzahl ist[6], dann wird die Anzahl der Komponenten um eins erhöht. Durch die Erhöhung der Komponentenanzahl nimmt die Anzahl der pro Komponente verwendeten Bits und damit nimmt die Größe der durch sie darstellbaren Zahl ab.

```
    companz++;
    decompbits=(long)ceil((double)(keybits)/(companz));
  }

slots=new(LSlot*[slotanz]);
vektor=new Hashvektor(companz,slotanz);
```

Der Hashvektor und das Feld mit den Slot-Zeigern wird allokiert.

```
unsigned long x;
try
  {
    if(!slots) throw(Speicherfehler());
    if(!vektor) throw(Speicherfehler());
    for (x=0;x<slotanz;x++)
      {
        slots[x]=new(LSlot);
        if(!slots[x]) throw(Speicherfehler());
      }
  }
```

6. Dass eine einzelne Komponente des dekomponierten Schlüssels vom Darstellungsbereich her nicht größer sein darf als die Slotanzahl, war einer der festgelegten Bedingungen.

Falls der Hashvektor und das Slot-Zeigerfeld ordnungsgemäß allokiert wurden, werden die einzelnen Slots angelegt und deren Adresse im Slot-Zeigerfeld abgelegt. Um bei einer fehlerhaften Allokation dafür Sorge tragen zu können, dass bereits reservierter Speicher wieder freigegeben wird, wurde der für die Allokation zuständige Programmteil in einen Versuchsblock eingefasst.

```
  catch(Speicherfehler)
    {
      if(vektor) delete(vektor);
      if(slots)
        {
          for(unsigned long y=0; y<x;y++)
            delete(slots[y]);
          delete(slots);
        }
      throw(Speicherfehler());
    }
}
```

Ein eventuell auftretender Fehler wird aufgefangen und bereits allokierter Speicher wieder freigegeben. Danach wird der Fehler erneut aufgeworfen, um dem Erzeuger der Exemplar ein Misslingen mitteilen zu können.

Der Destruktor hat Ähnlichkeiten mit dem *catch*-Anweisungsblock des Konstruktors:

```
Hashtable::~Hashtable()
{
  delete (vektor);
  for(unsigned long x=0; x<slotanz;x++)
    delete(slots[x]);
  delete(slots);
}
```

Als Nächstes sind die Funktionen an der Reihe, die der Benutzer hauptsächlich anwenden wird:

```
int Hashtable::Insert(Hashable &ds) const
{
  unsigned long slot= *vektor * ds.Key(companz,keybits);

  if(slots[slot]->Find(&ds)) return(0);
  slots[slot]->EInsert(&ds);
  return(1);
}
```

Für die Bestimmung des Slots wird die *Key*-Funktion, die eine von *Hashable* abgeleitete Klasse besitzen muss, verwendet. *Key* liefert eine Exemplar von *Hashkey*, die dann von der *operator**-Funktion von *Hashvektor* benutzt wird, um den Slot zu berechnen.

Zuerst wird der einzufügende Datensatz daraufhin geprüft, ob er bereits existiert. Wenn ja, wird das Einfügen abgebrochen. Sollte der Datensatz bereits eingefügt worden sein, dann kann er sich nur in diesem Slot befinden, denn sein Schlüssel kann sich nicht geändert haben. Danach wird die *EInsert*-Funktion von *Liste* benutzt, die den Datensatz an das Ende der Liste setzt. Man hätte hier genauso gut *BInsert* verwenden können, welche die Datensätze an den Anfang der Liste setzt.

```
Hashable *Hashtable::Find(Hashable &ds) const
{
  unsigned long slot= *vektor * ds.Key(companz,keybits);
  return(slots[slot]->Find(&ds));
}
```

Diese Funktion sucht einen Datensatz anhand seiner Adresse. Es ist für den Benutzer natürlich sinnlos, einen Datensatz anhand seiner Adresse zu suchen. Denn wenn man seine Adresse hat, hat man auch den Datensatz selbst und braucht ihn nicht zu suchen. Der Hauptanwendungsbereich dieser Funktion wird wie in *Insert* der sein, zu prüfen, ob der Datensatz bereits in die Hashtabelle aufgenommen wurde oder nicht.

```
int Hashtable::Delete(Hashable &ds) const
{
  unsigned long slot= *vektor * ds.Key(companz,keybits);
  Linkable *cur=slots[slot]->Find(&ds);
  if(!cur) return(0);
  slots[slot]->Delete(cur);
  return(1);
}
```

Die *Delete*-Funktion benötigt die Adresse des zu löschenden Datensatzes. Ein Löschen über den Schlüssel wäre zu riskant, weil in einer ungünstigen Konstellation mehrere Datensätze den gleichen Schlüssel haben können.

Als Letztes wäre da noch die *Find*-Funktion, die einen Datensatz anhand seines Schlüssels aufspürt:

```
Hashable *Hashtable::Find(unsigned long s, Hashable *ds) const
{
  unsigned long slot= *vektor * Hashkey(s,companz,keybits);
  return(slots[slot]->Find(s, ds));
}
```

19.3.1 Eine Nutzklasse

Wir haben nun das universelle Hashing implementiert. Um es nutzen zu können, brauchen wir noch eine Klasse mit Daten. Wie geplant muss diese von *Hashable* abgeleitet sein. Um eine möglichst einfache Klasse zu besitzen, nehmen wir eine *unsigned long*-Werte speichernde Klasse:

Longhash

```
class LongHash : public Hashable
{
  private:
    unsigned long wert;

  protected:
    virtual Hashkey Key(unsigned long, unsigned long) const;

  public:
    LongHash(unsigned long);
    virtual unsigned long Lkey(void) const {return(wert);}
    operator unsigned long() {return(wert);}
};
```

Wichtig ist, dass die Klasse die beiden rein-virtuellen Funktionen von *Hashable* überlädt. Täte sie dies nicht, wäre auch sie eine abstrakte Klasse und es könnten keine Exemplare von ihr gebildet werden. Es wurde noch ein Umwandlungsoperator *unsigned long* implementiert, um einfach auf den vom Exemplar gespeicherten Wert zugreifen zu können.

```
LongHash::LongHash(unsigned long w) : Hashable(), wert(w) {}
```

Der Konstruktor ist trivial.

```
Hashkey LongHash::Key(unsigned long ca, unsigned long kb) const
{
  return(Hashkey(wert,ca,kb));
}
```

Wir sind nun fertig und können in den wohlverdienten Genuss kommen, ein lauffähiges universelles Hashing zu benutzen.

Als Beispiel definieren wir eine *Hashtable*-Exemplar mit 100 Slots, einem mit dem Darstellungsbereich des *unsigned long*-Datentyps identischen Universum und einer Schlüsseldekomposition in fünf Komponenten:

```
Hashtable h(104,ULONG_MAX,5);
```

Wir setzen bei den weiteren Betrachtungen voraus, dass eine Variable vom Typ *unsigned long* aus 4 Bytes besteht. Schauen Sie sich einmal folgende Ausgabefunktion an:

```
cout << h.Slotanz() << " " << h.Companz() << endl;
```

Überlegen Sie gut, welche Werte für *slotanz* und *companz* ausgegeben werden, und begründen Sie das Zustandekommen der Werte.

Lösung:

Für *slotanz* wird der Wert 107 und für *companz* der Wert 6 ausgegeben. Wir haben als Slotanzahl den Wert 104 angegeben. 104 ist aber keine Primzahl, so dass die *while*-Schleife im *Hashtable*-Konstruktor *slotanz* so lange erhöht, bis eine Primzahl erreicht wird. Und die nächste Primzahl ist 107.

Als Anzahl der Komponenten haben wir 5 angegeben. Das Schlüsseluniversum ist identisch mit dem Darstellungsbereich von *unsigned long*. Wenn ein *unsigned long*-Wert aus 4 Bytes besteht, dann ist dies identisch mit 32 Bits. Aufgeteilt auf die 5 Komponenten ergibt das 6.4 Bits. Aufgerundet sind es 7. Mit 7 Bits lassen sich Werte bis 128 darstellen. Bezogen auf die Slotanzahl ist dieser Wert zu groß, so dass durch Erhöhung der Komponentenanzahl die Bits pro Komponente verringert werden.

32 Bits aufgeteilt auf 6 Komponenten ergibt 5.3 Bits, also 6 Bits pro Komponente. 2^6 ist 64, womit der Wert kleiner ist als die Slotanzahl und damit gültig.

Sie können nun ein wenig mit den Einfüge-, Lösch-, und Suchfunktionen der Hashtabelle spielen. Die dafür nötigen Klassen finden Sie auf der CD unter /BUCH/KAP19/DHASH.

19.4 Schlüsselumwandlung in Ganzzahlen

Es kommt häufig vor, dass der Schlüssel eines Datensatzes keine Ganzzahl ist. Bei einer Adressdatei zum Beispiel wird der Schlüssel eine Kombination aus mindestens dem Vor- und Nachnamen sein. Die Frage, die sich stellt, ist: Wie kann man einen nicht-ganzzahligen Schlüssel in einen ganzzahligen Schlüssel umwandeln?

Im Allgemeinen besteht ein nicht-ganzzahliger Schlüssel aus mehreren einzelnen Komponenten. Der aus Vor- und Nachname gebildete Schlüssel besteht zum Beispiel aus einzelnen Zeichen.

Man könnte diese einzelnen Komponenten als Ziffern eines Zahlensystems betrachten. Ein Zeichen ist ein *char*, der 255 Zeichen darstellen kann. Deswegen könnte man den String »Wort« auf folgende Weise betrachten:

$$'W'*256^3 + 'o'*256^2 + 'r'*256^1 + 't'*256^0$$

Besonders deutlich wird der Sinn einer solchen Schreibweise, wenn wir als Beispiel einmal 10 Zeichen betrachten, die wir mit '0' – '9' darstellen wollen. Wir gehen davon aus, dass das Zeichen '0' den Wert 0, das Zeichen '1' den Wert 1 usw. hat. Wenn wir nun die Zeichenfolge »59038« getreu des vorigen Vorbildes umformulieren, erhalten wir Folgendes:

$$5*10^4 + 9*10^3 + 0*10^2 + 3*10^1 + 8*10^0$$

Das Ergebnis dieser Rechnung ist der Wert 59038. Wir haben also eine Zeichenfolge in einen ganzzahligen Wert umgewandelt.

Benutzt man zum Beispiel nur die 26 Großbuchtaben des Alphabets, dann könnte man den String »WORT« so umformulieren:

$$'W'*26^3 + 'O'*26^2 + 'R'*26^1 + 'T'*26^0$$

Weil das Distributivgesetz gilt, kann man zum Beispiel 'R'*26^1 + 'T'*26^0 umschreiben in ('R'*26+'T')*26. Dies lässt sich auf die ganzen Summe ausdehnen: (('W'*26+'O')*26+'R')*26+'T'. Diese Form der Summe nennt man das **Horner-Schema**, es ist als Programm leichter zu implementieren.

Wenn wir der Vereinfachung wegen davon ausgehen, dass Strings nur die *char*-Werte 0-127 annehmen, können wir 128 als Faktor verwenden. Schauen wir uns für die *Hashkey*-Klasse einmal einen Konstruktor an, der einen ganzzahligen Schlüssel aus einem String berechnet. Die Konstante *STRUNISIZE* hat den Wert 128:

```
Hashkey::Hashkey(const char *s, unsigned long ca, unsigned long kb)
: companz(ca), keybits(kb)
{
  unsigned long len=strlen(s);

  lkey=s[0];
  for(unsigned long x=1;x<len;x++)
    lkey=(lkey*STRUNISIZE+s[x])%(unsigned long)(pow(keybits,2));

  decomposekey();
}
```

Nach jedem Hinzufügen einer Komponente zum Schlüssel wird eine Modulo-Operation mit der größten durch die Schlüsselbits darstellbaren Zahl durchgeführt, um einen Überlauf zu verhindern.

Wir sind nun in der Lage, eine String-Klasse zu schreiben, die von *Hashtable* verwaltet werden kann:

```
class StrHash : public Hashable
{
  private:
    char *string;

  protected:
    virtual Hashkey Key(unsigned long, unsigned long) const;

  public:
    class Bereichsfehler {};
    class Speicherfehler {};
    StrHash(const char *);
    ~StrHash();
    virtual unsigned long Lkey(void) const;
};
```

Weil wir den Speicher für den String dynamisch anfordern müssen, braucht *StrHash* im Gegensatz zu *LongHash* einen Destruktor.

```
StrHash::StrHash(const char *s) : Hashable()
{
  unsigned long len=strlen(s);
  if(!len) throw(Bereichsfehler());
  string=new(char[len+1]);
  if(!string) throw(Speicherfehler());
  strcpy(string,s);
}

StrHash::~StrHash() { delete(string); }
```

Konstruktor und Destruktor sind eher trivial.

```
Hashkey StrHash::Key(unsigned long ca, unsigned long kb) const
{
  return(Hashkey(string,ca,kb));
}

unsigned long StrHash::Lkey(void) const
{
  return(Hashkey(string,1,1));
}
```

Die Methode *Lkey* macht sich den *unsigned long*-Umwandlungsoperator von *Hashkey* zu Nutze.

Da wir nur an dem Schlüssel im *unsigned long*-Format interessiert sind und nicht an der dekomponierten Variante, können wir ruhigen Gewissens willkürliche Werte für die Komponenten- und Bitanzahl angeben.

19.5 Kontrollfragen

1. Nennen Sie die Vor- und Nachteile des Hashing.
2. Warum sollte die Slotanzahl eine Primzahl sein?
3. Warum sollte möglichst der komplette Schlüssel für die Berechnung des Slots verwendet werden?
4. Warum wird die Hashfunktion beim universellen Hashing jedes Mal neu bestimmt?

20 Externes-Mergesort

Wir werden uns in diesem Kapitel mit dem Verfahren des Mehrphasen-Mergesort beschäftigen. Das Verfahren soll es uns ermöglichen, Datenmengen zu sortieren, die erheblich größer sind als der zur Verfügung stehende Arbeitsspeicher.

20.1 Aufteilen und Verschmelzen

Die Idee des Verfahrens besteht aus zwei Schritten, dem Aufteilen und dem Verschmelzen[1]. Verschmelzen bedeutet das zusammenfügen zweier Datenmengen zu einer einzigen. Abbildung 20.1 zeigt solch eine Verschmelzung.

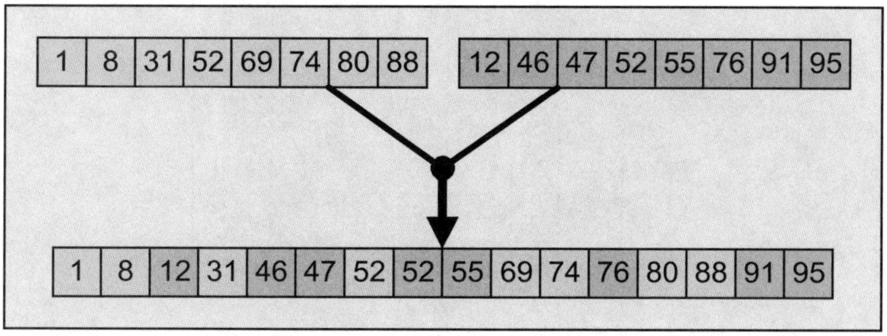

Abbildung 20.1: Verschmelzung.

Voraussetzung

Wie wir an der Abbildung erkennen können, ist eine wesentliche Voraussetzung für die Verschmelzung, dass die zu verschmelzenden Datenmengen für sich genommen jeweils schon sortiert sind.

Es ist kein Problem, zwei beliebig große Datenmengen zu verschmelzen, weil dazu immer nur zwei Datensätze gleichzeitig im Speicher gehalten werden müssen. In Abbildung 20.2 erkennen Sie an den Außenseiten die Originaldateien. Der mittige Strang stellt die Zieldatei dar. Direkt rechts und links von der Zieldatei sehen Sie die jeweiligen, sich im Speicher befindenden Elemente.

Funktionsweise

Zuerst wird von jeder Datei ein Element gelesen (1 und 12). Dann wird das kleinere der beiden Elemente in die Zieldatei geschrieben. Für das in die

1. Obwohl anstelle des Begriffs »Verschmelzen« häufig auch »Mischen« verwendet wird, wollen wir diesem Beispiel nicht folgen, weil »Mischen« mehrdeutig ist und den Vorgang nicht genau beschreibt.

Zieldatei geschriebene Element wird aus der entsprechenden Quelldatei ein neues Element gelesen (die 8) und der Vergleich beginnt von neuem.

Ist eine Quelldatei an ihrem Ende angelangt, braucht der verbleibende Rest der anderen Quelldatei nur noch an die Zieldatei angehängt zu werden. Fertig ist die neue Datei, die ebenfalls sortiert ist.

Abbildung 20.2: Der Vorgang des Verschmelzens

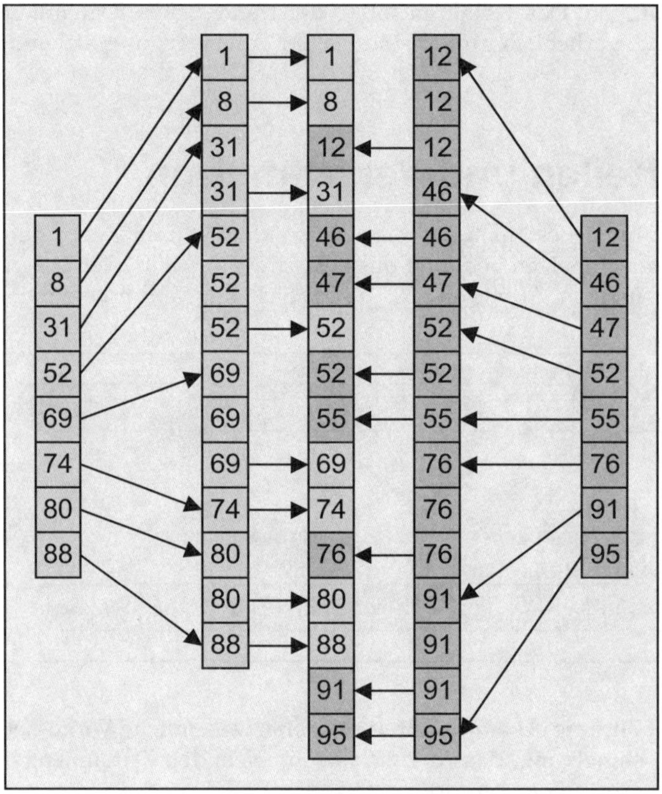

Die Schwierigkeit des Verfahrens besteht darin, aus der unsortierten Datei zwei sortierte Dateien erzeugen zu müssen, die dann verschmolzen werden können.

Bezeichnen wir für die weiteren Betrachtungen die Anzahl der Elemente in der ursprünglichen unsortierten Form mit *m* und die maximale Anzahl der Elemente, die sich gleichzeitig im Speicher befinden können, mit *n*.

Die einfachste Möglichkeit, dieses Problem zu lösen, ist die folgende: Man lädt von den *m* Elementen der unsortierten Datei *n* Elemente in den Speicher und sortiert sie mit einem herkömmlichen Sortierverfahren. Diese n nun sortierten Elemente speichert man in eine Datei. Dann lädt man von den verbleibenden *m-n* Elementen wieder *n* Elemente in den Speicher, sortiert sie und speichert sie in eine andere Datei.

Dies macht man so lange, bis die ursprüngliche Datei leer ist. Als Ergebnis haben wir

$$\left\lceil \frac{m}{n} \right\rceil$$

Dateien, die maximal n Elemente enthalten. Wenn man nun nacheinander zwei Dateien miteinander verschmelzt, die daraus entstandene Datei mit der nächsten verschmelzt usw., dann kommt man auf

$$\left\lceil \frac{m}{n} \right\rceil - 1$$

Verschmelzungsvorgänge. Das ist ziemlich viel.

Verbesserung

Eine Verbesserung wäre es, jeweils immer zwei Dateien miteinander zu verschmelzen. Dadurch entstehen $Gm/nH\ /2$ Dateien mit jeweils n*2 Elementen. Die so entstandenen Dateien werden wieder paarweise zu neuen Dateien verschmolzen etc. Auf diese Weise reduziert sich zwar nicht die Anzahl der Verschmelzungen, jedoch braucht jedes Element nur noch

$$\left\lceil ld\left(\left\lceil \frac{m}{n} \right\rceil\right) \right\rceil$$

mal von einer Datei zur anderen kopiert zu werden. Vorher waren dies im schlechtesten Fall genau so viele Vertauschungen wie Verschmelzungen.

20.2 2-Wege-Mergesort

Wie auch immer, abhängig vom Größenmaßstab von m kann die Anzahl der Dateien rapide in die Höhe steigen. Um dies zu vermeiden, kann man die einzeln sortierten Datenmengen abwechselnd in zwei Dateien kopieren. Dadurch erhält man zwei Dateien, die jeweils maximal $m/2$ Elemente enthalten. Jede dieser beiden Dateien besteht aus

$$\frac{\left\lceil \frac{m}{n} \right\rceil}{2}$$

Gruppen mit jeweils n sortierten Elementen.

Bei der Verschmelzung der beiden Dateien muss darauf geachtet werden, dass jeweils immer eine Gruppe der einen mit einer Gruppe der anderen Datei verschmolzen wird. Die so neu entstehenden Gruppen werden wieder abwechselnd auf zwei Dateien verteilt. Danach können die beiden alten Dateien gelöscht werden. Jede der beiden Dateien enthält nun immer noch maximal $m/2$ Elemente. Jedoch hat sich die Zahl der Gruppen halbiert. Die jeder Gruppe zugehörigen Elemente haben sich auf *n**2 verdoppelt. Dann werden die Gruppen der beiden Dateien wieder gruppenweise verschmolzen und abwechselnd auf zwei Dateien verteilt usw.

Dies wird so lange fortgeführt, bis zwei Dateien entstanden sind, die jeweils nur noch eine Gruppe mit *m*/2 Elementen besitzen. Diese beiden Dateien können dann zu einer einzigen sortierten Datei verschmolzen werden.

Man nennt dieses Verfahren **2-Wege-Mergesort**. Ein Beispiel mit *m*=16 und *n*=2 ist in Abbildung 20.3 dargestellt.

Abbildung 20.3: 2-Wege-Mergesort

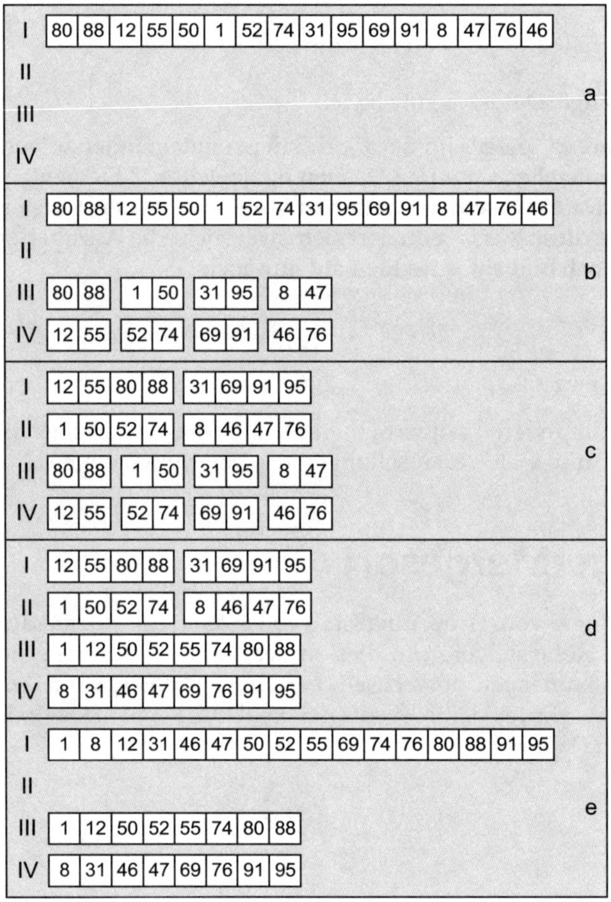

Sie sehen in a die Ausgangsdatei. In b wurde diese Ausgangsdatei in 8 Gruppen (mann nennt solche Gruppen auch **Runs**) zu je 2 Elementen aufgeteilt. Die 8 Runs wurden dann auf zwei Dateien verteilt.

In c wurden jeweils zwei Runs zu einem vier-elementigen Run verschmolzen. Die vier so entstandenen Runs werden wieder auf zwei Dateien verteilt usw.

In e schließlich werden die beiden Dateien, die nun nur noch jeweils aus einem Run bestehen zur endgültig sortierten Datei verschmolzen.

20.3 Mehr-Phasen-Mergesort

Kommen wir zum Schluss zum Mehr-Phasen-Mergesort, welches nur drei Dateien benutzt. Von zweien dieser Dateien wird gelesen, in die dritte wird geschrieben. Ist eine der beiden Eingabedateien leer, wird diese zur Ausgabedatei, die bisherige Ausgabedatei wird zur Eingabedatei und ihr Dateipositionszeiger auf den Anfang der Datei gesetzt. Nun funktioniert dieses Verfahren nur, wenn zum Schluss – und nur zum Schluss – beide Eingabedateien leer werden und die Ausgabedatei das endgültig sortierte Ergebnis enthält.

Versuchen wir am besten, die Situation vom Ergebnis aus betrachtend zu rekonstruieren. Das Ergebnis sind zwei leere Eingabedateien und eine vollständig sortierte Ausgabedatei. Daraus folgt, dass die Ausgabedatei einen Run besitzt.

Damit die Ausgabedatei einen Run besitzt, müssen die beiden Eingabedateien auch jeweils einen Run besessen haben, die dann verschmolzen wurden. Damit aber eine der beiden Dateien einen Run besitzen kann, muss die jetzige Ausgabedatei einen Run und die andere Eingabedatei zwei Runs besessen haben, usw. Schauen wir uns das einmal in einer Tabelle an:

Tab. 20.1: Anzahl der Runs beim Mehr-Phasen-Mergesort

Datei1	Datei2	Datei3
1	leer	leer
leer	1	1
1	2	leer
3	leer	2
leer	3	5
5	8	leer

Wenn man sich die Entwicklung der Runanzahl einmal anschaut und vielleicht noch ein wenig weiterverfolgt, fällt schnell auf, dass es sich hier um Fibonacci-Zahlen handelt.

Der Trick besteht also darin, die ursprüngliche Datei in zwei Dateien mit F_n und F_{n-1} Elementen aufzuteilen. Das bedeutet, dass die Gesamtanzahl der in der Datei befindlichen Elemente F_{n+1} betragen muss. Da dies in den seltensten Fällen gegeben ist, müssen einfach leere Elemente hinzugefügt werden, die später dann wieder entfernt werden.

Schauen wir uns dazu einmal eine Implementierung an, die nicht auf Effizienz sondern auf leichte Verständlichkeit ausgerichtet ist. Wir legen daher fest, dass der zu verwaltende Datentyp *unsigned int* ist. Der Funktion wird die maximal im Speicher sortierbare Datensatzmenge (*n*) und die Namen der drei zu verwendenden Dateien übergeben:

```
void mergesort(const char *nin, const char *nout1, const char
*nout2,long srunl)
{
  Feld f(srunl);
  fstream *out, *in;
  const char *filenames[3];

  filenames[0]=nin;
  filenames[1]=nout1;
  filenames[2]=nout2;

  fstream *files[3];
  files[0]=in=new fstream;
  files[1]=out=new fstream;
  files[2]=new fstream;

  in->open(filenames[0],ios::binary|ios::in);// Anzahl der Datensätze
bestimmen

  in->seekg(0,ios::end);
  long fpos=in->tellg();
  long datanz=(long)(fpos)/sizeof(unsigned int);
```

Hier wird die Anzahl der Datensätze bestimmt.

```
  cout << "\nDatensaetze im zu sortierenden File : " <<
            datanz << "\n" << endl;


  long srunanz=(long)(ceil((double)(datanz)/srunl));
```

Anhand der Datensatzmenge und der maximal im Speicher sortierbaren Datensätze lässt sich die Anzahl der Runs beim Start errechnen. Da ein Run sortiert sein muss, wird als Rungröße die maximal im Speicher sortierbare Datensatzmenge gewählt.

```
  long fibog=1,fibo1,fibo2;
  while((fibonacci(fibog))<srunanz) fibog++;
  fibo1=fibonacci(fibog-2);
  fibo2=fibonacci(fibog-1);
```

Hier wird die Fibonnaci-Zahl bestimmt, die größer/gleich der Anzahl der Runs ist. Hat man diese Zahl F_n gefunden, dann werden die Runs so aufgeteilt, dass die erste Datei F_{n-1} und die zweite Datei F_{n-2} Runs enthält.

```
  cout << "Die Runs (" << srunl;
  cout << " Datensaetze) werden folgendermassen aufgeteilt:\n";
  cout << "File1 : " << fibo1 << " Runs\n";
```

```
  cout << "File2 : " << fibo2 << " Runs";
  if((fibo1+fibo2)==srunanz)
    cout << "\n" << endl;
  else
    cout << " (Davon " << (fibo1+fibo2-srunanz) << " leer.)\n" <<
endl;

// Aufteilen und sortieren der Runs.

  in->seekg(0,ios::beg);

  long count=fibo1;
  out->open(filenames[1],ios::binary|ios::out);
  while(count--)
    {
      in->read(reinterpret_cast<char*>(f.feld),sizeof
      (unsigned int)*srunl);
      f.Bubblesort();
      out->write(reinterpret_cast<const char*>(f.feld),
      sizeof(unsigned int)*srunl);
    }
  out->close();
```

Hier wird die erste Eingabedatei erstellt. Die Klasse *Feld*, mit der wir vor einigen Kapiteln die Sortierverfahren untersucht hatten, stellt uns ein Sortierverfahren zur Verfügung.

```
  count=fibo2;
  out->open(filenames[2],ios::binary|ios::out);
  while(count--)
    {
      in->read(reinterpret_cast<char*>(f.feld),
      sizeof(unsigned int)*srunl);
      long filler=in->gcount()/sizeof(unsigned int);
      if(filler<srunl)
       for(long c1=filler;c1<srunl;c1++) f.feld[c1]=UINT_MAX;
      f.Bubblesort();

      out->write(reinterpret_cast<const char*>(f.feld),
      sizeof(unsigned int)*srunl);
    }
  in->close();
  out->close();
```

Hier wird die zweite Eingabedatei erstellt. Dabei wird zudem sichergestellt, dass die Anzahl der Runs durch Dummy-Elemente auf F_n gebracht wird. Um die hinzugefügten Elemente nachher wieder von den Originaldaten trennen zu können, bekommen sie den Wert ULONG_MAX[2], damit sie am Ende der sortierten Datei stehen.

```
  cout << "Theoretische Anzahl von Phasen : " << (fibog-2) << "\n" <<
endl;

  long in1=1,in2=2,out1=0;
```

Die Ein- und Ausgabedateien werden bestimmt.

```
  long runls[3],runas[3];
  runls[in1]=runls[in2]=srunl;
```

Die Anzahl der Elemente pro Run wird zugewiesen.

```
  runas[in1]=fibo1;
  runas[in2]=fibo2;
  runas[out1]=0;
```

Die Anzahl der Runs in den einzelnen Dateien wird bestimmt.

```
  files[in1]->open(filenames[in1],ios::binary|ios::in);
  files[in2]->open(filenames[in2],ios::binary|ios::in);
  files[out1]->open(filenames[out1],ios::binary|ios::out);
```

Die Dateien werden geöffnet.

```
  long pcount=0;
  do
    {
      cout << ++pcount << ". Phase. Runlaenge:";
      cout << " " << runls[in1];
      cout << " " << runls[in2];

      cout << " Runanz:";
      cout << " " << runas[in1];
      cout << " " << runas[in2];


      cout << " Saetze:";
      cout << " " << (runas[in1]*runls[in1]);
      cout << " " << (runas[in2]*runls[in2]) << endl;

      long runc1,runc2;
      unsigned int input1, input2;
```

Solange sich noch in beiden Eingabedateien Elemente befinden, wird die folgende Schleife abgearbeitet.

2. Für eine praktische Anwendung müsste dann natürlich ausgeschlossen werden, dass dieser Wert einen gültigen Schlüssel repräsentiert bzw. ein anderer wert, der nicht als gültiger Schlüssel vorkommt, verwendet werden.

```
while((runas[in1])&&(runas[in2]))
  {
    runc1=runc2=0;
    files[in1]->read(reinterpret_cast<char*>(&input1),
    sizeof(unsigned int));
    files[in2]->read(reinterpret_cast<char*>(&input2),
    sizeof(unsigned int));
    do
      {
        if(input1<input2)
```

Sollte das Element der ersten Eingabedatei kleiner sein als das der zweiten, dann wird dieses in die Ausgabedatei geschrieben und ein neues Element von der ersten Eingabedatei geholt. Für den anderen Fall gilt dies analog.

```
          {
            files[out1]->
            write(reinterpret_cast<const char*>(&input1),
            sizeof(unsigned int));
            runc1++;
            if(runc1<runls[in1])
```

Sollte der Run der Eingabedatei noch nicht vollständig gelesen worden sein, dann wird ein weiteres Element eingelesen. Sollte der Run aber schon komplett bearbeitet worden sein, dann werden die Elemente, die noch zum Run der anderen Datei gehören in die Ausgabedatei kopiert.

```
              {
                files[in1]->read(reinterpret_cast<char*>
                (&input1),sizeof(unsigned int));
              }
            else
              {
                files[out1]->
                write(reinterpret_cast<const char*>(&input2),
                sizeof(unsigned int));
                runc2++;
                while(runc2<runls[in2])
                  {
                    files[in2]->
                    read(reinterpret_cast<char*>(&input2),
                    sizeof(unsigned int));
                    files[out1]->
                    write(reinterpret_cast<const char*>(&input2),
                    sizeof(unsigned int));
                    runc2++;
                  }
              }
          }
```

```
          else // input1>=input2
            {
              files[out1]->
              write(reinterpret_cast<const char*>(&input2),
              sizeof(unsigned int));
              runc2++;
              if(runc2<runls[in2])
                {
                  files[in2]->
                  read(reinterpret_cast<char*>(&input2),
                  sizeof(unsigned int));
                }
              else
                {
                  files[out1]->
                  write(reinterpret_cast<const char*>(&input1),
                  sizeof(unsigned int));
                  runc1++;
                  while(runc1<runls[in1])
                    {
                      files[in1]->
                      read(reinterpret_cast<char*>(&input1),
                      sizeof(unsigned int));
                      files[out1]->
                      write(reinterpret_cast<const char*>(&input1),
                      sizeof(unsigned int));
                      runc1++;
                    }
                }
            }

        } while((runc1<runls[in1])||(runc2<runls[in2]));

      runas[in1]--;
      runas[in2]--;
      runas[out1]++;
    }
```

Die folgenden Anweisungen wandeln die leere Eingabedatei in eine Ausgabedatei um. Die bisherige Ausgabedatei wird zurückgespult und zur neuen Eingabedatei umfunktioniert.

```
  if(((!runas[in1])&&(runas[in2]))||
     ((runas[in1])&&(!runas[in2])))
    {
      runls[out1]=runls[in1]+runls[in2];
      if(!runas[in1])
        {
```

```
          files[in1]->close();
          files[out1]->close();

          long c1=in1;
          in1=out1;
          out1=c1;
          files[in1]->open(filenames[in1],ios::binary|ios::in);
          files[out1]->open(filenames[out1],ios::binary|ios::out);
        }
      else
        {
          files[in2]->close();
          files[out1]->close();

          long c1=in2;
          in2=out1;
          out1=c1;
          files[in2]->open(filenames[in2],ios::binary|ios::in);
          files[out1]->open(filenames[out1],ios::binary|ios::out);
        }
    }

  } while((runas[in1])&&(runas[in2]));

files[in1]->close();
files[in2]->close();
files[out1]->close();
```

Die folgenden Anweisungen entfernen die künstlich hinzugefügten Dummy-Elemente

```
cout << "\nHilfsdatensaetze werden entfernt...\n\n";

files[out1]->open(filenames[out1],ios::binary|ios::in);
files[in1]->open(filenames[in1],ios::binary|ios::out);
count=datanz;
do
  {
    if(count>=srun1)
      {
        files[out1]->read(reinterpret_cast<char*>(f.feld),
                          sizeof(unsigned int)*srun1);
        files[in1]->write(reinterpret_cast<const char*>(f.feld),
                          sizeof(unsigned int)*srun1);
        count-=srun1;
      }
    else
      {
```

```
          files[out1]-
>read(reinterpret_cast<char*>(f.feld),sizeof(int)*count);
          files[in1]->write(reinterpret_cast<const char*>(f.feld),
                            sizeof(int)*count);
          count=0;
        }
    } while(count);

  files[out1]->close();
  files[in1]->close();

  remove(filenames[in2]);
  remove(filenames[out1]);
  rename(filenames[in1],FILENAME1);

  delete(files[0]);
  delete(files[1]);
  delete(files[2]);
}
```

Wir haben nun eine Methode an der Hand, mit der wir beliebig große Datenmengen sortieren können. Wenn man aber genügend Arbeitsspeicher hat, eine Datei im Speicher zu sortieren, dann sollte man dies auf jeden Fall tun. Der für die Sortierung nötige Speicherplatz wird schließlich nur temporär benötigt.

Die Funktion *mergesort* finden Sie auf der CD unter /BUCH/KAP20/MERGE.

21 Ausblick

Wir haben im Laufe dieses Buches einiges kennen gelernt. Natürlich kann dieses Buch nicht alle Themen vollständig behandelt, denn dazu wären einige tausend Seiten notwendig. Aber es kann ein kleiner Ausblick auf die weiterführenden Themen gegeben werden, um die Orientierung etwas zu erleichtern.

21.1 C++

Obwohl dieses Buch »C++-Programmierung« heißt, hat es noch lange nicht alle Tiefen ausgelotet. Der Schwerpunkt lag in der Vermittlung der C++-Kenntnisse, die uns die Implementierung der besprochenen Datenstrukturen und Algorithmen ermöglichte.

Die so genannte Standard Template Library (STL) von C++ ist so gut wie überhaupt nicht zur Sprache gekommen. In ihr sind die meisten der hier besprochenen Datenstrukturen und Algorithmen bereits implementiert und stehen dem C++-Programmierer zur Verfügung.

Als weiterführende bzw. ergänzende Lektüre ist »Go To C++-Programmierung« ([WILLMS99]) vom selben Autor zu empfehlen. Dort finden sie eine nahezu vollständige Einführung in die C++-STL. Auch werden einige der hier besprochenen Themen vertieft.

Spielen Sie mit dem Gedanken, die STL nicht nur zu verwenden, sondern auch eigene STL-konforme Datenstrukturen und Algorithmen zu implementieren, die mit den bereits bestehenden STL-Konstrukten zusammen arbeiten, dann sei auf »C++-STL« (WILLMS00] verwiesen, wo Sie das nötige Handwerkzeug geliefert bekommen.

Natürlich darf auch die Bibel der C++-Programmierer, »Die C++-Programmiersprache« vom Erfinder der Sprache persönlich [STROUSTRUP00], nicht fehlen. Dieses Buch enthält wirklich sehr viele Informationen und erfüllt den Anspruch der Vollständigkeit wie kein zweites. Obwohl als Nachschlagewerk und Ergänzung zu allen anderen C++-Büchern unschlagbar, ist es als Einführung jedoch nicht zu empfehlen

21.2 Algorithmen und Datenstrukturen

Auch im Bereich Algorithmen und Datenstrukturen konnten wir nicht alles behandeln. Zum Beispiel blieben die Graphen und die damit verbundenen Fragen (Mit welcher Datenstruktur können Graphen am besten gespeichert werden?, Welche Algorithmen operieren auf Graphen? etc.) außen vor.

Als weitere Lektüre ist vor allem [SEDGEWICK92] zu empfehlen, weil die dort vorgestellten Implementierungen in C++ geschrieben wurden.

Wer auf C++-Implementierungen bei Datenstrukturen und Algorithmen verzichten kann, sei auf [OTTMANN93] verwiesen.

21.3 UML

Die Unified Modelling Language (UML), die wir ab und zu zur Darstellung unserer Klassen verwendet haben, ist mit den hier vorgestellten Möglichkeiten bei weitem noch nicht am Ende. Sie lässt sich für die Planung einen kompletten Projektes einsetzen. Ein Beispielprojekt, mit der UML geplant, behandelt [GRÄSSLE00]. Allerdings werden dort wirklich nur die UML-Komponenten vorgestellt und erklärt, die zur Umsetzung des Projekts erforderlich sind.

Eine vollständigere Erklärung finden sie bei [OESTEREICH98].

A Anhang

A.1 Antworten auf die Kontrollfragen

Antworten zu Kapitel 2

1. Ein Objekt ist eine konkrete Entität einer Art, welches individuelle Qualitäten in den von der Art vorgegebenen Merkmalen besitzt. Die Art versteht sich damit als Oberbegriff, der Gemeinsamkeiten seiner Objekte zusammenfasst. In der OOP entspricht die Klasse der Art und die Exemplar dem Objekt.

2. Attribute sind in der OOP die Merkmale der Klasse, die bei jeder Exemplar unterschiedliche Qualitäten (Werte) besitzen können. Die Methoden entsprechen in der realen Welt den Prozessen, die auf den Instanzen operieren.

3. Abstraktion ist dann sinnvoll, wenn Klassen entweder in der Beziehung »X ist Teilmenge von Y« oder »X ist Obermenge von Y« stehen.

Antworten zu Kapitel 3

1. Der einzige Unterschied zwischen *struct* und *class* besteht darin, dass ohne explizite Angabe des Zugriffsrechtes bei *class* alle Attribute und Methoden privat, bei *struct* hingegen öffentlich sind.

2. Private Attribute können nur über vom Entwickler implementierte Methoden manipuliert werden. Der Entwickler der Klasse hat somit die komplette Kontrolle über die Möglichkeiten dieser Manipulationen. Des Weiteren sind manchmal Attribute zur Verwaltung der Instanzen oder zur Implementierung von Methoden notwendig, die für den Benutzer bestenfalls uninteressant sind. Um Sie vor jeglicher Manipulation und Einsicht zu schützen, deklariert man sie als privat.

3. Die Initialisierung muss dort stehen, wo sie nur einmal abgearbeitet wird. Dies ist im Allgemeinen in der Datei gegeben, in der die Definitionen der Methoden stehen.

4. Zwei Funktionen mit gleichem Bezugsrahmen dürfen nur dann den gleichen Namen haben, wenn sie sich in ihrer Parameterliste unterscheiden. Typ-Unterschiede im Rückgabewert reichen für ein Überladen nicht aus.

5. Da Konstruktoren eine Parameterliste besitzen, dürfen sie auch überladen werden, wenn sie sich in ihr unterscheiden. Destruktoren jedoch besitzen keine Parameterliste und können daher auch nicht überladen werden.

6. Es ist häufig sinnvoll, technische Methoden zu implementieren, die unterstützende Aufgaben für andere Methoden übernehmen. Der Aufruf solcher

technischen Methoden macht dann auch nur von einer anderen Methode der Klasse aus Sinn, und ein Zugriff von Seiten des Benutzers ist nicht wünschenswert. Deswegen würde eine solche Methode als privat deklariert.

7. Wenn Sie sich zum Beispiel einen Konstruktor der Klasse X vorstellen, der als Argument einen *int*-Wert besitzt, dann kann man diesen Konstruktor als eine Typumwandlung von *int* nach *class* X betrachten. Solche Typumwandlungen mit Konstruktoren können sehr hilfreich sein und werden später auch noch ausführlicher behandelt. Es kommt aber vor, dass eine bestimmte Typumwandlung in ihrer Benutzung sehr heikel und nur für manche Methoden nützlich ist. In diesem Fall könnte der Konstruktor als privat deklariert werden, um den Benutzer vor versehentlichem Missbrauch zu schützen. Eine weitere Möglichkeit des Schutzes bietet das Schlüsselwort *explicit*, welches später noch besprochen wird.

8. Da der einzige Unterschied zwischen Strukturen und Klassen das voreingestellte Zugriffsrecht ihrer Elemente ist, besitzen auch Strukturen den Zeiger *this* und können sogar Methoden, Konstruktoren und Destruktoren besitzen.

Antworten zu Kapitel 4

1. Der Vorteil von *new* und *delete* liegt darin, dass es sich bei beidem um C++-Schlüsselwörter handelt. Funktionen können den Typ ihres Rückgabewertes nicht von ihren Funktionsparametern abhängig machen. Bei *new* erkennt der Compiler bei der Kompilation anhand der Parameter, welcher Typ erwartet wird. Das explizite Umwandeln in den gewünschten Typ wie bei *malloc*, weil *malloc* immer einen *void*-Zeiger zurückliefert, entfällt daher.

2. LIFO bedeutet »Last-In-First-Out« (»Als letzer herein, als erster heraus«) und FIFO bedeutet »First-In-First-Out« (»Als erster herein, als erster heraus«). FIFO-Strukturen werden immer dann verwendet, wenn mehr Arbeit anfällt, als bewältigt werden kann, die Reihenfolge der Arbeiten aber gewahrt bleiben soll (Drucker-Warteschlange, Prozessorzeit-Zuweisung an Prozesse in einem Multitasking-System etc). LIFO-Strukturen werden zum Beispiel dann benötigt, wenn ein Unterprogramm aufgerufen wird und die Rücksprungadresse behalten werden soll. Die Rücksprünge müssen in umgekehrter Reihenfolge getätigt werden, wie der Sprung ins Unterprogramm.

Antworten zu Kapitel 5

1. Eine Schablone an sich ist noch kein kompilierbarer Programmtext. Erst wenn irgendwo die Schablone mit einer konkreten Parameterliste definiert wird, kompiliert der Compiler die Schablone für die entsprechende Parameterliste. Deswegen kann die Schablone nicht kompiliert und anschließend zum Programm gelinkt werden. Es bietet sich an, die komplette Schablone in eine Header-Datei zu schreiben und diese dann jeweils mittels *#include* in die Module einzubinden, die von dieser Schablone Gebrauch machen. Oder sie greifen auf das Schlüsselwort *export* zurück.

2. Sie müssen darauf achten, dass die benutzten Operatoren auch für die Typen, mit denen die Schablone später benutzt wird, definiert sind. Wir lernen später eine Methode kennen, C++-Operatoren eine zusätzliche Bedeutung zu geben und können damit Vergleichsoperatoren entwerfen, die auch zwei Instanzen der Klasse *Schwein* miteinander vergleichen können.

Antworten zu Kapitel 7

1. Ja, aber nur hintereinander. Um mehrere Dateien gleichzeitig öffnen zu können, müssen entsprechend viele Exemplare erzeugt werden.

2. Man verknüpft die gewünschten Dateiattribute durch ODER (*ios::in | ios::out*).

Antworten zu Kapitel 8

1. Durch die Dummy-Elemente brauchen die Zeiger auf den Listenanfang und das Listenende bei Lösch- und Einfügeoperationen nicht mehr aktualisiert zu werden. Außerdem kann außer den Dummy-Elementen kein anderes Listenelement einen Nullzeiger als Verweis auf den Vorgänger oder den Nachfolger haben. Dadurch fällt die Betrachtung von Sonderfällen weg.

2. Die Vorteile können nur in Abhängigkeit vom Anwendungsbereich betrachtet werden. Wollen Sie zum Beispiel einen Stack realisieren, dann reicht eine einfach verkettete Liste voll und ganz, denn beide Operationen (*Push* und *Pop*) können mit ihr in O(1)-Zeit bewältigt werden. Bei anderen Operationen, die bei der einfach verketteten Liste nicht mehr in O(1)-Zeit bewältigt werden können, sollte man sich überlegen, eine doppelt verkettete Liste zu verwenden, wenn O(1)-Zeit dort erreicht werden kann.

3. Wir haben die Queue bisher immer so realisiert, dass die Elemente am Listenanfang eingefügt und am Listenende entfernt wurden. Wenn wir aber Elemente am Listenende einfügen und am Listenanfang entfernen, dann können wir sowohl *Enqueue* als auch *Dequeue* in O(1)-Zeit bewältigen.

4. Man benutzt in der Liste keine Zeiger auf die beiden Dummy-Elemente mehr, sondern anstelle der Zeiger bindet man ein Listenelement in die Listen-Klasse ein. Den *next*-Zeiger des eingebundenen Listenelements lässt man auf das erste Element der Liste zeigen und den *previous*-Zeiger auf das letzte. Dadurch entsteht ein Ring, mit dem wir ein Dummy-Element und zwei Zeiger gespart haben. Es treten keine Sonderfälle auf, weil bei der Arbeit mit der Liste nicht auffällt, dass es nur ein Dummy-Element gibt.

Antworten zu Kapitel 9

1. Die Klasse, von der geerbt wurde, wird als Basisklasse der Klasse bezeichnet, die von ihr geerbt hat. Eine Klasse, die von einer anderen Klasse geerbt hat, ist eine von der vererbenden Klasse abgeleitete Klasse.

2. Eine virtuelle Funktion ist eine existierende Funktion einer Klasse, die im Bedarfsfall in einer abgeleiteten Klasse durch eine neue Funktion gleichen Namens und gleichen Parametern ersetzt werden kann. Eine rein-virtuelle Funktion ist eine Funktion, die zur Bildung von Exemplaren erforderlich,

jedoch noch nicht vorhanden ist. Durch die Eigenschaft der rein-virtuellen Funktion »erforderlich, aber nicht vorhanden« wird eine Klasse mit einer oder mehreren rein-virtuellen Funktionen zur abstrakten Klasse. Von einer abstrakten Klasse können keine Exemplare erzeugt werden.

3. Leitet man eine abstrakte Klasse ab, dann ist die abgeleitete Klasse ebenfalls eine abstrakte Klasse. In der abgeleiteten Klasse können aber die rein-virtuellen Funktionen durch tatsächliche Funktionen ersetzt werden. Sollten in einer abgeleiteten Klasse alle rein-virtuellen Funktionen durch ablauffähige Funktionen ersetzt worden sein, dann ist diese Klasse nicht länger abstrakt und es können Exemplare von ihr erzeugt werden. Sind noch rein-virtuelle Funktionen vorhanden, dann bleibt die abgeleitete Klasse weiterhin abstrakt. Von ihr kann aber wieder abgeleitet und dort können die restlichen rein-virtuellen Funktionen ersetzt werden.

4. *public*-Elemente sind für jedermann zugänglich. Auf *protected*-Elemente können nur die Klasse selbst, von ihr abgeleitete Klassen und Freunde zugreifen. Auf *private*-Elemente können nur die Klasse selbst und Freunde zugreifen.

5. In allen Fällen bleiben die *private*-Elemente der Basisklasse unzugänglich für die abgeleitete Klasse (es sei denn, die abgeleitete Klasse ist ein Freund der Basisklasse). Des Weiteren bleiben bei der *public*-Vererbung die Zugriffsrechte der Basisklasse für die abgeleitete Klasse erhalten (*protected*- und *public*-Elemente der Basisklasse werden zu *protected*- und *public*-Elementen der abgeleiteten Klasse). Bei der *protected*-Vererbung werden *protected*- und *public*-Elemente der Basisklasse zu *protected*-Elementen der abgeleiteten Klasse. Und bei der *private*-Vererbung werden *protected*- und *public*-Elemente der Basisklasse zu *private*-Elementen der abgeleiteten Klasse.

6. Man leitet die Klasse als *public* ab und weist den Elementen per Zugriffsdeklaration ein *protected*-Zugriffsrecht zu. Dies ist natürlich in der Praxis absolut unüblich und dient hier nur als Verständnishilfe.

7. Polymorphismus erlaubt es, dass ein Zeiger auf eine Basisklasse auch auf Objekte vom Typ einer von der Basisklasse abgeleiteten Klasse zeigen kann.

Antworten zu Kapitel 10

1. Wenn eine Funktion sich selbst aufruft, und zwar in einer kontrollierten Form, dann spricht man von Rekursion. Wird die Lösung mit Hilfe von Schleifen implementiert, dann spricht man von Iteration.

2. Wenn ein Problem rekursiven Charakter hat (Türme von Hanoi, Fibonacci-Zahlen, Springer-Problem), dann sollte man auch versuchen, dies mit einer rekursiven Funktion zu verwirklichen, möglichst mit einer rest-rekursiven. Probleme wie z. B. die Berechnung der Fakultät stehen genau auf der Schwelle zwischen Rekursion und Iteration. Die beiden Lösungsansätze nehmen sich gegenseitig nichts. Man sollte die Rekursion auf keinen Fall der Rekursion wegen benutzen.

3. Rest-rekursive Funktionen stehen iterativen Lösungsansätzen in nichts nach, weil die für die Rekursion typischen Nachteile wie Aufbau eines Stacks, Retten von lokalen Variablen und Sichern der Rücksprungadresse nicht auftreten.

Antworten zu Kapitel 11

1. Um eine möglichst benutzerfreundliche Möglichkeit zu besitzen, die typischen Operationen wie Vergleiche, Ein-/Ausgabe und Rechnen durchzuführen. Dazu noch mit den gewohnten Operatoren. Dadurch kann auf Funktionen, deren Namensvielfalt meist die Zahl der Programmierer noch übertrifft, verzichtet werden.

2. Die einzigen Beschränkungen beim Überladen von Operatoren sind die, dass man sich an die ursprüngliche Bindungsstärke und Syntax halten muss. Man kann den +-Operator nicht stärker bindend gestalten als den *-Operator. Man kann den unären Operator ~ auch nicht als binären Operator verwenden. Man kann die Bedeutung aber insoweit ändern, als dass der *-Operator für die Division und der /-Operator für die Multiplikation benutzt werden. Lediglich die Bedeutung der Operatoren für die elementaren Datentypen kann nicht geändert werden.

3. Konstruktoren mit einem Parameter können vom Compiler für implizite Typumwandlungen verwendet werden.

4. Die Standardkonstruktoren fertigen nur eine flache Kopie an, und dies von allen Elementen der Klasse. Selbst definierte Konstruktoren können auch tiefe Kopien erstellen und selektiv einzelne Elemente der Klasse kopieren.

5. Bei einer flachen Kopie wird nur die Exemplar selbst, nicht aber Daten, auf die nur Verweise herrschen, kopiert, wohingegen bei einer tiefen Kopie die Daten ebenfalls dupliziert werden, auf die verwiesen wird.

6. Als Zuweisungen bezeichnet man die Zuordnung eines bestimmten Wertes zu einer bestimmten Variablen. Als Initialisierung bezeichnet man die erstmalige Zuweisung eines Wertes an eine Variable.

7. Im Sprachgebrauch ist die erstmalige Wertzuweisung eine Initialisierung, egal, an welcher Stelle sie stattfindet. Für den Compiler ist eine Zuweisung nur dann eine Initialisierung, wenn sie bei der Definition der Variablen getätigt wird. Und auch nur dort verwendet er den *copy*-Konstruktor. Wird die Variable erst nach ihrer Definition mit einem Wert initialisiert, dann gilt dies für den Compiler als normale Zuweisung, und er benutzt die *operator=*-Funktion.

Antworten zu Kapitel 13

1. Die sequentielle Suche kann auch dann angewendet werden, wenn die Datenmenge weder sortiert ist noch auf jedes einzelne Element direkt zugegriffen werden kann. Aber gerade weil sich die sequentielle Suche eine Sortierung der Datenmenge nicht zunutze macht, ist sie nicht sehr effizient.

2. Man kann die Suchhäufigkeit einführen, um dafür zu sorgen, dass die Datensätze, nach denen häufig gesucht wird, am Anfang der Liste stehen.

3. Die Daten müssen nach dem zu suchenden Schlüssel sortiert sein, und auf jeden Datensatz muss direkt zugegriffen werden können.

4. Es kann im schlechtesten Fall nicht schlechter als O(N)-Zeit sein, denn schlimmstenfalls müssen alle Elemente durchlaufen und verglichen werden.

Antworten zu Kapitel 14

1. Man bezeichnet ein Sortierverfahren als stabil, wenn die Reihenfolge gleicher Schlüssel untereinander nicht verändert wird.

2. Insert-Sort und Selection-Sort sind stabile Sortierverfahren, wohingegen Bubblesort und Quicksort nicht stabile Sortierverfahren sind.

3. Abgesehen von Quicksort können alle anderen Sortierverfahren mit Hilfe zweier Zeiger auch auf Listen operieren.

4. Es kann den ungünstigsten Fall bestenfalls in O(N log(N))-Zeit sortieren.

Antworten zu Kapitel 15

1. Ein Heap sollte in den Situationen bevorzugt verwendet werden, wo einzig und allein interessiert, welches der in der Datenmenge befindlichen Elemente das größte/kleinste ist, und nicht, welches Element größer/kleiner ist als das andere. Die Frage nach dem Maximum/Minimum ist zum Beispiel bei Priority-Queues (Prioritäts-Warteschlangen) interessant.

2. Weil die AVL-Bedingung den maximalen Höhenunterschied zweier Teilbäume eines Knotens einschränkt, ist die Gefahr der Degeneration nicht mehr gegeben.

3. Jeder Zeiger eines Knotens, der auf keinen Sohn zeigt, wird so umgeändert, dass er auf dasselbe Dummy-Element zeigt, welches vorher erzeugt wird. Wird dann nach einem bestimmten Element gesucht, wird eine Kopie des zu suchenden Elements einfach in das Dummy-Element kopiert, so dass das gesuchte Element auf jeden Fall gefunden werden muss. Dann muss nur noch geprüft werden, ob es sich bei dem gefundenen Element um das Dummy-Element handelt oder nicht. Wenn nicht, war die Suche erfolgreich. Allerdings müssen alle auf dem Baum operierenden Funktionen derart angepasst werden, dass sie das Dummy-Element nicht als normales Datenelement interpretieren.

4. Der für Suchbäume ungünstigste Fall tritt dann auf, wenn der Baum degeneriert. Für den Fall des Einfügens degeneriert der Baum dann, wenn die einzusortierende Datenmenge bereits sortiert war.

Antworten zu Kapitel 16

1. Der Vorteil von *assert* ist dessen einfache Handhabung. Will man in der Entwicklungsphase sichergehen, dass bestimmte Bedingungen erfüllt sind, kann man *assert* ohne weiteres verwenden. Der Nachteil liegt darin, dass auf

den von *assert* erkannten Fehler nicht eingegangen werden kann. Möchte man in einem Programm auf Fehler reagieren, um einen möglichen Schaden wie zum Beispiel einen Datenverlust zu begrenzen, dann muss die Ausnahmebehandlung verwendet werden.

2. Ein nicht aufgefangener Fehler führt zu einem Abbruch des Programms. Vor Beendigung des Programms wird jedoch noch die Funktion *terminate* aufgerufen. Wurde hier keine eigene *terminate*-Funktion eingebettet, bricht das Programm ab, und alle nicht gesicherten Daten sind verloren.

3. Ein aufgeworfener Fehler kann von mehreren *catch*-Blöcken bearbeitet werden, indem Sie den Fehler innerhalb des *catch*-Blocks erneut mit *throw* aufwerfen.

4. Nein, sie muss nicht in einem *try*-Block stehen. Um aber den Fehler mittels *catch* auffangen zu können, muss der fehlererzeugende Teil des Programms unbedingt in einem *try*-Block stehen. Rufen Sie zum Beispiel eine Funktion auf, die einen Fehler aufwerfen könnte, dann reicht es aus, den Funktionsaufruf in einen *try*-Block zu setzen, um auf den Fehler reagieren zu können. Will die Funktion aber selber auf den Fehler reagieren, muss sie selbst den Fehleraufwurf in einen *try*-Block setzen, dahinter den Fehler mit *catch* auffangen und ihn innerhalb von *catch* erneut wieder aufwerfen, damit der die Funktion aufrufende Programmteil auch noch entsprechend auf den Fehler reagieren kann.

Antworten zu Kapitel 17

1. Virtuelle Basisklassen sind dann notwendig, wenn eine Basisklasse durch Mehrfach-Vererbung mehrfach auftritt, tatsächlich jedoch nur einmal vorhanden sein soll.

2. Man adressiert sie komplett mit ihrem Klassennamen, also: *klassenname::attribut*.

Antworten zu Kapitel 19

1. Ein Vorteil des Hashing ist der, dass bei optimaler Voraussetzung jedes Element in O(1)-Zeit gefunden werden kann. Der Nachteil liegt in einer O(N)-Laufzeit für einige Schlüssel bei ungünstiger Verteilung. Hashing bietet eine gute Alternative zu den meist schwieriger zu implementierenden, komplexeren Bäumen, die vor einer Degeneration geschützt sind.

2. Die Slotanzahl sollte eine Primzahl sein, damit möglichst der ganze Schlüssel zur Berechnung genutzt wird. Stellen sie sich vor, Sie haben einen 4-Byte-Schlüssel und eine Slotanzahl von 256. Durch die daraus resultierende Modulo-Operation mit 256 auf den Schlüssel wird nur das erste Byte berücksichtigt.

3. Angenommen, Sie würden nur das erste Bit für die Berechnung des Schlüssels verwenden. Und gerade dieses Bit wird dazu gebraucht, um zu definieren, ob die hinter dem Datensatz stehende Person Schüler/Student oder erwerbstätig/erwerbslos ist. Da diese beiden Gruppen nicht die glei-

chen Größenordnungen haben, können auch die Schlüssel in der Hashtabelle nicht gleichverteilt sein. Benutzt man den kompletten Schlüssel, kann man vor solchen Effekten geschützt sein.

4. Die Hashfunktion wird jedes Mal neu bestimmt, um zu verhindern, dass eine schlechte Hash-Funktion zu häufig verwendet wird. Man verhindert dadurch zwar auch, dass eine gute Hash-Funktion zu häufig verwendet wird, aber das Mittel der Funktionen ist immer noch besser als eine einmal erzeugte und beibehaltene schlechte Hash-Funktion.

A.2 Glossar

Abgeleitete Klasse: Als abgeleitete Klasse bezeichnet man eine Klasse, die von einer anderen Klasse geerbt hat. Die vererbende Klasse ist dann die Basisklasse der erbenden Klasse.

Abstrakte Klasse: Eine Klasse mit einer oder mehreren rein-virtuellen Funktionen. Von abstrakten Klassen können keine Exemplare gebildet werden. Um die Klasse aber dennoch nutzen zu können, muss sie abgeleitet und die rein-virtuellen Funktionen durch normale (virtuelle) Funktionen gleichen Namens mit gleichen Parametern ersetzt werden.

Abstrakter Datentyp: Ein abstrakter Datentyp besteht aus einer bestimmten Form der Datenorganisation sowie Operationen, die dem Benutzer zwecks Verwaltung der Daten zur Verfügung stehen. Ein Stack mit den Operationen Push und Pop ist zum Beispiel ein ADT. Ein ADT sagt im Allgemeinen nichts über die verwendete Datenstruktur aus. Ob ein Stack nun mit Hilfe eines Feldes, einer Liste oder gar eines Baumes realisiert worden ist, ist keine dem ADT Stack inhärente Information.

ADT: Siehe Abstrakter Datentyp.

Anweisungsblock: In C/C++ eine Folge von Anweisungen, die von geschweiften Klammern eingeschlossen sind. Anweisungsblöcke können verschachtelt werden.

Attribut: Bezeichnung für Variablen, die einer Klasse zugehören. Attribute entsprechen den Elementen der Strukturen.

AVL-Baum: Eine besondere Baumstruktur, die eine Degeneration des Baumes zu einer Liste durch Umstrukturierungen in Form von Rotationen verhindert.

Basisklasse: Die Klasse, die an eine andere Klasse vererbt. Die erbende Klasse ist die von der Basisklasse abgeleitete Klasse.

Blatt: Bei einem Baum kennzeichnen Blätter das Ende eines Zweiges. Ein Blatt hat immer einen Knoten als Vater.

call-by-reference: Im Gegensatz zum *call-by-value* wird hier ein tatsächlicher Verweis auf das Objekt übergeben. Der Zugriff erfolgt in genau der gleichen

Schreibweise wie auf das Originalobjekt. Die Änderungen werden am Originalobjekt vorgenommen. C++ bietet eine Möglichkeit des *call-by-reference* durch den &-Operator. In C wurde das *call-by-reference* durch die Übergabe eines Zeigers simuliert, der in der Funktion dann dereferenziert wurde. Allerdings ist dies dennoch ein *call-by-value*, weil die übergebene Adresse ebenfalls ein Wert ist.

call-by-value: Im Gegensatz zum call-by-reference wird hier eine Kopie des Wertes angefertigt und diese dann übergeben. Alle in der Funktion ausgeführten Änderungen betreffen allein die Kopie und nicht den Originalwert.

Datenkapselung: Ein Konzept, bei dem Daten (Attribute/Methoden) so gekapselt werden, dass nur dazu befugte Funktionen auf sie zugreifen können.

Datenstruktur: Eine Datenstruktur ist eine bestimmte Organisationsform von Daten. Datenstrukturen wären Listen, Felder, Bäume, Heaps etc. Datenstrukturen werden häufig dazu eingesetzt, abstrakte Datentypen zu implementieren.

Datentyp: Der Datentyp bestimmt den Typ des von einer Konstanten oder Variablen repräsentierten Wertes. Die elementaren Datentypen sind in C++ zum Beispiel Ganzzahlen (int, long), Fließkommazahlen (float, double) Zeichen (char) und Zeiger. Die komplexeren Datentypen fassen mehrere Variablen und Konstanten zusammen, wobei die zusammengefassten Objekte vom gleichen Typ sein müssen (Felder) oder unterschiedlichen Typs sein können (Strukturen, Klassen, Unions).

Dekomposition: Das Zerlegen eines Schlüssels in einzelne Komponenten. Die Dekomposition wird zum Beispiel beim universellen Hashing eingesetzt.

Dereferenzierung: Bei Zeigern, die anstelle eines Wertes eine Speicheradresse beinhalten, ermöglicht die Dereferenzierung den Zugriff auf den Wert, der an der vom Zeiger gespeicherten Adresse abgelegt ist. In C/C++ ist der Dereferenzierungsoperator das '*'-Zeichen.

Destruktor: Der Destruktor ist eine besondere Methode der Klasse, die immer dann automatisch aufgerufen wird, wenn eine Exemplar gelöscht wird. Er wird meist für die Freigabe von Ressourcen benutzt.

Dynamische Speicherverwaltung: Fordert man während der Laufzeit des Programms Speicher an, ist dies eine dynamische Speicherverwaltung. Man benutzt dynamische Speicherverwaltung dann, wenn die Größe des benötigten Speichers zur Kompilationszeit gar nicht oder nur ungenau bestimmt werden kann.

Dynamische Typüberprüfung: Obwohl ein Zeiger vom Typ der Basisklasse ist, kann mittels der virtuellen Funktionen dafür gesorgt werden, dass für den Fall, dass der Zeiger auf eine abgeleitete Klasse verweist, die Funktion der abgeleiteten Klasse und nicht die der Basisklasse verwendet wird.

Dynamisches Hashverfahren: Bei dynamischen Hashverfahren werden Kollisionen dadurch aufgelöst, dass die Slots aus einer komplexeren Datenstruktur (Liste, Baum etc.) bestehen, in der die dem Slot zugehörigen Datensätze dann untergebracht werden. Bei diesem Verfahren muss die maximale Anzahl der Datensätze nicht bekannt sein.

Elementfunktion: Eine in C++ übliche Bezeichnung für Methoden.

Elementinitialisierungsliste: Sie wird meist bei Konstruktoren benutzt und dient dort der Initialisierung einzelner Attribute oder dem expliziten Aufruf eines oder mehrerer Basisklassen-Konstruktoren.

Exemplar: Als Exemplar bezeichnet man ein konkretes Objekt einer Klasse.

FIFO: »First In First Out«. Datenstrukturen, bei denen die Elemente genau in der Reihenfolge aus der Struktur entfernt werden, in der sie in die Struktur geschrieben wurden. Typisches Beispiel für FIFO ist die Queue.

Funktion: In C/C++ sind Funktionen Unterprogramme, denen Parameter übergeben werden können. Funktionen sind in der Lage, einen Parameter zurückzuliefern.

Generalisierung: Das Bilden eines Oberbegriffs für sinngemäß ähnliche Unterbegriffe nennt man Generalisierung. In der OOP entspricht die Generalisierung dem Entwurf einer Basisklasse für verschiedene davon abzuleitende Klassen. Zum Beispiel möchte man die Klassen Katze, Hund, Mensch und Schwein definieren. Eine Generalisierung wäre es, die Gemeinsamkeiten der Klassen zum Beispiel in einer Klasse namens Säugetier zusammenzufassen.

global: Globale Variablen und Konstanten sind von jeder Stelle des Programms her ansprechbar. Globale Variablen werden außerhalb von Funktionen definiert.

Hash-Funktion: Eine Funktion, die den verwendeten Schlüssel so umrechnet, dass er den Slot, der den Datensatz enthält, möglichst direkt anspricht.

Hash-Vektor: Eine Menge an zufällig erzeugten Zahlen, die beim universellen Hashing die Hash-Funktion definieren.

Hashing: Verfahren, bei dem die Position eines Datensatzes in einer Datenstruktur direkt aus dem Schlüssel berechnet wird. Man unterscheidet offene und dynamische Hashverfahren.

Information Hiding: Siehe Datenkapselung.

Exemplar: Siehe Exemplar.

Iteration: Im Gegensatz zur Rekursion werden Wiederholungen von Programmteilen durch Schleifen realisiert.

Kapselung: Siehe Datenkapselung.

Klasse: In der OOP bezeichnet man als Klasse den Grundtyp einer aus verschiedenen Individuen bestehenden Art. Die einzelnen Individuen einer Klasse unterscheiden sich nicht durch ihre Attribute, sondern durch deren Werte.

Kollision: Beim Hashing bezeichnet man es als Kollision, wenn ein Datensatz in einem Slot gespeichert werden soll, in dem sich bereits ein Datensatz befindet.

Konstante: Eine Konstante hat alle Eigenschaften einer Variablen, bis auf die Einschränkungen, die sich aus ihrer Unveränderlichkeit ergeben. Ihr Wert wird einmalig festgelegt und kann dann nur noch gelesen werden.

Konstruktor: Der Konstruktor ist eine besondere Methode, die bei der Erzeugung einer Exemplar aufgerufen wird. Im Allgemeinen sorgt er für die Initialisierung der Attribute und die Bereitstellung eventuell benötigter Ressourcen.

Last-call-Optimierung: Bei der Last-call-Optimierung ist der Compiler in der Lage, rest-rekursive Funktionen zu erkennen und die daraus resultierenden Vorteile zu nutzen.

lokal: Lokale Variablen oder Konstanten haben nur eine auf ihren Bezugsrahmen begrenzte Lebensdauer. Auf sie kann außerhalb ihres Bezugsrahmens nicht zugegriffen werden.

LIFO: »Last In First Out«. Strukturen, bei denen das zuletzt gespeicherte Element das erste ist, welches wieder entfernt wird. Typisches Beispiel: Stack.

Mehrfachvererbung: Besitzt eine abgeleitete Klasse mehrere Basisklassen, so spricht man von Mehrfachvererbung.

Methode: Eine in der OOP der Klasse zugehörige Funktion. Methoden haben durch die Zugehörigkeit zu einer Klasse – bezogen auf diese Klasse – bestimmte Privilegien bezüglich der Zugriffserlaubnis auf Attribute und andere Methoden der Klasse.

Modulo: Die Modulo-Operation steht in C/C++ für die Restbildung bei der Division von Ganzzahlen. Der Modulo-Operator ist das %. Zum Beispiel ergibt *11%6* den Wert 5, weil *11/6* als Ergebnis 1 mit dem Rest 5 ergibt.

O-Notation: Eine mathematische Betrachtung der Laufzeit eines Algorithmus bezogen auf die Anzahl der zu bearbeitenden Elemente. Die O-Notation drückt aus, wie viel Zeit ein Algorithmus im schlechtesten Fall benötigt.

Objektorientierte Programmierung: Ein Konzept, welches im Gegensatz zur prozeduralen Programmierung das Objekt in den Mittelpunkt stellt. Das Objekt besitzt Funktionen, die es verändern.

Offenes Hashverfahren: Hier werden Kollisionen dadurch aufgelöst, dass für den die Kollision verursachenden Datensatz mit Hilfe einer Sondierungsfolge ein anderer, freier Slot gesucht wird. Dazu muss die maximale Anzahl der aufzunehmenden Datensätze bekannt sein.

OOP: Abkürzung für Objektorientierte Programmierung.

Operand: Ein Operand ist ein Objekt (Funktion, Variable, Konstante), auf welches eine spezielle Operation angewandt wird. Die Addition zum Beispiel benötigt zwei Operanden: Operand+Operand.

Operator: Ein Operator ist in C/C++ ein bestimmtes Zeichen, welches für eine auszuführende Operation steht. Zum Beispiel steht der +-Operator für die Addition und der *-Operator für die Dereferenzierung.

Pfad: In einem Baum ein eindeutiger Weg von der Wurzel zu einem bestimmten Knoten.

Polymorphismus: Der Tatsache, dass eine abgeleitete Klasse nichts anderes ist, als die um Eigenschaften erweiterte Basisklasse, trägt Polymorphismus in der Art Rechnung, dass ein Zeiger vom Typ der Basisklasse auch auf ein Exemplar der abgeleiteten Klasse zeigen kann, nicht jedoch umgekehrt.

Präprozessor: Der Präprozessor arbeitet textorientiert und wird vor dem Start des eigentlichen Compilers aufgerufen. Er stellt Befehle zum Einbinden von Textdateien, zum bedingten Kompilieren und zum Erstellen von Makros und Konstanten zur Verfügung. Da dies alles auf Textbasis geschieht, sind ihm die C++-Befehle *inline* und *const* überlegen.

Probing: Siehe Sondierungsfolge.

Prozedurale Programmierung: Ein Konzept, welches im Gegensatz zur objektorientierten Programmierung die Funktion/Prozedur in den Mittelpunkt stellt. Man entwickelt Funktionen, denen dann die zu manipulierenden Daten übergeben werden.

Queue: Auf deutsch auch »Schlange« oder »Warteschlange« genannt. Ein ADT mit den Operationen Enqueue und Dequeue. Enqueue hängt ein Element an die Queue an, und Dequeue entfernt ein Element aus der Queue. Queues sind sogenannte FIFO-Strukturen.

Rechenoperator: In C/C++ die Operatoren, die eine bestimmte Rechnung definieren. Dazu zählen zum Beispiel die arithmetischen und binären Operatoren.

Rein-virtuelle Funktion: Eine leere Funktion, die in einer abgeleiteten Klasse durch eine neue Funktion ersetzt werden muss. Klassen mit rein-virtuellen Funktion sind abstrakte Klassen.

Rekursion: Im Gegensatz zur Iteration werden Wiederholungen von Programmteilen dadurch erreicht, dass sich Funktionen kontrolliert selbst aufrufen.

Ressource: Als Ressource bezeichnet man Kapazitäten des Systems, die man sich zunutze macht. Als da wären Prozessorzeit, Arbeitsspeicher, Dateizugriff etc.

Rest-Rekursivität: Eine besondere Eigenschaft rekursiver Funktionen, bei der für die Rekursion kein Stack benötigt wird, und er daher auch vom Compiler nicht aufgebaut wird (falls er Rest-Rekursivität erkennt.)

Run: Eine in sich sortierte Gruppe aufeinander folgender Elemente.

Schlange: Siehe Queue.

Schlüssel: Der Schlüssel ist der Teil eines Datensatzes, der für die Sortierung oder das Suchen von Datensätzen verwendet wird. Telefonbücher benutzen i.a. den Nachnamen als primären und den Vornamen als sekundären Schlüssel. Hat jeder Datensatz einen Schlüssel, der nirgendwo sonst vorkommt, dann spricht man von eindeutigen Schlüsseln. Die Nummer des Personalausweises wäre ein solcher eindeutiger Schlüssel.

Slot: Beim Hashing die Bezeichnung für einen Speicherbereich, der genau einen Datensatz aufnehmen kann.

Sondierungsfolge: Eine Folge, mit der beim offenen Hashing auftretende Kollisionen beseitigt werden.

Spezialisierung: Wenn ein Oberbegriff durch die Bildung von Unterbegriffen verfeinert wird, dann spricht man von Spezialisierung. Das Ableiten einer Klasse ist ebenfalls eine Spezialisierung.

Stack: Auf deutsch auch »Stapel« genannt. Ein ADT mit den Operationen Push und Pop. Push legt ein Element auf den Stack, Pop holt es wieder von ihm herunter. Stacks sind so genannte LIFO-Strukturen.

Stapel: Siehe Stack.

Suchbaum: Ein binärer Baum, dessen Knoten so angeordnet sind, dass sich auf sie die Vergleichsoperationen kleiner und größer problemlos anwenden lassen.

Überladen: Als Überladen bezeichnet man das Definieren mehrerer gleichnamiger Funktionen, die sich in ihrer Parameterliste und/oder ihrem Rückgabewert unterscheiden. Um eine Funktion zu überladen, reicht ein Unterschied allein im Rückgabewert nicht aus.

Universum: Bezogen auf Schlüssel ist das Schlüsseluniversum die Menge aller möglichen Schlüssel. Bestünde z.B. ein Schlüssel aus einem *unsigned char*-Wert, dann wäre das Schlüsseluniversum die Menge aller Schlüssel mit den Werten [0;255].

Variable: Eine Variable ist ein Bezeichner, der einen bestimmten Wert repräsentiert. Der Wert, für den die Variable steht, kann während der Laufzeit des Programms verändert werden. Der Typ des repräsentierten Wertes hängt vom benutzten Datentyp ab.

Vererbung: Das Weitergeben der Eigenschaften und der Funktionalität an eine andere Klasse, die diese dann erweitern kann, nennt man Vererbung. Damit eine Klasse erbt, muss sie von der Basisklasse abgeleitet werden.

Vergleichsoperator: In C/C++ die Operatoren, mit denen zwei Werte verglichen werden können. Zum Beispiel ==, != <, > oder >=.

Virtuelle Funktion: Eine Funktion, die bei Bedarf in einer abgeleiteten Klasse durch eine neue Funktion gleichen Namens und gleichen Parametern ersetzt werden kann. Virtuelle Funktionen sind notwendig für die dynamische Typüberprüfung.

Wurzel: Bei einem Baum ist die Wurzel der (einzige) Knoten, der keinen Vater hat.

Zugriffs-Deklaration: Beim Ableiten die Möglichkeit, den Bezugsrahmen einzelner Attribute oder Methoden einzuengen.

Zuweisungsoperator: In C/C++ Operatoren, mit denen einer Variablen ein bestimmter Wert zugewiesen werden kann. Dabei gibt es in C/C++ Zuweisungsoperatoren, denen auch eine Rechenoperation inhärent ist. Zum Beispiel *x+=5*, was ausführlich formuliert *x=x+5* bedeutet.

A.3 Literaturverzeichnis

[BOOCH99]

Booch, Grady: Das UML-Benutzerhandbuch, Bonn: Addison-Wesley-Longman, 1999

[GRÄSSLE00]

Grässle, Patrick: UML projektorientiert, Bonn: Galileo Press, 2000

[KNUTH98]

Knuth, Donald E.: The Art of Computer Programming, Vol3-Sorting and Searching, 2nd Edition: Addison-Wesley, 1998

[LIPPMAN95]

Lippman, Stanley B.: C++, 2. Auflage, Bonn; München; Reading, Mass.[u. a.]: Addison Wesley, 1995

[OESTEREICH98]

Oestereich, Bernd: Objektorientierte Softwareentwicklung: Analyse und Design mit der Unified modeling language. – 4., aktualisierte Aufl. – München; Wien: Oldenbourg, 1998

[OTTMANN93]

Ottmann, Thomas: Algorithmen und Datenstrukturen / von Thomas Ottmann und Peter Widmayer, 2., vollst. überarb. und erw. Auflage, Mannheim; Leipzig; Wien; Zürich: BI-Wiss.-Verl., 1993

[PLAUGER90]

Plauger, P.J. & Brodie, James: Referenzhandbuch Standard C, Braunschweig: Vieweg, 1990

[SEDGEWICK92]

Sedgewick, Robert: Algorithmen in C++, Bonn; München; Paris [u. a.]: Addison-Wesley, 1992

[STROUSTRUP94]

Stroustrup, Bjarne: Design und Entwicklung von C++, Bonn; Paris; Reading, Mass [u. a.]: Addison-Wesley, 1994

[STROUSTRUP00]

Stroustrup, Bjarne: Die C++-Programmiersprache, 4., überarb. Und Erw. Aufl., Bonn; München; Paris [u. a.]: Addison-Wesley, 2000

[WILLMS98]

Willms, André: C-Programmierung lernen, Bonn: Addison-Wesley-Longman, 1998

[WILLMS99]

Willms, André: Go To C++-Programmierung, München: Addison-Wesley-Longman, 1999

[WILLMS00]

Willms, André: C++ STL, Bonn: Galileo Press, 2000

Stichwortverzeichnis